新編諸子集成

抱朴子内篇校釋

王明撰

中華書局

圖書在版編目(CIP)數據

抱朴子内篇校釋/王明撰. —3 版. —北京:中華書局,
2023.5
(新編諸子集成)
ISBN 978-7-101-16182-3

Ⅰ.抱… Ⅱ.王… Ⅲ.《抱朴子》-注釋
Ⅳ.B235.72

中國國家版本館 CIP 數據核字(2023)第 061751 號

責任編輯:魏禾書
責任印製:管 斌

新編諸子集成
抱朴子内篇校釋
王 明 撰
*
中 華 書 局 出 版 發 行
(北京市豐臺區太平橋西里 38 號 100073)
http://www.zhbc.com.cn
E-mail:zhbc@zhbc.com.cn
三河市鑫金馬印裝有限公司印刷
*
850×1168 毫米 1/32 · 15⅞印張 · 2 插頁 · 227 千字
1980 年 1 月第 1 版 2023 年 5 月第 3 版
2023 年 5 月第 15 次印刷
印數:54201-56200 册 定價:56.00 元

ISBN 978-7-101-16182-3

新編諸子集成出版緣起

子書是我國古籍的重要組成部分。最早的一批子書產生在春秋末到戰國時期的百家争鳴中，其中不少是我國古代思想文化的珍貴結晶。秦漢以後的整個封建社會中，還有不少思想家和學者寫過類似的著作，其中也不乏優秀的作品。

五十年代，中華書局修訂重印了建國前由原世界書局出版的諸子集成。這套叢書彙集了清代學者校勘、注釋子書的成果，較爲適合學術研究的需要。但其中未能包括近幾十年特别是建國後一些學者整理子書的新成果，所收的子書種類不够多，斷句、排印尚有不少錯誤，決定重新編輯出版一套新編諸子集成。

新編諸子集成收入先秦到唐五代的子書，着重選收與哲學、思想史的研究關係較密切的。個别不屬於子部的書如班固的白虎通義，因與哲學、思想史的研究關係較密切，也擬選入（用清陳立疏證）。

全書將分兩輯出版。

第一輯所收子書與舊本諸子集成略同，是一般研究者經常要閱讀或查考的書。每一種都選擇到目前爲止較好的注釋本。極少數尚無注釋本的，另行注釋。有的書兼收數種各具優長的注本。爲保持體例基本一致，除個别書外，一般只收用文言或淺近文言撰寫的注本。各書正文、注文一律加以新式標點，校正版刻或排印錯誤。

第二輯收集第一輯之外的其它子書。其中大部分没有現成注本，凡有必要進行注釋的，應加注釋；其餘的選擇較好的版本進行點校。這一輯中有不少是殘闕或散佚的書，整理時區别不同情況，有的選取較好的現成輯本，有的要進行補輯或重輯。

子書中有一部分是僞書或被懷疑爲僞書。凡産生時代較早，在歷史上發生過一定影響，對研究某些問題還有一定參考價值的，擬酌量選入。

本書第一、二兩輯均擬先出版平裝本，每種單獨定價，陸續發行，全部出齊後再出版精裝合訂本。平裝本每種書後均附有本輯擬目，以便讀者了解這一套書的概貌。

中華書局編輯部

一九八二年一月

目録

序言……一
凡例……一九
抱朴子内篇卷之一　暢玄……一
抱朴子内篇卷之二　論仙……一五
抱朴子内篇卷之三　對俗……五七
抱朴子内篇卷之四　金丹……八七
抱朴子内篇卷之五　至理……一三九
抱朴子内篇卷之六　微旨……一五五
抱朴子内篇卷之七　塞難……一七一
抱朴子内篇卷之八　釋滯……一八七

抱朴子内篇卷之九　道意……二一五
抱朴子内篇卷之十　明本……二三三
抱朴子内篇卷之十一　仙藥……二四七
抱朴子内篇卷之十二　辨問……二八三
抱朴子内篇卷之十三　極言……三〇一
抱朴子内篇卷之十四　勤求……三一七
抱朴子内篇卷之十五　雜應……三三三
抱朴子内篇卷之十六　黄白……三五三
抱朴子内篇卷之十七　登涉……三七三
抱朴子内篇卷之十八　地真……四〇一
抱朴子内篇卷之十九　遐覽……四一一
抱朴子内篇卷之二十　祛惑……四二七
附録一……四四一
抱朴子内篇佚文……四四一

抱朴子内篇序……四四九
抱朴子外篇自敘……四五〇
晉書葛洪傳……四六一
附録二……四六五
新校正抱朴子内篇序……四六五
抱朴子内篇目録……四六六
校刊抱朴子内篇序……四六八
葛洪撰述書目表……四七〇
增訂版後記……四七七

序言

一

晉葛洪(公元二八三——三六三)著的抱朴子内篇是一部富有宗教哲學和科學技術内容的書。它的史料價值主要有二:一是有關道教的史料價值,二是有關化學技術的史料價值。

道教原來是我國土生土長的宗教,它在東漢時候就逐漸形成了。原始道教多在民間活動,如太平道、五斗米道等都是。農民起義的領袖往往利用民間道教作爲動員和組織群衆的工具。如東漢晚期的張角就利用太平道發動黄巾軍這樣全國規模的農民大起義,後來張魯在漢中地區,也利用五斗米道進行反抗封建統治的活動。

封建統治階級也相信道教,但與民間道教不同,是在社會上層活動。葛洪所鼓吹的道教是封建帝王和貴族官僚信仰的道教,是祈求長生不死的神仙的道教,反映了門閥士族的利益和願望。民間道教和貴族道教的主要區别：前者叫作鬼道或巫鬼道，如張魯據漢中，「以鬼道教民」（三國志魏志張魯傳），以符水治病。後者叫仙道或方仙道，即服食藥物企求長生不死的神仙道。秦時，有宋毋忌、正伯僑、充尚、羨門子高等，皆燕人，「爲方仙道」（史記封禪書）。這個方仙道逐漸發展而爲神仙道教，都是爲社會上層統治者——上至帝王旁及豪門貴族所信奉的。天上的神仙是人間貴族虚幻的反映，貴族支配庶民，所以神仙也「役使鬼神」。這就是恩格斯所謂「一切宗教都不過是支配着人們日常生活的外部力量在人們頭腦中的幻想的反映，在這種反映中，人間的力量採取了超人間的力量的形式」（馬克思恩格斯選集第三卷第三五四頁）。無論是巫鬼道或方仙道，歸根到底，都是宗教迷信。馬克思説：「宗教是人民的鴉片。」（馬克思恩格斯選集第一卷第二頁）對勞動人民來説，它本身是起了一種欺騙和麻痹鬭志的作用。

葛洪爲了企求長生不死，而信奉神仙道教。他相信利用藥物，特别是煉製並服餌金丹，可以達到長生不死。這種妄求延年度世的神仙思想，是十分荒誕的。早在東漢王充論衡道虚篇裏就被批判過了，認爲「物無不死，人安能仙」。但是葛洪沈迷於宗教信仰，却不能覺悟。他爲求長生，研製金丹。值得注意的，就在研製金丹的過程中，他閲讀了許多煉丹的書籍，做了不少類似的科學實驗，記録了煉製金丹的方法及其化學變化。這樣就在科學技術上下了許多苦功，客觀上作出前人所未有的貢獻。

二

葛洪從他的宗教信仰和科學技術實驗所反映出來的思想，可以説具有彼此矛盾的兩重性：作爲虔誠宣揚神學的宗教家，當然是歸依唯心論；作爲注重科學實驗的自然科學家，對自然界某些物質變化問題的看法，却含有一些樸素唯物主義的觀點。

他的宗教唯心論，主要表現在以下兩個方面：一、神仙思想；二、宿命論。二者糅合起來，構成一個脱離社會實際的超世間的人生觀。比人生觀更高更概括的思想是他的神秘主義的本體論——暢玄篇中所説的「玄」。

作爲貴族道教的鼓吹者，他的神仙思想是根深蒂固的。神仙道教的特點就是幻想在超人間的世界裏永遠自由自在地過着人間貴族一般的生活〔一〕。他們害怕生命有限，深感富貴榮華如朝露，轉瞬間煙消雲散，所以妄想長生成仙，永遠享受。

葛洪所以提倡神仙道教，這同他的階級出身、所處時代和個人遭遇密切相關。由於

〔一〕參閲侯外廬等中國思想通史第三卷第七章第三節關於神仙道教的中心目的論述。

他出身地主階級的名門望族，代代有人作大官。祖父在東吴，歷官吏部尚書、大鴻臚、光禄勳、輔吴將軍，封吴壽縣侯。父親仕吴，作過中書郎、廷尉平、中護軍，吴平後，入晉爲邵陵太守。葛洪自己也因爲參加鎮壓石冰的農民起義軍有功，賜爵關内侯（參抱朴子外篇自敘、晉書本傳）。但他所處的西晉時期，是内外矛盾交織、戰争頻仍、社會上極爲動蕩的時代：有八王混戰、張昌、石冰等農民暴動以及北方少數民族貴族的入侵，直至西晉滅亡。所有這些戰亂，紛至沓來，使得他生活上極度動蕩不安，精神上消極悲觀，所謂「百憂攻其心曲，衆難萃其門庭，居世如此，可無戀也」（論仙）。接着在東晉剛剛維持偏安局面的環境裏，生活上也還是不安定，政治上也並不得意。葛洪以這樣一個飄零没落的士族世家的子弟，並受社會思潮的驅使，於是尋求神仙道教以自慰，幻想有個清静恬愉的神仙世界。

抱朴子内篇裏充滿着神仙家言，而以論仙篇爲最集中。大肆宣揚神仙不死、神仙可求、學仙之法如何如何，極盡荒唐附會之能事。

與神仙思想相應而實相抵觸的有宿命論。葛洪説：「命之脩短，實由所值。受氣結胎，各有星宿。」（塞難）這是説，人們生命的長短，預先由天上的星宿所決定：命屬生星，則其人必好仙道，必得長生；如命屬死星，則其人不信仙道，不得長生。依照葛洪這樣的說法，既然有人命中注定信仰仙道，必得長生，那就坐待成仙，何必勤修苦煉，唯恐不能得道幹什麽？他又説：「按仙經以爲諸得仙者，皆其受命偶值神仙之氣，自然禀受。故胞胎之中，已含信道之性。」（辨問）這是説，凡是成仙的人，皆因受命之初，遇到神仙之氣，這也是屬於宿命論。所謂「胞胎之中，已含信道之性」，正是先天的人性論，唯心主義的先驗論罷了。

葛洪的宗教唯心論思想，還集中地突出地表現在「玄」的本體觀念上。他説「玄」是「自然之始祖」，「萬殊之大宗」。它的作用能使「乾以之高，坤以之卑，雲以之行，雨以之施。胞胎元一，範鑄兩儀，吐納大始，鼓冶億類」（暢玄）。這個超自然的神秘主義的「玄」，是創造天地萬物之母，是先驗的精神性的本體，不是物質性的東西，無以名之，名之曰「玄」。修仙的人在於冥思玄道，所謂「玄道者，得之乎内，守之者外，用之者神，忘之者器，此思玄之要道也」（同上）。這個玄道，委實是神秘主義的淵藪，道教唯心主義的思想體系。

所有這些宗教唯心論的思想都應該加以批判。

道教自從東漢成立，到了晉代，先後撰述道經符書，爲數頗鉅，但是後來大多數都已經亡佚了。抱朴子内篇「所舉仙經神符，多至二百八十二種」（方維甸校刊抱朴子内篇序）。單就遐覽篇來説，就著録了各種道書神符都二百六十種。其它如對俗、金丹、黄白、仙藥、登涉、雜應、論仙等篇提到的還有不少哩！

這些有關早期道教的典籍，大部分早已不見了。葛洪在抱朴子裏加以著録，有的還撮述它的大意，使後人略能窺見晉以前道教的梗概。

總的來説，抱朴子内篇是道教史上一部具有比較完整的理論和有多種方術的包羅萬象的重要著作，是研究我國晉以前道教史不可缺少的資料。

再者，與科學技術實驗密切相關的樸素唯物論的觀點不可不述。

葛洪的整個世界觀，宗教唯心主義占主導的地位。值得注意的，他有一些片斷的自發的唯物主義觀點。而這些片斷的自發的唯物主義觀點，同他在科學技術上的實驗和細心觀察是分不開的。這個情形，正像恩格斯在自然辯證法裏説的，「在古希臘人和我們之間存在着兩千多年的本質上是唯心主義的世界觀」，「因爲問題决不在於簡單地抛棄這兩千多年的全部思想内容，而是要批判它，要從這個暫時的形式中，剥取那在錯誤的、但爲時代和發展過程本身所不可避免的唯心主義形式中獲得的成果。而這是如何地困難，許許多多自然科學家已經給我們證明了，他們在他們自己那門科學的範圍内是堅定的唯物主義者，但是在這以外就不僅是唯心主義者，而且甚至是虔誠的正教教徒」（馬克思恩格斯選集第三卷第五二七—五二八頁）。這段話給我們一個啓示。現在我們來瞭解葛洪這個虔誠的道教教徒的幾個唯物主義的觀點。它們是：

（1）論氣生天地萬物　葛洪說：「夫人在氣中，氣在人中。自天地至於萬物，無不須氣以生者也。」（至理）這裏的「氣」是指充滿宇宙間極其細微的原始物質。人就在這個「氣」當中，「氣」也就在人體之中。自天地至於萬物，沒有什麼東西不是依靠「氣」來生成的。這個氣生天地萬物的理論，無疑是樸素唯物主義的觀點。這個觀點首先來源於對自然科學的長時間的實驗和觀察。例如他在黄白篇論自然變化的原理說：「雲雨霜雪，皆天地之氣也，而以藥作之，與真無異也。」雲、雨、霜、雪原來是從物質性的氣變成的。如果人們掌握了自然變化的規律，就能以人工的方法來製造，製造出的東西跟自然的東西一模一樣。這方面，下文還要談到，這裏不多說了。再就思想的淵源說，王充論衡自然篇所謂「天地合氣，萬物自生」，不能不對葛洪發生影響。後漢的原始道教經典太平經說天氣下流，地氣上升，「兩氣者常交用事，合於中央，乃共生萬物，萬物悉受此二氣以成形」（太平經合校第六九四頁）。葛洪這裏氣生天地萬物的觀點也正是太平經裏的觀點。

（2）論形神關係　葛洪說：「夫有因無而生焉，形須神而立焉。有者，無之宫也。形者，神之宅也。故譬之於堤，堤壞則水不留矣。方之於燭，燭糜則火不居矣。身（一作形）勞則神散，氣竭則命終。」（至理）這裏，從兩個譬喻來看，把「形」譬作堤，「神」譬作水；又把「形」譬作燭，「神」譬作火，説明堤壞則水不留，燭糜則火不居，所得的結論是：精神依存於形體。這是樸素唯物主義的觀點。而且以燭火譬喻形神的關係，正是漢代桓譚、王充以來唯物主義的傳統。所謂「形者，神之宅也」，也是表明形體是精神所寄寓和依存的地方。但所謂「形須神而立」這個命題，顯然是不正確的，因爲物質的形體不是精神的産物，相反，精神却是物質的最高産物。這個命題也是同他所舉兩個譬喻的結論「形勞則神散，氣竭則命終」相矛盾的。前面這個命題是主觀臆斷的，精神的作用被過分誇大了的。後面這個結論是符合客觀實在、符合自然變化的規律的。從這裏也可以看出前面這個命題是宗教家幻想出來的命題，後面的結論却是科學實驗家所得實事求是的結論。應當指出，唯物主義一元論是排除精神肉體二元論的，它「主張精神不是離開肉體而存在的，精神是第二性的，是頭腦的機能，是外部世界的反映」（列寧選集第二卷第八七頁）。所以堤水和燭火的比喻，在理論上都是不完密的、有漏洞的。在葛洪身上，體現了宗教家和科學實驗家兩重不同的人格，因而他的思想也不免是左右矛盾、互相抵觸了。

（3）論物類變化　天地間物類的變化是無窮的、形形色色的。比如「氣變物類，蝦蟆爲鶉，雀爲蜃蛤」（論衡無形）。這些是自然的變化現象。而人工的變化可以替代自然，這是一種巨大的創造。比如從鐵礦砂冶煉成鐵，從銅礦石冶煉成銅，當然需要相當高的科學技術纔行。這對於鐵和銅的原來性質沒有改變。它把非鐵非銅的雜質游離分解出去。這是一種情形。至於從本來不是那種東西，用人工變成那種東西，它的意義就大不一樣了。例如，「水、火在天，而取之以諸、燧。鉛性白也，而赤之以爲丹；丹性赤也，而白之而爲鉛。雲雨霜雪，皆天地之氣也，而以藥作之，與真無異也」（黄白）。這是説，用陽燧（古代銅製的凹鏡）向日可以取火，用方諸（古代的方銅鏡）在月下可以取水。雲雨霜雪是自然變化，但人工可以用藥物製造人造雨、人造冰、人造雪。鉛和丹的變化以後還要詳細論述，這裏暫且不談。所有這些説明，「變化者，乃天地之自然」，只要掌握自然變化的規律和方法，都可以人工製造。金和銀也是能够用别的材料製煉而成。葛洪這個以人工製造雲雨霜雪的思想影響很深。後來僞書關尹子就根據他的意思而説「風雨雷電皆可爲之」（二柱篇），「人之力有可以奪天地造物者，如冬起雷，夏起冰」（七釜篇）云云。這就進一步説明雷電也可以人工製造了。

特别值得指出，葛洪從化學實驗和其它實物的變化來觀察，已經初步有了物種變化的思想。他明白否定一種自然物不能以人工的方法來製造、某一種東西只能變生同一種東西的説法。他説：「外國作水精椀，實是合五種灰以作之。今交廣多有得其法而鑄作之者。」但俗人不肯相信，却説「水精本自然之物，玉石之類」。況且「世間幸有自然之金，俗人當何信其有可作之理哉」？他又批駁了那些愚人「不信黄丹及胡粉是化鉛所作，又不信騾及駏驉是驢馬所生，云物各自有種」（論仙）的形而上學的看法。「物各自有種」，比如馬生馬，驢生驢，鉛是鉛，黄丹是黄丹，普通的家庭常識可以這麽説，但對於天地間萬分複雜的物類變化來説，畢竟是局限於形而上學的同一律。葛洪自發地擯棄這種形而上學的同一律，主張物類是變化着的。就生物中動物而言，例如驢和馬合交可以産生非驢非馬的騾及駏驉；就無生物而言，例如化鉛可以變成黄丹及胡粉。這是樸素的自然辯證法的思想因素。今天我們知道地球上的生物，原先也是由非生物變化而來。葛洪在距今一千六百多年前就初步孕育着物種變化的思想，不能不歸功於科學實驗和細密觀察。

因此，在科學技術的實際應用上，他駁斥了「必須同類，乃能爲益」（對俗）的思想。比如在醫療傷病方面，他舉蛇銜膏能再續已斷的手指爲例，説明不必求同類的東西來醫治，而用異物醫治，適見成效。

葛洪這些個別的樸素唯物主義的觀點和自發的辯證法思想成分，同他在科學技術方面的貢獻是分不開的。

首先是煉丹術對化學方面的貢獻。大家知道，我國古代的煉丹術是實驗化學的先驅。煉丹術在晉代以前早已發生和發展，東漢晚期周易參同契一書是所謂丹經之祖，魏伯陽已經作了理論性的概括和描述。但是參同契裏缺乏煉丹的具體方法和實驗，在科學技術上，抱朴子確比參同契優勝得多。像金丹和黃白兩篇那樣具體地介紹多種煉丹的方法，尤其是像黃白篇記録以武都雄黃作黃金的方法已經這樣詳密。這在葛洪以前的任何道書裏是没有的。

抱朴子對煉丹術提供了可靠的史料，使我們對煉丹術的發展可得進一步的了解。以金丹篇爲例，它所涉及的藥物有銅青、丹砂、水銀、雄黃、礬石、戎鹽、牡蠣、赤石脂、滑石、胡粉、赤鹽、曾青、慈石、雌黃、石流黃、太乙餘糧、黃銅、珊瑚、雲母、鉛丹、丹陽銅、淳苦酒等二十二種，「顯然較魏伯陽參同契裏所提到的要多得多」〔一〕。

葛洪不但提到許多煉丹藥物的品種和詳細記録了煉製金丹的方法，而且從實驗中觀察到硫化汞加熱後所發生的化學變化。金丹篇有兩句概括的名言：「丹砂燒之成水銀，積變又成丹砂。」丹砂就是硫化汞，「將丹砂煅燒，其中所含的硫變成二氧化硫，而游離出

〔一〕張子高：中國化學史稿（古代之部）第六九頁。

金屬汞（水銀）」，再使水銀和硫黄化合，「便生成硫化汞，呈黑色；放在密閉器中調節温度，便昇華爲晶體的硫化汞，呈赤紅色。它的反應是：

$$HgS+O_2 \rightarrow Hg+SO_2$$

$$Hg+S \rightarrow HgS（黑色）\rightarrow HgS（赤紅色）$$」〔一〕

可見葛洪對於還丹總括的話，是可以用化學實驗的反應公式表達出來的。

葛洪對於鉛的化學變化的認識也是深刻的。黄白篇説：「鉛性白也，而赤之以爲丹；丹性赤也，而白之以爲鉛」。前一「白」字指鉛能變作白色的胡粉而言，後一「白」字作漂白去色解釋〔二〕。「鉛性白也」，是説鉛經過化學變化可以變成鉛白，即胡粉，也就是白色的碱性碳酸鹽。鉛白加熱後經過化學變化，可以變成鉛丹，即赤色的四氧化三鉛，這就是所謂「赤之以爲丹」。赤色的四氧化三鉛再加熱分解後，可以變成鉛白，這叫作「丹性赤也，而白之以爲鉛」。抱朴子這兩句簡括的話，正是「他對鉛的化學變化作了一系列研究

〔一〕中國古代科學家（修訂本）第五六頁黄國安葛洪篇。

〔二〕張子高：中國化學史稿（古代之部）第七三頁。

之後所得的結論」〔一〕。

還有葛洪對於金屬取代作用的觀察也值得注意。他在黄白篇裏又説：「以曾青塗鐵，鐵赤色如銅……外變而内不化也。」曾青就是硫酸銅，又名石膽或膽礬。用曾青塗鐵，就是使鐵和硫酸銅溶液起化學作用，鐵取代硫酸銅裏的銅，它的表面附有一層紅色的銅，故説「鐵赤色如銅」。這個化學反應是：

$$Fe+CuSO_4 \rightarrow FeSO_4+Cu$$

因爲用的是塗抹的方法，硫酸銅溶液只在金屬鐵的表面上發生作用，所以説它「外變而内不化」〔二〕。這表明「葛洪已經實驗過鐵與銅鹽的取代作用」〔三〕。

此外，現代科學家還注意到「金丹」這個名詞始見於抱朴子内篇，製煉金丹的屋類似現在的實驗室，又泥法用六一泥，這些都是最早記録在抱朴子裏。用戎鹽、鹵鹽、礜石、牡蠣、赤石脂、滑石、胡粉七種材料作成六一泥（六加一爲七。以後又有用不同的方劑合成

〔一〕中國古代科學家（修訂本）第五五—五六頁。

〔二〕中國古代科學家（修訂本）第五六頁。

〔三〕袁翰青：中國化學史論文集第一九〇頁。

六一泥),其用處有二:一是以之塗密接合處使勿漏氣,二是熱的絶緣體或使温度的變化不急驟,有時泥也參加化學的反應〔一〕。可見六一泥的作用不小,是煉製金丹所必需的。

總的來説,葛洪在煉丹史上的貢獻有以下幾點值得注意:(1)第一次記載了許多現已失傳的煉丹的著作;(2)第一次具體記述了許多煉丹的方法,金丹、黄白兩篇中有些方法是經過實驗的,記録得很詳細;(3)通過這些煉丹法的敘述,知道一些煉丹的主要材料是什麽,它的化學反應是怎樣的。

煉丹家往往兼攻藥物學和醫學。葛洪曾著金匱藥方、肘後備急方等醫書,這些對醫學上的貢獻也是不小的。因爲不屬於抱朴子内篇的範圍,這裏略而不論。在醫學理論方面,他强調相信良醫的治病,反對巫祝迷信的害人(至理)。又説人的體質不同,因而抵抗力亦異,雖在一同條件下,或病或不病。當世人感覺病的時候,「唯怨風冷與暑濕,不知風冷暑濕不能傷壯實之人也。徒患體虚氣少者,不能堪之,故爲所中耳。何以較之?設有數人,年紀老壯既同,服食厚薄又等,俱造沙漠之地,並冒嚴寒之夜,素雪墮於上,玄冰結

〔一〕曹元宇:中國古代金丹家的設備及方法,見中國古代金屬化學及金丹術。

於下，寒風摧條而宵駭，欬唾凝冱於唇吻，則其中將有獨中冷者，而不必盡病也。非冷氣之有偏，蓋人體有不耐者耳」。這樣看來，人們倘是不注意保健强身，平時缺乏鍛鍊，「體已素病，因風寒暑濕者以發之耳。苟令正氣不衰，形神相衞，莫之能傷也」（極言）。這樣闡明强身保健，增强體質和抵抗風寒暑濕的能力，不能不説是相當透闢的。

還有值得重視的，如葛洪説乘蹻之法「或用棗心木爲飛車，以牛革結環劍以引其機」（雜應）云云。這初步説明螺旋槳的原理，能使飛車上引空中〔一〕，也是科學技術史上珍貴的資料。

此外，葛洪注意天文，撰有渾天論；注意潮汐，撰有潮説；注意軍事兵法，有軍術等撰作。根據各書著録，他的著述，總計有六十餘種之多（參本書附録葛洪撰述書目表）。除後人誤題或僞託者外，從他的一些代表著作看來，其學問方面之廣，著述之宏富，實堪驚人。

應當指出，在抱朴子内篇裏，無論講煉丹或醫學的道理，葛洪説着説着，就説到如何長生、如何成仙方面去了。即説乘蹻法，也夾雜着什麽「服符精思」。所有這些宗教迷信

〔一〕中國古代科學家（修訂本）第五頁劉汝霖魯班篇。

的話，是受了宗教神學世界觀的支配，必須加以批判。本來古代原始自然科學和神學往往雜糅在一起。煉丹術同神仙思想混雜着，原始醫學同巫術也是糅合不分，古代的天文學也往往與占星術雜糅着。漫道自然科學，就是整個人類社會的發展，初民社會的歷史傳説同光怪陸離的神話也是混雜在一起的。這説明了在古代，科學還深深地禁錮在神學之中。我們應當努力運用唯物辯證法這個鋭利的武器，以批判的態度，區别宗教與科學，在宗教與科學的糅合體中，剔除其糟粕，汲取其合理的菁華。這是我們科學工作者整理古代文化遺産的任務。

三

抱朴子内篇作爲道教史和科學技術史的研究資料，無疑是重要的。前人和近人先後做了不少校勘工作，這次把它們匯合起來，加上我個人一些校語和訂正，算是首次的集校。至於注釋，向來没有一個注本傳世。據記載，梁朝陶弘景的侄子陶翊在華陽隱居本起録裏曾經提到陶弘景所著道書的名目中有抱朴子注二十卷（見宋張君房編雲笈七籤卷一百七、宋賈嵩陶隱居内傳卷中）。陶弘景抱朴子注二十卷，當係内篇的注解，但是這個注本早已亡佚，連影子都不見了。現在我將它粗作注釋，聊供讀者之一助。因爲抱朴子内篇不是通俗讀物，校釋本既有校訂文字，又有注釋，内容已感繁重，故除個別地方，乘行文之便，聊寓批判之意外（如微旨篇謬稱郭巨埋兒得金），對於一般宗教迷信以及封建倫理的説教，率不另加批語。

抱朴子内篇原來單獨成書，不與外篇相併。葛洪抱朴子内篇序云：「余所著子書之數，而别爲此一部，名曰内篇，凡二十卷，與外篇各起次第也。」葛洪先撰外篇，後著内篇（見黄白）。抱朴子外篇自敘稱：「凡著内篇二十卷，外篇五十卷。」則内篇爲二十卷，應無可疑。唯隋書經籍志道家著録内篇二十一卷、新唐書藝文志著録内篇十卷爲異。現在流傳的抱朴子内篇二十卷，卷各一篇，則新唐志十卷本，可能是合兩篇爲一卷。我相信抱朴子内篇原來就是二十卷，可是卷各一篇，就不一定是原來的樣子。因爲晉書葛洪傳説内篇和外篇凡一百一十六篇。現行本内篇二十篇，外篇五十二篇，内外篇合計僅有七十二篇，距一百一十六篇尚差四十四篇之譜。這四十四篇顯然亡佚了。所以嚴可均鐵橋漫稿六代繼蓮龕爲抱朴子敘云：「今本僅内篇之十五六，外篇之十三四耳。」亦見吴士鑑晉書斠注葛洪傳。

最後，這裏需要聲明的，黄白篇有若干藥名很隱晦玄秘，一時未能考查明白。其中像陵陽子明、守田公、戴文浴，承北京中醫研究院醫史文獻研究室和江蘇新醫學院中醫基礎教研組分別告知，還有中華書局編輯部的同志提了寶貴的意見，對他們均表示深切的感謝。

本書無論校勘、標點或注釋部分，凡有錯誤和不妥之處，敬求讀者隨時批評和指正！

王明

一九七七年九月於中國社會科學院哲學研究所

凡例

一、本校釋以清孫星衍平津館校刊本爲底本。孫氏校勘之文字稱「孫校」。孫本標舊校爲「原注」者，改稱「原校」。無論「孫校」或「原校」，悉移録入校釋中，以昭劃一。

二、本校釋採用繼昌、陳其榮校勘記補入相當之位置。

三、孫詒讓札迻、俞樾曲園雜纂（近人李天根輯爲諸子平議補録）、羅振玉敦煌石室本抱朴子殘卷校記（僅存暢玄、論仙、對俗三篇。見永豐鄉人雜著續編）、孫人和抱朴子校補等悉爲集校之資料。道書中神仙金汋經、宋張君房雲笈七籤等所引，並爲校讎之用。至於明正統道藏本、明盧舜治本、明魯藩本以及其它類書等所引，孫校本、校勘記及校補先後已據以校録。其須覆校者，將隨文注明。其他如明刊慎懋官校本、明刊寶顏堂秘笈本（廣漢魏叢書本、柏筠堂本同），採校者多，湖北崇文書局子書百家本間亦取以參校。兹舉匯校諸書之簡稱如左：

宋紹興二十二年臨安刊本抱朴子内篇……宋浙本（再版增補）

繼昌、陳其榮抱朴子内篇校勘記……校勘記

孫詒讓札迻……札迻

俞樾曲園雜纂……曲園

羅振玉敦煌石室本抱朴子殘卷校記……敦煌

日本田中慶太郎藏古寫本抱朴子……影古寫本（再版增補）

孫人和抱朴子校補……校補

神仙金汋經……金汋經

張君房雲笈七籤……籤

愼懋官校本抱朴子……愼校

寶顔堂秘笈本抱朴子……寶顔堂

湖北崇文書局子書百家本抱朴子……崇文

四、本書「玄」字，平津館校刊本爲避清帝玄燁諱，曾改爲「元」，今皆復原。

五、凡採用前人校語，率標明出處。屬本人所校者，或逕作校語，或書「案」字，或標名以示别。

六、抱朴子向無注本行世。今之所注，篳路藍縷，擇其要者，略爲詮釋。不詳者闕。

七、句中文字，既有校勘，又有注釋，則先校後釋。

八、注釋所引文字，每有删略，不盡依原書文句，以省煩累。

抱朴子内篇卷之一　暢玄

抱朴子曰：「玄者，自然之始祖，而萬殊之大宗也〔一〕。眇昧乎其深也，故稱微焉。緜邈乎其遠也，故稱妙焉。其高則冠蓋乎九霄〔二〕，其曠則籠罩乎八隅〔三〕。光乎日月，迅乎電馳。或倏爍而景逝，或飄滭而星流〔四〕，或滉漾於淵澄，或雰霏而雲浮。因兆類而爲有，託潛寂而爲無。淪大幽而下沈〔五〕，淩辰極而上游〔六〕。金石不能比其剛，湛露不能等其柔。方而不矩，圓而不規。來焉莫見，往焉莫追。乾以之高，坤以之卑，雲以之行，雨以之施。胞胎元一〔七〕，範鑄兩儀〔八〕，吐納大始〔九〕，鼓冶億類，佪旋四七〔一〇〕，匠成草昧，轡策靈機，吹噓四氣〔一一〕，幽括沖默，舒闡粲尉〔一二〕，抑濁揚清，斟酌河渭，增之不溢，挹之不匱，與之不榮，奪之不瘁。故玄之所在，其樂不窮。玄之所去，器弊神逝。夫五聲八音〔一三〕，清商流徵，損聰者也。鮮華豔采，彧麗炳爛〔一四〕，傷明者也。宴安逸豫，清醪芳醴，亂性者也。冶容媚姿，鉛華素質〔一五〕，伐命者也。其唯玄道，可與爲永〔一六〕。不知玄道者〔一七〕，雖顧眄爲生殺之神器〔一八〕，脣吻爲興亡之關鍵〔一九〕，綺榭俯臨乎雲雨〔二〇〕，藻室華綠以參差〔二一〕。組帳霧合，羅幬雲離〔二二〕。西毛陳於閒房〔二三〕，金觴華以交馳〔二四〕，清絃嘈囋以齊唱〔二五〕，鄭舞紛縿以蜲蛇〔二六〕，哀簫鳴以淩霞〔二七〕，羽蓋浮於漣漪〔二八〕，掇芳華於蘭林之囿，弄紅葩於積珠之池〔二九〕，登峻則望遠以忘百憂，臨深則俯擥以遺朝飢〔三〇〕，入宴千門之焜熀〔三一〕，出駈朱輪之華儀〔三二〕。然樂極則哀集，至盈必有虧。故曲終則歎發，燕罷則心悲也〔三三〕。寔理勢之攸召，猶影響之相歸也。彼假借而非真〔三四〕，故物往若有遺也。

校釋

〔一〕玄者自然之始祖而萬殊之大宗也　此所謂玄，原自漢代揚雄之太玄，非魏晉玄學之玄。此論玄爲宇宙之本體，尤着重於玄道。玄道亦即玄一之道。下文所謂得之乎內，守之者外，用之者神，忘之者器，此思玄之要言也。由此可見抱朴子所謂玄，實爲神祕主義之本體論。

〔二〕其高則冠蓋乎九霄　九霄，即九天，指天之極高處。

〔三〕其曠則籠罩乎八隅　八隅，猶言八方。山海經海內西經云：「昆侖之虛，方八百里，高萬仞，百神之所在，在八隅之巖。」

〔四〕飄滭而星流　孫校：「滭」一本作「飆」。

〔五〕淪大幽而下沈　山海經海內經：「北海之內，有大幽之國。」大幽猶大冥，北方極陰之地。

本書地真篇云：「一在北極大淵之中。」

〔六〕凌辰極而上游　辰極，即北辰，一名北極星。爾雅釋天：「北極謂之北辰。」

〔七〕胞胎元一　劉歆三統曆説：「經元一以統始，易太極之首也。」又云：「太極元氣，涵三爲一。」即天、地、人混合於一元。元一，指元氣。胞胎元一，後漢書郅惲傳「含元包一」之義也。

〔八〕範鑄兩儀　兩儀，指天地。周易繫辭：「易有太極，是生兩儀。」

〔九〕吐納大始　宋浙本「大」作「太」，大、太古通用。大始，元氣開始形成萬物之狀態。列子天瑞篇云：「太始者，形之始也。」

〔一〇〕徊旋四七　「徊」一作「佪」。四七，指二十八宿，東南西北四方各七宿，見淮南子天文篇。

〔一一〕吹噓四氣　慎校本、寶顔堂本「四氣」並作「咀吸」。四氣，春夏秋冬四時之氣。禮記樂記云：「動四氣之和。」

〔一二〕幽括沖默舒闡粲尉　「幽」或疑爲「函」之訛。原校：「尉」一作「鬱」。校勘記：陳其榮案盧舜治本「粲尉」作「湮鬱」。明案慎校本、寶顔堂本並作「湮鬱」。舒闡，抒發。粲，鮮明。尉讀作鬱，濃盛。

〔一三〕五聲八音　五聲，宮、商、角、徵、羽。八音，金、石、土、革、絲、木、匏、竹八種樂器之音。見周禮春官大師。

〔一四〕彧麗炳爛　校勘記：榮案盧本「彧麗」作「輝煌」。明案慎校本、寶顔堂本亦作「煇煌」。敦煌「彧麗炳爛」作「麗眪粲爛」。彧麗炳爛，言豔麗粲爛。

〔一五〕鉛華素質　「鉛」，敦煌作「朱」，意林作「紅」。鉛華，鉛粉，用以擦面。後漢張衡定情賦：「思在面而爲鉛華兮。」魏曹植洛神賦：「鉛華不御。」

〔一六〕可與爲永　「爲永」敦煌作「推求」。

〔一七〕不知玄道者　孫校：句下刻本有「難與爲存」四字，非。

〔一八〕雖顧眄爲生殺之神器　「眄」藏本、魯藩本、慎校本皆作「盻」。「生殺」孫校云：藏本作「殺生」。明案敦煌、宋浙本、魯藩本、慎校本亦作「煞生」。

〔一九〕脣吻　「吻」敦煌作「喙」。

〔二〇〕綺榭俯臨乎雲雨　「綺榭」原作「椅榭」。明案敦煌作「綺榭」。宋浙本同。「綺榭」，華美之臺榭，與下句「藻室」對語，作「綺榭」是，今據改。「雲雨」，校勘記榮案盧本作「雲漢」。今案慎校本、寶顔堂本亦作「雲漢」。

〔二一〕藻室華緑以參差　「華」敦煌作「朱」。「華緑」慎校本、寶顔堂本作「華椽」。

〔二二〕羅幬雲離　「幬」敦煌作「幃」。幬亦是帳。

〔二三〕西毛陳於閒房　「閒」藏本作「閑」，慎校本、寶顔堂本訛作「閉」。西，西施，春秋時越國美女。毛，毛嬙，越王美姬。莊子齊物論：「毛嬙麗姬，人之所美也。」慎子威德篇：「毛嬙西施，天下之至姣也。」

〔二四〕金觴華以交馳　「華」敦煌作「曄」。「以」慎校本作「於」。金觴，金屬製之酒器。

〔二五〕清絃嘈囋以齊唱　敦煌無「囋」字。嘈囋，喧鬧聲。

〔二六〕鄭舞紛綵以蜲蛇　敦煌無「綵」字。紛綵，紛紜雜沓。蜲蛇，舞步曲行。

〔二七〕哀簫鳴以淩霞　敦煌「哀簫鳴」作「鳴哀簫」，「淩霞」作「淩雲」。

〔二八〕羽蓋浮於漣漪　「羽蓋浮」敦煌作「浮羽蓋」。

〔二九〕弄紅葩於積珠之池　孫校：「葩」藏本作「蘤」。明案宋浙本亦作「蘤」。

〔三〇〕臨深則俯攣以遺朝飢　「攣」敦煌、慎校本作「覽」。攣，手採取。

〔三一〕入宴千門之焜熀　明案「焜」原作「混」，疑誤。「焜」孫校：一本作「燿」。敦煌作「晃」。詰鮑篇：「金象焜晃乎清沼。」慎校本、寶顏堂本並作「焜熀」。當作「焜熀」，今據改。焜熀，光耀奪目。

〔三二〕出駈朱輪之華儀　「駈」同「驅」，藏本作「驅」。朱輪，古時貴官所乘車。

〔三三〕燕罷則心悲也　孫校：「燕」藏本作「醼」。明案宋浙本亦作「醼」。「燕罷」敦煌作「讌徹」，敦煌無「也」字。

〔三四〕彼假借而非真　孫校：「彼」藏本作「欺」。明案「彼」敦煌作「斯」，近是。宋浙本、藏本譌作「欺」，慎校本、寶顏堂本作「豈」。

夫玄道者，得之乎内，守之者外〔一〕，用之者神，忘之者器〔二〕，此思玄道之要言也〔三〕。得之者貴，不待黄鉞之威。體之者富，不須難得之貨。高不可登，深不可測。乘流光，策飛景，淩六虚〔四〕，貫涵溶。出乎無上，入乎無下。經乎汗漫之門，遊乎窈眇之野。逍遥恍惚之中，倘佯彷彿之表。咽九華於雲端〔五〕，咀六氣於丹霞〔六〕。徘徊茫昧，翺翔希微〔七〕，履略蜿虹〔八〕，踐跚旋璣〔九〕，此得之者也。

校釋

〔一〕得之乎内守之者外　校勘記：榮案盧本作「得之者内，失之者外」。明案慎校本、寶顔堂本與盧本同。

〔二〕用之者神忘之者器　敦煌作「歸之乎神，忘之乎器」。

〔三〕此思玄道之要言也　慎校本、寶顔堂本無「思」字。

〔四〕淩六虚　六虚，上下四方。列子仲尼篇：「用之彌滿六虚。」

〔五〕咽九華於雲端　九華，日月之精華。雲笈七籤八：「上清真人呼日月爲太寶九華。」

〔六〕咀六氣於丹霞　六氣之説不一。楚辭遠遊：「飡六氣而飲沆瀣兮。」王逸注引陵陽子明經言：「春食朝霞，朝霞者，日始欲出赤黄氣也；秋食淪陰，淪陰者，日没以後赤黄氣也；冬飲沆瀣，沆瀣者，北方夜半氣也；夏食正陽，正陽者，南方日中氣也，并天地玄黄之氣，是爲六氣」。莊子逍遥遊：「御六氣之辯。」李頤云：「平旦朝霞，日午正陽，日入飛泉，夜半沆瀣，並天地二氣，爲六氣也。」餘説從略。

〔七〕翺翔希微　翺翔，飛行。希微，言無聲無形。老子云：「聽之不聞名曰希，搏之不得名曰微。」

〔八〕履略蜿虹　履略，踐行。蜿，屈曲狀。虹，彩虹。

〔九〕踐跚旋璣　敦煌作「躡踐旋機」。校勘記：榮案盧本跚作「蹋」。明案「踐跚」似當作「踐蹋」，踐踏之意。旋璣，北斗之星名。春秋運斗樞云：「北斗七星，第二璇，第三璣。」旋同璇。

其次則真知足〔一〕，知足者則能肥遁勿用〔二〕，頤光山林〔三〕。紆鸞龍之翼於細介之伍〔四〕，養浩然之氣於蓬蓽之中〔五〕。繿縷帶索，不以貿龍章之暐曄也〔六〕。負步杖筴，不以易結駟之駱驛也。藏夜光於嵩岫〔七〕，不受他山之攻。沈靈甲於玄淵〔八〕，以違鑽灼之災。動息知止〔九〕，無往不足。棄赫奕之朝華，避僨車之險路。吟嘯蒼崖之閒〔一〇〕，而萬物化爲塵氛〔一一〕。怡顔豐柯之下〔一二〕，而朱户變爲繩樞〔一三〕。握耒甫田〔一四〕，而麾節忽若執鞭〔一五〕。啜荈漱泉〔一六〕，而太牢同乎藜藿〔一七〕。泰爾有餘歡於無爲之場，忻然齊貴賤於不争之地。含醇守樸，無欲無憂，全真虚器，居平味澹。恢恢蕩蕩〔一八〕，與渾成等其自然〔一九〕。浩浩茫茫〔二〇〕，與造化鈞其符契〔二一〕。如闇如明，如濁如清〔二二〕，似遲而疾，似虧而盈。豈肯委尸祝之坐〔二三〕，釋大匠之位，越樽俎以代無知之庖〔二四〕，舍繩墨而助傷手之工。不以臭鼠之細瑣〔二五〕，而爲庸夫之憂樂〔二六〕。藐然不喜流俗之譽〔二七〕，坦爾不懼雷同之毁〔二八〕。不以外物汩其至精，不以利害污其純粹也。故窮富極貴，不足以誘之焉，其餘何足以悦之乎〔二九〕？直刃沸鑊〔三〇〕，不足以劫之焉，謗讟何足以戚之乎〔三一〕？常無心於衆煩，而未始與物雜也〔三二〕。

校釋

〔一〕其次則真知足　敦煌「真」作「有」。

〔二〕肥遁勿用　肥，優裕；遁，隱遁。一説「肥遁」作「飛遁」。肥遁勿用，言隱遁不用於世。易遯卦上九爻：「肥遯無不利。」

〔三〕頤光山林　頤，養。頤光，頤養精神。

〔四〕於細介之伍　「細介」原作「細分」。宋浙本同。孫校：「分」當作「介」。細分之伍，敦煌作「細介之位」。曲園云：細，疑紬字之誤；分，疑魵字之誤；魵即鰕也，細分即紬鰕。明案俞説失之鑿，「細分」當依敦煌作「細介」，指微小之甲蟲，金丹篇所謂「見巨鯨而知寸介之細也」。今據訂正。「伍」，敦煌譌作「位」。

〔五〕養浩然之氣於蓬蓽之中　浩然之氣，所謂至大至剛正直之氣。孟子公孫丑上：「我善養吾浩然之氣。」蓬蓽，蓬户蓽門，謂陋室。禮記儒行篇云：「蓽門圭窬，蓬户甕牖。」

〔六〕不以貿龍章之暐曄　貿，交换。龍章，龍紋繡飾之衣服。禮記明堂位云：周服龍章。暐曄，指服飾文彩鮮明。

〔七〕藏夜光於嵩岫　夜光，寶玉名。戰國策楚策：楚王獻夜光之璧於秦王。嵩岫，高山崖穴。

〔八〕沈靈甲於玄淵　「靈」原作「鱗」，案敦煌、宋浙本作「靈」。外篇廣譬篇：「靈龜之甲，不必爲戰施。」則「鱗」爲「靈」之訛，今據正。

〔九〕動息知止　「息」敦煌作「思」。

〔一〇〕吟嘯蒼崖之閒　「蒼崖」敦煌作「崖谷」。

〔一一〕萬物化爲塵氛　「塵氛」敦煌作「埃芥」。宋浙本作「埃氛」。

〔一二〕怡顔豐柯之下　孫校：「怡」一本作「收」。案敦煌仍作「怡」。

〔一三〕朱户變爲繩樞　朱户，喻富貴人家。繩樞，以繩係户樞，喻貧賤人家。漢書陳勝項籍列傳：「陳涉甕牖繩樞之子，甿隸之人。」

〔一四〕握耒甫田　握耒，耕作。甫田，大田。

〔一五〕麾節忽若執鞭　麾節，指持符節之將帥。執鞭，指僕從。

〔一六〕啜荈漱泉　孫校：「荈」一本作「粟」。案敦煌「荈」作「叔」，「叔」即「菽」字。

〔一七〕太牢同乎藜藿　「藜藿」敦煌作「荼蓼」。宋浙本作「藜蓼」。太牢，牛羊豕三牲之肉。藜藿，賤菜。

〔一八〕恢恢蕩蕩　恢恢蕩蕩，廣遠貌。

〔一九〕與渾成等其自然　渾成，喻大道，猶言自然。老子云：「有物混成，先天地生。」

〔二〇〕浩浩茫茫　浩浩茫茫，廣大貌。

〔二一〕與造化鈞其符契　造化，指天地。

〔二二〕如闇如明如濁如清　孫校：刻本「如明」「如清」二「如」字作「而」。明案敦煌、慎校本、寶顏堂本兩「如」字亦皆作「而」。

〔二三〕豈肯委尸祝之坐　明案「尸祝之坐」原作「尸祝之塵」，義不可通。敦煌「塵」作「坐」，甚是，今據改。坐通座。蓋「尸祝之坐」與下句「大匠之位」相對。「塵」宋浙本作「尘」，淺人誤以「坐」爲「尘」耳。

〔二四〕越樽俎以代無知之庖　越樽俎代庖，言不適當地代人作事，故事見莊子逍遥遊篇。

〔二五〕不以臭鼠之細瑣　「瑣」宋浙本作「碎」。

〔二六〕而爲庸夫之憂樂　孫校：藏本無「而爲」二字。明案敦煌、宋浙本、魯藩本亦無此二字。

〔二七〕藐然不喜流俗之譽　「藐」，敦煌作「莞」。

〔二八〕坦爾不懼雷同之毁　「坦」，宋浙本、藏本作「怛」。

〔二九〕其餘何足以悦之乎　案慎校本、寶顏堂本「其餘」作「稱頌」，敦煌無「足」字。

〔三〇〕直刃沸鑊　「直」，敦煌作「白」。直刃，刺殺。沸鑊，烹殺。

〔三一〕謗讟何足以戚之乎　此句敦煌作「謗言何以戚之矣」。讟，誹謗。

〔三二〕而未始與物雜也　宋浙本「雜」下有「者」字。

若夫操隋珠以彈雀〔一〕，舐秦痔以屬車〔二〕，登朽緡以探巢〔三〕，泳呂梁以求魚〔四〕，旦爲稱孤之客，夕爲狐鳥之餘。棟撓餗覆〔五〕，傾溺不振，蓋世人之所爲載馳企及〔六〕，而達者之所爲寒心而悽愴者也〔七〕。故至人嘿韶夏而韜藻棁〔八〕。奮其六羽於五城之墟〔九〕，而不煩銜蘆之衞〔一〇〕。翳其鱗角乎勿用之地〔一一〕，而不恃曲穴之備〔一二〕。俯無倨鵄之呼〔一三〕，仰無亢極之悔〔一四〕，人莫之識，邈矣遼哉！

校釋

〔一〕若夫操隋珠以彈雀　莊子讓王篇云：「以隨侯之珠，彈千仞之雀，世必笑之。是何也？則以其所用者重，所要者輕也。」

〔二〕舐秦痔以屬車　「秦」，敦煌作「創」，宋浙本、藏本作「瘡」。莊子列禦寇篇云：「秦王有病召醫，破癰潰痤者得車一乘，舐痔者得車五乘。所治愈下，得車愈多。」

〔三〕登朽緡以探巢　「緡」，敦煌作「條」。

〔四〕泳呂梁以求魚　莊子達生篇云：「孔丘觀於呂梁，縣水三千仞，流沫四十里，黿鼉魚鱉之所不能游也。」案呂梁有二説，一説在西河，一説在彭城。

〔五〕棟撓餗覆　棟撓，棟梁摧折。周易大過卦云：「棟隆之吉，不撓乎下也。」左傳襄公三十一年：「棟折榱崩。」餗覆，鼎中食物傾覆而出。周易鼎卦云：「鼎折足，覆公餗。」

〔六〕世人之所爲載馳企及　敦煌無「之」字，「企」上有「而」字。案當有「而」，觀下文語法便知。

〔七〕達者之所爲寒心而悽愴也　敦煌、宋浙本無「之」字，悽愴作「愴恨」。

〔八〕故至人嘿韶夏而韜藻棁　孫校：「棁」當作「梲」。明案「棁」慎校本、寶顔堂本作「彩」。嘿同默。韶、夏，古樂章名。韜，包藏。藻棁，有文彩藻飾之楹柱。此句言美樂彩色皆棄而不用。

〔九〕奮其六羽於五城之墟　奮其六羽，飛翔之意。司馬貞三皇紀云：「人皇九頭，乘雲車，駕六羽。」本書地真篇：「崑崙五城之内。」又祛惑篇云：「崑崙山上，一面有四百四十門，門廣四里，内有五城十二樓。」

〔一〇〕而不煩銜蘆之衞　淮南子脩務篇云：「夫雁銜蘆而翔，以備矰弋。」高誘注：「銜蘆，所以令繳不得截其翼也。」

〔一一〕翳其鱗角乎勿用之地　王嘉拾遺記云：「員嶠山有冰蠶長七寸，黑色，有角有鱗，以霜雪覆之。」

〔一二〕不恃曲穴之備　淮南子脩務篇：「螘知爲垤，貛貉爲曲穴。」蓋貛貉造曲穴以備患。

〔三〕俯無倨鵶之呼　鵶，鴟。莊子秋水篇：「鴟得腐鼠，鵷鶵過之，仰而視之曰，嚇。」釋文云：「嚇本亦作呼。」鵷鶵，鸞鳳之屬。司馬云：嚇怒其聲，恐其奪己也。成疏：鴟以腐鼠爲美，仰嚇鵷鶵。

〔四〕仰無亢極之悔　周易乾卦：「上九，亢龍有悔。」

抱朴子内篇卷之二　論仙

或問曰："神仙不死，信可得乎？"抱朴子答曰〔一〕："雖有至明，而有形者不可畢見焉。雖禀極聰，而有聲者不可盡聞焉。雖有大章豎亥之足〔二〕，而所常履者，未若所不履之多〔三〕。雖有禹益齊諧之智〔四〕，而所嘗識者〔五〕未若所不識之衆也。萬物云云〔六〕，何所不有，况列仙之人，盈乎竹素矣。不死之道，曷爲無之？"

校　釋

〔一〕抱朴子答曰　影古寫本無"答"字。

〔二〕雖有大章豎亥之足　大章豎亥，古時善走者。淮南子墬形篇云：禹使大章步自東極，至於西極，二億三萬三千五百里七十五步；使豎亥步自北極，至於南極，二億三萬三千五百里七十五步。後漢高誘注：太章豎亥，善行人，皆禹臣也。

〔三〕未若所不履之多　"多"下敦煌、影古寫本有"也"字。案下文語法，當有"也"字。

〔四〕雖有禹益齊諧之智　孫校："智"，藏本作"識"。明案宋浙本、魯藩本亦作"識"，敦煌、影古寫本作「博」。禹，夏禹。益，舜臣。齊諧，人名，見莊子逍遥遊篇司馬彪注。

〔五〕而所嘗識者 孫校：藏本無「嘗」字。案宋浙本亦無「嘗」字，敦煌「嘗」作「記」。

〔六〕萬物云云 「云云」，校勘記：「榮案盧本作芸芸，道德經夫物芸芸。」明案慎校本、寶顔堂本亦作「芸芸」。芸芸，衆多貌。

於是問者大笑〔一〕曰：「夫有始者必有卒〔二〕，有存者必有亡。故三五丘旦之聖〔三〕，棄疾良平之智〔四〕，端嬰隨酈之辯〔五〕，賁育五丁之勇〔六〕，而咸死者，人理之常然〔七〕，必至之大端也〔八〕。徒聞有先霜而枯瘁，當夏而凋青，含穗而不秀，未實而萎零，未聞有享於萬年之壽，久視不已之期者矣〔九〕。故古人學不求仙，言不語怪，杜彼異端，守此自然，推龜鶴於别類〔一〇〕，以死生爲朝暮也〔一一〕。夫苦心約己，以行無益之事〔一二〕，鏤冰雕朽，終無必成之功。未若攄匡世之高策，招當年之隆祉，使紫青重紆，玄牡龍跱，華轂易步趍〔一三〕，鼎餗代耒耜，不亦美哉？每思詩人甫田之刺〔一四〕，深惟仲尼皆死之證，無爲握無形之風，捕難執之影，索不可得之物，行必不到之路，棄榮華而涉苦困〔一五〕，釋甚易而攻至難，有似喪者之逐遊女〔一六〕，必有兩失之悔，單張之信偏見〔一七〕，將速内外之禍也。夫班狄不能削瓦石爲芒鍼〔一八〕，歐冶不能鑄鉛錫爲干將〔一九〕。故不可爲者，雖鬼神不能爲也；不可成者，雖天地不能成也。世間亦安得奇方，能使當老者復少〔二〇〕，而應死者反生哉〔二一〕？而吾子乃欲延蟪蛄之命，令有歷紀之壽，養朝菌之榮，使累晦朔之積〔二二〕，不亦謬乎？願加九思，不遠迷復焉〔二三〕。」

校釋

〔一〕於是問者大笑　校補云：敦煌殘卷「大」下有「而」字，是也。大而笑之者，以爲迂闊而笑之也，與大笑義異。本書微旨篇云，大而笑之，其來久矣。是其證。按影古寫本「大」下亦有「而」字。

〔二〕有始者必有卒　「卒」影古寫本作「本」。

〔三〕三五丘旦之聖　三謂三皇，五謂五帝。丘，孔丘；旦，周公旦。

〔四〕棄疾良平之智　后稷名棄，兒時屹如巨人之志，其游戲好種樹麻菽，麻菽美；及爲成人，遂好耕農，相地之宜，宜穀者稼穡焉。見史記周本紀。樗里子名疾，秦惠王之弟，滑稽多智，秦人號曰智囊。見史記樗里子傳。張良，字子房，輔佐漢劉邦。史記留侯世家：高帝曰，運籌帷帳中，決勝千里外，子房功也。史記陳平世家云：漢六年，人有上書告楚王韓信反，高帝用陳平計，僞游雲夢，禽韓信。又高帝至平城，爲匈奴所圍，七日不得食，高帝用陳平奇謀，圍得以解。

〔五〕端嬰隨酈之辯　「嬰」敦煌、影古寫本作「晏」。史記仲尼弟子列傳：端木賜，字子貢，利口巧辭，孔丘常黜其辯。嬰，晏嬰，謚平仲，相齊景公，善諫説，史記有管晏列傳。隨何善辯，爲劉邦説黥布畔楚歸漢，見史記黥布列傳。酈生食其，從沛公劉邦略地，酈生常爲説客，馳使諸侯，見史記本傳。

〔六〕賁育五丁之勇　賁，孟賁，衛人，一説齊人；育，夏育，周時衛人，皆大勇士。參見史記范雎列傳及裴駰集解。五丁，秦惠王時蜀力士。華陽國志蜀志云：秦惠王作石牛五頭，朝瀉金其後，曰，牛便金。蜀人悦之，遣使請石牛，惠王許之。乃遣五丁迎石牛。

〔七〕人理之常然　「然」敦煌、影古寫本作「勢」。

〔八〕必至之大端也　「端」敦煌、影古寫本作「歸」。

〔九〕久視不已之期者矣　「久」上敦煌、影古寫本有「受」字。

〔一〇〕推龜鶴於别類　「鶴」敦煌作「鵠」（以下鶴字均作鵠）。按影古寫本亦作「鵠」，是。

〔一一〕以死生爲朝暮也　校勘記：榮案盧本「以」作「比」。

〔一二〕以行無益之事　「行」敦煌、影古寫本作「脩」。宋浙本作「求」。

〔一三〕華轂易步趍　「易」敦煌作「貿」。孫校云：「趍」藏本作「趣」。案魯藩本亦作「趣」。

〔一四〕每思詩人甫田之刺　「每」敦煌、影古寫本、宋浙本作「幸」。毛詩齊風甫田篇刺襄公；又小雅有甫田之什，小序云，刺幽王也。

〔一五〕棄榮華而涉苦困　「苦困」敦煌、影古寫本作「困苦」。

〔一六〕有似喪者之逐遊女　孫校：「喪」當作「桑」，事見列子説符、説苑權謀。明案：「喪」敦煌正作「桒」，即「桑」字别體。列子説符篇云：晉文公出，會欲伐衛。公子鋤仰天而笑。公問何笑。曰，臣笑鄰之人有送其妻適私家者，道見桑婦，悦而與言。然顧視其妻，亦有招之者矣。臣竊笑此也。公寤其言，乃止。

〔一七〕單張之信偏見　單，單豹；張，張毅，皆魯人。莊子達生篇云：魯有單豹者，巖居而水飲，不與民共利，不幸遇餓虎，餓虎殺而食之。有張毅者，高門縣薄，無不走也。行年四十，而有内熱之病以死。豹養其内，而虎食其外。毅養其外，而病攻其内。此二子者，皆不鞭其後者也。並見吕氏春秋必己篇。

〔一八〕班狄不能削瓦石爲芒鍼　孫校：「狄」藏本作「秋」，非也，依意林引改。狄、翟同字，又見後辨問篇。曲園云：「秋」字誤，宋葉大慶考古質疑引作班輸。明案敦煌、影古寫本作「狄」，與意林同，是矣。班，公輸班，亦稱班輸，戰國初魯人，有巧藝，能造雲梯之械，見墨子公輸篇。漢書敘傳上：班輸榷巧於斧斤。顔注：班輸，即魯公輸班也。狄，墨翟，亦魯大巧者，能造木鳶而飛，且巧爲車輗，見韓非子外儲説左上。

〔一九〕歐冶不能鑄鉛錫爲干將　歐冶子，越人，以善鑄劍聞名，越王使歐冶子造劍五枚。干將，吴人，與歐冶子同師，俱善作劍。干將又是劍名，吴王闔閭使干將造劍二枚，一曰干將，二曰莫邪。見吴越春秋卷四。

〔二〇〕能使當老者復少　明案「能」下原無「使」字，疑有脱文，敦煌、影古寫本、慎校本、寶顔堂本皆有「使」字，今據補。「復」敦煌、影古寫本作「常」。

〔二一〕應死者反生哉　「反」敦煌、影古寫本作「久」。

〔二二〕「而吾子乃欲延蟪蛄之命」至「使累晦朔之積」　「養朝菌之榮」句，孫校云：舊脱「之榮」二字，今補。明案敦煌、影古寫本、宋浙本、藏本、魯藩本皆無「之榮」二字。校補曰：「延蟪蛄之命」與「令有歷紀之壽」，語氣相近；「累晦朔之積」，文亦不順。古寫殘卷作「而吾子乃欲延蟪蛄令有歷紀之壽，養朝菌使之累晦積朔，不亦謬乎」？決是抱朴子原本如此。今本「命」字即「令」字之譌衍。後人又補「之」字，以足其義。「使之累晦積朔」又誤作「使累晦朔之積」，故文義不安。孫校補「之榮」二字，與上對文，尤非。孫校又於「使累晦朔之積」下云：「舊此下衍吾子二字，今删。」明案敦煌、影古寫本無「吾子」二字，宋浙本、藏本、魯藩本並有。

〔二三〕願加九思不遠迷復焉　校勘記：盧本「九」作「自」，脱下句。九思，論語季氏篇：「君子有九思：視思明，聽思聰，色思温，貌思恭，言思忠，事思敬，疑思問，忿思難，見得思義。」

抱朴子答曰：「夫聰之所去，則震雷不能使之聞，明之所棄，則三光不能使之見，豈輷磕之音細〔一〕，而麗天之景微哉？而聾夫謂之無聲焉〔二〕，瞽者謂之無物焉。又況管絃之和音，山龍之綺粲，安能賞克諧之雅韻，暐曄之鱗藻哉〔三〕？故聾瞽在乎形器，則不信豐隆之與玄象矣。而況物有微於此者乎〔四〕？暗昧滯乎心神，則不信有周孔於在昔矣。況告之以神仙之道乎？夫存亡終始，誠是大體。其異同參差，或然或否，變化萬品，奇怪無方，物是事非〔五〕，本鈞末乖，未可一也。夫言始者必有終者多矣〔六〕，混而齊之，非通理矣。謂夏必長，而薺麥枯焉〔七〕。謂冬必凋，而竹柏茂焉〔八〕。謂始必終，而天地無窮焉。謂生必死，而龜鶴長存焉〔九〕。盛陽宜暑，而夏天未必無涼日也。極陰宜寒，而嚴冬未必無暫温也。百川東注，而有北流之活活〔一〇〕。坤道至静，而或震動而崩弛〔一一〕。水性純冷〔一二〕，而有温谷之湯泉〔一三〕；火體宜熾〔一四〕，而有蕭丘之寒焰〔一五〕；重類應沈，而南海有浮石之山〔一六〕；輕物當浮，而牂柯有沈羽之流〔一七〕。萬殊之類，不可以一概斷之〔一八〕，正如此也〔一九〕久矣。

校釋

〔一〕豈輷磕之音細　輷，音轟，車聲。磕，音慨，石聲。輷磕，大聲。

〔二〕聾夫謂之無聲焉　「聾」敦煌、影古寫本作「聵」。

〔三〕暐曄之鱗藻哉　「鱗」敦煌、影古寫本作「鮮」。外篇酒誡云：「惑目者必逸容鮮藻也。」然至理篇有「韜鱗掩藻」之語，似當作「鱗」。

〔四〕而況物有微於此者乎　「而」敦煌作「何」，敦煌無「有」字。影古寫本與敦煌同。

〔五〕物是事非　孫校："非"，一本作"舛"。案敦煌、影古寫本亦作"非"。

〔六〕夫言始者　影古寫本、宋浙本"始"作"有始"。

〔七〕而薺麥枯焉　"薺"敦煌、影古寫本作"蒜"。校勘記：御覽二十二、九百七十七作"蒜麥"，九百五十三作"薺麥"。微旨篇"若以薺麥之死生"，道意篇"不可以薺麥之細碎"，是本書有"薺麥"之語。然九百七十七引在蒜門，似亦可據。

〔八〕而竹柏茂焉　"竹"敦煌、影古寫本作"松"。

〔九〕而龜鶴長存焉　"龜鶴"敦煌、影古寫本作"龜蛇"。

〔一〇〕而有北流之活活　"活活"原作"浩浩"，敦煌作"活活"。影古寫本同，是。今訂正。北流活活，語出毛詩碩人。活活，水流也。

〔一一〕而或震動而崩弛　案藏本、魯藩本並無上"而"字。孫校云："弛"疑作"阤"。明案"弛"敦煌、影古寫本作"俺"，殆係"陁"字之譌。"陁"亦作"阤"，毁也。

〔一二〕水性純冷　孫校："性"藏本作"主"。案敦煌、影古寫本、宋浙本亦作"主"。

〔一三〕而有温谷之湯泉　"温谷"敦煌、影古寫本作"浔豘"。羅氏云："豘"即"豚"别搆，"浔"殆"燖"之譌。是。燖，燂，火熱也。

〔一四〕火體宜熾　"熾"敦煌、影古寫本作"熱"。

〔一五〕而有蕭丘之寒焰　西京雜記五："火至陽而有涼焰。"關於以上四句，劉晝新論從化篇云：「水性宜冷，而有華陽温泉，猶曰水冷，冷者多也。火性宜熱，而有蕭丘寒炎，猶曰火熱，熱者多也。」

〔一六〕而南海有浮石之山　太平御覽四十九引交州記云：海中有浮石山，而峙高數十丈，浮在水上。

〔一七〕而牂柯有沈羽之流　漢書地理志牂柯郡，顏注引應劭曰：「臨牂柯江也。」沈羽之流，似弱水，不勝鴻毛。

〔一八〕不可以一概斷之　「概」下敦煌、影古寫本、宋浙本有「而」字。

〔一九〕正如此也　敦煌、影古寫本無「正」字「也」字。

有生最靈，莫過乎人。貴性之物，宜必鈞一〔一〕。而其賢愚邪正，好醜脩短，清濁貞淫，緩急遲速，趨舍所尚，耳目所欲，其爲不同，已有天壤之覺〔二〕，冰炭之乖矣。何獨怪仙者之異〔三〕，不與凡人皆死乎？

校　釋

〔一〕宜必鈞一　孫校云：藏本無「一」字。明案魯藩本亦無「一」字。敦煌、影古寫本、宋浙本、慎校本、寶顏堂本、崇文本「一」皆作「齊」。

〔二〕已有天壤之覺　敦煌、影古寫本「壤」作「淵」，「覺」作「降」。寶顏堂本「壤」作「淵」，「覺」作

「隔」。孫校云：刻本「覺」作「隔」，非；「覺」即「較」字。

〔三〕何獨怪仙者之異　敦煌、影古寫本無「異」字。

若謂受氣皆有一定，則雉之爲蜃，雀之爲蛤〔一〕，壤蟲假翼〔二〕，川蛙翻飛〔三〕，水蠣爲蛉〔四〕，荇苓爲蛆〔五〕，田鼠爲鴽〔六〕，腐草爲螢〔七〕，鼉之爲虎，蛇之爲龍〔八〕，皆不然乎？

校釋

〔一〕雉之爲蜃雀之爲蛤　禮記月令：季秋之月，雀入大水化爲蛤，孟冬雉入大水爲蜃。按：蜃，大蛤也。論衡無形篇云：「氣變物類，蝦蟇爲鶉，雀爲蜃蛤。」

〔二〕壤蟲假翼　爾雅釋蟲：「蠰，齧桑。」郭注云：「似天牛，長角，體有白點，喜齧桑樹作孔。」淮南子道應篇：「猶黄鵠與蠰蟲也。」

〔三〕川蛙翻飛　墨子經説上：「化，若鼃爲鶉。」淮南子齊俗篇云：「蝦蟆爲鶉。」蝦蟆爲鶉，是説川蛙翻飛也。

〔四〕水蠣爲蛉　「蠣」原作「蠇」，「蛉」原作「蛤」。「蠇」應作「蠣」。禮記月令：季秋之月，雀入大水爲蛤。未聞水蠣爲蛤。孫詒讓札迻云：「蛤當爲蛉，淮南子齊俗訓水蠆爲蟌（宋本訛蟌莣，王念孫據廣韻御覽正）。高注：蟌，青蛉也。」明案敦煌殘卷正作「蛉」。青蛉即蜻蜓。今據札迻説及敦煌本改正。

〔五〕苻苓爲蛆　廣雅釋蟲云：蛆蝶、馬蝬，馬蚿也。王念孫疏證云：蚿之轉聲爲蠲。説文：蠲，馬蠲也。引明堂月令云，腐草爲蠲。又轉而爲蠸爲蚈。吕氏春秋季夏紀：「腐草化爲蚈。」高誘注：「蚈，馬蚿也。」然則苻苓爲腐草，蛆爲馬蠲、馬蚿之類。故曰苻苓爲蛆。愼校本「苓」作「菜」。

〔六〕田鼠爲鴽　禮記月令：季春之月，田鼠化爲鴽。案鴽，音如，鶉也。

〔七〕腐草爲螢　禮記月令：季夏之月，腐草爲螢。

〔八〕蛇之爲龍　史記外戚世家褚少孫引傳曰：蛇化爲龍，不變其文。

若謂人禀正性，不同凡物，皇天賦命，無有彼此，則牛哀成虎〔一〕，楚嫗爲黿〔二〕，枝離爲柳〔三〕，秦女爲石〔四〕，死而更生〔五〕，男女易形〔六〕，老彭之壽，殤子之夭，其何故哉？苟有不同，則其異有何限乎〔七〕？

校　釋

〔一〕牛哀成虎　淮南子俶真篇：公牛哀病，七日化爲虎，其兄啓户，虎搏而殺之。

〔二〕楚嫗爲黿　後漢書五行志：靈帝時，江夏黄氏之母，浴而化爲黿，入於深淵。

〔三〕枝離爲柳　原校：「枝離一作滑錢。」案宋浙本同原校。敦煌、影古寫本仍作「枝離」。札迻十云：「莊子至樂篇：支離叔與滑介叔觀於冥伯之丘，俄而柳生其左肘。支離叔曰，子惡之乎？滑介叔曰，亡，予何惡？是生柳者乃滑介叔，非支離叔也。此枝離當作滑叔。或本作『錢』，即『叔』之誤。」明案「柳」殆即「瘤」，一聲之轉（見王先謙莊子集解、郭慶藩莊子集釋）。曲園謂此則以柳生左肘爲楊柳之柳，晉人舊解固然。亦通。

〔四〕秦女爲石　宋吴淑事類賦七引蜀記云：梓潼縣有五婦山，昔秦遺蜀五美人，蜀遣五丁迎之，至此，五丁踏地大呼，五女皆化爲石。按華陽國志三亦載此事，唯未云秦女化石。

〔五〕死而更生　後漢書五行志：建安四年，武陵充縣女子李娥死，埋於城外，已十四日。有行聞其塚中有聲，便語其家。家往視，聞聲便發，出遂活。此事並見干寶搜神記。張華博物志異聞亦記死人復生。

〔六〕男女易形　漢書五行志：史記魏襄王十三年，魏有女子化爲丈夫；漢哀帝建平中，豫章有男子化爲女子。後漢書五行志：建安七年，越嶲有男化爲女。又後漢書方術傳：徐登，閩中人，本女子化爲丈夫。是皆所謂男女易形。

〔七〕則其異有何限乎　「有何限乎」敦煌、影古寫本作「何限」。

若夫仙人，以藥物養身，以術數延命，使內疾不生，外患不入〔一〕，雖久視不死，而舊身不改，苟有其道，無以爲難也。而淺識之徒，拘俗守常，咸曰世閒不見仙人，便云天下必無此事。夫目之所曾見，當何足言哉？天地之間，無外之大，其中殊奇，豈遽有限，詣老戴天，而無知其上〔二〕，終身履地，而莫識其下〔三〕。形骸已所自有也，而莫知其心志之所以然焉。壽命在我者也〔四〕，而莫知其脩短之能至焉〔五〕。況乎神仙之遠理，道德之幽玄，仗其短淺之耳目，以斷微妙之有無，豈不悲哉？

校釋

〔一〕外患不入　「入」敦煌、影古寫本作「加」。

〔二〕而無知其上　孫校：藏本「而」下有「或」字，「其」下有「爲」字。明案敦煌、影古寫本「無」下有「或」字。魯藩本與藏本同。

〔三〕而莫識其下　敦煌、影古寫本作「而未有識其下」。宋浙本「莫」亦作「未」。韓詩外傳八云：「子貢曰：臣終身戴天，不知天之高也；終身踐地，不知地之厚也。」蓋上四句大意之所本。

〔四〕壽命在我者也　「在我」二字敦煌、影古寫本作「老夭」。西昇經五云：我命在我，不屬天地。

〔五〕而莫知其脩短之能至焉　「之」下敦煌有「所」字，校補云是也，此與上句「而莫知其心志之所以然焉」對文。

設有哲人大才〔一〕，嘉遁勿用，翳景掩藻，廢僞去欲〔二〕，執太璞於至醇之中〔三〕，遺末務於流俗之外，世人猶尠能甄別，或莫造志行於無名之表〔四〕，得精神於陋形之裏，豈況仙人殊趣異路，以富貴爲不幸，以榮華爲穢汙，以厚玩爲塵壤，以聲譽爲朝露，蹈炎飆而不灼，躡玄波而輕步，鼓翮清塵〔五〕，風駟雲軒，仰凌紫極〔六〕，俯棲崑崙，行尸之人，安得見之？假令遊戲〔七〕，或經人間，匿真隱異，外同凡庸，比肩接武，孰有能覺乎？若使皆如郊閒兩瞳之正方〔八〕，邛疏之雙耳〔九〕，出乎頭巔。馬皇乘龍而行〔一〇〕，子晉躬御白鶴〔一一〕。或鱗身蛇軀〔一二〕，或金車羽服，乃可得知耳。自不若斯，則非洞視者安能覿其形，非徹聽者安能聞其聲哉？世人既不信，又多疵毀，真人疾之，遂益潛遁〔一三〕。且常人之所愛，乃上士之所憎〔一四〕。庸俗之所貴，乃至人之所賤也。英儒偉器，養其浩然者，猶不樂見淺薄之人，風塵之徒。況彼神仙，何爲汲汲使芻狗之倫，知有之何所索乎，而怪於未嘗知也〔一五〕。目察百步，不能了了，而欲以所見爲有，所不見爲無〔一六〕，則天下之所無者，亦必多矣。所謂以指測海〔一七〕，指極而云水盡者也。蜉蝣校巨鼇〔一八〕，日及料大椿〔一九〕，豈所能及哉？魏文帝窮覽洽聞，自呼於物無所不經〔二〇〕，謂天下無切玉之刀，火浣之布〔二一〕，及著典論，嘗據言此事。其閒未期〔二二〕，二物畢至〔二三〕。帝乃歎息，遽毀斯論。事無固必，殆爲此也。陳思王著釋疑論云，初謂道術，直呼愚民詐僞空言定矣。及見武皇帝試閉左慈等，令斷穀近一月〔二四〕，而顔色不減，氣力自若，常云可五十年不食，正爾，復何疑哉〔二五〕？又云，令甘始以藥含生魚，而煮之於沸脂中，其無藥者，熟而可食，其銜藥者，游戲終日，如在水中也〔二六〕。又以藥粉桑以飼蠶〔二七〕，蠶乃到十月不老。又以住年藥食雞雛及新生犬子〔二八〕，皆止不復長〔二九〕。以還白藥食白犬，百日毛盡黑〔三〇〕。乃知天下之事，不可盡知，而以臆斷之，不可任也。但恨不能絕聲色，專心以學長生之道耳。彼二曹學則無書不覽，才則一代之英〔三一〕，然初皆謂無，而晚年乃有窮理盡性〔三二〕，其歎息如此〔三三〕。不逮若人者，不信神仙，不足怪也。劉向博學則究微極妙，經深涉遠，思理則清澄真僞〔三四〕，研覈有無，其所撰列仙傳，仙人七十有餘，誠無其事，妄造何爲乎？邃古之事〔三五〕，何可親見，皆賴記籍傳聞於往耳。列仙傳炳然，其必有矣〔三六〕。然書不出周公之門，事不經仲尼之手，世人終於不信。然則古史所記，一切皆無，何但一事哉？俗人貪榮好利〔三七〕，汲汲名利〔三八〕，以己之心，遠忖昔人，乃復不信古者有逃帝王之禪授〔三九〕，薄卿相之貴任，巢許之輩〔四〇〕，老萊莊周之徒〔四一〕，以爲不然也。況於神仙〔四二〕，又難知於斯〔四三〕，亦何可求今世皆信之哉〔四四〕？多謂劉向非聖人，其所撰録，不可孤據，尤所以使人歎息者也。夫魯史不能與天地合德，而仲尼因之以著經〔四五〕。子長不能與日月並明，而揚雄稱之爲實録〔四六〕。劉向爲漢世之名儒賢人，其所記述，庸可棄哉？凡世人所以不信仙之可學，不許命之可延者，正以秦皇漢武求之不獲〔四七〕，以少君欒太爲之無驗故也〔四八〕。然不可以黔婁原憲之貧〔四九〕，而謂古者無陶朱猗頓之富〔五〇〕。不可以無鹽宿瘤之醜〔五一〕，而謂在昔無南威西施之美〔五二〕。進趨猶有不達者焉〔五三〕，稼穡猶有不收者焉，商販或有不利者焉，用兵或有無功者焉〔五四〕。況乎求仙，事之難者，爲之者何必皆成哉〔五五〕？彼二君兩臣，自可求而不得〔五六〕，或始勤而卒怠，或不遭乎明師，又何足以定天下之無仙乎？

校　釋

〔一〕設有哲人大才　敦煌、影古寫本無「大才」二字。

〔二〕廢僞去欲　「欲」原作「役」。孫校云：藏本作「欲」。明案敦煌、影古寫本、魯藩本、慎校本、寶顏堂本、崇文本皆作「欲」，當作「欲」，今據改。

〔三〕執太璞於至醇之中　「太璞」敦煌、影古寫本作「大朴」。宋浙本、藏本「太」作「大」。

〔四〕世人猶尠能甄别或莫造志行於無名之表　「世」下十二字敦煌、影古寫本作「世人猶尠能標美逸」。孫校：藏本無「志行」二字。案宋浙本、魯藩本亦無此二字。校補云：無「志行」二字是也。「美」疑當作「英」，本書多「英逸」連文，詳見博喻篇。「莫造」即「英逸」之形譌。案校補所云，可備一説。

〔五〕鼓翮清塵　校補云：「清塵」當從敦煌殘卷作「清虚」。案影古寫本亦作「清虚」。清虚，猶太虚，太空，天空。

〔六〕仰淩紫極　紫極，紫宫，即紫宫垣，星座名。晉書天文志云：北極五星，鉤陳六星，皆在紫宫中。北極，北辰最尊者也。紫宫垣十五星，其西蕃七，東蕃八，在北斗北。

〔七〕假令遊戲　「遊戲」敦煌、影古寫本作「遊敖」。

〔八〕郊閒兩瞳之正方　校勘記：郊閒未詳。案本書袪惑篇云：仙人目瞳皆方。葛洪神仙傳：李根兩目瞳子皆方。

〔九〕邛疏之雙耳　列仙傳：邛疏，周封史，能行氣鍊形。

〔一〇〕馬皇乘龍而行　列仙傳云：馬師皇者，黄帝時馬醫也。有龍下，向之垂耳張口。皇曰，此龍有病，乃鍼其脣下口中，以甘草湯飲之而愈。後一旦負皇而去。

〔一一〕子晉躬御白鶴　列仙傳云：王子喬，周靈王太子晉也，好吹笙作鳳凰鳴，後乘白鶴而去。

〔一二〕鱗身蛇軀　「軀」原作「首」。原校：「首或作軀。」明案當作「軀」，敦煌、影古寫本、宋浙本正作「軀」。後漢王延壽魯靈光殿賦云：「伏羲鱗身，女媧蛇軀。」今據改。

〔一三〕遂益潛遁　「遁」敦煌、影古寫本作「退」。

〔一四〕乃上士之所憎　敦煌、影古寫本「憎」下有「也」字。按下文語法，當有「也」字。

〔一五〕而怪於未嘗知也　「未嘗知」敦煌、影古寫本作「未之嘗見」。宋浙本「知」亦作「見」。

〔一六〕所不見爲無　影古寫本、宋浙本「所」上有「以」字。

〔一七〕所謂以指測海　「以」上敦煌、影古寫本有「人」字。

〔一八〕蜉蝣校巨鼇　「蜉」上敦煌、影古寫本有「猶」字。

〔一九〕日及料大椿　孫校：「日」藏本作「白」，今改。案敦煌、影古寫本亦作「日」。日及，菌類。莊子逍遥遊釋文云：朝菌，天陰生糞上，見日則死，故名日及。

〔二〇〕自呼於物無所不經　校勘記：榮案盧本「自呼」作「自謂」。

〔二一〕切玉之刀火浣之布　博物志異産引周書云：西域獻火浣布，昆吾氏獻切玉刀；火浣布汙，燒之則潔；切玉刀如臘布，漢世有獻者。列子湯問篇：周穆王征西戎，西戎獻錕鋙之劍，火浣之布；其劍用之切玉如切泥焉；火浣之布，浣之必投於火，出火而振之，皓然疑乎雪。後漢書蠻夷傳論稱火毳，李賢注：火毳，即火浣布也。桓帝時，梁冀作火浣布單衣。明案火浣布有三説，以礦物石棉説爲是。其它動植物二説：或謂以南方炎火山之木皮績之，或謂以火林山之獸毛績以爲布，殆皆非。參閲英國李約瑟博士著中國科學技術史第三卷第二十五章礦物學。

〔二二〕其閒未期　「期」敦煌、影古寫本作「幾」。宋浙本作「朞」。「期」通「朞」，周年。

〔二三〕二物畢至　「畢」敦煌、影古寫本作「俱」。

〔二四〕令斷穀近一月　「月」敦煌、影古寫本作「朞」。博物志云：魏太祖好養性法，亦解方藥，招引方術之士，廬江左慈，譙郡華陀，甘陵甘始，陽城郄儉，無不畢至。神仙傳云：魏太祖召左慈，閉一石室中，斷穀期年，乃出之，顔色如故。明案「月」當作「朞」，周年也。

〔二五〕正爾復何疑哉　本句敦煌、影古寫本作「正爾亦復何疑於不然乎」。

〔二六〕「令甘始以藥含生魚」至「如在水中也」　「始」下敦煌、影古寫本有「公」字。此説亦見曹植辯道論，云：「甘始取鯉魚一雙，令其一著藥，俱投沸膏中，有藥者奮尾鼓鰓，遊行沈浮，有若處淵；其一者已熟可噉。」

〔二七〕又以藥粉桑以飼蠶　影古寫本、慎校本、寶顔堂本、崇文本皆無下「以」字。

〔二八〕又以住年藥食雞雛及新生犬子　校勘記云：御覽九百五作「駐年」。案本書統作「住年」，而□□篇又作「駐年」，蓋二文隨作也。

〔二九〕皆止不復長　「皆」下敦煌、影古寫本有「令」字。

〔三〇〕百日毛盡黑　「盡」下敦煌、影古寫本有「變」字。

〔三一〕才則一代之英　「英」敦煌、影古寫本作「名」。

〔三二〕而晚年乃有窮理盡性　「晚年乃有」敦煌、影古寫本作「晚乃云有」。是。

〔三三〕其歎息如此　「歎息」二字，敦煌、影古寫本作「難」。案以「難」字於義爲長。

〔三四〕思理則清澄真僞　「則」下影古寫本、宋浙本有「足以」二字。

〔三五〕邃古之事　敦煌、影古寫本「邃」作「遠」。

〔三六〕其必有矣　敦煌、影古寫本「必有」作「有必」。

〔三七〕俗人貪榮好利　孫校：刻本「利」作「進」。案敦煌、影古寫本亦作「利」。

〔三八〕汲汲名利　「利」敦煌、影古寫本、宋浙本作「位」。

〔三九〕古者有逃帝王之禪授　「逃」敦煌、影古寫本作「違」。

〔四〇〕巢許之輩　敦煌作「若巢許輩人」。巢，巢父，傳説堯時隱人，山居不營世利，年老以樹爲巢，故號巢父。見皇甫謐高士傳。許，許由，堯以天下讓許由，許由不受。見莊子逍遥遊及讓王篇。

〔四一〕老萊莊周之徒　老萊子，楚人，著書十五篇，言道家之用。史記正義引列仙傳云，老萊子當時世亂，逃世，耕於蒙山之陽。楚王至門迎之，遂去。莊周，蒙人，楚威王聞莊周賢，聘以爲相，莊周笑而絶之，終身不仕。並見史記老莊申韓列傳。

〔四二〕況於神仙　「仙」下敦煌、影古寫本有「之人」二字。

〔四三〕又難知於斯　敦煌無「又」字，影古寫本同。

〔四四〕今世皆信之哉　「今」敦煌作「令」，影古寫本同。

〔四五〕「夫魯史」至「仲尼因之以著經」　孔丘因魯史作春秋，上至隱公，下訖哀公十四年，十二公，儒者尊稱爲經。見史記孔子世家。

〔四六〕「子長」至「揚雄稱之爲實録」　案宋浙本無「能」字。司馬遷，字子長，作史記。揚子法言重黎篇云：或問太史遷，曰實録。言司馬遷史記，不虚美，不隱惡。

〔四七〕正以秦皇漢武求之不獲　「秦皇」敦煌、影古寫本、宋浙本作「秦始」。

〔四八〕以少君欒太爲之無驗故也　敦煌、影古寫本「以」作「又」，「太」作「大」。宋浙本亦作「大」。

李少君、欒大以方術干武帝，不驗。並見史記封禪書、漢書郊祀志。

〔四九〕黔婁原憲之貧　黔婁，春秋魯人。生時食不充虛，衣不蓋形。死則覆以布被，首足不盡斂，覆頭則足見，覆足則頭見。見劉向列女傳魯黔婁妻條。原憲，春秋宋人，孔丘弟子。莊子讓王篇云：原憲居魯，環堵之室，茨以生草，蓬户不完，桑以爲樞而甕牖，褐以爲塞，上漏下濕。此言二人之貧。

〔五〇〕陶朱猗頓之富　春秋時，越王勾踐用范蠡，既雪會稽之恥。蠡乃變名易姓，乘舟適齊，旋至陶，爲朱公，善治産業，遂至巨萬。故言富者皆稱陶朱公。又猗頓用盬鹽起家，與王者埒富。並見史記貨殖列傳。裴駰集解引孔叢子曰：猗頓，魯之窮士也，聞朱公富，往而問術焉。朱公告之曰，子欲速富，當畜五牸。於是乃適西河，大畜牛羊於猗氏之南，十年之間，貲擬王公，馳名天下，以興富於猗氏，故曰猗頓（見今本陳士義篇）。

〔五一〕無鹽宿瘤之醜　無鹽、宿瘤，並戰國時齊醜女。鍾離春，齊無鹽邑之女，其爲人極醜：臼頭，深目，長肚，大節，昂鼻，結喉，肥項，少髮，折腰，出胸，皮膚若漆。行年三十，行嫁不售。乃自謁宣王，陳國之四殆，宣王納之，拜無鹽君，立爲王后。宿瘤者，齊東都採桑之女，閔王之后也（閔王，宣王子）。項有大瘤，故號曰宿瘤。並見劉向列女傳。參新序雜事二。

〔五二〕南威西施之美　晉文公得南威，三日不聽朝，遂推南威而遠之，曰後世必有以色亡其國者。見戰國策魏策。西施，見前暢玄篇注。

〔五三〕進趨猶有不達者焉　「猶」原作「尤」，疑誤。案敦煌、影古寫本、宋浙本、藏本、魯藩本等均作「猶」，今據改。

〔五四〕用兵或有無功者焉　「兵」敦煌作「武」，影古寫本同。影古寫本無「有」字，羅氏敦煌校記未校出。

〔五五〕爲之者何必皆成哉　「爲」上敦煌有「諸」字，影古寫本同。

〔五六〕自可求而不得　「求」敦煌作「學」，影古寫本同。

夫求長生，修至道，訣在於志〔一〕，不在於富貴也〔二〕。苟非其人，則高位厚貨，乃所以爲重累耳。何者？學仙之法，欲得恬愉澹泊，滌除嗜欲，内視反聽，尸居無心，而帝王任天下之重責，治鞅掌之政務，思勞於萬幾，神馳於宇宙，一介失所，則王道爲虧，百姓有過〔三〕，則謂之在予。醇醪汩其和氣，豔容伐其根荄，所以翦精損慮削乎平粹者〔四〕，不可曲盡而備論也。蚊噆膚則坐不得安〔五〕，蝨群攻則卧不得寧〔六〕。四海之事，何祗若是〔七〕。安得掩翳聰明，歷藏數息，長齋久潔，躬親爐火，夙興夜寐，以飛八石哉〔八〕？漢武享國，最爲壽考，已得養性之小益矣。但以升合之助，不供鍾石之費，畎澮之輸，不給尾閭之洩耳。

校　釋

〔一〕訣在於志　「訣」敦煌、影古寫本作「決」。「決」通「訣」，敦煌寫本往往作「決」。

〔二〕不在於富貴也　「在於」二字敦煌作「須」，影古寫本同。

〔三〕百姓有過　「過」敦煌、影古寫本作「罪」。本書外篇君道「百姓有罪，則謂之在予」，文句與本篇同。「百姓有過，在予一人」，見論語堯曰篇。

〔四〕削乎平粹者　「削乎」敦煌作「割削」。影古寫本作「割消」，案「消」爲「削」之訛。

〔五〕蚊噆膚則坐不得安　「蚊」下敦煌、影古寫本有「蚋」字，「安」作「端」。宋浙本亦作「端」。

〔六〕蝨群攻則臥不得寧　原校：「寧」藏本作「安」。校勘記云：御覽九百五十一作「蚤蝨群攻臥不獲安」，當從藏本。案敦煌、影古寫本、宋浙本亦作「蚤蝨群攻則臥不獲安」。校補云，「蝨」上有「蚤」字，今本脱誤，當據補。廣韻三十二皓「蚤」字注引抱朴子曰，「蚤蝨攻君臥不獲安」。校補之説是。

〔七〕何祇若是　敦煌、影古寫本作「何敍如是」。

〔八〕以飛八石哉　本書明本篇云：「鍊八石之飛精。」八石即丹砂、雄黄、雌黄、石留黄、曾青、礬石、磁石、戎鹽，爲道家鍊食之藥物。

仙法欲静寂無爲，忘其形骸，而人君撞千石之鍾，伐雷霆之鼓，砰磕嘈嚈〔一〕，驚魂蕩心，百技萬變，喪精塞耳，飛輕走迅，釣潛弋高。仙法欲令愛逮蠢蠕，不害含氣，而人君有赫斯之怒，芟夷之誅，黄鉞一揮，齊斧暫授〔二〕，則伏尸千里，流血滂沱，斬斷之刑〔三〕，不絶於市。仙法欲止絶臭腥，休糧清腸，而人君烹肥宰腯，屠割群生，八珍百和〔四〕，方丈於前，煎熬勺藥，旨嘉饜飫。仙法欲溥愛八荒，視人如己，而人君兼弱攻昧，取亂推亡〔五〕，闢地拓疆，泯人社稷，駈合生人〔六〕，投之死地，孤魂絶域，暴骸腐野〔七〕，五嶺有血刃之師〔八〕，北闕懸大宛之首〔九〕，坑生煞伏，動數十萬，京觀封尸，仰干雲霄，暴骸如莽，彌山填谷。秦皇使十室之中，思亂者九〔一〇〕。漢武使天下嗷然，户口減半〔一一〕。祝其有益，詛亦有損。結草知德，則虚祭必怨〔一二〕。衆煩攻其膏肓，人鬼齊其毒恨。彼二主徒有好仙之名，而無修道之實，所知淺事，不能悉行。要妙深祕，又不得聞。又不得有道之士〔一三〕，爲合成仙藥以與之，不得長生，無所怪也。

校　釋

〔一〕砰磕嘈囐　磕同磕。廣韻十三耕「砰」字注：砰磕，如雷之聲。嘈囐，鼓聲。張衡東京賦：奏嚴鼓之嘈囐。

〔二〕黄鉞一揮齊斧暫授　黄鉞，金斧；齊斧，利斧，皆古代君王用以殺伐之兵器。

〔三〕斬斷之刑　「之」下原無「刑」字。原校：疑「之」下有脱字。明案敦煌、影古寫本作「斷斬之刑」，今據補「刑」字。

〔四〕八珍百和　敦煌、影古寫本「和」作「醬」。

〔五〕人君兼弱攻昧取亂推亡　左傳宣公十二年：兼弱攻昧，武之善經也。仲虺有言曰，取亂侮亡，兼弱也。又襄公十四年載：仲虺有言曰，亡者侮之，亂者取之，推亡固存，國之道也。抱朴子所言，蓋本乎此。

〔六〕駈合生人　敦煌、影古寫本「人」作「民」。

〔七〕暴骸腐野　敦煌、影古寫本「腐野」作「朔裔」。

〔八〕五嶺有血刃之師　史記張耳陳餘列傳：秦爲亂政虐刑，殘賊天下，北有長城之役，南有五嶺之戍。裴駰集解：嶺有五，因以爲名。司馬貞索隱引廣州記云：大庾、始安、臨賀、桂陽、揭陽名五嶺。

〔九〕北闕懸大宛之首　漢書武帝紀：太初四年春，貳師將軍李廣利斬大宛王首。並見西域大宛傳、李廣利傳。

〔一〇〕秦皇使十室之中思亂者九　史稱秦皇無道，殘賊天下，欲爲亂者蜂起，史記淮南王傳稱「十家而七」，漢書伍被傳作「十室而八」，本篇云「思亂者九」，皆率言其衆多。

〔一一〕漢武使天下嗷然户口減半　漢書昭帝紀贊：「承武帝奢侈餘敝，師旅之後，海内虚耗，户口減半。」嗷然，衆人愁苦聲。

〔一二〕結草知德則虚祭必怨　結草知德，參下文「輔氏報施之鬼」條注。漢書賈捐之傳捐之曰：「當此之時，寇賊並起，軍旅數發，父戰死於前，子鬭傷於後，女子乘亭障，孤兒號於道，老母寡婦，飲泣巷哭，遥設虚祭，想魂乎萬里之外。」是爲「虚祭必怨」之所由。

〔一三〕又不得有道之士　「有道之士」敦煌作「道士」。影古寫本同。

吾徒匹夫，加之罄困，家有長卿壁立之貧〔一〕，腹懷翳桑絶糧之餒〔二〕，冬抱戎夷後門之寒〔三〕，夏有儒仲環堵之暵〔四〕，欲經遠而乏舟車之用〔五〕，欲有營而無代勞之役〔六〕，入無綺紈之娱，出無遊觀之歡，甘旨不經乎口，玄黄不過乎目，芬芳不歷乎鼻，八音不關乎耳，百憂攻其心曲，衆難萃其門庭，居世如此，可無戀也〔七〕。

校　釋

〔一〕家有長卿壁立之貧　司馬相如，字長卿，西漢蜀郡成都人，家貧，徒四壁立。見史記本傳。

〔二〕腹懷翳桑絶糧之餒　敦煌影古寫本「懷」作「有」，「糧」作「粒」，「餒」作「飢」。左傳宣公二年載：晉靈公時，趙宣子趙盾田於首山，舍於翳桑，見靈輒餓，問之，曰，不食三日矣。食之。後靈公伏甲欲殺趙盾，靈輒時爲公介士，乃倒戟以禦公後，盾得以免。問何故，對曰，翳桑之餓人也。

〔三〕冬抱戎夷後門之寒　戎夷去齊如魯，天大寒而後門，與弟子一人宿於郭外，寒愈甚，不得已，解衣與弟子，夜半而死，弟子遂活。見呂氏春秋長利篇。後門，高注：日夕門已閉也。

〔四〕夏有儒仲環堵之暎　案「仲」原作「行」，敦煌、藏本、魯藩本皆作「仲」，今據改。校補云：後漢書逸民傳，王霸字儒仲，隱居守志，茅居蓬户。「暎」，日照，敦煌誤作「歎」。

〔五〕欲經遠而乏舟車之用　「欲」敦煌、影古寫本、宋浙本作「且」。

〔六〕欲有營而無代勞之役　「有」下敦煌、影古寫本有「所」字。

〔七〕可無戀也　「可無」敦煌、影古寫本、宋浙本作「無可」。

或得要道之訣，或值不群之師，而猶恨恨於老妻弱子〔一〕，眷眷於狐兔之丘，遲遲以臻殂落，日月不覺衰老，知長生之可得而不能修，患流俗之臭鼠而不能委。何者？愛習之情卒難遣〔二〕，而絶俗之志未易果也。況彼二帝，四海之主，其所耽玩者，非一條也，其所親幸者，至不少矣。正使之爲旬月之齋，數日閒居，猶將不能，況乎内棄婉孌之寵，外捐赫奕之尊，口斷甘肴〔三〕，心絶所欲，背榮華而獨往，求神仙於幽漠〔四〕，豈所堪哉〔五〕？是以歷覽在昔，得仙道者，多貧賤之士，非勢位之人〔六〕。又欒太所知，實自淺薄，飢渴榮貴，冒干貨賄〔七〕，衒虚妄於苟且，忘禍患於無爲，區區小子之奸僞〔八〕，豈足以證天下之無仙哉？昔勾踐式怒鼃〔九〕，戎卒争蹈火。楚靈愛細腰，國人多餓死〔一〇〕。齊桓嗜異味，易牙蒸其子〔一一〕。

宋君賞瘠孝，毀歿者比屋〔一二〕。人主所欲，莫有不至。漢武招求方士，寵待過厚，致令斯輩，敢爲虚誕耳。欒太若審有道者，安可得煞乎〔一三〕？夫有道者，視爵位如湯鑊，見印綬如縗絰，視金玉如土糞〔一四〕，覩華堂如牢獄。豈當扼腕空言，以僥倖榮華，居丹楹之室，受不訾之賜，帶五利之印，尚公主之貴，耽淪勢利，不知止足，實不得道，斷可知矣。按董仲舒所撰李少君家録云〔一五〕，少君有不死之方，而家貧無以市其藥物，故出於漢，以假塗求其財〔一六〕，道成而去。又按漢禁中起居注云，少君之將去也，武帝夢與之共登嵩高山〔一七〕，半道，有使者乘龍持節，從雲中下。云太乙請少君。帝覺，以語左右曰，如我之夢，少君將舍我去矣。數日，而少君稱病死〔一八〕。久之，帝令人發其棺，無尸，唯衣冠在焉〔一九〕。按仙經云，上士舉形昇虚，謂之天仙。中士遊於名山，謂之地仙。下士先死後蛻，謂之尸解仙。今少君必尸解者也。近世壺公將費長房去〔二〇〕，及道士李意期將兩弟子去，皆託卒死，家殯埋之。積數年，而長房來歸。又相識人見李意期將兩弟子〔二一〕皆在郫縣。其家各發棺視之，三棺遂有竹杖一枚〔二二〕，以丹書符於杖〔二三〕，此皆尸解者也。

校釋

〔一〕猶恨恨於老妻弱子　或疑「恨恨」作「悢悢」。悢悢，猶眷眷也。

〔二〕愛習之情卒難遣　「卒難遣」敦煌作「難可卒遣」。影古寫本同。

〔三〕口斷甘肴　「甘肴」敦煌作「所甘」。影古寫本同。

〔四〕求神仙於幽漠　「於」原作「之」。宋浙本亦作「之」，校補云：「之」字當從敦煌作「於」。今訂正。

〔五〕豈所堪哉　「所堪」原作「不尠」，宋浙本亦作「不尠」，敦煌、影古寫本作「所堪」。校補云：「所堪」是。「不」與「所」，「尠」與「堪」，並形近而譌。今據改。

〔六〕非勢位之人　「人」下敦煌有「也」字。影古寫本同。

〔七〕冒干貨賄　疑「干」當作「于」。冒于貨賄，語見左傳文公十八年。並見本書外篇百里篇。

〔八〕區區小子之奸僞　「奸僞」下敦煌有「爲事」二字。影古寫本同。

〔九〕昔勾踐式怒鼃　韓非子內儲説上七術云：越王勾踐見怒鼃而式之。御者曰，何爲式？王曰，鼃有氣如此，可無爲式乎？

〔一〇〕楚靈愛細腰國人多餓死　韓非子二柄篇云：楚靈王好細腰，而國中多餓人。

〔一一〕齊桓嗜異味易牙蒸其子　易牙，齊桓公臣，善烹調五味。韓非子二柄篇：齊桓公好味，易牙蒸其子首而進之。

〔一二〕宋君賞瘠孝毁歿者比屋　韓非子內儲説上七術云：宋崇門之巷人，服喪而毁，甚瘠。宋君以爲慈愛於親，舉以爲官師。其黨人毁而死者半。參莊子外物篇。

〔一三〕安可得煞乎　「得」原作「待」。孫校：「待」當作「得」。明案敦煌、影古寫本正作「得」，今訂正。

〔一四〕視金玉如土糞　「土糞」敦煌、影古寫本作「糞土」。

〔一五〕董仲舒所撰李少君家録云　或疑「董仲舒」爲神仙傳李少君傳之董仲躬。

〔一六〕以假塗求其財　「財」敦煌作「錢」。影古寫本同。

〔一七〕共登嵩高山　敦煌作「共上嵩高」。影古寫本同。

〔一八〕而少君稱病死　敦煌無「而」字「稱」字。影古寫本同。

〔一九〕唯衣冠在焉　敦煌「唯」作「則」。影古寫本同。

〔二〇〕近世壺公將費長房去　壺公者，不知其姓名也。汝南有費長房爲市掾，見公入市賣藥，懸一壺於肆頭。及市罷，輒跳入壺中，市人莫之見。唯長房於樓上見之，異焉。因往再拜奉酒脯。公知長房意。約長房與語謫仙事。後壺公將長房俱去。參見後漢書費長房傳及神仙傳壺公。

〔二一〕李意期將兩弟子　孫校：「刻本有『去，後人見之』五字，非。」明案據敦煌、影古寫本，孫本此下脱「去，皆託卒死，家殯埋之，積數年，而長房來歸。又相識人見李意期將兩弟子」二十九字，今增補。葛洪神仙傳云：李意期者，本蜀人，傳世見之，漢文帝時人也。人欲遠行速至者，意期以符與之，并丹書兩腋下，則千里皆不盡日而還。

〔二二〕三棺遂有竹杖一枚　校勘記：「遂有」盧本作「止有」。明案慎校本、寶顔堂本亦作「止有」。敦煌作「悉有」，影古寫本、宋浙本同。

〔三〕以丹書符於杖　「書」下原無「符」字。案敦煌、影古寫本、宋浙本「書」下有「符」字，是，今據補。

昔王莽引典墳以飾其邪，不可謂儒者皆爲篡盜也。相如因鼓琴以竊文君，不可謂雅樂主於淫佚也。噎死者不可譏神農之播穀〔一〕，燒死者不可怨燧人之鑽火，覆溺者不可怨帝軒之造舟〔二〕，酗醟者不可非杜儀之爲酒。豈可以欒太之邪僞，謂仙道之果無乎？是猶見趙高董卓〔三〕，便謂古無伊周霍光〔四〕。見商臣冒頓〔五〕，而云古無伯奇孝己也〔六〕。又神仙集中有召神劾鬼之法〔七〕，又有使人見鬼之術。俗人聞之，皆謂虛文。或云天下無鬼神，或云有之，亦不可劾召。或云見鬼者，在男爲覡，在女爲巫，當須自然，非可學而得。按漢書及太史公記皆云齊人少翁，武帝以爲文成將軍。武帝所幸李夫人死，少翁能令武帝見之如生人狀。又令武帝見竈神，此史籍之明文也。夫方術既令鬼見其形〔八〕，又令本不見鬼者見鬼，推此而言，其餘亦何所不有也〔九〕？鬼神數爲人間作光怪變異〔一〇〕，又經典所載，多鬼神之據，俗人尚不信天下之有神鬼，況乎仙人居高處遠，清濁異流，登遐遂往，不返於世，非得道者，安能見聞〔一一〕？而儒墨之家知此不可以訓，故終不言其有焉。俗人之不信，不亦宜乎？惟有識真者，校練衆方，得其徵驗，審其必有，可獨知之耳，不可强也。故不見鬼神，不見仙人，不可謂世閒無仙人也〔一二〕。人無賢愚〔一三〕，皆知己身之有魂魄，魂魄分去則人病，盡去則人死。故分去則術家有拘録之法〔一四〕，盡去則禮典有招呼之義〔一五〕，此之爲物至近者也。然與人俱生，至乎終身，莫或有自聞見之者也。豈可遂以不聞見之〔一六〕，又云無之乎〔一七〕？若夫輔氏報施之鬼〔一八〕，成湯怒齊之靈〔一九〕，申生交言於狐子〔二〇〕，杜伯報恨於周宣〔二一〕，彭生託形於玄豕〔二二〕，如意假貌於蒼狗〔二三〕，灌夫守田蚡〔二四〕，子義掊燕簡〔二五〕，蓐收之降於莘〔二六〕，欒侯之止民家〔二七〕，素姜之説讖緯〔二八〕，孝孫之著文章，神君言於上林〔二九〕，羅陽仕於吴朝〔三〇〕，鬼神之事，著於竹帛，昭昭如此，不可勝數。然而蔽者猶謂無之，況長生之事，世所希聞乎〔三一〕！望使必信，是令蚊虻負山〔三二〕，與井蟇論海也〔三三〕。俗人未嘗見龍麟鸞鳳〔三四〕，乃謂天下無有此物，以爲古人虚設瑞應〔三五〕，欲令人主自勉不息，冀致斯珍也。況於令人之信有仙人乎〔三六〕！

校釋

〔一〕噎死者不可譏神農之播穀　敦煌「譏」作「議」。影古寫本同。

〔二〕覆溺者不可怨帝軒之造舟　宋浙本「怨」作「罪」。

〔三〕是猶見趙高董卓　趙高，秦中車府令，始皇死，篡權，詐造始皇詔，賜長子扶蘇死，立胡亥爲二世皇帝。見史記李斯列傳。董卓，後漢相國，凶暴有奸謀，策廢少帝，立陳留王，是爲獻帝。見後漢書董卓傳。

〔四〕便謂古無伊周霍光　伊，伊尹，商湯臣。湯死，太甲在位，暴虐無道，伊尹放之於桐宫，伊尹攝行政事；及太甲悔過自責，於是伊尹迎帝太甲而授之政。見史記殷本紀。周，周公旦，武王弟。武王死，子成王立，年少，因周初定天下，周公恐諸侯畔，乃攝政，平内亂。至成王長，返政成王。見史記周本紀。霍光，漢驃騎將軍霍去病弟，武帝時爲大司馬大將軍。武帝死，昭帝立，帝年八歲，政事一決於光。昭帝死，昌邑王賀嗣立，荒淫無道，乃廢昌邑王，立宣帝。見漢書霍光傳。

〔五〕見商臣冒頓　商臣，楚成王太子，弑父自立。成王既立商臣，後又欲立公子職。商臣以宫衛兵圍成王，成王自絞殺。商臣代立，是爲穆王。見史記楚世家。匈奴單于曰頭曼，有太子名冒頓，單于欲廢冒頓而立少子。冒頓從其父頭曼獵，以鳴鏑射殺頭曼，冒頓自立爲單于，見史記匈奴傳。商臣冒頓，並謂不孝之主。

〔六〕而云古無伯奇孝己　伯奇，周宣王時尹吉甫子，無罪爲後母所譖而見逐。見後漢書黄瓊傳注引説苑。孝己，殷高宗之子，有賢孝之行，遭後母之難，憂苦而死。荀子大略篇：「孝己孝而親不愛。」家語弟子解云：「武丁以後妻殺孝己。」參莊子外物篇成玄英疏。

〔七〕神仙集中有召神劾鬼之法　漢書藝文志雜占家有執不祥劾鬼物八卷。後漢書方術傳費長房、麴聖卿、壽光侯皆能劾鬼云。此皆方士之謬説耳。

〔八〕方術既令鬼見其形　「既」下宋浙本有「能」字。

〔九〕其餘亦何所不有也　「也」敦煌作「耶」。影古寫本同。

〔一〇〕鬼神數爲人間作光怪變異　「人間」敦煌、影古寫本、宋浙本、藏本、魯藩本、慎校本皆作「民間」。

〔一一〕安能見聞　「安能」敦煌、影古寫本作「莫之」。宋浙本「安」作「莫」。

〔一二〕「故不見鬼神」至「不可謂世間無仙人也」　敦煌作「然雖不見鬼神，不可得謂天下無神也（「神」上殆脱「鬼」字）；雖不見仙人，不可謂世間無仙人也」。影古寫本同。

〔一三〕人無賢愚　「無」原作「有」。校勘記：「有」字誤，御覽八百八十六作「無」。明案敦煌、影古寫本、宋浙本亦作「無」，今訂正。

〔一四〕術家有拘録之法　「拘録」敦煌作「録具」。影古寫本同。

〔一五〕禮典有招呼之義　「招呼」敦煌作「招魂」。影古寫本同。按當作「招魂」。

〔一六〕豈可遂以不聞見之　「遂」敦煌作「復」。影古寫本、宋浙本同。

〔一七〕又云無之乎　校勘記：御覽八百八十六「又云」作「復言」，榮案盧本作「而云」。明案慎校本、寶顔堂本亦作「而云」。

〔一八〕輔氏報施之鬼　晉魏顆敗秦師於輔氏，獲秦之杜回。初，魏武子有嬖妾，無子。武子疾，命顆曰，必嫁是。疾病則曰，必以爲殉。及卒，顆嫁之。曰，疾病則亂，吾從其治也。及輔氏之役，顆見老人，結草以亢杜回，杜回躓而顛，故獲之。夜夢之曰，余，而所嫁婦人之父也，爾用先人之治命，余是以報。見左傳宣公十五年。

〔一九〕成湯怒齊之靈　「怒」敦煌、影古寫本譌作「恕」。齊景公舉兵將伐宋，師過泰山，公夢見二丈夫，立而怒，其怒甚盛。占夢者以爲泰山之神怒也。晏子曰：此非泰山之神，是宋之先湯與伊尹也。見晏子春秋内篇諫上。

〔二〇〕申生交言於狐子　晉侯改葬共太子（共太子即申生）。狐突適下國，遇太子，太子使登僕，而告之曰，夷吾無禮，余得請於帝矣，將以晉畀秦，秦將祀余云云，即指此事。見左傳僖公十年。

〔二一〕杜伯報恨於周宣　墨子明鬼篇：周宣王殺其臣杜伯而不辜。後宣王田於圃，見杜伯乘白馬素車，執弓矢，追射宣王，射之車上，伏弢而死。

〔二二〕彭生託形於玄豕　曲園曰：左傳云見大豕，齊世家止云見彘，均無「玄」字。「玄」或「立」字之誤。左史並有「立」字。明案「玄豕」與下句「蒼狗」對文，殆亦可通，不必拘泥於「立豕」也。敦煌、影古寫本「形」作「身」。左傳莊公八年載：齊襄公田於貝丘，見大豕，從者曰，公子彭生也。公怒曰，彭生敢見，射之。豕人立而啼。公懼，墜於車，傷足喪屨。

〔二三〕如意假貌於蒼狗　漢高后八年三月祓霸上，還過枳道，見物如蒼狗，檝高后掖，忽而不見。

卜之，趙王如意爲祟。遂病掖傷而崩。先是高后鴆殺如意，支斷其母戚夫人手足，搉其眼，以爲人彘。見漢書五行志。

〔二四〕灌夫守田蚡　「夫」下敦煌、影古寫本有「之」字。漢武帝時，灌夫竇嬰與田蚡交惡。蚡爲丞相，奏劾灌夫竇嬰論罪棄市。不久田蚡病，一身盡痛，若有擊者。蚡呼服謝罪，使巫視鬼者瞻之。曰，竇嬰與灌夫共守笞，欲殺之，竟死。參史記及漢書灌夫傳。

〔二五〕子義掊燕簡　「義」下敦煌、影古寫本有「之」字。燕簡公殺其臣莊子儀而不辜。後簡公方將馳於祖塗，莊子儀荷朱杖而擊之，殪之車上。見墨子明鬼篇。

〔二六〕蓐收之降於莘　左傳莊公三十二年七月略云，有神降於莘。内史過對周惠王曰，國之將興，明神降之；將亡，神又降之。内史過往，聞虢請命，反曰，虢必亡矣，虐而聽於神。國語晉語云：虢公夢在廟，有神人面白毛虎爪，執鉞立於西阿。公懼而走。神曰，無走。公拜稽首。覺，召史嚚占之。對曰，如君之言，則蓐收也，天之刑神也。後六年，虢亡。

〔二七〕欒侯之止民家　太平廣記二百九十二引列異傳：漢中有神欒侯，常在承塵上，能知吉凶。甘露中，大蝗起，所經處禾稼輒盡。太守遣使告欒侯。侯謂吏曰，蝗蟲小事，輒當除之。果有衆鳥億萬，來食蝗蟲，須臾皆盡。

〔二八〕素姜之説讖緯　素姜似即李庶姜，名合，見三國志魏志文帝裴注引獻帝傳。李庶姜曰：「定天下者魏公子桓，神之所命，當合符讖。」

〔二九〕神君言於上林　「林」原作「臨」。校補云：敦煌作「上林」是也。今本作「上臨」，聲相亂也。史記封禪書：初，武帝求神君，舍之上林中蹏氏觀。及帝即位，則厚禮置祠之内中，聞其言不見其人云。按影古寫本亦作「上林」，今據改。

〔三〇〕羅陽仕於吴朝　三國志吴志孫權傳：太元元年夏五月。初，臨海羅陽縣有神，自稱王表，周旋民間，語言飲食，與人無異。然不見其形。是月，遣中書郎李崇賫輔國將軍、羅陽王印綬迎表。七月，李崇與王表至。權爲立第舍，使近臣供奉。

〔三一〕世所希聞乎　敦煌「聞」下有「者」字。影古寫本同。

〔三二〕是令蚊虻負山　「令」敦煌作「使」。影古寫本同。

〔三三〕與井蟇論海也　孫校：「蟇」藏本作「蟵」。案宋浙本、魯藩本亦作「蟵」。敦煌、影古寫本作「鼃」。校勘記：「蟇」盧本作「蛙」，榮案説文作「鼃」，玉篇「蛙」，並云蝦蟇也。

〔三四〕俗人未嘗見龍麟鸞鳳　「麟」原作「麟」，非。敦煌、影古寫本作「驎」，即「麟」之假字，藏本、魯藩本並作「麟」，是，今據改。

〔三五〕以爲古人虛設瑞應　「古人」，校勘記：榮案盧本作「古者」。

〔三六〕況於令人之信有仙人乎　敦煌「令」下無「人」字。影古寫本同。

世人以劉向作金不成〔一〕，便謂索隱行怪〔二〕，好傳虛無，所撰列仙，皆復妄作。悲夫！

此所謂以分寸之瑕，棄盈尺之夜光，以蟻鼻之缺〔三〕，捐無價之淳鈞〔四〕，非荆和之遠識〔五〕，風胡之賞真也〔六〕。斯朱公所以鬱悒〔七〕，薛燭所以永歎矣〔八〕。夫作金皆在神仙集中，淮南王抄出，以作鴻寶枕中書，雖有其文，然皆祕其要文〔九〕，必須口訣，臨文指解，然後可爲耳。其所用藥〔一〇〕，復多改其本名，不可按之便用也。劉向父德治淮南王獄中所得此書〔一一〕，非爲師授也。向本不解道術，偶偏見此書，便謂其意盡在紙上〔一二〕，是以作金不成耳。至於撰列仙傳，自删秦大夫阮倉書中出之〔一三〕，或所親見，然後記之，非妄言也〔一四〕。狂夫童謡，聖人所擇。蒭蕘之言，或不可遺。采葑采菲〔一五〕，無以下體，豈可以百慮之一失，而謂經典之不可用，以日月曾蝕之故〔一六〕，而謂懸象非大明哉〔一七〕？外國作水精椀，實是合五種灰以作之〔一八〕。今交廣多有得其法而鑄作之者。今以此語俗人，俗人殊不肯信〔一九〕。乃云水精本自然之物〔二〇〕，玉石之類。況於世間，幸有自然之金，俗人當何信其有可作之理哉〔二一〕？愚人乃不信黄丹及胡粉是化鉛所作〔二二〕，又不信騾及駏驉是驢馬所生〔二三〕，云物各自有種。況乎難知之事哉〔二四〕？夫所見少，則所怪多，世之常也。信哉此言，其事雖天之明，而人處覆甑之下，焉識至言哉〔二五〕？」

校釋

〔一〕劉向作金不成　漢宣帝時，劉向獻淮南枕中鴻寶苑祕書，書言神仙使鬼物爲金之術，令尚方鑄作，事不驗。見漢書劉向傳及郊祀志。

〔二〕便謂索隱行怪　「謂」下敦煌有「其」字。影古寫本、宋浙本同。

〔三〕以蟻鼻之缺　蟻鼻，喻微小。

〔四〕捐無價之淳鈞　「淳鈞」外篇勖學篇作「純鉤」。「鉤」當作「鈞」。參王念孫讀書雜志九淮南内篇十九純鈞條。淳鈞，利劍名，越人歐冶子所鑄。

〔五〕非荆和之遠識　「荆」一作「楚」。和，卞和。楚人卞和得玉璞於荆山，先後獻楚厲王及武王，皆以爲石，刖其左右足。及文王即位，和乃抱其璞而哭於荆山之下，三日三夜，泣盡繼之以血。王乃使玉人治其璞，而得寶玉焉，遂命曰和氏之璧。見韓非子和氏篇。

〔六〕風胡之賞真也　風胡，春秋時人，善識劍。越王允常聘歐冶子作名劍五枚，其一曰純鈞，二曰湛盧，以示薛燭。燭謂初造此劍，赤堇之山破而出錫，若耶之溪涸而出銅，天帝裝炭，太一下觀，於是歐冶子因天地之精，造爲此劍。後湛盧傳至楚昭王，王召風胡子問之，此劍直幾何？對曰，赤堇之山已合，若耶之谿深不可測，群神上天，歐冶子已死，雖傾城量金，珠玉滿河，猶不能得此寶，況駿馬千匹，萬户之都，何足言也？參見吴越春秋卷四、越絶書卷十一。

〔七〕朱公所以鬱悒　朱公即范蠡，見本篇前陶朱條注。又新書連語篇梁王問朱公及朱公答語，可知朱公善于鑒賞璧玉。

〔八〕薛燭所以永歎矣　薛燭見前風胡條注。

〔九〕然皆祕其要文　孫校：「文」一本作「又」。案敦煌「文」作「言」。影古寫本同。

〔一〇〕其所用藥　敦煌「藥」下有「物」字。影古寫本、宋浙本同。

〔一一〕治淮南王獄中所得此書　敦煌「中」作「時」，「所」作「遺」，影古寫本同。

〔一二〕便謂其意盡在紙上　敦煌「意」下有「當」字。影古寫本同。

〔一三〕自删秦大夫阮倉書中出之　孫校：「大夫阮倉」四字刻本譌作「太史暨漢」。案神仙傳序云阮倉記古之得仙者數百人。

〔一四〕非妄言也　「言」敦煌作「造」。影古寫本同。

〔一五〕采葑采菲　孫校：藏本無「采葑」二字。案敦煌有。影古寫本同。「采葑采菲，無以下體」，見毛詩邶風谷風。

〔一六〕以日月曾蝕之故　敦煌作「以曾蝕之日」。影古寫本同。

〔一七〕而謂懸象非大明哉　孫校：「懸」藏本作「玄」。明案敦煌、影古寫本、宋浙本、慎校本、寶顔堂本亦作「玄」。

〔一八〕實是合五種灰以作之　五種灰，校勘記云：御覽七百六十作「百灰」，八百七十一作「五百種灰」，今此脱「百」字。案敦煌「灰」作「石灰」，影古寫本同。

〔一九〕今以此語俗人俗人殊不肯信　「俗人」下原缺「俗人」二字。校勘記云：御覽七百六十「俗人」下復有「俗人」。案敦煌、影古寫本亦重「俗人」二字，是，今據補。

〔二〇〕乃云水精本自然之物　「本」敦煌作「是」。影古寫本同。

〔二一〕「俗人當何信」至「可作之理哉」　「當何」敦煌作「何時當」。影古寫本同。

〔二二〕愚人乃不信黄丹及胡粉是化鉛所作　校勘記云：書鈔一百三十五，御覽七百十九、八百十二「人」作「民」。案博物志云，燒鉛錫成胡粉。

〔二三〕不信騾及駏驉是驢馬所生　駏驉，寶顔堂本、慎校本作駏駏。廣韻魚韻：駏驉，畜似騾也。

〔二四〕況乎難知之事哉　「乎」敦煌、影古寫本作「於」。校勘記云：御覽九百一作「況乎仙者難知之事哉」。

〔二五〕「信哉此言」至篇末二十二字　敦煌、影古寫本無。

抱朴子内篇卷之三　對俗

或人難曰：「人中之有老彭，猶木中之有松柏，稟之自然〔一〕，何可學得乎〔二〕？」抱朴子曰：「夫陶冶造化，莫靈於人。故達其淺者，則能役用萬物，得其深者，則能長生久視〔三〕。知上藥之延年〔四〕，故服其藥以求仙。知龜鶴之遐壽，故效其道引以增年。且夫松柏枝葉，與衆木則別〔五〕。龜鶴體貌，與衆蟲則殊〔六〕。至於彭老猶是人耳，非異類而壽獨長者，由於得道，非自然也。衆木不能法松柏，諸蟲不能學龜鶴，是以短折耳〔七〕。人有明哲〔八〕，能修彭老之道〔九〕，則可與之同功矣。若謂世無仙人乎？然前哲所記，近將千人，皆有姓字，及有施爲本末〔一〇〕，非虛言也。若謂彼皆特稟異氣，然其相傳皆有師奉服食〔一一〕，非生知也。若道術不可學得，則變易形貌，吞刀吐火〔一二〕，坐在立亡〔一三〕，興雲起霧〔一四〕，召致蟲蛇，合聚魚鱉〔一五〕，三十六石立化爲水〔一六〕，消玉爲粭，潰金爲漿〔一七〕，入淵不沾〔一八〕，蹴刃不傷〔一九〕，幻化之事，九百有餘〔二〇〕，按而行之，無不皆效，何爲獨不肯信仙之可得乎！仙道遲成〔二一〕，多所禁忌，自無超世之志，强力之才，不能守之〔二二〕。其或頗好心疑，中道而廢，便謂仙道長生，果不可得耳。仙經曰，服丹守一，與天相畢，還精胎息，延壽無極。此皆至道要言也。民間君子，猶内不負心，外不愧影〔二三〕，上不欺天，下不食言，豈況古之真人，寧當虚造空文，以必不可得之事，誑誤將來，何所索乎！苟無其命，終不肯信，亦安可强令信哉〔二四〕！」

校釋

〔一〕稟之自然　「稟」下慎校本、寶顔堂本有「賦」字。

〔二〕何可學得乎　慎校本、寶顔堂本無「得」字。

〔三〕則能長生久視　老子第五十九章：「長生久視之道。」「視，活也」，見呂氏春秋重己篇高注。

〔四〕上藥之延年　「年」敦煌作「命」。影古寫本同。

〔五〕與衆木則别　敦煌無「則」字。影古寫本同。

〔六〕龜鶴體貌與衆蟲則殊　敦煌無「則」字。影古寫本作「龜鵠與諸蟲體貌殊」。

〔七〕是以短折耳　敦煌無「耳」字。影古寫本同。

〔八〕人有明哲　「哲」敦煌作「知」。影古寫本同。

〔九〕能修彭老之道　「彭老」敦煌、影古寫本、宋浙本、寶顔堂本作「老彭」。

〔一〇〕及有施爲本末　「有」敦煌作「於」。影古寫本同。宋浙本作「所」。

〔一〕皆有師奉服食　「有」下敦煌、影古寫本、宋浙本有「所」字。愼校本、寶顔堂本「奉」作「授」。

〔二〕則變易形貌吞刀吐火　校勘記：意林作「變形易貌」，與道意篇同。明案張衡西京賦：奇幻儵忽，易貌分形；吞刀吐火，雲霧杳冥。後漢書西南夷傳云，安帝永寧元年，撣國王遣使獻樂及幻人，能變化吐火，自支解，易牛馬頭，自言我是海西（即大秦）人。

〔三〕坐在立亡　神仙傳皇初平傳：「能坐在立亡，行於日中無影。」又劉安傳：「一人能分形易貌，坐存立亡。」姚振宗三國藝文志有立亡術一卷。

〔四〕興雲起霧　西京雜記云：有東海人黄公，少時爲幻，能以絳繒束髮，立興雲霧。

〔五〕召致蟲蛇合聚魚鱉　孫校：「蟲蛇」意林作「蛇蟲」。「合聚」敦煌、影古寫本作「取合」，「取」疑係「聚」之壞字。意林作「聚合」。神仙傳玉子傳：「臨淵投符，召魚鱉之屬，悉來上岸。」又劉政傳：「召江海中魚鱉蛟龍黿鼉，即皆登岸。」

〔六〕三十六石立化爲水　列仙傳稱八公授淮南王三十六水方。正統道藏洞神部有三十六水法。三十六水法是朱砂水法，爲中國古代關于水溶液的一種早期試驗成果。

〔七〕漬金爲漿　「漬」敦煌、影古寫本作「潰」，愼校本、寶顔堂本亦作「潰」。按當作「漬」。

〔八〕入淵不沾　孫校：「沾」意林作「溺」。明案愼校本、寶顔堂本、崇文本皆作「没」。敦煌、影古寫本仍作「沾」。

〔一九〕蹴刃不傷　校勘記：「蹴」盧本作「就」。明案慎校本、寶顔堂本亦作「就」。

〔二〇〕幻化之事九百有餘　列子周穆王篇云：西極之國，有化人（幻人）來，入水火，貫金石，反山川，移城邑，乘虚不墜，觸實不硋，千變萬化，不可窮極。是皆幻化之事也。

〔二一〕仙道遲成　孫校：「仙」上刻本有「但」字。

〔二二〕不能守之　孫校：藏本更有「守之」二字。案敦煌「守」作「爲」。影古寫本同。

〔二三〕外不愧影　晏子春秋外篇云：「君子獨立，不慚于影。」

〔二四〕亦安可强令信哉　敦煌無「令信」二字。影古寫本同。

或難曰：「龜鶴長壽，蓋世閒之空言耳，誰與二物終始相隨而得知之也〔一〕。」抱朴子曰：「苟得其要，則八極之外，如在指掌，百代之遠，有若同時，不必在乎庭宇之左右，俟乎瞻視之所及，然後知之也。玉策記〔二〕曰，千歲之龜，五色具焉，其額上兩骨起似角，解人之言〔三〕，浮於蓮葉之上〔四〕，或在叢蓍之下，其上時有白雲蟠蛇〔五〕。千歲之鶴〔六〕，隨時而鳴，能登於木，其未千載者，終不集於樹上也，色純白而腦盡成丹。如此則見，便可知也。然物之老者多智，率皆深藏邃處〔七〕，故人少有見之耳。按玉策記及昌宇經，不但此二物之壽也，云千歲松樹〔八〕，四邊披越〔九〕，上杪不長，望而視之，有如偃蓋，其中有物，或如青牛，或如青羊，或如青犬〔一〇〕，或如青人〔一一〕，皆壽萬歲〔一二〕。又云，蛇有無窮之壽〔一三〕，獮猴壽八百歲變爲猨，猨壽五百歲變爲玃〔一四〕，玃壽千歲〔一五〕，蟾蜍壽三千歲，騏驎壽二千歲。騰黃之馬，吉光之獸〔一六〕，皆壽三千歲。千歲之鳥〔一七〕，萬歲之禽〔一八〕，皆人面而鳥身，壽亦如其名〔一九〕。虎及鹿兔，皆壽千歲，壽滿五百歲者，其毛色白〔二〇〕。熊壽五百歲者〔二一〕，則能變化。狐狸豺狼〔二二〕，皆壽八百歲。滿五百歲，則善變爲人形〔二三〕。鼠壽三百歲，滿百歲則色白〔二四〕，善憑人而卜，名曰仲，能知一年中吉凶及千里外事〔二五〕。如此比例，不可具載。但博識者觸物能名，洽聞者理無所惑耳〔二六〕。何必常與龜鶴周旋，乃可知乎？苟不識物，則園中草木，田池禽獸，猶多不知，況乎巨異者哉？史記龜策傳云：江淮閒居人爲兒時，以龜枝床，至後老死，家人移床，而龜故生。此亦不減五六十歲也，不飲不食〔二七〕，如此之久而不死，其與凡物不同亦遠矣，亦復何疑於千歲哉？仙經象龜之息，豈不有以乎？故太丘長潁川陳仲弓，篤論士也，撰異聞記云〔二八〕，其郡人張廣定者，遭亂常避地，有一女年四歲，不能步涉，又不可擔負，計棄之固當餓死〔二九〕，不欲令其骸骨之露，村口有古大塚〔三〇〕，上巔先有穿穴〔三一〕，乃以器盛縋之〔三二〕，下此女於塚中〔三三〕，以數月許乾飯及水漿與之而舍去。候世平定〔三四〕，其間三年，廣定乃得還鄉里，欲收塚中所棄女骨〔三五〕，更殯埋之。廣定往視，女故坐塚中，見其父母，猶識之甚喜。而父母猶初恐其鬼也〔三六〕，父下入就之〔三七〕，乃知其不死。問之從何得食，女言糧初盡時甚飢〔三八〕，見塚角有一物，伸頸吞氣，試效之，轉不復飢，日月爲之〔三九〕，以至於今。父母去時所留衣被，自在塚中，不行往來，衣服不敗，故不寒凍。廣定乃索女所言物〔四〇〕，乃是一大龜耳〔四一〕。女出食穀〔四二〕，初小腹痛嘔逆，久許乃習。此又足以知龜有不死之法，及爲道者效之，可與龜同年之驗也〔四三〕。史遷與仲弓，皆非妄說者也。天下之蟲鳥多矣，而古人獨舉斯二物者，明其獨有異於衆故也〔四四〕，覩一隅則可以悟之矣。」

校釋

〔一〕而得知之也　「之也」敦煌作「乎」。

〔二〕玉策記　本書遐覽篇著録玉策記一卷。清惠棟易漢學四云：玉策記，周秦時書。明案本篇下文稱引玉策記及昌宇經，仙藥篇稱太乙玉策及昌宇内記，唐馬總意林卷四引作老君玉策，則玉策記殆即太乙玉策，昌宇經疑即昌宇内記。漢代崇祀太一神，太一玉策似是漢時書。昌宇力牧，相傳皆黄帝時人。漢代依託黄帝之書頗多，則昌宇經似亦漢人造作。惠棟謂玉策記周秦時書，其成書年代未免過早。

〔三〕解人之言　慎校本、寶顔堂本、崇文本並無此四字。

〔四〕「千歲之龜」至「浮於蓮葉之上」　史記龜策列傳褚少孫云：有神龜在江南嘉林中，常巢於芳蓮之上。

〔五〕其上時有白雲蟠蛇　寶顏堂本、崇文本「蛇」並作「旋」。

〔六〕千歲之鶴　校勘記：「鶴」御覽九百十六作「鵠」，引在鵠門。案當作「鵠」。

〔七〕率皆深藏邃處　孫校：「邃」藏本作「遠」。案敦煌、影古寫本、宋浙本、魯藩本、慎校本亦皆作「遠」。

〔八〕云千歲松樹　「樹」原作「柏」。孫校：「柏」藏本作「樹」。校勘記云：初學記二十八、御覽九百五十三作「樹」，當從藏本。明案敦煌、影古寫本、魯藩本、慎校本亦皆作「樹」，甚是，今據以訂正。

〔九〕四邊披越　「披越」原作「枝起」。宋浙本同。校補云：「枝」當作「披」，「起」當作「越」，並字之誤。「四邊披越」與「如偃蓋」之義正合。太平廣記四百七草木部引正作「披越」。明案校補之説是，今訂正。

〔一〇〕或如青羊或如青犬　敦煌無上句，下句作「或如犬」。影古寫本同。

〔一一〕或如青人　校勘記云：初學記二十八、御覽九百五十三無「青」字。青人不他見，蓋涉上青牛青羊青犬輒加耳。案敦煌、影古寫本亦無「青」字。

〔一二〕皆壽萬歲　「萬」原作「千」。孫校：御覽九百五十三引作「萬」。校勘記云：初學記二十八亦作「萬」。明案敦煌、影古寫本亦作「萬」，當作「萬」，今據改。

〔一三〕蛇有無窮之壽　敦煌「窮」作「極」。影古寫本同。

〔一四〕變爲玃　校勘記：藝文類聚九十五「變」上有「則」字。

〔一五〕玃壽千歲　校勘記：藝文類聚九十五、御覽九百十「歲」下有「則變爲老人」；又八百八十八「千歲之猿變爲老人」，當是外篇佚文，而其有變爲老人語，可互證也。本句原缺「壽」字，明案敦煌、影古寫本「玃」下有「壽」字，是，今據補。

〔一六〕騰黄之馬吉光之獸　騰黄、吉光，皆神馬而異名。張衡東京賦：「擾澤馬與騰黄。」薛綜注引瑞應圖曰：「騰黄，神馬，一名吉光。」初學記二十九引符瑞圖曰：騰黄，其色黄，一名乘黄，亦曰飛黄，或作吉黄。吉黄即山海經海内北經犬封國之吉量。雲笈七籤二十三載吉光之獸如貍，能作胡語，獸毛生光奕奕云。

〔一七〕千歲之鳥　校勘記：御覽九百二十八「千歲」作「千秋」。案敦煌、影古寫本亦作「千秋」。

〔一八〕萬歲之禽　「禽」敦煌作「烏」。影古寫本同。

〔一九〕壽亦如其名　「名」下敦煌有「也」字。影古寫本同。

〔二〇〕其毛色白　敦煌作「則其色皆白」。影古寫本同。

〔二一〕熊壽五百歲者　「熊」原作「能」。孫校：御覽九百七（八）引「能」作「熊」。明案敦煌、影古寫本亦作「熊」，是，今據正。

〔二二〕狐狸豺狼　孫校：「豺」藏本作「狸」，疑作「貙」。校勘記云：初學記二十九、御覽九百九作「狐及狸狼」，則藏本上「狸」字誤耳，下「狸」字不誤；群書無言貙壽八百歲者，校語疑作

「貙」，未知何據。明案敦煌、影古寫本正作「狐及狸狼」，是。

〔二三〕滿五百歲則善變爲人形　「五百」敦煌、影古寫本、初學記二十九並作「三百」。「善變」敦煌、影古寫本作「善潛變」，初學記作「暫變」。

〔二四〕滿百歲則色白　「歲」下敦煌、影古寫本有「者」字。「滿百歲」御覽九百十一作「滿者」。

〔二五〕名曰仲能知一年中吉凶及千里外事　校勘記云：白孔六帖九十八作「仲能能知」，御覽九百十一作「仲骨能知」，未知孰是。「仲」下脱一字無疑。明案影宋本御覽九百十一作「名曰仲，仲能一年之中，吉凶及千里外之事皆知也」，並無「仲骨能知」字。搜神記十二云：千歲之蛇，斷而復續；百年之鼠，而能相卜。其義與此説同。

〔二六〕洽聞者理無所惑耳　「者」敦煌作「之士」，「士」下有「於」字。影古寫本同。

〔二七〕不飲不食　敦煌作「不飲食」。影古寫本同。

〔二八〕「陳仲弓」至「撰異聞記」　後漢書陳寔傳，寔字仲弓，潁川許人。明胡應麟少室山房筆叢卷三十六云：異聞記一書，太平廣記及御覽俱不載，蓋其亡已久。然仲弓之言，或當不妄云。

〔二九〕計棄之固當餓死　「棄」下敦煌有「置」字，無「餓」字。影古寫本同。

〔三〇〕村口有古大塚　「口」敦煌作「側」，「古大塚」作「久故大塚」。影古寫本同。

〔三一〕上巔先有穿穴　敦煌無「有」字「穴」字。影古寫本同。

〔三二〕乃以器盛縋之　敦煌、影古寫本無「盛縋之」三字。

〔三三〕下此女於塚中　「於塚」敦煌、影古寫本作「置」。

〔三四〕候世平定　孫校：「世」藏本作「此」。案「候世平定」敦煌、影古寫本作「比平定」。

〔三五〕欲收塚中所棄女骨　「塚中所棄」，宋浙本作「所棄塚中」。

〔三六〕父母猶初恐其鬼也　敦煌無「猶」字。影古寫本同。

〔三七〕父下入就之　此句原無「父下」二字。敦煌、影古寫本作「父下入就之」，與下文正合。校補云：今本蓋脱「父下」二字。今據補。

〔三八〕糧初盡時甚飢　敦煌無「初」字。影古寫本同。

〔三九〕日月爲之　敦煌、影古寫本「月」作「日」。校補云，作「日」近是。

〔四〇〕廣定乃索女所言物　敦煌無「乃」字，「言」作「道」。影古寫本同。

〔四一〕乃是一大龜耳　敦煌無「乃」字「一」字。影古寫本同。

〔四二〕女出食穀　「穀」敦煌作「飲」。影古寫本同。

〔四三〕同年之驗也　「同年之驗」敦煌作「同之一驗」。影古寫本同。

〔四四〕明其獨有異於衆故也　校補云：敦煌無「也」字，則「故」字屬下爲句，於義爲長。按影古寫本亦無「也」字。

或難曰：「龜能土蟄，鶴能天飛[一]，使人爲須臾之蟄，有頃刻之飛，猶尚不能，其壽安可學乎[二]？」抱朴子答曰：「蟲之能蟄者多矣，鳥之能飛者饒矣，而獨舉龜鶴有長生之壽者，其所以不死者，不由蟄與飛也[三]。是以真人但令學其道引以延年，法其食氣以絶穀，不學其土蟄與天飛也。夫得道者，上能竦身於雲霄，下能潛泳於川海。是以蕭史偕翔鳳以淩虚[四]，琴高乘朱鯉於深淵[五]，斯其驗也。何但須臾之蟄，頃刻之飛而已乎！龍蛇蛟螭，狙猬鼉鱉[六]，皆能竟冬不食，不食之時[七]，乃肥於食時也[八]。莫得其法[九]。且夫一致之善者，物多勝於人，不獨龜鶴也。故太昊師蜘蛛而結網[一〇]，金天據九鳫以正時[一一]，帝軒俟鳳鳴以調律[一二]，唐堯觀蓂莢以知月[一三]，歸終知往[一四]，乾鵲知來[一五]，魚伯識水旱之氣[一六]，蜉蝣曉潛泉之地[一七]，白狼知殷家之興[一八]，鸑鷟見周家之盛[一九]，龜鶴偏解導養，不足怪也。且仙經長生之道，有數百事，但有遲速煩要耳，不必皆法龜鶴也[二〇]。上士用思遐邈，自然玄暢，難以愚俗之近情，而推神仙之遠旨。」

校釋

〔一〕龜能土蟄鶴能天飛　敦煌無兩「能」字。影古寫本同。「鶴」並作「鵠」。

〔二〕其壽安可學乎　敦煌「可」下有「得」字，「乎」作「也」。影古寫本同。

〔三〕不由蟄與飛也　敦煌、影古寫本「由」下有「於」字，「飛也」作「天飛」。校補云：「飛」上有

「天」字，則「蟄」上亦當有「土」字，文義方合。

〔四〕蕭史偕翔鳳以淩虛　蕭史，秦穆公時人，善吹簫。穆公以其女弄玉妻之。日教弄玉作鳳鳴，居數年，鳳凰來止其屋，後皆隨鳳凰飛去。見舊題劉向列仙傳。

〔五〕琴高乘朱鯉於深淵　敦煌、影古寫本「深」作「重」。琴高，趙人，浮遊冀州涿郡間，後辭世入涿水中，取龍子，與諸弟子期，期日皆潔齋待于水傍設祠，果乘赤鯉而出。見列仙傳。

〔六〕狙猬鼉蟸　本句敦煌、影古寫本作「狟狹（誤字）鼉蟸」，後於「鼉蟸」旁改注熊羆。案狙，猿屬；猬，毛刺；鼉，音駝，水中大甲蟲；蟸同蠡，音利，蟲名。

〔七〕不食之時　孫校：藏本無「不食」二字。明案宋浙本、魯藩本亦無「不食」二字，敦煌、影古寫本有「不食」，慎校本、崇文本無「不食之時」四字。

〔八〕乃肥於食時也　敦煌、影古寫本無「也」字。

〔九〕莫得其法　敦煌、影古寫本「莫」上有「而」字，「法」下有「耳」字。

〔一〇〕太昊師蜘蛛而結網　太昊即庖犧氏，古者庖犧氏結繩而爲網罟，以畋以漁。見周易繫辭傳。

〔一一〕金天據九鳫以正時　「鳫」原作「鴈」。孫校：「鴈」當作「鳫」。明案敦煌、影古寫本正作「鳫」，孫校是矣，今據改。金天氏，即少昊，名摯，黃帝之子。左傳昭公十七年云，郯子來朝，昭子問焉。曰，少皞（昊）氏鳥名官，何故也？郯子曰，吾高祖少皞摯之立也，鳳鳥適至，故紀於鳥，爲鳥師而鳥名。鳳鳥氏曆正也，九扈爲九農正云。孔穎達疏：諸扈別春夏秋冬四時之名。「扈」通作「鳸」。鳸，音户，鳥名。

〔二〕帝軒俟鳳鳴以調律　孫校：刻本「俟」作「候」。校勘記：初學記一、御覽四並作「候」。明案敦煌、影古寫本作「俟」。容成子善知音律，初爲黄帝造律曆，造笙以象鳳鳴。見雲笈七籤一百軒轅本紀。

〔三〕唐堯觀蓂莢以知月　白虎通封禪篇云：日曆得其分度，則蓂莢生於階間。蓂莢，樹名也。月一日生一莢，十五日畢，至十六日去莢，故莢階生，似日月也。帝王世紀曰，唐堯時，有草莢階而生，隨月生死，王者以是占日月之數。名蓂莢，一名曆莢。

〔四〕歸終知往　「歸終」原作「終歸」。校補曰：敦煌作「歸終」是也。譏惑篇云，干玃識往，歸終知來。藝文類聚九十五引淮南萬畢術云，歸終知來，猩猩知往。注云，歸終，神獸。並其證。至淮南以爲知來，抱朴以爲知往，蓋古人傳聞互異也。案影古寫本亦作「歸終」，是，今據改。

〔五〕乾鵲知來　校補曰：「乾鵲」敦煌作「乾吉」，皆非。「鵲」乃「鵠」字之誤，「吉」乃「告」字之殘。淮南子氾論篇乾鵠知來而不知往（鄭注大射儀引作鳱鵠）。高注：乾鵠，鵲也。人將有來事憂喜之徵則鳴，皆知來也。知歲多風，多巢於下枝，人皆探卵，故曰不知往也。「乾」讀乾燥之「乾」，「鵠」讀告退之「告」。易林小畜之漸云，餌吉知來。「餌吉」即「乾告」

之譌。列女傳晉羊叔姬傳云，南方有鳥名曰乾吉，「吉」亦「告」字之誤。論衡龍虚、是應二篇，亦並誤作「乾鵲」。

〔一六〕魚伯識水旱之氣　古今注魚蟲云：水君狀如人乘馬，衆魚皆導從之，一名魚伯，大水乃有之。

〔一七〕蜉蝣曉潛泉之地　「蜉蝣」敦煌、影古寫本、宋浙本作「蚍蜉」。當作「蚍蜉」。爾雅釋蟲：「蚍蜉，大螘，小者螘。」螘，蟻本字。外篇博喻篇：「蛇螘知潛泉之所居。」

〔一八〕白狼知殷家之興　五行家説白狼見，乃王者興之瑞應。尚書中候云：湯牽白狼，握禹籙。

〔一九〕鸑鷟見周家之盛　「周家」敦煌、影古寫本作「有周」。國語周語：周大夫内史過曰，周之興也，鸑鷟鳴於岐山。説文：鸑鷟，鳳屬，神鳥也。

〔二〇〕不必皆法龜鶴也　「皆」下敦煌、影古寫本有「當」字。

或曰〔一〕：「我等不知今人長生之理〔二〕，古人何獨知之〔三〕？」「此蓋愚暗之局談，非達者之用懷也。夫占天文之玄道〔四〕，步七政之盈縮〔五〕，論淩犯於既往，審崇替於將來，仰望雲物之徵祥，俯定卦兆之休咎，運三棊以定行軍之興亡〔六〕，推九符而得禍福之分野〔七〕，乘除一算，以究鬼神之情狀，錯綜六情〔八〕，而處無端之善否。其根元可考也，形理可求也〔九〕，而庸才近器，猶不能開學之奥治，至於樸素〔一〇〕，徒鋭思於糟粕，不能窮測其精微也。

夫鑿枘之麤伎，而輪扁有不傳之妙〔一一〕；掇蜩之薄術，而傴僂有入神之巧〔一二〕，在乎其人〔一三〕，由於至精也。況於神仙之道〔一四〕，旨意深遠〔一五〕，求其根莖〔一六〕，良未易也。松喬之徒，雖得其效，未必測其所以然也，況凡人哉？其事可學，故古人記而垂之，以傳識者耳。若心解意得，則可信而修之，其猜疑在胸，皆自其命，不當詰古人何以獨曉此，而我何以獨不知之意耶〔一七〕？吾今知仙之可得也，吾能休糧不食也，吾保流珠之可飛也，黄白之可求也，若責吾求其本理，則亦實復不知矣。世人若以思所能得謂之有〔一八〕，所不能及則謂之無，則天下之事亦尠矣〔一九〕。故老子有言，以狸頭之治鼠漏，以啄木之護齲齒〔二〇〕，此亦可以類求者也。若蟹之化漆〔二一〕，麻之壞酒，此不可以理推者也。萬殊紛然，何可以意極哉？設令抱危篤之疾〔二二〕，須良藥之救〔二三〕，而不肯即服，須知神農岐伯所以用此草治此病本意之所由，則未免於愚也〔二四〕。」

校釋

〔一〕或曰　「或」敦煌、影古寫本作「而」。

〔二〕我等不知今人長生之理　「不知今人」敦煌、影古寫本作「不知所以令人」。校補云是。今本「令」誤爲「今」，又脱去「所以」二字。

〔三〕古人何獨知之　「何」下敦煌、影古寫本有「緣」字。是。

〔四〕夫占天文之玄道　孫校：「占」下失一字，藏本「天」下錯簡八百三十八字。明案魯藩本錯簡同。「天」下原無「文」字，敦煌、影古寫本有「文」字，蓋今本脱，今據補。「玄道」敦煌、影古寫本作「道度」。是。外篇行品篇「步七曜之盈縮，推興亡之道度」，疾謬篇「陰陽律曆之道度」，博喻篇「不能極晷影之道度」，並可爲證。

〔五〕步七政之盈縮　後漢書方術傳：其流又有風角、遁甲、七政。李賢注：七政，日月五星之政也。

〔六〕運三棋以定行軍之興亡　雜應篇云：推三棊，步九宫。案三棋，疑靈棋經之類，推卜之術也。

〔七〕推九符而得禍福之分野　孫校：「禍福之分野」一本作「分野之禍福」。

〔八〕錯綜六情　「情」敦煌、影古寫本作「肴」，殆「爻」字之譌。

〔九〕形理可求也　「形」上敦煌有「其」字。影古寫本同。

〔一〇〕至於樸素　「樸素」，敦煌、影古寫本、宋浙本作「振素」。案「樸」爲「振」之訛。外篇尚博篇：「始自髫齔，訖於振素。」廣譬篇：「吕尚非早蔽而晚智，然振素而僅遇。」振素，指皓首，年老也。

〔一一〕鑿枘之麤伎而輪扁有不傳之妙　莊子天道篇云：齊桓公讀書於堂上，輪扁斲輪於堂下，輪扁曰，斲輪徐則甘而不固，疾則苦而不入，不徐不疾，得之於手，而應於心，口不能言，不可傳也。

〔一三〕掇蜩之薄術而傴僂有入神之巧　莊子達生篇云：仲尼適楚，出於林中，見痀僂者承蜩，猶掇之也。成玄英疏：痀僂老人以竿承蟬，如俯拾地芥，一無遺也。

〔一三〕在乎其人　「在」敦煌作「存」。影古寫本同。「存乎其人」，爲古典習用語。

〔一四〕況於神仙之道　敦煌無「之道」二字。影古寫本同。

〔一五〕旨意深遠　敦煌作「道深意遠」。影古寫本同。宋浙本作「旨深意遠」。

〔一六〕求其根莖　校勘記：榮案盧本「根莖」作「根荄」。案論仙篇「豔容伐其根荄」，微旨篇「根荄不洞地」，極言篇「以其根荄不固」，皆「根荄」連文，本篇當作「根荄」。荄，草根。

〔一七〕而我何以獨不知之意耶　敦煌無「何以」二字。影古寫本同。

〔一八〕世人若以思所能得謂之有　「謂」上敦煌、影古寫本有「則」字。今本脱。校補云，當據補。

〔一九〕則天下之事亦尠矣　敦煌作「則天下之所有之事亦尠矣哉」。影古寫本同。

〔二〇〕老子有言以狸頭之治鼠漏以啄木之護齲齒　案今本老子無此文。淮南子説山篇云：貍頭愈鼠，啄木愈齲。案鼠即癙字，漏創也；啄木，食齲蟲也。

〔二一〕蟹之化漆　淮南子覽冥篇云：「蟹之敗漆。」高誘注：以蟹置漆中，則敗壞不燥，不任用。説山篇所謂「漆見蟹而不乾」是也。神農本草經亦謂蟹能敗漆。

〔二二〕設令抱危篤之疾　「危篤」敦煌作「厄困」。影古寫本同。

〔二三〕須良藥之救　「救」下敦煌有「治」字。影古寫本同。

〔二四〕則未免於愚也　「則」下敦煌有「亦」字。影古寫本同。

或曰：「生死有命〔一〕，修短素定，非彼藥物，所能損益。夫指既斬而連之，不可續也；血既灑而吞之，無所益也。豈況服彼異類之松柏，以延短促之年命？甚不然也。」抱朴子曰：「若夫此論〔二〕，必須同類，乃能爲益，然則既斬之指，已灑之血，本自一體，非爲殊族，何以既斬之而不可續，已灑之而不中服乎！余數見人以蛇銜膏連已斬之指〔三〕，桑豆易雞鴨之足〔四〕，異物之益，不可誣也。若子言不恃他物〔五〕，則宜擣肉治骨，以爲金瘡之藥，煎皮熬髮，以治禿鬢之疾耶？夫水土不與百卉同體，而百卉仰之以植焉〔六〕。五穀非生人之類，而生人須之以爲命焉。脂非火種，水非魚屬，然脂竭則火滅，水竭則魚死〔七〕，伐木而寄生枯〔八〕，芟草而兔絲萎〔九〕，川蟹不歸而蛣敗〔一〇〕，桑樹見斷而蠹殄，觸類而長之，斯可悟矣〔一一〕。金玉在九竅，則死人爲之不朽〔一二〕；鹽滷沾於肌髓〔一三〕，則脯腊爲之不爛，況於以宜身益命之物，納之於己，何怪其令人長生乎〔一四〕？」

校釋

〔一〕生死有命　「生死」宋浙本作「死生」。死生有命，見論語顏淵篇。

〔二〕若夫此論　敦煌作「若如所論」。影古寫本同。

〔三〕余數見人以蛇銜膏連已斬之指　敦煌、影古寫本無「人」字「膏」字。校補曰，此文不當有「膏」字。蛇銜句與桑豆句各七字對文。蛇銜乃藥草之名，後人不解蛇銜爲何物，因加「膏」字以足其義，誤之甚者。劉敬叔異苑云，昔有田父耕地，值見傷蛇在焉。有一蛇銜草著瘡上，經日，傷蛇走。田父取其草餘葉以治瘡，皆驗。本不知草名，因以蛇銜爲名。抱朴子云蛇銜能續已斷之指如故是也。正無「膏」字。敦煌殘卷亦無「膏」字，當刪。

〔四〕桑豆易雞鴨之足　原校：「豆」一作「蟲」。明案宋浙本、藏本、魯藩本並注豆一作「虫」，敦煌、影古寫本作「桑豆」。

〔五〕若子言不恃他物　「若」下敦煌、影古寫本有「如」字。明案當有「如」字。

〔六〕百卉仰之以植焉　「以植」敦煌、影古寫本、宋浙本作「以能殖」。校補云，當有「能」字。是。

〔七〕水竭則魚死　敦煌「竭」作「涸」。影古寫本同。

〔八〕伐木而寄生枯　寄生，寄生植物，如中草藥桑寄生。

〔九〕芟草而兔絲萎　兔絲，即兔絲子，一名女蘿，爲中草藥，神農本草載之。梁陶弘景云：田野墟落甚多，皆浮生藍紵麻蒿之上，舊言下有茯苓，上生菟絲，今不必爾。

〔一〇〕川蟹不歸而蛣敗　「川」敦煌、影古寫本作「小」。晉郭璞江賦：「璅蛣腹蟹。」文選注引南越志曰：「璅蛣，長寸餘，腹中有蟹子如榆莢，合體共生，俱爲蛣取食。」此謂蛣依蟹而生，故蟹去而蛣敗。

〔一一〕斯可悟矣　敦煌作「可以寤矣」。影古寫本同。

〔一二〕金玉在九竅則死人爲之不朽　太平御覽八百十一引漢東園祕記曰：「亡人以黄金塞九竅，則尸終不朽。」

〔一三〕鹽滷沾於肌髓　敦煌、影古寫本作「鹽熏沾肌理」。宋浙本「髓」亦作「理」。

〔一四〕何怪其令人長生乎　「其」下敦煌有「不能」二字。影古寫本同。

或難曰：「神仙方書，似是而非，將必好事者妄所造作，未必出黄老之手〔一〕，經松喬之目也。」抱朴子曰：「若如雅論，宜不驗也，今試其小者〔二〕，莫不效焉。余數見人以方諸求水於夕月〔三〕，陽燧引火於朝日〔四〕，隱形以淪於無象，易貌以成於異物〔五〕，結巾投地而兔走，鍼綴丹帶而蛇行〔六〕，瓜果結實於須臾〔七〕，龍魚瀺灂於盤盂〔八〕，皆如説焉。按〔九〕漢書欒太初見武帝〔一〇〕，試令鬬棊，棊自相觸。而後漢書又載魏尚能坐在立亡，張楷能興雲起霧〔一一〕，皆良史所記，信而有徵，而此術事，皆在神仙之部，其非妄作可知矣。小既有驗〔一二〕，則長生之道，何獨不然乎！」

校釋

〔一〕未必出黄老之手　「手」敦煌作「言」。影古寫本同。

〔二〕今試其小者　「今」原作「令」。校勘記：「令」字誤，各本作「今」。明案敦煌、影古寫本亦作「今」，此據改。

〔三〕方諸求水於夕月　敦煌、影古寫本、宋浙本「求」作「承」。淮南子天文篇：方諸見月則津而爲水。高誘注：方諸，大蛤也，熟磨令熱，月盛時，以向月下則水生，以銅盤受之，下水數滴。

〔四〕陽燧引火於朝日　淮南子天文篇：陽燧見日則燃而爲火。高誘注：陽燧，金也，取金（按即銅）杯無緣者，熟摩令熱，日中時，以當日下，以艾承之，則燃得火。

〔五〕隱形以淪於無象易貌以成於異物　「成」敦煌、影古寫本作「託」。後漢書方術傳：解奴辜張貂皆能隱淪出入，不由門户，奴辜能變易物形，以誑幻人。

〔六〕鹹綴丹帶而蛇行　校勘記：「鹹綴」御覽八百三十作「綴鹹」，此誤倒。明案影宋本御覽仍作「鹹綴」，不誤倒。

〔七〕瓜果結實於須臾　吴世介象能種瓜菜百果，皆立生可食。見神仙傳。

〔八〕龍魚瀺灂於盤盂　後漢書方術徐登傳注引異苑〔九〕云：趙侯以盆盛水，吹氣作禁，魚龍立見。又左慈傳，曹操方會宴賓客，欲得松江鱸魚，左慈求銅盤貯水，以竿餌釣於盤中，須臾引一鱸魚出。瀺灂，魚浮沈貌。

〔九〕皆如説焉按　敦煌、影古寫本「如」下有「方」字。孫校云：「按」下藏本錯簡八百三十八字。

〔一〇〕初見武帝　校補：敦煌殘卷重「武帝」二字，是，今本誤脱。案影古寫本亦重「武帝」二字。

〔一一〕張楷能興雲起霧　後漢書張霸傳：子楷，性好道術，能作五里霧。

〔一二〕小既有驗　「既」原作「記」。孫校云：「記」疑作「既」。明案「記」字於文義不合，敦煌、影古寫本作「既」，孫校是，今據改。

或曰〔一〕：「審其神仙可以學致，翻然淩霄，背俗棄世，烝嘗之禮，莫之修奉，先鬼有知，其不餓乎〔二〕！」抱朴子曰：「蓋聞身體不傷，謂之終孝〔三〕，況得仙道，長生久視，天地相畢，過於受全歸完，不亦遠乎？果能登虛躡景，雲轝霓蓋，餐朝霞之沆瀣〔四〕，吸玄黄之醇精，飲則玉醴金漿，食則翠芝朱英，居則瑶堂瑰室，行則逍遥太清。先鬼有知，將蒙我榮，或可以翼亮五帝，或可以監御百靈〔五〕，位可以不求而自致〔六〕，膳可以咀茹華璚〔七〕，勢可以總攝羅酆〔八〕，威可以叱咤梁成〔九〕，誠如其道，罔識其妙，亦無餓之者〔一〇〕。得道之高，莫過伯陽。伯陽有子名宗，仕魏爲將軍〔一一〕，有功封於段干。然則今之學仙者，自可皆有子弟，以承祭祀。祭祀之事〔一二〕，何緣便絶〔一三〕！」

校釋

〔一〕或曰　敦煌作「或難曰」。影古寫本同。

〔二〕其不餓乎　「其不」宋浙本作「不其」。

〔三〕蓋聞身體不傷謂之終孝　孝經開宗明義章云：「身體膚髮，受之父母，不敢毀傷，孝之至也。」

〔四〕餐朝霞之沆瀣　楚辭遠游：「餐六氣而飲沆瀣兮，漱正陽而含朝霞。」莊子逍遥遊：「御六氣之辯。」按六氣之説不一，李注：平旦爲朝霞，日中爲正陽，日入爲飛泉，夜半爲沆瀣，並天玄地黄之氣，是爲六氣。

〔五〕或可以翼亮五帝或可以監御百靈　敦煌無兩「以」字，「監」作「臨」。影古寫本同。

〔六〕位可以不求而自致　孫校：疑「致」下有脱文。案敦煌、影古寫本作「位可以致脩文」，疑仍有脱字。

〔七〕膳可以咀茹華璚　宋浙本、藏本、魯藩本、慎校本「華璚」皆作「華瓊」。「璚」同「瓊」。

〔八〕勢可以總攝羅酆　陶弘景真誥闡幽微云：羅酆山在北方癸地，山高二千六百里，周迴三萬里，其山下有洞天，周迴一萬五千里，其上其下，並有鬼神宫室。則羅酆，山名，迷信相傳鬼神所居。曲園云，據此則閻羅之名，酆都之説，晉世已有之。

〔九〕威可以叱咤梁成　「成」原作「柱」。敦煌、影古寫本「柱」作「成」。校補云，作梁成是也。

御覽八百八十三引王隱晉書曰，蘇韶，安平人，仕至中牟令，卒。韶伯父第九子節在車上，晝日韶與之語。韶言顔淵卜商，今見在爲脩文郎，凡有八人。鬼之聖者梁成，賢者吴季子（以上節引）。太平廣記三百十九作項梁成）。梁成何人，殊不可考。此言得道術高如梁成之鬼，亦可以威力叱咤之也。今訂正。

〔一〇〕亦無餓之者　敦煌無「之」字。影古寫本同。

〔一一〕伯陽有子名宗仕魏爲將軍　史記老莊申韓列傳：老子，姓李，名耳，字伯陽，周守藏室之史也。又云其子名宗，爲魏將，封於段干。

〔一二〕以承祭祀祭祀之事　「祭祀」下原無複出「祭祀」二字。案敦煌、影古寫本重「祭祀」二字。校補云，今本誤脱。茲據補。

〔一三〕何緣便絶　「絶」下敦煌有「乎哉」二字。影古寫本同。

或曰：「得道之士，呼吸之術既備，服食之要又該，掩耳而聞千里，閉目而見將來，或委華駟而轡蛟龍，或棄神州而宅蓬瀛〔一〕，或遲迴於流俗，逍遥於人間，不便絶跡以造玄虚，其所尚則同，其逝止或異，何也？」抱朴子答曰：「聞之先師云，仙人或昇天，或住地，要於俱長生，去留各從其所好耳〔二〕。又服還丹金液之法，若且欲留在世間者〔三〕，但服半劑而録其半。若後求昇天，便盡服之。不死之事已定，無復奄忽之慮。正復且遊地上，或入名山，亦何所復憂乎？彭祖言，天上多尊官大神，新仙者位卑，所奉事者非一，但更勞苦，故不足役役於登天，而止人間八百餘年也〔四〕。又云，古之得仙者，或身生羽翼，變化飛行，失人之本〔五〕，更受異形，有似雀之爲蛤，雉之爲蜃，非人道也。人道當食甘旨，服輕煖，通陰陽，處官秩，耳目聰明，骨節堅強，顏色悅懌〔六〕，老而不衰，延年久視，出處任意，寒温風濕不能傷，鬼神衆精不能犯，五兵百毒不能中〔七〕，憂喜毀譽不爲累，乃爲貴耳。若委棄妻子，獨處山澤，邈然斷絶人理，塊然與木石爲鄰，不足多也〔八〕。昔安期先生龍眉甯公修羊公陰長生〔九〕，皆服金液半劑者也。其止世間，或近千年，然後去耳。篤而論之，求長生者〔一〇〕，正惜今日之所欲耳〔一一〕，本不汲汲於昇虛，以飛騰爲勝於地上也。若幸可止家而不死者，亦何必求於速登天乎？若得仙無復住理者〔一二〕，復一事耳。彭祖之言，爲附人情者也。」

校釋

〔一〕或棄神州而宅蓬瀛　孫校：「或」字疑衍。明案敦煌、影古寫本有「或」字，非衍。「蓬瀛」敦煌、影古寫本作「瀛萊」。

〔二〕去留各從其所好耳　「去」原作「住」。校勘記云：御覽六百七十「住留」作「去留」。明案敦煌、影古寫本亦作「去留」，是矣，今據改。敦煌無「其」字。影古寫本同。

〔三〕若且欲留在世間者　「留」敦煌作「停」。影古寫本同。

〔四〕故不足役役於登天而止人間八百餘年也　孫校：「役役」一本作「汲汲」。校勘記云，「御覽六百六十三作故不切（當復有「切」字）於升騰，而止乎人間者八百八年。案下文言，本不汲汲於昇虚以飛騰，則一本是」。敦煌、影古寫本作「故不促促於登騰」。校補云，「促促」與「汲汲」義同，今本有「足」字者，蓋即「促」字壞而衍也。御覽引亦無「足」字。「人間」敦煌作「民間」，影古寫本同。

〔五〕失人之本　「失」下敦煌有「爲」字。影古寫本同。

〔六〕顔色悦懌　「悦懌」敦煌作「和澤」。影古寫本同。

〔七〕五兵百毒不能中　「能」敦煌作「得」，影古寫本、宋浙本同。

〔八〕不足多也　「多」敦煌作「爲」。影古寫本同。

〔九〕昔安期先生龍眉甯公修羊公陰長生　傳説安期先生琅琊阜鄉人，賣藥於東海邊，秦始皇東遊，與語三日三夜云。修羊公，魏人，在華陰山石室中修道，後以道干漢景帝。並見列仙傳。龍眉山上有寧先生，毛身廣耳，被髮鼓琴。見列仙傳子主傳。陰長生，新野人，事馬鳴生，鳴生將入青城山中，以太清神丹經授之，長生持歸合之，丹成，服半劑，在民間三百餘年，然後飛昇云。見神仙傳。

〔一〇〕求長生者　「求」上敦煌有「所以」二字。影古寫本同。

〔一〕正惜今日之所欲耳　「正」下敦煌有「坐」字。影古寫本同。

〔二〕若得仙無復住理者　「住」原作「任」。孫校云：「任」疑作「住」。明案「任」字無義，敦煌、影古寫本作「住」，孫校是，今據改。

或問曰：「爲道者當先立功德，審然否？」抱朴子答曰：「有之。按玉鈐經中篇云〔一〕，立功爲上，除過次之。爲道者以救人危使免禍〔二〕，護人疾病，令不枉死〔三〕，爲上功也。欲求仙者，要當以忠孝和順仁信爲本。若德行不修，而但務方術〔四〕，皆不得長生也〔五〕。行惡事大者，司命奪紀，小過奪算，隨所犯輕重〔六〕，故所奪有多少也。凡人之受命得壽，自有本數，數本多者，則紀算難盡而遲死，若所禀本少，而所犯者多，則紀算速盡而早死。又云，人欲地仙，當立三百善；欲天仙，立千二百善。若有千一百九十九善，而忽復中行一惡，則盡失前善，乃當復更起善數耳。故善不在大，惡不在小也。雖不作惡事〔七〕，而口及所行之事〔八〕，及責求布施之報，便復失此一事之善，但不盡失耳。又云，積善事未滿，雖服仙藥，亦無益也〔九〕。若不服仙藥，並行好事〔一〇〕，雖未便得仙，亦可無卒死之禍矣〔一一〕。吾更疑彭祖之輩〔一二〕，善功未足，故不能昇天耳〔一三〕。」

校釋

〔一〕按玉鈐經中篇云　玉鈐經並見辨問篇、登涉篇。

〔二〕爲道者以救人危使免禍　敦煌「危」下有「急」字。影古寫本同。

〔三〕令不枉死　敦煌無「枉」字。影古寫本同。

〔四〕而但務方術　孫校：「務」上藏本錯簡，今皆移正。案寶顔堂本、崇文本「務方術」作「務求玄道」。

〔五〕皆不得長生也　「皆」敦煌、影古寫本、宋浙本及初學記二十三並作「終」。案「終」字於義爲長。「皆不得長生也」寶顔堂本、崇文本作「無益也」。「也」下寶顔堂本、崇文本有「上天司命之神察人過惡其」十一字。

〔六〕隨所犯輕重　原無「犯」字。校勘記云：初學記二十三「所」下有「犯」字，此脱。明案敦煌、影古寫本、宋浙本亦有「犯」字，今據補。

〔七〕雖不作惡事　「作」敦煌作「行」。影古寫本同。

〔八〕而口及所行之事　「事」敦煌作「善」，影古寫本同。「及」下宋浙本有「其」字。

〔九〕雖服仙藥亦無益也　「雖」上敦煌、影古寫本、宋浙本有「而」字。「無」下敦煌有「所」字。影古寫本同。

〔一〇〕並行好事　敦煌作「並立善事」。影古寫本同。

〔一一〕亦可無卒死之禍　宋浙本作「故可以無卒死之禍」。

〔一二〕吾更疑彭祖之輩　敦煌、影古寫本作「吾上疑彭祖之徒」。

〔一三〕故不能昇天耳　敦煌、影古寫本作「故不敢便升天乎」。

抱朴子内篇卷之四　金丹

抱朴子曰：余考覽養性之書〔一〕，鳩集久視之方，曾所披涉篇卷，以千計矣，莫不皆以還丹金液爲大要者焉〔二〕。然則此二事，蓋仙道之極也。服此而不仙，則古來無仙矣〔三〕。往者上國喪亂〔四〕，莫不奔播四出〔五〕。余周旋徐豫荆襄江廣數州之間，閲見流移俗道士數百人矣〔六〕。或有素聞其名，乃在雲日之表者〔七〕。然率相似如一〔八〕，其所知見，深淺有無，不足以相傾也。雖各有數十卷書〔九〕，亦未能悉解之也，爲寫蓄之耳〔一〇〕。時有知行氣及斷穀服諸草木藥法〔一一〕，所有方書，略爲同文〔一二〕，無一人不有道機經，唯〔一三〕以此爲至祕〔一四〕，乃云是尹喜所撰。余告之曰，此是魏世軍督王圖所撰耳〔一五〕，非古人也。圖了不知大藥，正欲以行氣入室求仙〔一六〕，作此道機〔一七〕，謂道畢於此，此復是誤人之甚者也〔一八〕。余問諸道士以神丹金液之事，及三皇内文召天神地祇之法〔一九〕，了無一人知之者〔二〇〕。其誇誕自譽及欺人，云已久壽，及言曾與仙人共游者將太半矣〔二一〕，足以與盡微者甚尠矣〔二二〕。或有頗聞金丹〔二三〕，而不謂今世復有得之者〔二四〕，皆言唯上古已度仙人〔二五〕，乃當曉之。或有得方外説〔二六〕，不得其真經。或得雜碎丹方，便謂丹法盡於此也。昔左元放於天柱山中精思，而神人授之金丹仙經〔二七〕，會漢末亂〔二八〕，不遑合作，而避地來渡江東，志欲投名山以修斯道。余從祖仙公，又從元放受之〔二九〕。凡受太清丹經三卷及九鼎丹經一卷金液丹經一卷〔三〇〕。余師鄭君者〔三一〕，則余從祖仙公之弟子也，又於從祖受之，而家貧無用買藥〔三二〕。余親事之，灑掃積久，乃於馬迹山中立壇盟受之，并諸口訣訣之不書者〔三三〕。江東先無此書，書出於左元放〔三四〕，元放以授余從祖，從祖以授鄭君，鄭君以授余，故他道士了無知者也。然余受之已二十餘年矣，資無擔石，無以爲之〔三五〕，但有長歎耳〔三六〕。有積金盈櫃，聚錢如山者，復不知有此不死之法〔三七〕。就令聞之，亦萬無一信，如何？夫飲玉粭則知漿荇之薄味〔三八〕，覩崑崙則覺丘垤之至卑。既覽金丹之道，則使人不欲〔三九〕復視小小方書。然大藥難卒得辦〔四〇〕，當須且將御小者〔四一〕以自支持耳。然服他藥萬斛，爲能有小益，而終不能使人遂長生也。故老子之訣言云，子不得還丹金液，虚自苦耳〔四二〕。夫五穀猶能活人，人得之則生，絶之則死〔四三〕，又況於上品之神藥，其益人豈不萬倍於五穀耶？夫金丹之爲物〔四四〕，燒之愈久，變化愈妙。黄金入火，百鍊不消，埋之，畢天不朽〔四五〕。服此二物〔四六〕，鍊人身體，故能令人不老不死。此蓋假求於外物以自堅固，有如脂之養火而不可滅〔四七〕，銅青塗脚，入水不腐，此是借銅之勁以扞其肉也。金丹入身中，沾洽榮衛，非但銅青之外傅矣。世間多不信至道者，則悠悠者皆是耳〔四八〕。然萬一時偶有好事者，而復不見此法，不值明師，無由聞天下之有斯妙事也〔四九〕。余今略鈔金丹之都較，以示後之同志好之者〔五〇〕。其勤求之，求之〔五一〕不可守淺近之方，而謂之足以度世也。遂不遇之者，直當息意於無窮之冀耳。想見其說，必自知出潢污而浮滄海〔五二〕，背螢燭而向日月，聞雷霆而覺布鼓之陋〔五三〕，見巨鯨而知寸介之細也。如其嘍嘍〔五四〕，無所先入，欲以弊藥必規昇騰者，何異策蹇驢而追迅風〔五五〕，棹藍舟而濟大川乎〔五六〕？又諸小餌丹方甚多，然作之有淺深〔五七〕，故力勢不同，雖有優劣，轉不相及，猶一酘之酒〔五八〕，不可以方九醖之醇耳。然小丹之下者，猶自遠勝草木之上者也。凡草木燒之即燼〔五九〕，而丹砂燒之成水銀〔六〇〕，積變又還成丹砂，其去凡草木亦遠矣〔六一〕。故能令人長生，神仙獨見此理矣，其去俗人，亦何緬邈之無限乎？世人少所識，多所怪，或不知水銀出於丹砂，告之終不肯信，云丹砂本赤物，從何得成此白物。又云丹砂是石耳，今燒諸石皆成灰，而丹砂何獨得爾〔六二〕。此近易之事，猶不可喻，其聞仙道，大而笑之〔六三〕，不亦宜乎？上古真人愍念將來之可教者〔六四〕，爲作方法，委曲欲使其脫死亡之禍耳〔六五〕，可謂至言矣。然而俗人終不肯信，謂爲虛文。若是虛文者，安得九轉九變，日數所成，皆如方耶？真人所以知此者，誠不可以庸近思求也〔六六〕。余少好方術，負步請問，不憚險遠〔六七〕。每有異聞，則以爲喜。雖見毀笑，不以爲戚〔六八〕。焉知來者之不如今〔六九〕，是以著此以示識者。豈苟尚奇怪，而崇飾空言，欲令書行於世，信結流俗哉？盛陽不能榮枯朽，上智不能移下愚，書爲曉者傳，事爲識者貴〔七〇〕。農夫得彤弓以驅鳥〔七一〕，南夷得袞衣以負薪〔七二〕，夫不知者，何可强哉〔七三〕？世人飽食終日，復未必能勤儒墨之業〔七四〕，治進德之務，但共逍遥遨遊〔七五〕，以盡年月。其所營也，非榮則利。或飛蒼走黄於中原〔七六〕，或留連盃觴以羹沸，或以美女〔七七〕荒沈絲竹，或躭淪綺紈，或控弦以弊筋骨〔七八〕，或博弈以棄功夫。聞至道之言而如醉〔七九〕，覩道論而晝睡〔八〇〕。有身不修〔八一〕，動之死地，不肯求問養生之法，自欲割削之，煎熬之，憔悴之，漉汔之〔八二〕。而有道者自寶祕其所知，無求於人，亦安肯强行語之乎？世人之常言，咸以長生若可得者，古人之富貴者〔八三〕，已當得之，而無得之者〔八四〕，是無此道也。而不知古之富貴者，亦如今之富貴者耳。俱不信不求之〔八五〕，而皆以目前之所欲者爲急〔八六〕，亦安能得之耶？假令不能決意〔八七〕，信命之可延，仙之可得，亦何惜於試之。試之小效，但使得二三百歲，不猶愈於凡人之少夭乎？天下之事萬端，而道術尤難明於他事者也。何可以中才之心，而斷世間必無長生之道哉？若正以世人皆不信之，便謂爲無，則世人之智者，又何太多乎？今若有識道意而猶修求之者〔八八〕，詎必便是至愚，而皆不及世人耶？又或慮於求長生，儻其不得，恐人笑之，以爲暗惑。若心所斷〔八九〕，萬有一失，而天下果自有此不死之道者，不亦當復爲得之者所笑乎？日月有所不能周照，人心安足孤信哉〔九〇〕？

校釋

〔一〕余考覽養性之書　孫校：太平御覽九百八十五引「性」作「生」。校勘記：御覽六百七十亦作「生」。明案雲笈七籤卷六十七（以下簡稱籤六七）亦作「生」。金汋經作「性」。

〔二〕莫不皆以還丹金液爲大要者焉　校補云：「皆」字衍文，金汋經、御覽九百八十五引並無「皆」字。明案籤六七有「皆」字。

〔三〕古來無仙矣　籤六七無「來」字。

〔四〕往者上國喪亂　籤六七無「上國」二字。上國，指西晉。

〔五〕莫不奔播四出　籤六七無「莫不」二字。

〔六〕閲見流移俗道士數百人矣　「流移俗」金汋經作「流移」，籤六七作「移流」。「俗」字疑衍。

〔七〕乃在雲日之表者　籤六七無「乃」字。

〔八〕然率相似如一　籤六七作「率皆相似」。

〔九〕雖各有數十卷書　籤六七作「人各有道書數十卷」。

〔一〇〕爲寫蓄之耳　籤六七「爲」作「但」。

〔一一〕時有知行氣及斷穀服諸草木藥法　「時」原作「時時」。明案籤六七、金汋經、慎校本、寶顔堂本、崇文本「時時」皆作「時」，以不重爲是，今訂正。籤六七「及」字移下「服」字上，是。

〔一二〕略爲同文　籤六七作「大略皆同理亦無異」。

〔一三〕無一人不有道機經唯　籤六七作「或有得道機經者」。「唯」原作「事」，明案藏本、魯藩本、慎校本、寶顔堂本皆作「唯」，屬下句。今據改并移正。

〔一四〕以此爲至祕　籤六七無「此」字。

〔一五〕魏世軍督王圖所撰耳　金汋經作「近世魏軍督王圖」，是。三國志魏志曹操傳建安十八年裴松之注引勸進表中有領護軍將軍王圖。

〔一六〕正欲以行氣入室求仙　籤六七「正」作「止」，明案當作「止」。

〔一七〕作此道機　慎校本、寶顔堂本、崇文本「機」下有「經」字。

〔一八〕此復是誤人之甚者也　慎校本、寶顔堂本無「此」字，籤六七無「者」字。

〔一九〕「及三皇内文」至「之法」　原缺「内」字。校補云：「三皇」下脱「内」字，遐覽篇有三皇内文，金汋經正有「内」字。今據補。

〔二〇〕了無一人知之者　籤六七無「者」字。

〔二一〕及言曾與仙人共游者將太半矣　慎校本、寶顔堂本「及」作「又」。

〔二二〕足以與盡微者甚尠矣　校勘記：榮案盧本「盡微」作「盡徵」，以形近致譌。明案此句仍難索解，籤六七作「口之與書微有妙説」。

〔二三〕或有頗聞金丹　籤六七「有」作「謂」。

〔二四〕而不謂今世復有得之者　籤六七無「不謂」二字，「世」作「無」。

〔二五〕皆言唯上古已度仙人　籤六七無「皆言」二字。

〔二六〕或有得方外説　籤六七「得」下有「丹」字。

〔二七〕精思而神人授之金丹仙經　校勘記：御覽六百七十「精思」下有「積久」。案左慈，字元放，廬江人也，明五經，兼通星氣，見漢祚將衰，天下亂起，乃學道，精思於天柱山中，得九丹金液經。見葛洪神仙傳。

〔二八〕會漢末亂　校勘記：御覽六百七十作「漢末大亂」。金汋經同。籤六七作「會漢末荒亂」。

〔二九〕余從祖仙公又從元放受之　仙公即葛玄，葛洪從祖，字孝先，從左元放受九丹金液經。見神仙傳。

〔三〇〕金液丹經一卷　孫校：御覽（六百七十及九百八十五）引無「丹」字。明案籤六七無此句。

〔三一〕余師鄭君者　鄭君，鄭隱，字思遠，少爲書生，善律曆候緯，晚師事葛玄，受正一法文、三皇内文、五嶽真形圖、太清金液經。參洞仙傳。

〔三二〕家貧無用買藥　籤六七「用」作「資」。

〔三三〕并諸口訣訣之不書者　校勘記：御覽六百七十（及九百八十五）「并」下有「具」。明案籤六七亦有「具」字。「口訣」下「訣」字，金汋經、慎校本、寶顔堂本、御覽六百七十及九百八十五皆無，蓋衍文。

〔三四〕書出於左元放　金汋經、寶顔堂本、崇文本「書」上皆有「此」字。

〔三五〕無以爲之 「無以」籤六七作「詎能」。

〔三六〕但有長歎耳 籤六七無「有」字。

〔三七〕復不知有此不死之法 籤六七「此」上有「如」字。

〔三八〕夫飲玉粭則知漿荇之薄味 籤六七「飲」作「歃」，「荇」作「苪」。按苪，蓴菜，其葉與荇相似。

〔三九〕則使人不欲 籤六七無「欲」字。

〔四〇〕大藥難卒得辦 按微旨、雜應、地真三篇俱有「不可卒辦」語，卒辦連文，本篇疑當作「難得卒辦」。

〔四一〕當須且將御小者 原校，刻本「者」作「藥」。

〔四二〕虚自苦耳 籤六七「虚」作「徒」。

〔四三〕絶之則死 「絶」上原有「人」字。籤六七、金汋經並無「人」字，蓋涉上文而衍，今删。

〔四四〕夫金丹之爲物 孫校：「金」字當衍。是。

〔四五〕畢天不朽 籤六七「畢」作「終」。

〔四六〕服此二物 宋浙本、藏本、魯藩本、慎校本、金汋經、籤六七「物」皆作「藥」。

〔四七〕而不可滅 籤六七無「可」字。

〔四八〕則悠悠者皆是耳 籤六七作「悠悠皆是」。

〔四九〕天下之有斯妙事也　籤六七無「妙」字。

〔五〇〕以示後之同志好之者　「者」下籤六七重有「後之同志好之者」七字，按文義當有。

〔五一〕其勤求之求之　籤六七作「精修之精修之」。慎校本、寶顏堂本不重「求之」。

〔五二〕必自知出潢污而浮滄海　「潢」原作「黄」。金汋經、籤六七並作「潢」，今據訂正。潢污，籤六七作「潢潦」，積死水。

〔五三〕聞雷霆而覺布鼓之陋　孫校：「霆」當作「靈」，後明本篇有「雷靈」可證。明案雷霆之聲急而大，布鼓之聲滯而小，以喻大小相差甚遠，不必拘泥於雷靈。布鼓，以布爲鼓。

〔五四〕如其嘍嘍　「如」原作「知」。孫校：「知」當作「如」。明案籤六七正作「如」，孫校是，今據改。嘍，音樓，嘍嘍，猶言繁瑣。

〔五五〕而追迅風　校勘記：御覽一百三十七、七百六十九作「而欲尋遺風」。案金汋經作「而欲尋迅風」，籤六七作「而欲追迅風」。

〔五六〕棹藍舟而濟大川乎　金汋經、籤六七、御覽七百六十九「而」下並有「欲」字。「藍」藏本、魯藩本作「籃」，金汋經作「艦」。

〔五七〕然作之有淺深　金汋經作「法有深淺」。籤六七、魯藩本「淺深」並作「深淺」。

〔五八〕一酘之酒　孫校：「酘」一本作「宿」。案酘，音豆；一酘之酒，再釀之酒。

〔五九〕凡草木燒之即燼　金汋經作「凡草木之物燒之即糜爛」，籤六七作「凡草物燒之即腐」。

〔六〇〕丹砂燒之成水銀　金汋經「之」下有「則」字。

〔六一〕其去凡草木亦遠矣　孫校：藏本無「木」字。案魯藩本亦無「木」字。金汋經、籤六七「草木」二字並作「藥」。

〔六二〕而丹砂何獨得爾　孫校：「爾」舊誤作「耳」，今校正。明案金汋經、籤六七「何獨得爾」作「何得獨爾」，慎校本、寶顔堂本作「何得獨不燼耳」。

〔六三〕大而笑之　「大而」原作「而大」。孫校：「而大」當作「大而」，誤倒；「大而笑之」，又見後微旨篇。今據訂正。

〔六四〕愍念將來之可教者　籤六七無「念」字。

〔六五〕使其脱死亡之禍耳　籤六七無「耳」字。

〔六六〕庸近思求也　金汋經「庸」作「庸夫」。籤六七「庸」作「膚」。

〔六七〕不憚險遠　籤六七「險遠」作「艱險」。

〔六八〕不以爲戚　金汋經「戚」作「惡」。

〔六九〕焉知來者之不如今　籤六七「焉」作「安」，「之」作「而」。

〔七〇〕書爲曉者傳事爲識者貴　牟子理惑論：「書爲曉者傳，事爲見者明。」

〔七一〕得彤弓以驅鳥　孫校：「鳥」意林作「烏」。明案彤弓，朱色之弓，古時皇帝以賜有功之諸侯。彤弓驅鳥，喻不識貴物。

〔七二〕南夷得衮衣以負薪　孫校：「夷」意林作「域」。案衮衣，古時王者之禮服。

〔七三〕何可强哉　籤六七「何」作「焉」。

〔七四〕復未必能勤儒墨之業　籤六七無「復」字。

〔七五〕但共逍遥遨遊　籤六七「逍遥遨遊」作「遨遊逍遥」。

〔七六〕飛蒼走黄於中原　飛蒼走黄，謂飛鷹走犬，指游獵。

〔七七〕或以美女　孫校：疑「女」下有脱文。明案籤六七、慎校本無「以美女」三字，慎校本有「或」字，屬下句。

〔七八〕以弊筋骨　原校：「弊」一作「疲」。案金汋經、籤六七並作「疲」。

〔七九〕聞至道之言而如醉　孫校：疑衍「道之」二字。明案慎校本、寶顔堂本、崇文本「醉」下有「罔知」二字。

〔八〇〕覩道論而晝睡　籤六七作「覩論道之事而晝睡」，慎校本、寶顔堂本、崇文本作「覩大道之論而欠伸晝睡」。

〔八一〕有身不修　「修」金汋經作「恪」，籤六七作「惜」。

〔八二〕漉汔之　漉汔，音鹿迄，枯竭之意。

〔八三〕古人之富貴者　孫校：「古」下藏本有「之聖」二字，衍。

〔八四〕而無得之者　籤六七作「而鮮得者」。

〔八五〕俱不信不求之　金汋經無「之」字。

〔八六〕所欲者爲急　籤六七「欲」作「見」。

〔八七〕假令不能決意　籤六七「能」作「得」。

〔八八〕而猶修求之者　金汋經「猶」作「獨」。

〔八九〕若心所斷　「若心」金汋經作「若己心」。

〔九〇〕人心安足孤信哉　金汋經、籤六七「人心」下並有「亦」字。

抱朴子曰：按黄帝九鼎神丹經曰〔一〕，黄帝服之，遂以昇仙。又云，雖呼吸道引，及服草木之藥，可得延年，不免於死也；服神丹令人壽無窮已〔二〕，與天地相畢，乘雲駕龍，上下太清。黄帝以傳玄子〔三〕，戒之曰，此道至重，必以授賢，苟非其人，雖積玉如山〔四〕，勿以此道告之也。受之者以金人金魚投於東流水中以爲約，唼血爲盟〔五〕，無神仙之骨〔六〕，亦不可得見此道也。合丹當於名山之中，無人之地，結伴不過三人〔七〕，先齋百日，沐浴五香，致加精潔〔八〕，勿近穢污〔九〕，及與俗人往來〔一〇〕，又不令不信道者知之，謗毁神藥，藥不成矣〔一一〕。成則可以舉家皆仙〔一二〕，不但一身耳。世人不合神丹，反信草木之藥。草木之藥，埋之即腐，煮之即爛，燒之即焦，不能自生，何能生人乎？

校　釋

〔一〕「黄帝九鼎神丹經曰」至「與天地相畢」　案論衡道虚篇力闢道家以爲服食藥物能延年度世爲虚妄。

〔二〕令人壽無窮已　籤六七「窮」作「極」。

〔三〕黄帝以傳玄子　玄子即元君，云合服九鼎神丹得道，著經九卷，見洞仙傳。

〔四〕積玉如山　金汋經、籤六七、宋浙本「玉」作「金」。

〔五〕唼血爲盟　金汋經、籤六七「唼」作「歃」。「唼」「歃」通用。唼血，喋血。

〔六〕無神仙之骨　金汋經「骨」下有「者」字。校補云，疑今本脱。

〔七〕結伴不過三人　籤六七「不」下有「得」字。

〔八〕致加精潔　籤六七「精」作「清」。

〔九〕勿近穢汚　籤六七「穢汚」作「汚穢」。

〔一〇〕及與俗人往來　籤六七「及」作「又不得」。

〔一一〕藥不成矣　宋浙本作「藥即不成」。

〔一二〕成則可以舉家皆仙　金汋經、籤六七「成則」作「成者」。

九丹者，長生之要，非凡人所當見聞也，萬兆蠢蠢，唯知貪富貴而已，豈非行尸者乎？

合時又當祭，祭自有圖法一卷也〔一〕。

校釋

〔一〕祭自有圖法一卷也　籤六七「祭」作「醮」，又無「也」字。

第一之丹名曰丹華。當先作玄黃，用雄黃水〔一〕、礬石水〔二〕、戎鹽、鹵鹽、礜石〔三〕、牡蠣〔四〕、赤石脂、滑石、胡粉各數十斤，以爲六一泥〔五〕，火之三十六日成，服之七日仙。又以玄膏丸此丹〔六〕，置猛火上，須臾成黃金。又以二百四十銖合水銀百斤火之，亦成黃金。金成者藥成也。金不成〔七〕，更封藥而火之，日數如前，無不成也。

校釋

〔一〕用雄黃水　籤六七無「水」字，但有「雌黃」二字。

〔二〕礬石水　「水」下原校：一本作「汞」。明案籤六七「礬石水」作「礬汞」，金汋經作「礬石汞」。礬石水或是礬石液即硫黃。重脩政和證類本草四云：石硫黃能化金銀銅鐵奇物，礬石液也。陶弘景謂此礬石液是黃白術及合丹法。

〔三〕鹵鹽礜石　「礜」原作「礬」。孫校：「礬」疑作「礜」。明案金汋經、籤六七並作「礜」，正是，今據改。「鹽」藏本作「鹹」。

〔四〕牡蠣　「蠣」原作「礪」，疑形譌，籤六七正作「蠣」，今據改。

〔五〕以爲六一泥　孫校：「泥」下刻本有「封之」二字。明案籤六七「泥」下有「固濟」二字。固濟者，密封也。六與一合爲七。本篇六一泥用戎鹽、鹵鹽、礜石、牡蠣、赤石脂、滑石、胡粉七物擣合如泥，名曰六一泥。其他丹經所載六一泥，有用不同方劑者。

〔六〕又以玄膏丸此丹　籤六七「玄」下有「黄」字。

〔七〕金不成　「成」下籤六七有「者藥不成也」五字。疑脱，當據補。

第二之丹名曰神丹，亦曰神符〔一〕。服之百日仙也。行度水火，以此丹塗足下，步行水上〔二〕。服之三刀圭〔三〕，三尸九蟲皆即消壞〔四〕，百病皆愈也。

校釋

〔一〕第二之丹名曰神丹亦曰神符　金汋經、籤六七並無「曰神丹亦曰」五字。

〔二〕步行水上　案「步」上金汋經有「即」字，籤六七有「可」字。「可」字於義爲長。

〔三〕服之三刀圭　校補：「之」字涉上文「服之百日仙」而衍。明案刀圭，量藥具。武威漢墓出土醫藥木簡中有刀圭之稱。梁陶弘景本草集注敘録云：刀圭者，十分方寸匕之一，準如梧子大也。元俞琰周易參同契釋疑云：刀圭，即是刀頭圭角些子而已，言其不多也。

〔四〕皆即消壞　籤六七無「即」字，「壞」下有「其身中」三字。

第三之丹名曰神丹。服一刀圭，百日仙也。以與六畜吞之，亦終不死〔一〕。又能辟五兵。服百日〔二〕，仙人玉女，山川鬼神，皆來侍之〔三〕，見如人形〔四〕。

校　釋

〔一〕亦終不死　籤六七無「終」字。

〔二〕服百日　金汋經「服」下有「之」字，疑今本脱。籤六七「服」下有「二」字，「二」殆係「之」字之誤。

〔三〕皆來侍之　籤六七無「之」字。

〔四〕見如人形　金汋經作「見形如人」。

第四之丹名曰還丹。服一刀圭，百日仙也。朱鳥鳳凰，翔覆其上，玉女至傍。以一刀圭合水銀一斤火之，立成黄金。以此丹塗錢物用之，即日皆還。以此丹書凡人目上，百鬼走避。

第五之丹名餌丹。服之三十日，仙也。鬼神來侍，玉女至前。

第六之丹名鍊丹。服之十日，仙也。又以汞合火之，亦成黄金〔一〕。

校　釋

〔一〕亦成黃金　籤六七「亦」作「即」。

第七之丹名柔丹〔一〕。服一刀圭，百日仙也。以缺盆汁和服之〔二〕，九十老翁，亦能有子，與金公合火之〔三〕，即成黃金。

校　釋

〔一〕名柔丹　原校：「柔」一本作「藥」。

〔二〕以缺盆汁和服之　籤六七「和服之」作「和之服九十日仙也」。

〔三〕與金公合火之　孫校：「金公」下刻本有注云，即鉛也，藏本無。校補：桓譚新論云，淮南王之子迎道人作金銀。又云，鉛則金之公，而銀者金之昆弟也。

第八之丹名伏丹。服之即日仙也〔一〕。以此丹如棗核許持之〔二〕，百鬼避之。以丹書門户上，萬邪衆精不敢前，又辟盜賊虎狼也。

校　釋

〔一〕服之即日仙也　金汋經、籤六七「即」作「百」。

〔二〕如棗核許持之　籤六七「持之」作「帶行」。

第九之丹名寒丹。服一刀圭，百日仙也〔一〕。仙童仙女來侍〔二〕，飛行輕舉，不用羽翼。

校　釋

〔一〕百日仙也　籤六七「百」作「即」。

〔二〕仙童仙女　校補：金汋經「仙女」作「玉女」，第三丹第四丹第五丹並有玉女之稱，疑作「玉女」近是，此涉「仙童」而誤爲「仙女」耳。明案籤六七亦作「玉女」，唯佚「仙童」二字。宋浙本亦作「玉女」。

凡此九丹，但得一丹便仙，不在悉作之，作之在人所好者耳。凡服九丹，欲昇天則去，欲且止人間亦任意，皆能出入無間，不可得之害矣〔一〕。

校　釋

〔一〕不可得之害矣　孫校：「之」字疑衍。明案金汋經無「之」字，籤六七「之」作「而」，慎校本、寶顏堂本並作「不可得而害之矣」。

抱朴子曰：復有太清神丹〔一〕，其法出於元君。元君者〔二〕，老子之師也。太清觀天經有九篇〔三〕，云其上三篇〔四〕不可教授〔五〕，其中三篇世無足傳〔六〕，常沈之三泉之下〔七〕，下三篇者，正是丹經上中下，凡三卷也。元君者，大神仙之人也〔八〕，能調和陰陽，役使鬼神風雨〔九〕，驂駕九龍十二白虎，天下衆仙皆隸焉，猶目言亦本學道服丹之所致也〔一〇〕，非自然也。況凡人乎〔一一〕？其經曰：上士得道，昇爲天官；中士得道，棲集崑崙；下士得道，長生世間。愚民不信〔一二〕，謂爲虚言，從朝至暮，但作求死之事，了不求生，而天豈能强生之乎？凡人唯知美食好衣，聲色富貴而已，恣心盡欲，奄忽終殁之徒，慎無以神丹告之，令其笑道謗真〔一三〕。傳丹經不得其人，身必不吉。若有篤信者，可將合藥成以分之〔一四〕，莫輕以其方傳之也。知此道者，何用王侯？

校釋

〔一〕復有太清神丹　籤六七無「復有」二字。

〔二〕元君者　籤六七「者」作「即」。

〔三〕太清觀天經有九篇　「太清觀天經」金汋經作「太清上經」。孫校：御覽九百八十五引「九」作「十四」。明案籤六七作「十」，金汋經作「九」。云十篇者，其上七篇，其下三篇；云九篇者，其上中下各三篇耳。

〔四〕其上三篇　孫校：御覽（九百八十五）引「三」作「七」。明案籤六七亦作「七」。

〔五〕不可教授　「授」原作「受」。孫校云：「受」一本作「授」。明案金汋經、籤六七並作「授」。當作「授」，今據改。

〔六〕其中三篇世無足傳　孫校：御覽（九百八十五）引「三」作「四」。明案籤六七「中」作「下」。

〔七〕常沈之三泉之下　孫校：藏本「常」作「當」。明案金汋經、籤六七、宋浙本、慎校本亦作「當」。影宋本御覽引作「嘗」。

〔八〕大神仙之人也　籤六七無「仙之」二字。

〔九〕役使鬼神風雨　籤六七無「鬼神」二字。慎校本、寶顔堂本、崇文本「風」上並有「興作」二字。

〔一〇〕亦本學道服丹之所致也　金汋經、籤六七、宋浙本、慎校本「亦本」作「本亦」。

〔一一〕況凡人乎　籤六七「人」作「夫」。

〔一二〕愚民不信　「愚民」原作「民愚」。金汋經、籤六七並作「愚民」。校補云，今本誤倒。兹據正。

〔一三〕令其笑道謗真　籤六七「謗真」作「慢真」，「真」下有「益罪也」。

〔一四〕合藥成以分之　籤六七「藥成」作「成藥」。金汋經無「成」字。慎校本、寶顔堂本「分」下有「與」字。

爲神丹既成，不但長生，又可以作黄金。金成，取百斤先設大祭。祭自有别法一卷，不與九鼎祭同也。祭當別稱金各檢署之〔一〕。禮天二十斤〔二〕，日月五斤，北斗八斤，太乙八斤，井五斤，竈五斤，河伯十二斤，社五斤，門户閭鬼神清君各五斤〔三〕，凡八十八斤。餘一十二斤，以好韋囊盛之，良日於都市中市盛之時〔四〕，嘿聲放棄之於多人處〔五〕，徑去無復顧。凡用百斤外，乃得自恣用之耳〔六〕。不先以金祀神，必被殃咎〔七〕。

校釋

〔一〕祭當別稱金各檢署之　籤六七作「祭當別稱名銜各檢署具用金斤數」。

〔二〕禮天二十斤　金汋經「禮」作「祭祀」。

〔三〕門户閭鬼神清君各五斤　籤六七無「神」字。金汋經亦無「神」字，又「清」作「靖」。「各」宋浙本作「合」。

〔四〕市盛之時　籤六七「時」作「處」。

〔五〕嘿聲放棄之於多人處　孫校：藏本無「人」字。案籤六七無「於」下四字。

〔六〕乃得自恣用之耳　「自恣」原作「恣意」。孫校：藏本「恣意」作「息恣」，疑「自恣」之誤。明案金汋經、籤六七均作「自恣」，孫校是，今據改。

〔七〕不先以金祀神必被殃咎　校補：金汋經「不」上有「若」字，疑今本脱。明案籤六七「被」作「致」。

又曰，長生之道〔一〕，不在祭祀事鬼神也，不在道引與屈伸也〔二〕，昇仙之要，在神丹也。知之不易，爲之實難也〔三〕。子能作之，可長存也。近代漢末新野陰君〔四〕，合此太清丹得仙。其人本儒生，有才思〔五〕，善著詩及丹經讚并序，述初學道隨師本末〔六〕，列己所知識之得仙者四十餘人，甚分明也。作此太清丹，小爲難合於九鼎〔七〕，然是白日昇天之上法也。合之當〔八〕先作華池赤鹽艮雲玄白飛符三五神水〔九〕，乃可起火耳。

校　釋

〔一〕長生之道　孫校云，「長生之道」句下，當脱四字，以下六句皆七字有韻也。

〔二〕不在道引與屈伸也　金汋經「不」上有「亦」字。

〔三〕爲之實難也　孫校：「實」字當衍。

〔四〕近代漢末新野陰君　校勘記：御覽六百七十「代」作「後」。案御覽九百八十五引無「近代」二字。

〔五〕有才思　籤六七「有」作「多」。

〔六〕「善著詩」至「述初學道隨師本末」　校勘記：「詩」御覽六百七十作「詩」，九百八十五作「書」。明案影宋本御覽九百八十五仍作「詩」。陰長生自敍，述學道著詩寫丹經，見神仙傳。

〔七〕作此太清丹小爲難合於九鼎　金汋經「鼎」下有「丹」字。籤六七「太清丹」作「太清小法」，「小爲難合於九鼎」作「難於合九鼎經」。

〔八〕合之當　籤六七作「當合之日」。

〔九〕「華池赤鹽」至「三五神水」　「華池」下金汋經有「溺水金公黄華」。

一轉之丹〔一〕，服之三年得仙。二轉之丹，服之二年得仙。三轉之丹，服之一年得仙。四轉之丹，服之半年得仙。五轉之丹，服之百日得仙。六轉之丹，服之四十日得仙。〔二〕七轉之丹，服之三十日得仙〔三〕。八轉之丹，服之十日得仙。九轉之丹，服之三日得仙〔四〕。若取九轉之丹，内神鼎中，夏至之後，爆之鼎熱，内朱兒一斤於蓋下。伏伺之，候日精照之。須臾翕然俱起，煌煌煇煇〔五〕，神光五色，即化爲還丹。取而服之一刀圭，即白日昇天。又九轉之丹者，封塗之於土釜中〔六〕，糠火〔七〕，先文後武，其一轉至九轉，遲速各有日數多少，以此知之耳。其轉數少〔八〕，其藥力不足，故服之用日多，得仙遲也。其轉數多，藥力盛〔九〕，故服之用日少，而得仙速也。

校釋

〔一〕一轉之丹　「一轉」之上，慎校本、寶顔堂本有「神丹」二字，另起一行，統冠九丹。

〔二〕服之四十日得仙　金汋經「四」作「三」。

〔三〕服之三十日得仙　金汋經、慎校本「三」作「二」。

〔四〕服之三日得仙　金汋經「三」作「一」。

〔五〕煌煌煇煇　孫校：藏本作「煌煇煌煇」。按宋浙本、魯藩本與藏本同。

〔六〕封塗之於土釜中　金汋經「塗」下有「内」字。

〔七〕糠火　金汋經「火」下有「火之」二字。籤六七「火」下有「燒」字。按當有「火之」或「燒」字。

〔八〕其轉數少　孫校：「少」下藏本衍「則用日多」四字。

〔九〕藥力盛　籤六七「藥」上有「則」字。明案「盛」原作「成」。金汋經「成」作「盛」，脱「力」字。慎校本亦作「盛」。校補：「成」乃「盛」之壞字。上言九轉之丹轉數少則藥力不足，此言轉數多則藥力盛。今據改。

又有九光丹，與九轉異法〔一〕，大都相似耳。作之法〔二〕，當以諸藥合火之，以轉五石。五石者，丹砂、雄黄、白礜〔三〕、曾青、慈石也。一石輒五轉而各成五色，五石而二十五色，色各一兩〔四〕，而異器盛之。欲起死人，未滿三日者，取青丹一刀圭和水，以浴死人，又以一刀圭發其口内之〔五〕，死人立生也。欲致行厨〔六〕，取黑丹和水，以塗左手，其所求如口所道，皆自至，可致天下萬物也。欲隱形及先知未然方來之事，及住年不老〔七〕，服黄丹一刀圭，即便長生不老矣。及〔八〕坐見千里之外〔九〕，吉凶皆知，如在目前也〔一〇〕。人生宿命，盛衰壽夭，富貴貧賤〔一一〕，皆知之也，其法俱在太清經中卷耳〔一二〕。

校釋

〔一〕與九轉異法　籤六七「異」作「丹」。

〔二〕作之法　校勘記：御覽九百八十五作「下有丹」。

〔三〕白礜　「礜」原作「凡」。孫校：刻本「凡」作「礬」，太平御覽九百八十八引作「礜」。校勘記云：御覽九百八十五、九百八十八並作「礜石」。明案金汋經、石藥爾雅五石丹亦作「白礜」，是，今據改。下「曾青」石藥爾雅作「空青」。

〔四〕五石而二十五色色各一兩　「色」下原不重「色」字。案金汋經作「五石合爲二十五色，色各一兩」。校補云：「色」下當更有「色」字，言每色一兩。籤六七、御覽九百八十五並重「色」字。今據增。

〔五〕發其口內之　孫校：藏本無「之」字。

〔六〕欲致行厨　本書遐覽篇著録行厨經一卷。

〔七〕及住年不老　校勘記：御覽九百八十五「住年」作「延年」。

〔八〕即便長生不老矣及　籤六七無「不」下四字。

〔九〕坐見千里之外　籤六七「千」作「萬」。

〔一〇〕吉凶皆知如在目前　籤六七「皆」作「所」，「知」下有「皆」字。

〔一一〕富貴貧賤　籤六七作「貴賤貧富」。

〔一二〕在太清經中卷耳　籤六七「中卷耳」作「卷中」。

抱朴子曰：其次有五靈丹經一卷，有五法也〔一〕。用丹砂、雄黄、雌黄、石硫黄〔二〕、曾青、礬石〔三〕、慈石、戎鹽、太乙餘糧〔四〕，亦用六一泥，及神室祭醮合之，三十六日成〔五〕。又用五帝符，以五色書之，亦令人不死，但不及太清及九鼎丹藥耳〔六〕。

校釋

〔一〕有五法也　籤六七作「凡有五法也」。

〔二〕雌黄石硫黄　孫校：御覽九百八十五引無「雌黄」二字。明案籤六七引無「石」字。

〔三〕礬石　孫校：御覽九百八十五引「礬」作「礜」。

〔四〕太乙餘糧　孫校：「乙」下御覽引有「禹」字。

〔五〕合之三十六日成　金汋經「合之」下有「火」字。校補：疑當作「合火之」，今本脱「火」字，金汋經火之誤倒耳。

〔六〕及九鼎丹藥耳　籤六七無「藥」字。

又有岷山丹法，道士張蓋蹹精思於岷山石室中〔一〕，得此方也。其法鼓冶黄銅〔二〕，以作方諸，以承取月中水〔三〕，以水銀覆之，致日精火其中，長服之不死。又取此丹置雄黄銅燧中，覆以汞曝之，二十日發而治之，以井華水服如小豆〔四〕，百日，盲者皆能視之，百病自愈〔五〕，髮白還黑，齒落更生。

校釋

〔一〕道士張蓋蹹精思於岷山石室中　張蓋蹹又見後登涉篇。

〔二〕其法鼓冶黄銅　孫校：「冶」藏本作「治」。明案宋浙本亦作「治」，並誤。

〔三〕以承取月中水　金汋經、籤六七引並無「中」字。

〔四〕服如小豆　籤六七「豆」下有「大」字。

〔五〕百日盲者皆能視之百病自愈　孫校：「視」下疑有脱文。「百病自愈」原作「百日病者自愈」。校補云：「百日病者自愈」，本作「百病自愈」，「日」字「者」字並涉上句而衍。金汋經作「盲者能視百病即愈」，可證。「視」下並無脱文，孫説非。明案籤六七亦作「盲者能視，百病即愈」，校補之説是矣。今據改。

又務成子丹法，用巴沙汞置八寸銅盤中，以土爐盛炭，倚三隅〔一〕墼以枝盤，以硫黄水灌之，常令如泥，百日服之不死。

校　釋

〔一〕倚三隅　孫校：藏本「隅」作「偶」。

又羨門子丹法，以酒和丹一斤，用酒三升和〔一〕，曝之四十日，服之一日，則三蟲百病立下〔二〕；服之三年，仙道乃成，必有玉女二人來侍之，可役使致行厨，此丹可以厭百鬼，及四方死人殃注害人宅，及起土功妨人者，懸以向之，則無患矣。

校　釋

〔一〕以酒和丹一斤用酒三升和　慎校本、寶顔堂本並作「以酒三升，和丹一斤」。

〔二〕三蟲百病立下　金汋經「下」作「去」。

又有立成丹，亦有九首，似九鼎而不及也。其要一本更云〔一〕，取雌黄雄黄燒下其中銅〔二〕，鑄以爲器，覆之三歲淳苦酒上，百日〔三〕，此器皆生赤乳，長數分，或有五色琅玕，取理而服之〔四〕，亦令人長生。又可以和菟絲，菟絲是初生之根，其形似菟，掘取剋其血，以和此丹，服之立變化，任意所作也。又和以朱草〔五〕，一服之，能乘虚而行云〔六〕，朱草狀似小棗，栽長三四尺〔七〕，枝葉皆赤，莖如珊瑚〔八〕，喜生名山巖石之下〔九〕，刻之汁流如血，以玉及八石金銀投其中，立便可丸如泥，久則成水，以金投之，名爲金漿，以玉投之〔一〇〕，名爲玉醴，服之皆長生。

校釋

〔一〕一本更云　金汋經、籤六七並無「一本更云」四字。校補云，四字義不可通，且與上下文均不銜接，蓋爲殘缺之校語而錯入正文者。

〔二〕取雌黄雄黄燒下其中銅　金汋經、籤六七並無「雌黄」。籤六七「下」作「取」。

〔三〕淳苦酒上百日　籤六七「上」字下有「比」。

〔四〕取理而服之　金汋經、籤六七「理」作「治」。藏本、魯藩本、慎校本「理」作「埋」。

〔五〕又和以朱草　籤六七「和」在「草」下。

〔六〕一服之能乘虚而行云　籤六七「一」作「一刀圭」，「云」作「之」。孫校：「云」疑作「雲」。

〔七〕朱草狀似小棗栽長三四尺　籤六七作「朱草葉如菰生不群長不雜」。

〔八〕枝葉皆赤莖如珊瑚　籤六七「枝葉」作「枝幹」。

〔九〕喜生名山巖石之下　籤六七「喜」作「多」。

〔一〇〕名爲金漿以玉投之　孫校：上八字據意林增，各本脱。明案金汋經、籤六七均有此兩句；唯金汋經「玉」作「玉石」，籤六七「名爲」作「化爲」。

又有取伏丹法云，天下諸水，有名丹者，有南陽之丹水之屬也〔一〕，其中皆有丹魚，當先夏至十日夜伺之〔二〕，丹魚必浮於水側，赤光上照，赫然如火也，網而取之可得之，得之雖多，勿盡取也，割其血，塗足下〔三〕，則可步行水上，長居淵中矣。

校　釋

〔一〕有南陽之丹水之屬也　「有」，金汋經、宋浙本作「若」，是。

〔二〕當先夏至十日夜伺之　宋浙本、藏本、魯藩本「當先」作「常先」。金汋經作「常赤」，「赤」下有「以」字。

〔三〕塗足下　校勘記：御覽九百三十五、九百三十九「塗足下」作「以塗足」，無「下」字。案史記高祖紀：引兵至丹水。張氏正義引抱朴子云：丹水出丹魚，網而取之，「割其血以塗足」，可以步行水上，長居川中不溺。當無「下」字。

又赤松子丹法，取千歲蔂汁〔一〕及礬桃汁淹丹，著不津器中，練蜜蓋其口，埋之入地三尺，百日，絞柠木赤實，取汁和而服之，令人面目鬢髮皆赤，長生也。昔中黄仙人有赤須子者，豈非服此乎？

校　釋

〔一〕取千歲虆汁　「汁」原作「汗」。原校：「汗」一作「汁」。明案金汋經、慎校本、寶顏堂本、崇文本皆作「汁」，當作「汁」，今據改。虆同藟，音壘，藤也。本草有千歲藟。

又石先生丹法〔一〕，取烏鷇之未生毛羽者〔二〕，以真丹和牛肉以吞之，至長，其毛羽皆赤，乃煞之，陰乾百日〔三〕，并毛羽擣服一刀圭，百日，得壽五百歲。

校　釋

〔一〕石先生丹法　金汋經作白石生丹法，此下有「取峻巖之上千歲松葉、金菊花、茯苓、茯神成散，華池水服之，能致神靈。又以柏葉陰乾百日，鍊蜜丸散，服久得壽身輕」數句。校補謂今本有脱文。

〔二〕取烏鷇之未生毛羽者　「烏」原作「鳥」。校勘記云：御覽九百二十「取鳥」作「取烏」，引在烏門，當不誤。明案意林、藏本及金汋經皆作「烏」。今據改。鷇，音寇，鳥子生須母哺食曰鷇。

〔三〕乃煞之陰乾百日　寶顏堂本、崇文本無「百日」二字。

又康風子丹法，用羊烏鶴卵雀血，合少室天雄汁，和丹内鵠卵中漆之，内雲母水中，百日，化爲赤水，服一合，輒益壽百歲[一]，服一升千歲也[二]。

校　釋

[一] 輒益壽百歲　孫校：藏本「百」作「十」。

[二] 服一升千歲也　金汋經「千」上有「壽」字。

又崔文子丹法，納丹鶩腹中蒸之，服，令人延年，長服不死。

又劉元丹法，以丹砂内玄水液中，百日紫色，握之不汚手，又和以雲母水，内管中漆之，投井中，百日化爲赤水，服一合，得百歲，久服長生也。

又樂子長丹法[一]，以曾青鉛丹合汞及丹砂，著銅筩中，乾瓦白滑石封之，於白砂中[二]蒸之八十日，服如小豆，三年仙矣[三]。

校　釋

[一] 樂子長丹法　太平御覽六百六十二道部三洞珠囊云：樂子長，齊人。

[二] 「以曾青鉛丹合汞」至「於白砂中」　寶顔堂本無「丹合汞」以下十七字，又「白砂」作「砂」。

[三] 三年仙矣　原校：一本作「一年仙」。

又李文丹法，以白素裹丹，以竹汁煮之，名紅泉，乃〔一〕浮湯上蒸之，合以玄水，服之一合〔二〕，一年仙矣。

校　釋

〔一〕名紅泉乃　「乃」寶顏堂本作「丹」。

〔二〕合以玄水服之一合　慎校本、寶顏堂本上「合」字作「和」，「服之一合」作「一合日服之」。

又尹子丹法，以雲母水和丹密封，致金華池中，一年出，服一刀圭，盡一斤，得五百歲。

又太乙招魂魄丹法〔一〕，所用五石，及封之以六一泥，皆似九丹也，長於起卒死三日以還者，折齒內一丸〔二〕，與硫黄丸，俱以水送之，令入喉即活〔三〕，皆言見使者持節召之。

校　釋

〔一〕太乙招魂魄丹法　校勘記：「御覽八百八十六『招』作『召』。案下文云，持節召之。至理篇有召魂小丹，則御覽是。」明案金汋經作「太乙召魂丹法」，校補云，「魄」即「魂」字之譌衍。

〔二〕折齒內一丸　「折齒」原作「折死者口」。孫校：「折死」藏本作「折師」。校勘記：御覽八百八十六作「折齒」，無「死者」二字，亦無「師」字。校補云，按此與九光丹起死人之法微異。今本固非，藏本亦未是。御覽引作「折齒内一丸」是也。折齒内一丸，言人死之後，飲水難入，欲納此丸，須折其一齒，即以丸自無齒孔中投進之，則其人活矣。金汋經亦作「折齒内一丸」，與御覽所引正合。今據改。

〔三〕令入喉即活　校勘記：御覽八百八十六無「令」字，「即活」下有「活者」。案金汋經亦有「活者」二字。校補云，御覽所引是也。

又采女丹法〔一〕，以兔血和丹與蜜蒸之百日，服之如梧桐子者大一丸，日三，至百日，有神女二人來侍之，可役使。

校　釋

〔一〕采女丹法　校勘記：采女，白孔六帖九十七作「和女」，初學記二十九作「和安」，御覽九百七作「采女」。

又稷丘子丹法〔一〕，以清酒麻油百華醴龍膏和〔二〕，封以六一泥，以糠火熅之，十日成，服如小豆一丸，盡劑，得壽五百歲。

校　釋

〔一〕稷丘子丹法　劉向列仙傳：稷丘君者，泰山下道士，武帝時人。本書黄白篇云，甪里先生從稷丘子受化黃金法。

〔三〕以清酒麻油百華醴龍膏和　百華醴，即蜂蜜。

又墨子丹法，用汞及五石液於銅器中，火熬之，以鐵匕撓之〔一〕，十日，還爲丹，服之一刀圭，萬病去身，長服不死。

校釋

〔一〕以鐵匕撓之　慎校本、寶顔堂本「撓」作「攪」。

又張子和丹法，用鉛汞曾青水合封之，蒸之於赤黍米中，八十日成，以棗膏和丸之，服如大豆，百日，壽五百歲。

又綺里丹法〔一〕，先飛取五石玉塵，合以丹砂汞，內大銅器中煮之百日，五色，服之不死〔二〕。以鉛百斤，以藥百刀圭，合火之，成白銀，以雄黃水和而火之〔三〕，百日成黃金，金或太剛者，以猪膏煮之，或太柔者，以白梅煮之〔四〕。

校釋

〔一〕綺里丹法　「里」下金汋經有「季」字。

〔二〕服之不死　「不死」金汋經作「仙飛」。

〔三〕和而火之　「和」下原有「之」字。案金汋經作「和而火之」，上「之」字衍文，今據删。校勘記云：御覽九百七十「火」作「煑」。

〔四〕以白梅煮之　校補云：「煮之」下金汋經有「盡一劑得長生」六字，疑今本脱。

又玉柱丹法，以華池和丹〔一〕，以曾青硫黄末覆之薦之，内箭中沙中，蒸之五十日，服之百日，玉女六甲六丁神女來侍之，可役使，知天下之事也。

校　釋

〔一〕玉柱丹法以華池和丹　金汋經「玉」作「王」，魯藩本「柱」作「桂」。孫校：天一閣本「華池」下有「汞也」，藏本無。

又肘後丹法，以〔一〕金華和丹乾瓦封之，蒸八十日，取如小豆〔二〕，置盤中，向日和之，其光上與日連，服如小豆，長生矣。以投丹陽銅中，火之成金〔三〕。

校　釋

〔一〕肘後丹法以　孫校：「以」下一本有「砂汞」二字。

〔二〕取如小豆　孫校：「如小豆」三字當衍。

〔三〕火之成金　原校：又一法以油汁和丹服之百日長生。明案原校亦見金汋經正文。金汋經「油汁」作「柚汁」，是。

又李公丹法，用真丹及五石之水各一升，和令如泥，釜中火之，三十六日出，和以石硫黄液，服之十年，與天地相畢。

又劉生丹法，用白菊花汁〔一〕地楮汁〔二〕樗汁和丹蒸之三十日，研合，服之一年，得五百歲〔三〕，老翁服更少不可識，少年服亦不老。

校釋

〔一〕用白菊花汁　校勘記：藝文類聚八十一、御覽九百九十六下有「蓮花汁」三字。

〔二〕地楮汁　御覽九百九十六引無「地楮汁」，但有「地血汁」；金汋經並有「地血汁地楮汁」。

〔三〕得五百歲　校補：御覽九百九十六引此下有「仙方所謂日精」六字，疑爲舊注之語。

又王君丹法，巴沙及汞内雞子中，漆合之，令雞伏之三枚，以王相日服之，住年不老。小兒不可服〔一〕，不復長矣，與新生雞犬服之，皆不復大，鳥獸亦皆如此驗。

校　釋

〔一〕小兒不可服　校補：「服」下疑有脱文。

又陳生丹法，用白蜜和丹，内銅器中封之，沈之井中，一期，服之經年，不飢，盡一斤，壽百歲。

又韓終丹法〔一〕，漆蜜和丹煎之，服可延年久視，立日中無影。過此以往，尚數十法，不可具論〔二〕。

校　釋

〔一〕韓終丹法　「韓」下原有「衆」字。孫校：當衍「衆」字。案金汋經無「終」字。校勘記云：「御覽三百八十八作韓中丹，無『衆』字。案仙藥篇韓終服菖蒲；藝文類聚八十一引彼亦作韓終，九十八引山芝者韓中所食也；東方朔七諫見韓衆而宿之，王逸注，韓衆仙人也，衆一作終；蓋衆、終、中聲相同，故三文隨作矣。」今删「衆」字。

〔二〕不可具論　孫校：「具」藏本作「俱」。

抱朴子曰：金液，太乙所服而仙者也，不減九丹矣，合之用古秤黄金一斤，并用玄明龍膏、太乙旬首中石、冰石、紫遊女、玄水液、金化石、丹砂〔一〕，封之成水〔二〕，其經云〔三〕，金液入口，則其身皆金色。老子受之於元君〔四〕，元君曰，此道至重，百世一出，藏之石室，合之，皆齋戒百日，不得與俗人相往來，於名山之側，東流水上，别立精舍〔五〕，百日成，服一兩便仙。若未欲去世，且作地水仙之士者〔六〕，但齋戒百日矣。若求昇天〔七〕，皆先斷穀一年，乃服之也。若服半兩，則長生不死，萬害百毒，不能傷之，可以畜妻子〔八〕，居官秩，任意所欲〔九〕，無所禁也。若復欲昇天者，乃可齋戒〔一〇〕，更服一兩，便飛仙矣。

校　釋

〔一〕「玄明龍膏」至「丹砂」　玄明龍膏即水銀，太乙旬首中石即雄黄，凝水石一名冰石，戎鹽一名紫女，酢一名玄水（水銀亦名玄水），消石一名化金石，丹砂一名朱砂，皆見唐梅彪石藥爾雅。

〔二〕封之成水　「之」下籤六七有「即」字。

〔三〕其經云　「其」原作「真」。孫校：「真」當作「其」。明案籤六七金液法引作「其」，正是。今據改。金汋經「真」上有「其」字。

〔四〕老子受之於元君　「受」原作「授」。校勘記云：「授之」天一閣本作「受之」，案上文云元君者老子之師，明當作「受」。明案金汋經、籤六七並作「受」，今據改。

〔五〕別立精舍　孫校：「舍」藏本作「室」。案宋浙本亦作「室」。

〔六〕地水仙之士者　金汋經無「水」字，籤六七作「地仙者」。

〔七〕若求昇天　藏本、金汋經、籤六七、宋浙本、魯藩本「求」皆作「欲」。

〔八〕可以畜妻子　籤六七無「以」字。

〔九〕任意所欲　籤六七、藏本「任」並作「在」。

〔一〇〕乃可齋戒　孫校：「戒」下刻本有「斷穀一年」四字，非。

以金液爲威喜巨勝之法〔一〕，取金液及水銀一味合煮之，三十日，出，以黃土甌盛，以六一泥封〔二〕，置猛火炊之，六十時〔三〕，皆化爲丹，服如小豆大便仙。以此丹一刀圭粉〔四〕，水銀一斤，即成銀。又取此丹一斤置火上扇之〔五〕，化爲赤金而流，名曰丹金。以塗刀劍，辟兵萬里。以此丹金爲盤椀，飲食其中，令人長生。以承日月得液〔六〕，如方諸之得水也，飲之不死〔七〕。以金液和黃土，内六一泥甌中，猛火炊之，盡成黃金，中用也〔八〕，復以火炊之，皆化爲丹，服之如小豆〔九〕，可以入名山大川爲地仙。以此丹一刀圭粉水銀立成銀，以銀一兩和鉛一斤，皆成銀。金液經云〔一〇〕，投金人八兩〔一一〕於東流水中，飲血爲誓〔一二〕，乃告口訣〔一三〕。不如本法〔一四〕，盜其方而作之，終不成也。凡人有至信者，可以藥與之，不可輕傳其書〔一五〕，必兩受其殃，天神鑒人甚近，人不知耳。

校釋

〔一〕以金液爲威喜巨勝之法　籤六七無「以金液爲」四字，又無「之」字。

〔二〕以六一泥封　金汋經作「封以六一泥」。

〔三〕置猛火炊之六十時　校勘記云：「置猛火」御覽七百五十九、九百八十五作「置之猛火上」。案金汋經同。金汋經、籤六七「六十時」並作「卒時」，「卒時」文義不當，疑「卒」乃「六十」字併合之譌。

〔四〕一刀圭粉　孫校：「粉」下御覽九百八十五引有「和」字。

〔五〕置火上扇之　校勘記：「置火上」御覽九百八十五作「置猛火上」。

〔六〕以承日月得液　「得液」，金汋經作「當得神液」，籤六七作「得神汋」。校勘記云：御覽四又九百八十五作「得神液」。

〔七〕飲之不死　籤六七引作「飲之者不死也」。校勘記：御覽九百八十五「飲之」下有「令人」。

〔八〕盡成黄金中用也　籤六七無「中用也」三字。

〔九〕服之如小豆　籤六七「豆」下有「大」字。

〔一〇〕金液經云　「金液經云」，原作「受金液經」。校補云：此句上下文義均不相應，金汋經作「金液經云」是也。此衍「受」字，脱「云」字。今據訂正。

〔一一〕投金人八兩　孫校：一本「八」作「十」。校補云：金汋經無「人」，疑即「八」字之譌衍。然道家有投金人之説，未便輒定。明案慎校本、寶顔堂本「人」作「銀」。

〔一三〕飲血爲誓　籤六七「飲」作「歃」。

〔一三〕乃告口訣　籤六七「訣」下有「曰」字。

〔一四〕不如本法　金汋經、籤六七「如」並作「知」。

〔一五〕不可輕傳其書　校補云，「書」下當更有「輕傳其書」四字，今本誤脱。

抱朴子曰：九丹誠爲仙藥之上法，然合作之，所用雜藥甚多。若四方清通者〔一〕，市之可具。若九域分隔，則物不可得也〔二〕。又當起火晝夜數十日，伺候火力，不可令失其適，勤苦至難，故不及合金液之易也。合金液唯金爲難得耳。古秤金一斤於今爲二斤，率不過直三十許萬，其所用雜藥差易具。又不起火，但以置華池中，日數足便成矣，都合可用四十萬而得一劑〔三〕，可足八人仙也〔四〕。然其中稍少合者，其氣力不足以相化成，如釀數升米酒，必無成也。

校　釋

〔一〕若四方清通者　籤六七無「者」字。

〔二〕則物不可得也　籤六七「則」下有「其」字。御覽九百八十五作「則其物或不可得也」。

〔三〕而得一劑 校勘記：御覽八百十「得」作「成」。

〔四〕可足八人仙也 「人仙」原作「仙人」。孫校：「仙人」當作「人仙」，誤倒。明案金汋經作「可足令八人仙」。今據訂正。

抱朴子曰：其次有餌黄金法〔一〕，雖不及金液，亦遠不比他藥也。或以豕負革肪〔二〕及酒鍊之，或以樗皮治之，或以荆酒磁石消之，或有可引爲巾，或立令成水服之。或有禁忌，不及金液也。或以雄黄雌黄合餌之，可引之張之如皮，皆地仙法耳。銀及蚌中大珠，皆可化爲水服之。然須長服不可缺〔三〕，故皆不及金液也。

校釋

〔一〕有餌黄金法 金汋經作「有餌黄白小丹」。慎校本、寶顔堂本「餌」上有「小」字。

〔二〕或以豕負革肪 猪頸下脂膏一名負革肪，見重修政和證類本草十八陶弘景説。

〔三〕長服不可缺 「缺」原作「供」。校勘記云：「供」字誤，藏本、盧本作「缺」，天一閣本作「斷」。明案慎校本、寶顔堂本亦作「缺」，今據改。

抱朴子曰：合此金液九丹，既當用錢，又宜入名山，絶人事，故能爲之者少，且亦千萬人中，時當有一人得其經者〔一〕。故凡作道書者，略無説金丹者也。第一禁，勿令俗人之不信道者，謗訕評毀之，必不成也。鄭君言所以爾者，合此大藥皆當祭，祭則太乙元君老君玄女皆來鑒省。作藥者若不絶跡幽僻之地，令俗閒愚人得經過聞見之，則諸神便責作藥者之〔二〕不遵承經戒，致令惡人有謗毀之言，則不復佑助人，而邪氣得進，藥不成也。必入名山之中，齋戒百日，不食五辛生魚，不與俗人相見，爾乃可作大藥。作藥須成乃解齋〔三〕，不但初作時齋也。鄭君云，左君告之〔四〕，言諸小小山，皆不可於其中作金液神丹也。凡小山皆無正神爲主，多是木石之精，千歲老物，血食之鬼，此輩皆邪炁，不念爲人作福，但能作禍，善試道士，道士須當以術辟身，及將從弟子，然或能壞人藥也。今之醫家，每合好藥好膏，皆不欲令雞犬小兒婦人見之。若被諸物犯之，用便無驗。又染綵者惡惡目者見之，皆失美色。況神仙大藥乎？是以古之道士，合作神藥〔五〕，必入名山，不止凡山之中，正爲此也。又按仙經〔六〕，可以精思合作仙藥者，有華山泰山霍山〔七〕恒山嵩山少室山〔八〕長山〔九〕太白山〔一〇〕終南山女几山〔一一〕地肺山〔一二〕王屋山〔一三〕抱犢山〔一四〕安丘山潛山〔一五〕青城山〔一六〕娥眉山〔一七〕綏山〔一八〕雲臺山〔一九〕羅浮山〔二〇〕陽駕山黄金山〔二一〕鱉祖山大小天台山四望山蓋竹山括蒼山〔二二〕，此皆是正神在其山中，其中或有地仙之人。上皆生芝草，可以避大兵大難〔二三〕，不但於中以合藥也〔二四〕。若有道者登之，則此山神必助之爲福，藥必成〔二五〕。

若不得登此諸山者，海中大島嶼，亦可合藥〔二六〕。若會稽之東翁洲亶洲〔二七〕紵嶼〔二八〕，及徐州之莘莒洲〔二九〕泰光洲鬱洲，皆其次也。今中國名山不可得至，江東名山之可得住者〔三〇〕，有霍山，在晉安；長山太白，在東陽〔三一〕；四望山大小天台山蓋竹山括蒼山，並在會稽。

校釋

〔一〕當有一人得其經者　孫校：「一人」藏本作「人人」。

〔二〕便責作藥者之　孫校：「者之」藏本作「之者」。

〔三〕作藥須成乃解齋　金汋經「解齋」作「常齋」。慎校本、寶顔堂本此句作「雖成亦須齋戒」。疑「解齋」字有誤。

〔四〕左君告之　「左」原作「老」。孫校：「老」當是「左」字之誤。案金汋經正作「左」。今據改。

〔五〕道士合作神藥　金汋經「神藥」作「神仙大藥」。校勘記：御覽六百七十作「道士飛鍊神藥」。

〔六〕又按仙經　校勘記：御覽六百七十作「入山經」，蓋抱朴古本「仙」字作「僊」，用説文正體轉寫，誤分爲「入山」二字耳。

〔七〕霍山　晉郭璞注山海經中山經云：「今平陽永安縣、廬江潛縣、晉安羅江縣、河南鞏縣皆有霍山。明山以霍爲名者非一矣。」按本篇下文云，霍山在晉安。則此霍山在今福建南安。

〔八〕少室山　河南嵩山之西峰，名少室山。

〔九〕長山　長山一名金華山，左元放言金華山可以合神丹。下文云，長山在東陽，在今浙江金華。

〔一〇〕太白山　下文云，太白在東陽。舊東陽郡屬浙江。

〔一一〕女几山　在今河南宜陽。山海經中山經：女几之山，其上多玉，其下多黄金云。

〔一二〕地肺山　在今江蘇句容。相傳爲七十二福地之首。

〔一三〕王屋山　在今河南濟源。山有三重，其狀如屋，故名。相傳爲三十六洞天之首。後漢書郡國志河東郡，垣有王屋山。

〔一四〕抱犢山　在上黨東南，在今山西省。

〔一五〕安丘山潛山　校勘記云：「御覽六百七十作安丘衡灊，約文也。此無衡山。潛與灊同。孫云，古以潛山爲衡岳，故謂之衡潛。」案安丘山在今山東安丘，潛山在今安徽潛山。

〔一六〕青城山　青城山爲十大洞天之一，在今四川灌縣。

〔一七〕娥眉山　孫校：「娥」刻本作「峨」。相傳兩山首相望如娥眉，故名。在今四川峨眉縣。

〔一八〕緌山　「緌」當作「綏」，宋浙本、藏本作「綏」，是。綏山在今峨眉山西南。羌人葛由在此山修道，見列仙傳。

〔一九〕雲臺山　雲臺山在蜀，見本書登涉篇。在今四川蒼溪。

〔二〇〕羅浮山　在今廣東增城縣東。浮山與羅山合體，故名羅浮山。相傳葛洪得道術於此山。

〔二一〕黄金山　湖北鍾祥有黄金山，産銅，未知即此山否？

〔二二〕大小天台山四望山蓋竹山括蒼山　下文云，皆在會稽。在今浙江省境内。

〔二三〕可以避大兵大難　校勘記：「大難」御覽六百七十作「大水」。

〔二四〕不但於中以合藥也　慎校本、寶顔堂本、崇文本「以」並作「可」。

〔二五〕則此山神必助之爲福藥必成　校勘記：御覽六百七十「山」下有「之」字，「福」下有「其」字。案金汋經亦有「其」字。校補云，疑今本脱。

〔二六〕海中大島嶼亦可合藥　「島嶼」下原缺「亦可合藥」四字。案金汋經「嶼」下有「亦可合藥」。校補云，今本脱。兹據補。

〔二七〕若會稽之東翁洲亶洲　吴志孫權傳：黄龍二年，遣將軍衛温等將甲士萬人，浮海求夷洲及亶洲。亶洲在海中，長老傳言，秦始皇遣方士徐福入海求蓬萊仙藥，止此洲不還。其上人民，時有至會稽貨布。會稽東縣人海行，亦有遭風流移至亶洲者。

〔二八〕紵嶼　孫校：刻本下有「洲」字，非。

〔二九〕莘莒洲　孫校：「莘」藏本作「羊」。

〔三〇〕之可得住者　孫校：「住」刻本作「往」。

〔三一〕長山太白在東陽　校補：「太白」下脱「山」字，當從金汋經補。

抱朴子曰：予忝大臣之子孫，雖才不足以經國理物，然疇類之好，進趍之業，而所知不能遠余者，多揮翮雲漢，耀景辰霄〔一〕者矣。余所以絶慶弔於鄉黨，棄當世之榮華者，必欲遠登名山，成所著子書，次則合神藥，規長生故也〔二〕。俗人莫不怪予之委桑梓，背清塗，而躬耕林藪，手足胼胝，謂予有狂惑之疾也。然道與世事不並興〔三〕，若不廢人間之務，何得修如此之志乎？見之誠了，執之必定者，亦何憚於毁譽，豈移於勸沮哉？聊書其心，示將來之同志尚者云。後有斷金之徒，所捐棄者，亦與余之不異也。

校釋

〔一〕耀景辰霄　孫校：「辰」藏本作「晨」。案魯藩本亦作「晨」。

〔二〕規長生故也　校補：金汋經「規」上有「以」字，「故」下無「也」字，「故」字屬下爲句。

〔三〕然道與世事不並興　「世」下金汋經有「反」字。

小神丹方，用真丹三斤，白蜜六斤攪合，日暴煎之，令可丸，旦服如麻子許十丸，未一年，髮白者黑，齒落者生，身體潤澤，長服之〔一〕，老翁成少年，長生不死矣。

校釋

〔一〕長服之　「長服之」原作「長肌服之不老」。仙藥篇及金汋經並無「肌」字，又無「不老」二字，皆是。校補云：「肌」「服」形近，又涉下文「肌骨」而衍。今悉删正。

小丹法〔一〕，丹一斤，擣篩，下淳苦酒三升〔二〕，漆二升〔三〕，凡三物合，令相得，微火上煎令可丸，服如麻子三丸，日再服〔四〕，三十日，腹中百病愈，三尸去；服之百日，肌骨强堅；千日，司命削去死籍，與天地相畢，日月相望，改形易容，變化無常〔五〕，日中無影，乃别有光也。

校釋

〔一〕小丹法　「小」下金汋經有「餌」字。校補云：考下文有小餌黄金法，當有「餌」字。

〔二〕下淳苦酒三升　原脱「下」字。仙藥篇「淳」上有「下」字，今補。校補云：此言先用丹一斤擣篩之，然後下以酒漆等物。金汋經「下」字在「篩」字上，蓋倒誤。

〔三〕漆二升　案仙藥篇及金汋經「漆」上並有「淳」字。校補云：疑此脱漏。

〔四〕三丸日再服　原缺「日」字。校勘記云：各本「三丸」下有「日」字，此脱。明案金汋經亦有「日」字。今補。

〔五〕改形易容變化無常　此兩句原作「形易容變無常」。案仙藥篇及金汋經並作「改形易容，變化無常」。校補云：當是抱朴原本如此，蓋「形」上脱去「改」字，後人復删「化」字以相對，謬矣。今訂正。

小餌黃金法，鍊金內清酒中，約二百過，出入即沸矣，握之出指間令如泥，若不沸，及握之不出指間，即削之〔一〕，內清酒中無數也。成，服之如彈丸一枚，亦可一丸〔二〕，分爲小丸，服之三十日，無寒溫，神人玉女侍之。銀亦可餌之，與金同法。服此二物，能居名山石室中者，一年即輕舉矣。止人間服亦地仙，勿妄傳也。

校釋

〔一〕即削之　孫校：「削」刻本作「銷」。按金汋經亦作「消」。慎校本、寶顏堂本作「即復銷之」。

〔二〕亦可一丸　「一」原作「二」。仙藥篇、金汋經並作「一丸」。校補云：「二」係「一」字之誤。今據正。

兩儀子餌黃金法〔一〕，猪負革脂三斤，淳苦酒一升，取黃金五兩，置器中，煎之土爐，以金置脂中，百入百出，苦酒亦爾。食一斤，壽蔽天地〔二〕；食半斤，壽二千歲；五兩，壽千二百歲。無多少，便可餌之。當以王相日作〔三〕，服之神良。勿傳非人，傳示非人〔四〕，令藥不成不神。欲食去尸藥，當服丹砂也〔五〕。

校釋

〔一〕兩儀子餌黄金法　「餌」下原有「消」字。金汋經無「消」字。慎校本、寶顔堂本、崇文本「餌消」作「小餌」。蓋「消」字誤衍。今删。

〔二〕食一斤壽蔽天地　孫校：「食」藏本作「飡」。明案宋浙本、慎校本、寶顔堂本並作「飡」。

〔三〕當以王相日作　案王相，陰陽家言，以爲五行遞旺於四時。如春三月則木旺，火相，土死，金囚，水休；夏三月則火旺，土相，金死，水囚，木休。論衡命禄篇云：「春夏囚死，秋冬王相。」

〔四〕勿傳非人傳示非人　此兩句原作「勿傳示人示人」，當有脱誤。金汋經作「勿傳非人，傳示非人」。校補：疑當作「勿傳示非人，傳示非人」。今據金汋經改。

〔五〕欲食去尸藥當服丹砂也　此兩句原作「欲去當服丹砂」。校補云：「欲去」二字，義無所屬。仙藥篇作「欲食去尸藥，當服丹砂」。今本脱去「食」「尸藥」三字。兹據補。

抱朴子内篇卷之五　至理

抱朴子曰：微妙難識，疑惑者衆。吾聰明豈能過人哉？適偶有所偏解，猶鶴知夜半〔一〕，燕知戊巳〔二〕，而未必達於他事也。亦有以校驗，知長生之可得，仙人之無種耳。夫道之妙者，不可盡書，而其近者，又不足説〔三〕。昔庚桑胼胝〔四〕，文子釐顔〔五〕，勤苦彌久，及受大訣，諒有以也。夫圓首含氣，孰不樂生而畏死哉？然榮華勢利誘其意，素顔玉膚惑其目，清商流徵亂其耳，愛惡利害攪其神，功名聲譽束其體，此皆不召而自來，不學而已成。自非受命應仙，窮理獨見，識變通於常事之外，運清鑒於玄漠之域，寤身名之親疎，悼過隙之電速者，豈能棄交修賒，抑遺嗜好，割目下之近欲，修難成之遠功哉？夫有因無而生焉，形須神而立焉。有者，無之宫也。形者，神之宅也。故譬之於堤，堤壞則水不留矣。方之於燭，燭糜則火不居矣。身勞則神散〔六〕，氣竭則命終。根竭枝繁，則青青去木矣。氣疲欲勝，則精靈離身矣。夫逝者無反期，既朽無生理，達道之士，良所悲矣〔七〕！輕璧重陰〔八〕，豈不有以哉？故山林養性之家，遺俗得意之徒，比崇高於贅疣，方萬物乎蟬翼，豈苟爲大言，而强薄世事哉？誠其所見者了，故棄之如忘耳。是以遐棲幽遁，韜鱗掩藻，遏欲視之目，遣損明之色，杜思音之耳，遠亂聽之聲，滌除玄覽，守雌抱一，專氣致柔〔九〕，鎮以恬素，遣歡戚之邪情，外得失之榮辱，割厚生之腊毒〔一〇〕，謐多言於樞機，反聽而後所聞徹，内視而後見無眹，養靈根於冥鈞〔一一〕，除誘慕於接物，削斥淺務，御以愉慔，爲乎無爲，以全天理爾。乃吹吸寶華，浴神太清，外除五曜〔一二〕，内守九精，堅玉鑰於命門〔一三〕，結北極於黄庭〔一四〕，引三景於明堂〔一五〕，飛元始以鍊形，采靈液於金梁，長驅白而留青，凝澄泉於丹田，引沈珠於五城；瑶鼎俯爨，藻禽仰鳴，瑰華擢穎，天鹿吐瓊〔一六〕，懷重規於絳宫，潛九光於洞冥，雲蒼鬱而連天〔一七〕，長谷湛而交經；履躡乾兑，召呼六丁〔一八〕，坐卧紫房，咀吸金英，曄曄秋芝，朱華翠莖，晶晶珍膏〔一九〕，溶溢霄零，治飢止渴，百痾不萌，逍遥戊巳，燕和飲平〔二〇〕，拘魂制魄，骨填體輕，故能策風雲以騰虚，並混輿而永生也。然梁塵之盈尺〔二一〕，非可求之漏刻〔二二〕，山霤洞徹，非可致之於造次也。患於聞之者不信，信之者不爲，爲之者不終耳。夫得之者甚希而隱，不成者至多而顯。世人不能知其隱者，而但見其顯者，故謂天下果無仙道也〔二三〕。

校釋

〔一〕鶴知夜半　語見春秋説題辭。注云：鶴，水鳥。夜半水位感其生氣，則益喜而鳴。

〔二〕燕知戊巳　宋浙本「知」作「識」。吴淑事類賦十九引博物志云：燕戊巳日不銜泥塗巢，此非才智，自然得之。

〔三〕又不足説　孫校：「足」下藏本有「可」字，非。明案「足」下宋浙本有「何」字，亦非。

〔四〕昔庚桑胼胝　庚桑，庚桑楚，老子弟子。

〔五〕文子釐顔　「子」原作「字」。孫校：疑「子」字。案當作「子」，今據改。文子，老子弟子。漢書藝文志著録文子九篇。釐，疑當作黧，黑也。

〔六〕身勞則神散　孫校：「身」刻本作「形」。

〔七〕良所悲矣　慎校本、寶顔堂本「所」作「可」。

〔八〕輕璧重陰　淮南子原道篇：聖人不貴尺之璧，而重寸之陰。

〔九〕滌除玄覽守雌抱一專氣致柔　以上三句，語見老子。滌除玄覽，言去欲無知。守雌，言不爲人先。抱一，守一。專氣致柔，言愛養精氣，能使筋骨柔和。

〔一〇〕割厚生之腊毒　「生」疑當作「味」。國語周語下：「厚味寔腊毒。」韋注：厚味，喻重禄也；腊，亟也，味厚者，其毒亟也。漢書五行志中之上：「厚味實腊毒。」腊，音昔。顔注：腊，久也。味厚者爲毒久。

〔一一〕養靈根於冥鈞　黄庭内景經：灌溉五華植靈根。務成子注：靈根，舌本。童注云：靈根，即泥丸腦神名精根也。

〔一二〕 吹吸寶華浴神太清外除五曜　校勘記云：藝文類聚七十五「吹」作「咀」，「浴」作「谷」，「除」作「珍」；御覽七百二十與藝文類聚同，惟「谷」字作「穀」，蓋即「谷」之誤。明案影宋刊本御覽仍作「谷」，不誤。宋浙本、慎校本、寶顔堂本、崇文本「吹」作「咀」。吹，音府，咀嚼也。

〔一三〕 堅玉鑰於命門　黄庭外景經：後有幽闕前命門。務成子注：臍爲命門。

〔一四〕 結北極於黄庭　黄庭外景經：上有黄庭下關元。務成子注：黄庭，目也。

〔一五〕 引三景於明堂　黄庭外景經：立於玄膺含明堂。梁邱子注：舌爲玄膺，肺爲明堂。

〔一六〕 天鹿吐瓊　御覽九百六引瑞應圖云：天鹿，能壽之獸，五色光暉。

〔一七〕 雲蒼鬱而連天　孫校：「蒼」疑作「倉」。

〔一八〕 召呼六丁　六丁，神名，謂六甲中丁神也，如甲子旬中則丁卯爲神。見後漢書梁節王暢傳注。

〔一九〕 皛皛珍膏　皛，讀若皎。皛皛，通白光亮。

〔二〇〕 燕和飲平　燕，宋浙本作「咽」。

〔二一〕 並混輿而永生也然梁塵之盈尺　混，混元，天地開闢之始；輿，地輿。混輿，猶言天地。孫校：「之」字疑衍。

〔二二〕 非可求之漏刻　孫校：「之」下疑脱「於」字。

〔三〕天下果無仙道也　孫校：藏本「無」下有「其」字。案宋浙本、魯藩本亦有。

抱朴子曰：防堅則水無漉棄之費〔一〕，脂多則火無寢曜之患，龍泉以不割常利〔二〕，斤斧以日用速弊，隱雪以違暖經夏，藏冰以居深過暑，單帛以幔鏡不灼〔三〕，凡卉以偏覆越冬。泥壤易消者也，而陶之爲瓦，則與二儀齊其久焉。柞楢速朽者也〔四〕，而燔之爲炭，則可億載而不敗焉。轅豚以優畜晚卒〔五〕，良馬以陟峻早斃，寒蟲以適己倍壽，南林以處温長茂，接煞氣則彫瘁於凝霜，值陽和則鬱藹而條秀。物類一也，而榮枯異功，豈有秋收之常限，冬藏之定例哉？而人之受命，死生之期，未若草木之於寒天也，而延養之理，補救之方，非徒温煖之爲淺益也，久視之效，何爲不然？而世人守近習隘，以仙道爲虛誕，謂黃老爲妄言，不亦惜哉？夫愚夫乃不肯信湯藥鍼艾，況深於此者乎？皆曰，俞跗扁鵲和緩倉公之流〔六〕，必能治病，何不勿死？又曰，富貴之家，豈乏醫術，而更不壽，是命有自然也。乃責如此之人，令信神仙，是使牛緣木，馬逐鳥也。

校釋

〔一〕水無漉棄之費　漉，音祿。漉棄，滲漏。

〔二〕龍泉以不割常利　孫校：「利」意林作「新」。案龍泉，意林引作「龍淵」。龍淵，寶劍名。

相傳歐陽子所鑄。後避唐諱，改「淵」爲「泉」。

〔三〕以幔鏡不灼　宋浙本、魯藩本、寶顔堂本「幔」作「裏」。

〔四〕柞楢速朽者也　孫校：「楢」藏本作「柳」。按宋浙本、魯藩本、御覽八百七十一引亦作「柳」。

〔五〕轅豚以優畜晚卒　孫校：「畜」藏本作「穡」。

〔六〕俞跗扁鵲和緩倉公之流　俞跗，古良醫，傳説黄帝時人；扁鵲，姓秦，名越人，春秋時良醫；倉公，姓淳于，名意，漢文帝時名醫，均見史記扁鵲倉公列傳。和、緩，春秋時秦國兩名醫，醫和見左傳昭公元年，醫緩見左傳成公十年。

抱朴子曰：召魂小丹三使之丸，及五英八石小小之藥，或立消堅冰，或入水自浮，能斷絶鬼神，禳却虎豹，破積聚於腑臟，追二豎於膏肓〔一〕，起猝死於委尸，返驚魂於既逝。夫此皆凡藥也，猶能令已死者復生，則彼上藥也，何爲不能令生者不死乎？越人救虢太子於既殞〔二〕，胡醫活絶氣之蘇武〔三〕，淳于能解顱以理腦〔四〕，元化能刳腹以澣胃〔五〕，文摯愆期以瘳危困〔六〕，仲景穿胸以納赤餅〔七〕，此醫家之薄技〔八〕，猶能若是，豈況神仙之道，何所不爲？夫人所以死者，諸欲所損也〔九〕，老也〔一〇〕，百病所害也，毒惡所中也，邪氣所傷也，風冷所犯也。今道引行氣，還精補腦，食飲有度，興居有節，將服藥物，思神守一，柱天禁戒〔一一〕，帶佩符印，傷生之徒，一切遠之，如此則通，可以免此六害。今醫家通明腎氣之丸，内補五絡之散，骨填苟杞之煎，黄蓍建中之湯，將服之者，皆致肥丁。漆葉青蓁〔三〕，凡弊之草，樊阿服之，得壽二百歲，而耳目聰明，猶能持鍼以治病，此近代之實事，良史所記注者也。

校　釋

〔一〕追二豎於膏肓　校勘記云：藏本、盧本「追」作「殲」，此誤。明案宋浙本、魯藩本、慎校本亦作「殲」。二豎，指病魔。左傳成公十年載：晉侯有疾，延秦醫緩來治，未至，夢二豎子相問答，其一曰，彼良醫也，懼傷我，焉逃之？又一曰，居肓之上，膏之下，若我何！以二豎問答中有逃匿膏肓之語觀之，則「追二豎」殆亦可通，未必有誤。追，逐也。刻本「追」又作「退」。

〔二〕越人救虢太子於既殞　越人，即扁鵲。史記扁鵲倉公列傳云：虢太子死，扁鵲至虢宮門下，問知其狀。扁鵲曰，若太子病，所謂尸蹷者也；會氣閉而不通，故形静如死狀，太子未死也。扁鵲乃使弟子子陽厲鍼砥石，以取外三陽五會，有間太子蘇。故天下盡以扁鵲爲能生死人。

〔三〕胡醫活絶氣之蘇武　「醫」原作「巫」。曲園曰：漢書蘇武傳，武引佩刀自刺，衛律驚，自抱持武，馳召毉，鑿地爲坎，置熅火，覆武其上，蹈其背以出血，武氣絶半日復息。然則此「巫」字疑「毉」字之壞，即「醫」字也。上言越人，下言淳于華佗，皆是醫而非巫。下云，此醫家之薄技，猶能若是。可知其不言巫矣。明案曲園之説良是。葛洪信醫排巫之論甚明，本篇下文譏俗人不肯信良醫之攻病，反用巫史之紛若以及道意篇所論，並可爲證。今據改。

〔四〕淳于能解顱以理腦　淳于即倉公。案史記載倉公醫術無解顱理腦。

〔五〕元化能刳腹以澣胃　慎校本、寶顏堂本、崇文本「澣胃」作「滌腸」。華陀，字元化，沛國譙人。精于醫術。若疾發結於內，針藥所不能及者，乃令先以酒服麻沸散，既醉無所覺。因刳破腹背，抽割積聚。若在腸胃，則斷截湔洗，除去疾穢，既而縫合，傅以神膏，四五日創愈，一月之間皆平復。見後漢書方術傳。

〔六〕文摯愆期以瘳危困　「愆」原誤作「衍」。初學記二十引「衍」作「愆」，按當作「愆」，今據改。愆期，不如期。文摯，戰國時宋良醫。呂氏春秋至忠篇云：齊湣王有疾，使人之宋迎文摯。文摯視王之疾，謂太子曰，疾必可已，非怒王不可治，怒而必殺摯。太子固請。文摯期而將往，不如期者三，齊王已怒。文摯至，不解履登床，更出辭以重怒王，王叱而起，疾遂已。此以激怒治疾之方也。

〔七〕仲景穿胸以納赤餅　張機，字仲景，後漢名醫。著傷寒論及金匱玉函要略等。

〔八〕此醫家之薄技　初學記二十「此」下有「但」字。

〔九〕所以死者諸欲所損也　「諸欲所損也」原作「損也」。校勘記云：「損也」藏本、盧本作「諸欲所損也」，此脱三字。今據補。

〔一〇〕老也　「也」原作「者」。孫校云：「者」當作「也」。「老也」即下文所謂六害之第二害。藏本誤作「者」，非；刻本無此二字，更非。明案孫校是，今據改。

〔一一〕柱天禁戒　孫校：「柱」疑作「枉」。

〔一二〕漆葉青蓁　孫校：「蓁」當作「⿱艹泰」，三國志作「黏」。明案後漢書華陀傳作「⿰麥占」。青黏，一名地節，一名黃芝，主理五藏，益精氣。

又云，有吳普者，從華陀受五禽之戲〔一〕，以代導引，猶得百餘歲。此皆藥術之至淺，尚能如此，況於用其妙者耶？今語俗人云，理中四順，可以救霍亂，款冬、紫苑，可以治欬逆，萑蘆、貫衆之煞九蟲，當歸、芍藥之止絞痛，秦膠、獨活之除八風，菖蒲、乾薑之止痹濕〔二〕，菟絲、蓯蓉之補虛乏，甘遂、葶歷之逐痰癖，括樓、黃連之愈消渴，薺苨、甘草之解百毒，蘆如益熱〔三〕之護衆創，麻黃、大青之主傷寒。俗人猶謂不然也，寧煞生請福，分蓍問祟，不肯信良醫之攻病〔四〕，反用巫史之紛若，況乎告之以金丹可以度世，芝英可以延年哉？昔留侯張良，吐出奇策，一代無有，智慮所及，非淺近人也，而猶謂不死可得者也，其聰明智用，非皆不逮世人，而曰吾將棄人間之事，以從赤松游耳，遂修道引，絕穀一年，規輕舉之道，坐呂后逼蹴，從求安太子之計，良不得已，爲畫致四皓之策〔五〕，果如其言，呂后德之，而逼令强食之，故令其道不成耳。按孔安國祕記〔六〕云，良得黄石公不死之法，不但兵法而已。又云，良本師四皓〔七〕，用里先生綺里季之徒，皆仙人也，良悉從受其神方，雖爲吕后所强飲食，尋復修行仙道，密自度世，但世人不知，故云其死耳。如孔安國之言，則良爲得仙也。又漢丞相張蒼，偶得小術，吮婦人乳汁〔八〕，得一百八十歲，此蓋道之薄者，而蒼爲之，猶得中壽之三倍，況於備術行諸祕妙〔九〕，何爲不得長生乎？此事見於漢書，非空言也。

校釋

〔一〕吴普者從華陀受五禽之戲　五禽之戲，一曰虎，二曰鹿，三曰熊，四曰猨，五曰鳥，以當導引。見後漢書及魏志華陀傳。

〔二〕乾薑之止痹濕　孫校：「止」疑「去」字。

〔三〕蘆如益熱　孫校：未詳。明案蘆如即桔梗，山海經西山經：「其本如桔梗。」郝懿行義疏：「案廣雅云，犂如，桔梗也。本草作利如。太平御覽引吴普本草云，一名盧如。」

〔四〕良醫之攻病　孫校：「攻」下藏本有「疾」字。案宋浙本亦有「疾」字。

〔五〕張良道引絶穀及晝致四皓之策　見史記留侯世家。

〔六〕按孔安國祕記　神仙傳孔安國傳：嘗受祕方服餌之法，得以度世。

〔七〕良本師四皓　「師」下宋浙本有「事」字。

〔八〕「張蒼」至「吮婦人乳汁」　史記張蒼傳：蒼年老，口中無齒，食乳，女子爲乳母。

〔九〕況於備術行諸祕妙　寶顔堂本無「備」字，「妙」作「法」。

抱朴子曰：服藥雖爲長生之本，若能兼行氣者，其益甚速，若不能得藥，但行氣而盡其理者，亦得數百歲。然又宜知房中之術，所以爾者，不知陰陽之術，屢爲勞損，則行氣難得力也。夫人在氣中，氣在人中，自天地至於萬物，無不須氣以生者也。善行氣者，内以養身，外以却惡，然百姓日用而不知焉。吴越有禁呪之法，甚有明驗〔一〕，多炁耳〔二〕。知之者可以入大疫之中，與病人同床而己不染。又以群從行數十人，皆使無所畏，此是炁可以禳天災也。或有邪魅山精，侵犯人家，以瓦石擲人，以火燒人屋舍。或形見往來，或但聞其聲音言語，而善禁者以炁禁之，皆即絶，此是炁可以禁鬼神也。入山林多溪毒蝮蛇之地，凡人暫經過，無不中傷，而善禁者以炁禁之，能辟方數十里上，伴侣皆使無爲害者。又能禁虎豹及蛇蜂〔三〕，皆悉令伏不能起。以炁禁金瘡，血即登止。又能續骨連筋。以炁禁白刃，則可蹈之不傷，刺之不入。若人爲蛇虺所中，以炁禁之則立愈。近世左慈趙明等，以炁禁水〔四〕，水爲之逆流一二丈。又於茅屋上然火，煮食食之，而茅屋不焦。又以大釘釘柱，入七八寸，以炁吹之，釘即涌射而出。又以炁禁沸湯，以百許錢投中，令一人手探摝取錢，而手不灼爛。又禁水著中庭露之〔五〕，大寒不冰。又能禁一里中炊者盡不得蒸熟。又禁犬令不得吠〔六〕。昔吳遣賀將軍討山賊，賊中有善禁者，每當交戰，官軍刀劍皆不得拔，弓弩射矢皆還向〔七〕，輒致不利。賀將軍長智有才思，乃曰，吾聞金有刃者可禁，蟲有毒者可禁，其無刃之物，無毒之蟲，則不可禁，彼能禁吾兵者，必不能禁無刃物矣。乃多作勁木白棒，選異力精卒五千人爲先登，盡捉棓彼山賊，賊恃其善禁者〔八〕，了不能備〔九〕，於是官軍以白棒擊之，大破彼賊，禁者果不復行，所打煞者，乃有萬計。夫炁出於形，用之其效至此，何疑不可絶穀治病，延年養性乎？仲長公理〔一〇〕者，才達之士也，著昌言，亦論行炁可以不飢不病，云「吾始者未之信也，至於爲之者，盡乃然矣。養性之方，若此至約，而吾未之能也，豈不以心馳於世務，思鋭於人事哉？他人之不能者，又必與吾同此疾也。昔有明師，知不死之道者，燕君使人學之，不捷而師死。燕君怒其使者，將加誅焉。諫者曰，夫所憂者莫過乎死，所重者莫急乎生，彼自喪其生，亦安能令吾君不死也。君乃不誅。其諫辭則此爲良説矣〔一一〕。使彼有不死之方，若吾所聞行炁之法，則彼説師之死者〔一二〕，未必不知道也，直不能棄世事而爲之，故雖知之而無益耳，非無不死之法者也。」又云：「河南密縣，有卜成者〔一三〕，學道經久，乃與家人辭去，其始步稍高，遂入雲中不復見。此所謂舉形輕飛，白日昇天，仙之上者也。」陳元方韓元長〔一四〕，皆潁川之高士也，與密相近，二君所以信天下之有仙者，蓋各以其父祖及見卜成者成仙昇天故耳，此則又有仙之一證也。

校釋

〔一〕甚有明驗　孫校：「驗」藏本作「獻」。明案宋浙本、寶顔堂本作「效」。

〔二〕多炁耳　孫校：疑句有脱字。明案宋浙本作「正須氣耳」。

〔三〕上伴侣皆使無爲害者又能禁虎豹及蛇蜂　慎校本、寶顔堂本、崇文本「上」作「而」，「蜂」作「虵」。依下文，當作「虵」。

〔四〕趙明等以炁禁水　趙明即趙昞，後漢書徐登傳作趙炳，能以氣禁水禁火。

〔五〕又禁水著中庭露之　孫校：「又」藏本作「損」，非。案寶顔堂本無「又」字。

〔六〕「入山林多溪毒蝮蛇之地」至「禁犬令不得吠」　校勘記云：後漢書徐登傳注作道士趙炳以氣禁人，人不能起；禁虎，虎伏地低頭閉目，便可執縛；以大釘釘柱入尺許，以氣吹之，釘即躍出射去如弩箭之發。御覽七百六十七作吴有趙柄以大釘釘柱入尺許云云，趙柄乃趙炳之誤（明案影宋本御覽作趙炳，不誤）。今此作趙明，無以氣禁人六句，又不云躍出射去如箭弩之發，當是脱落。然此特小異耳。御覽七百三十七引：「治金創以氣吹之，即斷痛（又七百四十二作治金瘡以氣吹之，血即斷，痛登時止）。登山，蛇虺毒蟲中人，在近者就以氣禁之，其相遠或數十里，便延（當作遥）治之。士（有脱誤）呼其姓名而咒之男也，吹吾右手（句有脱。釋滯篇云，男噓我左，女噓我右），記識其時，後校問之，即時愈也。又有介象者，能以氣禁一里中居人炊者不得蒸，以氣禁樹上群鳥即墮地；又於茅屋上爨煮，雞熟而茅不燋；又禁刀矛，以刺人腹，以椎打之，刃曲而不復入；又燒釜正赤而立上，久之不知熱；以錢投於沸釜湯中，亦探取錢而手不灼；能令一市人皆坐不得起。」此一段與今本絶異，其即此篇邪？抑佚文邪？疑莫能明。

〔七〕弓弩射矢皆還向　吴志賀齊傳注引「還向」作「還自向」。慎校本、寶顔堂本、崇文本「還向」作「還自射」。

〔八〕盡捉棓彼山賊賊恃其善禁者　「棓」宋浙本作「掊」。「棓」通「掊」，擊也。明案「山賊」下原無「賊」字，文意未完，查慎校本、寶顔堂本、崇文本皆有，今據補。吴志賀齊傳注「其」下有「有」字。校補云：此脱「有」。

〔九〕了不能備　孫校：「能」一本作「爲」。校補云，「能」字於義未安，吴志注引作「嚴」。

〔一〇〕仲長公理　仲長統，字公理，後漢獻帝時人，著昌言，凡三十四篇，十餘萬言。見後漢書本傳。昌言全書已佚，嚴可均全後漢文有輯佚本。本篇所引「論行炁可以不飢不病」至「仙之上者也」兩節，即其佚文之一。

〔一一〕其諫辭則此爲良説矣　孫校：疑句有脱誤，刻本此下添「然亦非至當之論」七字，非。

〔一二〕則彼説師之死者　孫校：疑衍「説師」二字。

〔三〕河南密縣有卜成者　孫校云：「卜」當作「上」，後漢書方術傳云上成公。廣韻以爲上成複姓。疑「者」是「公」字之誤耳。按古有方士以上成爲姓者，見文選十九宋玉高唐賦。

〔四〕陳元方韓元長　陳元方韓元長二人皆通才，並信有仙。見博物志方士篇。

抱朴子内篇卷之六　微旨

抱朴子曰：「余聞歸同契合者，則不言而信著；途殊别務者，雖忠告而見疑。夫尋常咫尺之近理，人間取舍之細事，沈浮過於金羽，皂白分於粉墨，而抱惑之士，猶多不辨焉，豈況説之以世道之外，示之以至微之旨，大而笑之，其來久矣，豈獨今哉？夫明之所及，雖玄陰幽夜之地，豪釐芒髮之物，不以爲難見〔一〕。苟所不逮者，雖日月麗天之炤灼，嵩岱干雲之峻峭，猶不能察焉。黄老玄聖，深識獨見，開祕文於名山，受仙經於神人，蹶埃塵以遺累〔二〕，淩大遐以高躋〔三〕，金石不能與之齊堅，龜鶴不足與之等壽，念有志於將來，愍信者之無文，垂以方法，炳然著明，小修則小得，大爲則大驗。然而淺見之徒，區區所守，甘於荼蓼而不識飴蜜〔四〕，酣於醨酪而不賞醇醪〔五〕。知好生而不知有養生之道，知畏死而不信有不死之法，知飲食過度之畜疾病〔六〕，而不能節肥甘於其口也，知極情恣欲之致枯損，而不知割懷於所欲也。余雖言神仙之可得，安能令其信乎？」

校釋

〔一〕不以爲難見　孫校：藏本「見」作「焉」。案宋浙本亦作「焉」。

〔二〕蹶埃塵以遣累　「遣」原作「遺」。校補云：「遺」當作「遣」，「遣累」猶言去累。道意篇云「遣害真之累」，是其義矣。御覽六百七十二引正作「遣」。今據改。

〔三〕淩大遐以高躋　宋浙本、御覽六百七十二引「大」作「太」，「大」通「太」。太遐，猶言太空。

〔四〕甘於荼蓼而不識粭蜜　荼，苦菜；蓼，辣草。粭蜜，糖蜜。

〔五〕酣於醨酪而不賞醇醪　醨酪，薄味酒；醇醪，厚味酒。

〔六〕知飲食過度之畜疾病　宋浙本、藏本、魯藩本、慎校本、寶顔堂本「畜」並作「速」，御覽六百七十二引亦作「速」。明案「速」字於義爲長。「畜」字亦通。

或人難曰：「子體無參午達理，奇毛通骨，年非安期彭祖多歷之壽，目不接見神仙，耳不獨聞異説〔一〕，何以知長生之可獲，養性之有徵哉？若覺玄妙於心得，運逸鑒於獨見，所未敢許也。夫衣無蔽膚之具，資無謀夕之儲，而高談陶朱之術，自同猗頓之策，取譏論者，其理必也。抱痼疾而言精和鵲之技〔二〕，屢奔北而稱究孫吳之算〔三〕，人不信者，以無效也〔四〕。」余答曰：「夫寸鮹汎迹濫水之中〔五〕，則謂天下無四海之廣也。芒蝎宛轉果核之内，則謂八極之界盡於兹也。雖告之以無涯之浩汗，語之以宇宙之恢闊，以爲空言，必不肯信也。若令吾眼有方瞳，耳長出頂，亦將控飛龍而駕慶雲，淩流電而造倒景，子又將安得而詰我。設令見我，又將呼爲天神地祇異類之人，豈謂我爲學之所致哉？姑聊以先覺挽引同志〔六〕，豈强令吾子之徒，皆信之哉？若令家户有仙人，屬目比肩，吾子雖蔽，亦將不疑。但彼人之道成，則蹈青霄而遊紫極，自非通靈，莫之見聞，吾子必爲無耳。世人信其臆斷，仗其短見，自謂所度，事無差錯，習乎所致，怪乎所希，提耳指掌，終於不悟，其來尚矣，豈獨今哉？」

校釋

〔一〕耳不獨聞異説　「不獨聞」宋浙本、藏本、魯藩本作「獨不聞」。

〔二〕精和鵲之技　和，秦醫和；鵲，扁鵲，並見前至理篇注。

〔三〕究孫吴之算　孫，孫武，春秋時齊人，吴國良將，作兵法十三篇。戰國時有孫臏，孫武之後裔，仕齊爲軍師，著孫臏兵法（案此書久佚，近從山東臨沂銀雀山漢墓中發現殘簡）。吴，吴起，戰國時衞人，魏文侯將，善用兵，甚得士心。魏文侯死，武侯立，吴起至楚，爲楚悼王變法革新，亦是著名法家。見史記孫子吴起列傳。

〔四〕以無效也　「以無」宋浙本作「無以」。

〔五〕夫寸鮹汎迹濫水之中　孫校：「鮹」意林引作「蛸」，按鮹蛸皆非也，當作「蜎」。蜎，井中小蟲也，見爾雅郭注。又「迹濫」二字誤倒，意林引作「濫跡」爲是。「跡水」又見後明本篇。校勘記云：道藏本意林、官本意林皆作「蛕」，校語以爲作「蛸」，未知何據？御覽九百三十六作「鮪」，引在鮪門。鮪蛕皆從「有」，可與意林互證。又御覽九百三十六作「汎濫龍水之中」，「龍」字當誤，「汎濫」連文，與意林同。札迻：金汋經云，「見巨鯨而知寸魦之細也」（彼經亦晉宋間人依傳此書假託爲之，故文多相涉）。此「寸鮹」亦即「寸魦」之誤。後漢書馬融傳「鰋鯉鱨魦」李注：魦或作鯊，郭義恭廣志云，吹沙魚，大如指，沙中行。爾雅釋魚鯊鮀，郭注亦以爲吹沙小魚，是也。孫校改爲「蜎」，未塙。意林引作「蛕」，御覽引作「鮪」，尤繆。明案「寸鮹」即「寸魦」之譌，「汎迹濫水」當作「汎濫迹水」，殆可無疑。

〔六〕姑聊以先覺挽引同志　孫校：「姑」藏本作「始」。案宋浙本作「我」。

或曰：「屢承嘉談，足以不疑於有仙矣，但更自嫌於不能爲耳。敢問更有要道，可得單行者否？」抱朴子曰：「凡學道當階淺以涉深，由易以及難〔一〕，志誠堅果，無所不濟，疑則無功，非一事也。夫根荄不洞地，而求柯條干雲，淵源不泓窈，而求湯流萬里者，未之有也。是故非積善陰德〔二〕，不足以感神明；非誠心款契，不足以結師友；非功勞不足以論大試；又未遇明師〔三〕而求要道，未可得也。九丹金液，最是仙主。然事大費重，不可卒辨也。寳精愛炁，最其急也，并將服小藥以延年命，學近術以辟邪惡，乃可漸階精微矣〔四〕。」

校釋

〔一〕由易以及難　「由易以及難」原作「由難以及易」。明案上句云「凡學道當階淺以涉深」，此句當作「由易以及難」，慎校本、寳顔堂本、崇文本正是如此。今據改。

〔二〕是故非積善陰德　孫校：「是故」二字刻本作「自」。

〔三〕未遇明師　孫校：藏本無「明師」二字。案宋浙本亦無。

〔四〕乃可漸階精微矣　「乃可」宋浙本作「爾乃可以」。

或曰：「方術繁多，誠難精備，除置金丹，其餘可修，何者爲善？」抱朴子曰：「若未得其至要之大者，則其小者不可不廣知也。蓋藉衆術之共成長生也。大而諭之，猶世主之治國焉〔一〕，文武禮律，無一不可也。小而諭之，猶工匠之爲車焉，轅輞軸轄〔二〕，莫或應虧也。所爲術者，内修形神，使延年愈疾，外攘邪惡，使禍害不干，比之琴瑟，不可以孑絃求五音也，方之甲胄，不可以一札待鋒刃也。何者？五音合用不可闕，而鋒刃所集不可少也。凡養生者，欲令多聞而體要，博見而善擇〔三〕，偏修一事，不足必賴也。又患好事之徒〔四〕，各仗其所長，知玄素之術者〔五〕，則曰唯房中之術可以度世矣；明吐納之道者，則曰唯行氣可以延年矣；知屈伸之法者，則曰唯導引可以難老矣；知草木之方者，則曰唯藥餌可以無窮矣〔六〕；學道之不成就，由乎偏枯之若此也。淺見之家，偶知一事，便言已足，而不識真者，雖得善方，猶更求無已，以消工棄日，而所施用，意無一定，此皆兩有所失者也。或本性戇鈍，所知殊尚淺近，便强入名山，履冒毒螫，屢被中傷，恥復求還。或爲虎狼所食，或爲魍魎所殺，或餓而無絶穀之方，寒而無自温之法，死於崖谷，不亦愚哉？夫務學不如擇師，師所聞素狹，又不盡情以教之，因告云，爲道不在多也。夫爲道不在多，自爲已有金丹至要，可不用餘耳。然此事知之者甚希〔七〕，寧可虚待不必之大事，而不修交益之小術乎？譬猶作家，云不事用他物者，蓋謂有金銀珠玉，在乎掌握懷抱之中，足以供累世之費者耳。苟其無此，何可不廣播百穀，多儲果疏乎〔八〕？是以斷穀辟兵，厭劾鬼魅，禁禦百毒，治救衆疾，入山則使猛獸不犯，涉水則令蛟龍不害，經瘟疫則不畏，遇急難則隱形，此皆小事，而不可不知，況過此者，何可不聞乎？」

校釋

〔一〕世主之治國焉　孫校：藏本無「之」字。案宋浙本亦無。

〔二〕轅輞軸轄　轅，駕車之木；輞，車輪外匡；軸，車軸，横貫轂中；轄，軸端之鍵。

〔三〕多聞而體要博見而善擇　校勘記：御覽七百二十「體要」作「貴要」，「善擇」作「擇善」。

〔四〕好事之徒　「好事」原作「好生」。校補云：「好生」當作「好事」，此涉上文「養生」而誤，本書對俗、釋滯、勤求等篇每稱好事者，御覽七百二十引正作「好事」。今據改。

〔五〕知玄素之術者　玄，玄女；素，素女。道家傳説黄帝於玄女素女受房中之術。見雲笈七籤一百軒轅本紀。

〔六〕可以無窮矣　校勘記云：御覽七百二十「窮」作「病」。明案「窮」字文義泛泛無所指，不若作「病」於義爲長，但影宋本御覽仍作「窮」。

〔七〕然此事知之者甚希　宋浙本此句下有「乃可終身不與知之者相遭」。

〔八〕多儲果疏　孫校：「疏」刻本作「蔬」，藏本如此。按宋浙本亦作「蔬」。論語鄉黨：「疏食菜羹必祭。」皇本「疏」作「蔬」。

或曰：「敢問欲修長生之道，何所禁忌？」抱朴子曰：「禁忌之至急，在不傷不損而已。按易内戒及赤松子經及河圖記命符皆云，天地有司過之神，隨人所犯輕重，以奪其算，算減則人貧耗疾病，屢逢憂患，算盡則人死。諸應奪算者有數百事，不可具論。又言身中有三尸〔一〕，三尸之爲物，雖無形而實魂靈鬼神之屬也〔二〕。欲使人早死，此尸當得作鬼，自放縱遊行，享人祭酹。是以每到庚申之日，輒上天白司命，道人所爲過失。又月晦之夜，竈神亦上天白人罪狀。大者奪紀。紀者，三百日也[三]。小者奪算。算者，三日也[四]。吾亦未能審此事之有無也。然天道邈遠，鬼神難明。趙簡子秦穆公皆親受金策於上帝[五]，有土地之明徵。山川草木[六]，井竈洿池，猶皆有精氣；人身之中，亦有魂魄[七]；況天地爲物之至大者，於理當有精神，有精神[八]則宜賞善而罰惡，但其體大而網疎，不必機發而響應耳。然覽諸道戒，無不云欲求長生者，必欲積善立功，慈心於物，恕己及人，仁逮昆蟲，樂人之吉，愍人之苦，賙人之急，救人之窮，手不傷生，口不勸禍，見人之得如己之得，見人之失如己之失，不自貴，不自譽，不嫉妬勝己，不佞諂陰賊，如此乃爲有德，受福於天，所作必成，求仙可冀也。若乃憎善好殺，口是心非，背向異辭，反戾直正，虐害其下，欺罔其上，叛其所事，受恩不感，弄法受賂，縱曲枉直，廢公爲私，刑加無辜，破人之家，收人之寶，害人之身，取人之位，侵克賢者，誅戮降伏，謗訕仙聖，傷殘道士，彈射飛鳥，刳胎破卵，春夏燎獵，罵詈神靈，教人爲惡，蔽人之善[九]，危人自安，佻人自功，壞人佳事，奪人所愛，離人骨肉，辱人求勝，取人長錢，還人短陌，決放水火，以術害人，迫脅尪弱，以惡易好，强取强求，擄掠致富，不公不平，淫佚傾邪，淩孤暴寡，拾遺取施[一〇]，欺紿誑詐，好説人私，持人短長，牽天援地，祝詛求直，假借不還，換貸不償，求欲無已，憎拒忠信，不順上命，不敬所師，笑人作善，敗人苗稼，損人器物，以窮人用，以不清潔飲飼他人[一一]，輕秤小斗，狹幅短度，以僞雜真，採取姦利，誘人取物，越井跨竈，晦歌朔哭。凡有一事，輒是一罪，隨事輕重，司命奪其算紀〔一二〕，算盡則死。但有惡心而無惡迹者奪算，若惡事而損於人者奪紀〔一三〕，若算紀未盡而自死者，皆殃及子孫也。諸横奪人財物者，或計其妻子家口以當填之，以致死喪，但不即至耳。其惡行若不足以煞其家人者，久久終遭水火劫盜，及遺失器物〔一四〕，或遇縣官疾病，自營醫藥，烹牲祭祀所用之費，要當令足以盡其所取之直也。故道家言枉煞人者，是以兵刃而更相殺。其取非義之財，不避怨恨，譬若以漏脯救飢〔一五〕，鴆酒解渴，非不暫飽而死亦及之矣。其有曾行諸惡事，後自改悔者，若曾枉煞人，則當思救濟應死之人以解之。若妄取人財物，則當思施與貧困以解之。若以罪加人，則當思薦達賢人以解之。皆一倍於所爲，則可便受吉利，轉禍爲福之道也。能盡不犯之，則必延年益壽，學道速成也。夫天高而聽卑，物無不鑒，行善不怠，必得吉報。羊公積德布施，詣乎皓首，乃受天墜之金〔一六〕。蔡順至孝，感神應之〔一七〕。郭巨煞子爲親，而獲鐵券之重賜〔一八〕。然善事難爲，惡事易作，而愚人復以項託伯牛輩〔一九〕，謂天地之不能辨臧否，而不知彼有外名者，未必有内行，有陽譽者不能解陰罪。若以薺麥之生死，而疑陰陽之大氣，亦不足以致遠也。蓋上士所以密勿而僅免，凡庸所以不得其欲矣。」

校釋

〔一〕身中有三尸　三尸，上尸、中尸、下尸也。三尸之神居三丹田。參雲笈七籤卷八十一、八十二。本書遐覽篇著録三尸集一卷。

〔二〕而實魂靈鬼神之屬也　孫校：「魂」藏本作「魄」。

〔三〕紀者三百日也　曲園云：尚書畢命篇，既歷三紀。傳曰，十二年曰紀。枚傳亦出魏晉間，而説紀與此不同。

〔四〕算者三日也　原校：或作一日。校補云：今本固非，原校注亦未是。「算者三日也」，當作「算者一百日也」。原校所據蓋脱「百」字，又涉上文三百日而「一」誤爲「三」。酉陽雜俎諾臯記云，大者奪紀，紀三百日；小者奪算，算一百日。案校補之説是。

〔五〕趙簡子秦穆公皆親受金策於上帝　孫校：「公」藏本作「王」，非。按史記趙世家載，趙簡子疾，五日不知人，寤乃言我至上帝所甚樂；帝賜二笥，皆有副云云。又史記封禪書載，秦繆（穆）公病卧五日不寤，寤乃言夢見上帝，上帝命繆公平晉亂。史書記而藏之府。

〔六〕山川草木　御覽八百八十六引「草」作「石」。

〔七〕人身之中亦有魂魄　「人身之中，亦有魂魄」，原作「及人身中」。孫校：疑此下有脱文。校勘記云：御覽八百八十六無「及」字，作「人身之中亦有魂魄」。今據補正。

〔八〕於理當有精神有精神　下「有精神」原作「有神」。校勘記：御覽八百八十六次句復作「有精神」。校補云，御覽所引是也。今增補「精」字。

〔九〕蔽人之善　宋浙本此句下有「減人自益」四字，疑脱。

〔一〇〕拾遺取施　孫校：「拾」藏本作「捨」。

〔一一〕以不清潔飲飼他人　論衡雷虚篇引或論曰：「飲食人不潔浄，天之大惡也。」

〔一二〕「晦歌朔哭」至「司命奪其算紀」　顏氏家訓風操篇引道書云：「晦歌朔哭，皆當有罪，天奪之算。」是道家原有此説。

〔一三〕若惡事而損於人者奪紀　孫校云：藏本無「奪紀」二字，疑有脱文。

〔一四〕及遺失器物　孫校：藏本作「及行求遺器物」。

〔一五〕以漏脯救飢　漏脯，腐臭乾肉。

〔一六〕「羊公積德布施」至「受天墜之金」　羊公，晉羊祜。外篇廣譬云：羊公積行，而乃墜金雨集。

〔一七〕蔡順至孝感神應之　校勘記云：下有脱文。明案初學記十七引周斐汝南先賢傳曰，蔡順，字君仲，有至孝之心。後漢書周磐傳附蔡順傳：蔡順至孝，「母年九十以壽終，未及得葬。里中災，火將逼其舍，順抱伏棺柩，號哭叫天，火遂越燒它室，順獨得免」。

〔一八〕郭巨煞子爲親而獲鐵券之重賜　郭巨，河内温人，事母至孝。妻産男，慮養之，則妨於供養，欲掘地埋兒，鍤入地，有黄金一釜，上有鐵券云，賜孝子郭巨。見初學記二十七引宗躬孝子傳。明案此皆是腐儒誑言，肆意宣揚孝道及天人感應之邪説，爲封建統治效勞。

〔一九〕項託伯牛輩　項託七歲爲孔丘師，十歲死。戰國策秦策「託」作「橐」。伯牛，姓冉名耕，孔丘弟子，云有德行，得病早死。見史記仲尼弟子列傳。

或曰：「道德未成，又未得絶迹名山，而世不同古，盜賊甚多，將何以却朝夕之患，防無妄之災乎？」抱朴子曰：「常以執日〔一〕，取六癸上土〔二〕，以和百葉薰草〔三〕，以泥門户方一尺，則盜賊不來；亦可取市南門土，及歲破土，月建土，合和爲人，以著朱鳥地〔四〕，亦壓盜也。有急則入生地而止，無患也。天下有生地，一州有生地，一郡有生地，一縣有生地，一鄉有生地，一里有生地，一宅有生地，一房有生地。」

校釋

〔一〕常以執日　執日即未日。術數家用建除法定十二辰之吉凶。寅爲建，卯爲除，辰爲滿，巳爲平，主生；午爲定，未爲執，主陷；申爲破，主衡，等等。見淮南子天文篇。

〔二〕取六癸上土　登涉篇有六癸之日六癸之時。

〔三〕以和百葉薰草　「百」宋浙本作「栢」。

〔四〕朱鳥地　朱鳥，南方神；朱鳥地指南向地。

或曰：「一房有生地，不亦偪乎？」抱朴子曰：「經云，大急之極，隱於車軾。如此，一車之中，亦有生地〔一〕，況一房乎？」

校　釋

〔一〕亦有生地　孫校：「生地」下藏本有「亦有死地」四字。明案魯藩本亦有。

或曰：「竊聞求生之道，當知二山。不審此山，爲何所在？願垂告悟，以祛其惑。」抱朴子曰：「有之，非華霍也，非嵩岱也。夫太元之山，難知易求，不天不地，不沈不浮，絶險緜邈〔一〕，崋嵬崎嶇〔二〕，和氣絪緼，神意並游〔三〕，玉井泓邃〔四〕，灌溉匪休〔五〕，百二十官，曹府相由〔六〕，離坎列位，玄芝萬株，絳樹特生，其寶皆殊〔七〕，金玉嵯峨，醴泉出隅，還年之士，挹其清流，子能修之，喬松可儔〔八〕，此一山也。長谷之山，杳杳巍巍，玄氣飄飄〔九〕，玉液霏霏，金池紫房，在乎其隈，愚人妄往〔一〇〕，至皆死歸，有道之士，登之不衰，採服黄精，以致天飛，此二山也。皆古賢之所祕，子精思之。」

校　釋

〔一〕絶險緜邈　宋浙本、藏本、魯藩本、慎校本、寶顏堂本「緜」皆作「緬」。案「緬」字於義爲長。

〔二〕崋嵬崎嶇　孫校：「崋嵬」御覽七百二十引作「崔巍」。

〔三〕神意並游　校勘記：「神意」御覽七百二十作「神仙」。案影宋本御覽作「神童」。

〔四〕玉井泓邃　案御覽七百二十「邃」作「窈」。

〔五〕灌溉匪休　校勘記：御覽七百二十「匪休」作「延休」。

〔六〕曹府相由　慎校本、寶顔堂本「由」作「留」。

〔七〕其寶皆殊　孫校：御覽七百二十引作「其實如珠」。

〔八〕喬松可儔　「喬松」藏本、魯藩本作「松喬」。對俗、明本兩篇並有松喬之稱。但塞難篇仍作「喬松」。

〔九〕玄氣飄飄　孫校：御覽七百二十引「氣」作「靈」。明案宋浙本作「雲」。

〔一〇〕愚人妄往　校勘記：御覽七百二十「妄往」作「競往」。

或曰：「願聞真人守身鍊形之術。」抱朴子曰：「深哉問也。夫『始青之下月與日，兩半同昇合成一。出彼玉池入金室，大如彈丸黄如橘，中有嘉味甘如蜜，子能得之謹勿失。既往不追身將滅，純白之氣至微密，昇於幽關三曲折，中丹煌煌獨無匹，立之命門形不卒，淵乎妙矣難致詰。』此先師之口訣，知之者不畏萬鬼五兵也。」

或曰：「聞房中之事，能盡其道者，可單行致神仙，并可以移災解罪，轉禍爲福，居官高遷，商賈倍利，信乎？」抱朴子曰：「此皆巫書妖妄過差之言，由於好事增加潤色〔一〕，至令失實。或亦姦僞造作虚妄，以欺誑世人，隱藏端緒，以求奉事，招集弟子，以規世利耳。夫陰陽之術，高可以治小疾，次可以免虚耗而已。其理自有極，安能致神仙而却禍致福乎？人不可以陰陽不交，坐致疾患。若欲縱情恣欲〔二〕，不能節宣，則伐年命。善其術者，則能却走馬以補腦〔三〕，還陰丹以朱腸〔四〕，采玉液於金池，引三五於華梁〔五〕，令人老有美色，終其所稟之天年。而俗人聞黄帝以千二百女昇天，便謂黄帝單以此事致長生〔六〕，而不知黄帝於荆山之下，鼎湖之上，飛九丹成，乃乘龍登天也。黄帝自可有千二百女耳，而非單行之所由也〔七〕。凡服藥千種，三牲之養，而不知房中之術，亦無所益也〔八〕。是以古人恐人輕恣情性，故美爲之説，亦不可盡信也。玄素諭之水火，水火煞人，而又生人，在於能用與不能耳〔九〕。大都知其要法〔一〇〕，御女多多益善，如不知其道而用之，一兩人足以速死耳。彭祖之法，最其要者。其他經多煩勞難行，而其爲益不必如其書。人少有能爲之者。口訣亦有數千言耳。不知之者，雖服百藥，猶不能得長生也。」

校釋

〔一〕由於好事增加潤色　「事」下宋浙本有「者」字。是。釋滯、登涉兩篇並有「好事者」之文。

〔二〕若欲縱情恣欲　校勘記：「若欲」各本作「若乃」。

〔三〕却走馬以補腦　却，止；走馬，漏泄精液。黄庭内景經云，留胎止精可長生。

〔四〕還陰丹以朱腸　陰丹，實精之術。本書極言篇云：服陰丹以補腦。

〔五〕引三五以華梁　孫校：「引」藏本作「到」。

〔六〕以千二百女昇天便謂黄帝單以此事致長生　校補云：雲笈七籤一百軒轅本紀作「三百女」；又按「單以」「以」字當作「行」，此涉上句「以」字而誤。明案本篇稱俗人聞黄帝以千二百女昇天，以及所謂御女多多益善云云，皆出於封建統治者之荒淫已極，妄想以御女成仙耳。

〔七〕而非單行之所由也　「單行」下宋浙本有「得仙」二字。

〔八〕亦無所益也　宋浙本此句下有「斯事實復是生道之本」。

〔九〕在於能用與不能耳　校補云：「不能」下疑脱「用」字；用刑篇「水火者所以活人，亦所以殺人，存乎能用之與不能用」，句意相同。

〔一〇〕大都知其要法　孫校：舊脱「知」字，今校補。

抱朴子内篇卷之七　塞難

或曰：「皇穹至神〔一〕，賦命宜均，何爲使喬松凡人受不死之壽〔二〕，而周孔大聖無久視之祚哉？」抱朴子曰：「命之脩短，實由所值，受氣結胎，各有星宿。天道無爲，任物自然，無親無疎，無彼無此也。命屬生星，則其人必好仙道。好仙道者，求之亦必得也。命屬死星，則其人亦不信仙道。不信仙道〔三〕，則亦不自修其事也。所樂善否，判於所稟，移易予奪，非天所能。譬猶金石之消於爐冶，瓦器之甄於陶竈，雖由之以成形，而銅鐵之利鈍，罋罌之邪正，適遇所遭，非復爐竈之事也。」

校　釋

〔一〕皇穹至神　皇穹，即皇天。

〔二〕使喬松凡人受不死之壽　喬，王子喬，傳説古之真人。明李蓘黄谷譔談云：文選注引列仙傳曰，王子喬者，太子晉也。諸書所載多如此。而蔡中郎王子喬碑云，王孫子喬者，上世之真人也。松，赤松子，列仙傳云神農時雨師。

〔三〕不信仙道　孫校：藏本無此四字。案魯藩本亦無。

或人難曰：「良工所作，皆由其手，天之神明，何所不爲，而云人生各有所值，非彼昊蒼所能匠成，愚甚惑焉，未之敢許也。」抱朴子答曰：「渾茫剖判，清濁以陳，或昇而動，或降而静，彼天地猶不知所以然也。萬物感氣，並亦自然，與彼天地，各爲一物，但成有先後，體有巨細耳。有天地之大，故覺萬物之小。有萬物之小〔一〕，故覺天地之大。且夫腹背雖包圍五臟，而五臟非腹背之所作也。肌膚雖纏裹血氣，而血氣非肌膚之所造也。天地雖含囊萬物，而萬物非天地之所爲也。譬猶草木之因山林以萌秀，而山林非有事焉。魚鱉之託水澤以產育〔二〕，而水澤非有爲焉。俗人見天地之大也，以萬物之小也，因曰天地爲萬物之父母，萬物爲天地之子孫。夫虱生於我〔三〕，豈我之所作？故虱非我不生，而我非虱之父母，虱非我之子孫。蠛蠓之育於醯醋〔四〕，芝檽之產於木石〔五〕，蛣蝠之滋於汚淤〔六〕，翠蘿之秀於松枝，非彼四物所創匠也，萬物盈乎天地之間，豈有異乎斯哉？天有日月寒暑，人有瞻視呼吸，況遠況近〔七〕，以此推彼，人不能自知其體老少痛癢之何故，則彼天亦不能自知其體盈縮災祥之所以；人不能使耳目常聰明，榮衛不輟閡〔八〕，則天亦不能使日月不薄蝕，四時不失序。由兹論之，夭壽之事〔九〕，果不在天地，仙與不仙，決在所值也〔一〇〕。夫生我者父也，娠我者母也，猶不能令我形器必中適，姿容必妖麗〔一一〕，性理必平和，智慧必高遠，多致我氣力，延我年命；而或矬陋尫弱〔一二〕，或且黑且醜，或聾盲頑嚚，或枝離劬蹇〔一三〕，所得非所欲也，所欲非所得也，況乎天地遼闊者哉？父母猶復其遠者也。我自有身，不能使之永壯而不老，常健而不疾，喜怒不失宜，謀慮無悔吝。故授氣流形者父母也〔一四〕，受而有之者我身也，其餘則莫有親密乎此者也，莫有制御乎此者也，二者已不能有損益於我矣，天地亦安得與知之乎？必若人物皆天地所作，則宜皆好而無惡，悉成而無敗，衆生無不遂之類，而項楊無春彫之悲矣〔一五〕！子以天不能使孔孟有度世之祚〔一六〕，益知所稟之有自然，非天地所剖分也。聖之爲德，德之至也。天若能以至德與之，而使之所知不全〔一七〕，功業不建，位不霸王，壽不盈百，此非天有爲之驗也。聖人之死，非天所殺，則聖人之生，非天所挺也。賢不必壽，愚不必夭，善無近福，惡無近禍，生無定年，死無常分，盛德哲人，秀而不實，竇公庸夫，年幾二百〔一八〕，伯牛廢疾〔一九〕，子夏喪明〔二〇〕，盜跖窮凶而白首〔二一〕，莊蹻極惡而黃髮〔二二〕，天之無爲，於此明矣。」

校釋

〔一〕有萬物之小　孫校：藏本無「有」字。案宋浙本、魯藩本亦無「有」。

〔二〕魚鱉之託水澤以產育　孫校：藏本無「之」字。

〔三〕夫蚉生於我　校勘記：榮案「蚉」俗字，説文及玉篇並作「蟁」。

〔四〕蠛蠓之育於醯醋　爾雅釋蟲：蠓，蠛蠓。郭璞注：「小蟲似蚋，喜亂飛。」埤雅云，蠓一名醯雞。醯雞即醋蟲，然郝懿行爾雅義疏謂醋蟲與蠓異。明案抱朴原意，蠛蠓實即醋蟲。

〔五〕芝檽之産於木石　孫校：「檽」當作「栭」，即禮記芝栭也。廣韻栭，木耳別名。可證「檽」即「栭」字矣。

〔六〕蛣蝠之滋於污淤　蛣蝠，即蝎，見爾雅釋蟲。

〔七〕況遠況近　宋浙本作「以近況遠」。案上下文意，當作「以近況遠」。

〔八〕榮衛不輟閡　素問痺論云：「榮者，水穀之精氣也；衛者，水穀之悍氣也。」案「榮」一作「營」。靈樞經營衛生會篇云，人受氣于穀，「五藏六府，皆以受氣，其清者爲營，濁者爲衛，營在脈中，衛在脈外」。又云，「營衛者，精氣也；血者，神氣也。故血之與氣，異名同類焉」。今人謂營是動脈血，衛是靜脈血。「輟閡」原作「輟閲」。校補云：「輟閲」義不可通，「閲」當作「閡」字之誤。「輟閡」猶言「窒礙」。雜應篇云「朝夕導引，以宣動榮衛，使無輟閡」，是其證。今據改。

〔九〕夭壽之事　「夭」原誤爲「大」，茲據藏本、魯藩本、慎校本改。宋浙本「夭壽」作「壽夭」。

〔一〇〕決在所值也　「在」原作「非」。孫校：「非」疑作「在」。案宋浙本正作「在」，是，今據改。

〔一一〕姿容必妖麗　孫校：「妖」當作「姣」。明案慎校本、寶顔堂本「妖」作「妍」。

〔一二〕矬陋尫弱　矬，音坐，短也；尫，音汪，羸弱。此句謂短醜羸弱。

〔一三〕枝離劬蹇　「枝」通「支」，枝離謂支體坼裂。劬蹇，勞苦跛行。

〔一四〕故授氣流形　孫校：「授」藏本作「受」。

〔一五〕項楊無春彫之悲矣　「項」原作「頊」。孫校：「頊」當作「傾」。曲園曰：自敘篇亦云，項子有含穗之歎，楊烏有夙折之哀，項子未知何人，疑顔子之誤。明案藏本、魯藩本、慎校本、寶顔堂本「頊」皆作「項」。校補云，「頊」作「項」，謂項託也（淮南子説林、脩務，論衡實知，魏志楊阜傳注引皇甫謐列女傳並作項託）。此文項指項託，楊指楊烏，與自敘篇相合。孫星衍説「頊」作「傾」，非。俞氏謂項子爲顔子，亦誤。論仙篇含穗而不秀，未實而萎零，皆喻早死。楊明照抱朴子自敘篇舉正云，顔氏家訓歸心篇項橐顔回之短折，揚子法言問神篇育而不苗者，吾家之童烏乎！是項楊謂項託楊烏，可無疑矣。今訂正。楊一作揚。

〔一六〕子以天不能使孔孟有度世之祚　宋浙本「孔孟」作「周孔」，本篇篇首及論仙、釋滯、明本、辨問、黄白諸篇皆以「周孔」爲言，當作「周孔」。

〔一七〕使之所知不全　孫校：「所知不全」當作「所如不合」。明案慎校本、寶顔堂本、崇文本「知」作「欲」。

〔一八〕竇公庸夫年幾二百　桓譚新論祛蔽篇云：竇公，魏文侯時樂人，年百八十歲，兩目皆盲，不能導引，無所服餌。余以爲竇公少盲，專一内視，精不外鑒，故有此壽。

〔一九〕伯牛廢疾　慎校本、寶顏堂本、崇文本「廢疾」作「有疾」。冉耕，字伯牛，孔丘弟子。論語雍也篇云：「伯牛有疾。」廢通癈，固疾。

〔二〇〕子夏喪明　卜商，字子夏，孔丘弟子，教授西河，爲魏文侯師。其子死，哭之失明。見史記仲尼弟子列傳。

〔二一〕盜跖窮凶而白首　跖，人名，古之造反者。相傳或謂黄帝時人，或謂春秋時人，或謂秦人，傳説不一。現今多數認爲跖是春秋末期奴隸起義之領袖。莊子盜跖篇云，柳下季之弟名曰跖，從卒九千人，横行天下。反動統治者目爲「窮凶」，誣之曰「盜」。荀子不苟篇云，柳下跖吟口，名聲若日月，與舜禹俱傳而不息。史記伯夷列傳謂跖以壽終，故稱「白首」。

〔二二〕莊蹻極惡而黄髮　史記西南夷傳：莊蹻者，故楚莊王苗裔也。索隱云：蹻，楚莊王弟爲「盜」者。案莊蹻亦爲戰國時起義人物，統治者誣爲「極惡」。黄髮，指年老。

或曰：「仲尼稱自古皆有死，老子曰神仙之可學。夫聖人之言，信而有徵，道家所説，誕而難用。」抱朴子曰：「仲尼，儒者之聖也；老子，得道之聖也。儒教近而易見，故宗之者衆焉。道意遠而難識，故達之者寡焉。道者，萬殊之源也。儒者，大淳之流也。三皇以往，道治也。帝王以來，儒教也。談者咸知高世之敦朴〔一〕，而薄季俗之澆散，何獨重仲尼而輕老氏乎？是玩華藻於木末，而不識所生之有本也。何異乎貴明珠而賤淵潭，愛和璧而惡荊山?不知淵潭者,明珠之所自出,荊山者,和璧之所由生也。且夫養性者,道之餘也;禮樂者〔二〕,儒之末也。所以貴儒者,以其移風易俗,不唯揖讓與盤旋也。所以尊道者,以其不言而化行,匪獨養生之一事也。若儒道果有先後,則仲尼未可專信,而老氏未可孤用。仲尼既敬問伯陽,願比老彭〔三〕。又自以知魚鳥而不識龍,喻老氏於龍〔四〕,蓋其心服之辭,非空言也。與顏回所言,瞻之在前,忽然在後,鑽之彌堅,仰之彌高〔五〕,無以異也。」

校釋

〔一〕談者咸知高世之敦朴 「知」下孫校云:刻本有「上」字。明案校語當在「高」字下。

〔二〕禮樂者 孫校:「禮樂」藏本作「澄藥」,唯樓觀本作「禮樂」,今據之改正。校勘記:榮案盧本作「經世」,未知何據?觀下文揖讓盤旋等語,宜從樓觀本改作「禮樂」爲是。明案宋浙本亦誤作「澄藥」。

〔三〕仲尼既敬問伯陽願比老彭 老子姓李,名耳,字伯陽,號曰聃,周守藏室之史也。孔子適周,問禮於老子。見史記老莊申韓列傳。論語述而篇曰:「述而不作,信而好古,竊比於我老彭。」案老彭有二人一人兩説,此謂老彭爲二人,即老聃彭鏗。

〔四〕喻老氏於龍 莊子天運篇云:孔丘見老聃歸,曰,吾今於是乎見龍。史記老莊申韓列傳:孔丘曰,鳥,吾知其能飛;魚,我知其能游;獸,吾知其能走。至於龍,吾不能知其乘風雲而上天，吾今日見老子，其猶龍耶！

〔五〕「瞻之在前」至「仰之彌高」　「瞻之在前」以下四句，見論語子罕篇，句次稍異。

或曰：「仲尼親見老氏而不從學道，何也？」抱朴子曰：「以此觀之，益明所稟有自然之命，所尚有不易之性也。仲尼知老氏玄妙貴異，而不能挹酌清虛，本源大宗，出乎無形之外，入乎至道之內，其所諮受，止於民閒之事而已，安能請求仙法耶？忖其用心汲汲，專於教化，不存乎方術也。仲尼雖聖於世事，而非能沈靜玄默，自守無爲者也〔一〕。故老子戒之曰：良賈深藏若虛，君子盛德若愚，去子之驕氣與多慾，態色與淫志，是無益於子之身〔二〕。此足以知仲尼不免於俗情，非學仙之人也。夫栖栖遑遑〔三〕，務在匡時，仰悲鳳鳴，俯歎匏瓜〔四〕，沽之恐不售，忼慨思執鞭〔五〕，亦何肯捨經世之功業，而修養生之迂闊哉？」

校釋

〔一〕自守無爲者也　孫校：藏本無「自」字。

〔二〕「老子戒之曰」至「是無益於子之身」　案此老子戒語，見史記老莊申韓列傳。

〔三〕栖栖遑遑　孫校：「栖栖」藏本作「恓恓」。案「恓」與「栖」通。栖栖遑遑，不安定貌。

〔四〕仰悲鳳鳴俯歎匏瓜　宋浙本「鳳鳴」作「鳳鳥」，是。論語子罕篇孔丘曰：鳳鳥不至，河不出圖，吾已矣夫！又陽貨篇孔丘曰：吾豈匏瓜也哉，焉能繫而不食？

〔五〕沽之恐不售忼慨思執鞭　論語子罕篇子貢曰：「有美玉於斯，韞匵而藏諸？求善賈而沽諸？」孔丘曰：「沽之哉！沽之哉！我待賈者也。」又述而篇孔丘曰：「富而可求也，雖執鞭之士，吾亦爲之。」此皆言孔丘急求有用於世，不忘情於富貴。

或曰：「儒道之業，孰爲難易？」抱朴子答曰：「儒者，易中之難也。道者，難中之易也。夫棄交遊，委妻子，謝榮名，損利禄〔一〕，割粲爛於其目，抑鏗鏘於其耳，恬愉静退，獨善守己，謗來不慼，譽至不喜，覩貴不欲，居賤不恥，此道家之難也。出無慶弔之望，入無瞻視之責，不勞神於七經，不運思於律曆，意不爲推步之苦〔二〕，心不爲藝文之役，衆煩既損，和氣自益，無爲無慮，不怵不惕，此道家之易也，所謂難中之易矣。夫儒者所修，皆憲章成事，出處有則，語默隨時，師則循比屋而可求〔三〕，書則因解注以釋疑，此儒者之易也。鉤深致遠，錯綜典墳，該河洛之籍籍〔四〕，博百氏之云云〔五〕，德行積於衡巷，忠貞盡於事君〔六〕，仰馳神於垂象，俯運思於風雲，一事不知，則所爲不通，片言不正，則褒貶不分，舉趾爲世人之所則，動脣爲天下之所傳〔七〕，此儒家之難也，所謂易中之難矣。篤論二者，儒業多難，道家約易，吾以患其難矣，將舍而從其易焉。世之譏吾者，則比肩皆是也。可與得意者，則未見其人也。若同志之人，必存乎將來，則吾亦未謂之爲希矣。」

校釋

〔一〕損利禄　孫校：「利禄」當作「禄仕」，與上文「子」，下文「耳」、「己」、「喜」、「恥」爲韻。明案宋浙本作「損禄位」。

〔二〕意不爲推步之苦　推步，推求天文曆法，日月運於天，猶如人之行步。後漢書馮緄傳注：推步謂究日月五星之度，昬旦節氣之差。

〔三〕師則循比屋而可求　孫校：藏本無「循」字，「求」藏本作「封」。

〔四〕該河洛之籍籍　該，兼通。河洛，指河圖、洛書。籍籍，紛紛貌。

〔五〕博百氏之云云　博，博覽。百氏，諸子百家之言。云云，與芸芸相通，衆多貌。

〔六〕忠貞盡於事君　孫校：「忠」舊誤作「志」，今校正。明案宋浙本作「忠」，藏本、魯藩本、慎校本均誤作「志」。

〔七〕爲天下之所傳　孫校：藏本無「之」字。

或曰：「余閲見知名之高人，洽聞之碩儒，果以窮理盡性〔一〕，研覈有無者多矣，未有言年之可延，仙之可得者也。先生明不能並日月，思不能出萬夫，而據長生之道〔二〕，未之敢信也。」抱朴子曰：「吾庸夫近才，見淺聞寡，豈敢自許以拔群獨識，皆勝世人乎？顧曾以顯而求諸乎隱，以易而得之乎難，校其小驗，則知其大效，覩其已然，則明其未試耳。且夫世之不信天地之有仙者，又未肯規也。率有經俗之才，當塗之伎，涉覽篇籍助教之書，以料人理之近易，辨凡猥之所惑，則謂衆之所疑，我能獨斷之〔三〕，機兆之未朕，我能先覺之，是我與萬物之情，無不盡矣，幽翳冥昧，無不得也。我謂無仙，仙必無矣，自來如此其堅固也〔四〕。吾每見俗儒碌碌，守株之不信至事者〔五〕，皆病於頗有聰明，而偏枯拘繫，以小黠自累，不肯爲純〔六〕在乎極暗，而了不別菽麥者也。夫以管窺之狹見，而孤塞其聰明之所不及，是何異以一尋之綆，汲百仞之深，不覺所用之短，而云井之無水也。俗有聞猛風烈火之聲，而謂天之冬雷，見遊雲西行，而謂月之東馳〔七〕。人或告之，而終不悟信，此信己之多者也。夫聽聲者，莫不信我之耳焉。視形者，莫不信我之目焉。而或者所聞見，言是而非，然則我之耳目，果不足信也。況乎心之所度，無形無聲，其難察尤甚於視聽，而以己心之所得，必固世間至遠之事，謂神仙爲虛言，不亦蔽哉？」

校釋

〔一〕果以窮理盡性　「果」宋浙本作「足」。

〔二〕而據長生之道　「據」慎校本、寶顏堂本、崇文本作「據談」。疑「據」爲「劇」字之誤，當作「劇談長生之道」。

〔三〕我能獨斷之　孫校：「能獨」藏本作「獨能」。

〔四〕自來如此其堅固也　此句下宋浙本有「安可移乎」。

〔五〕守株之不信至事者　慎校本、寶顔堂本、崇文本「守株」作「拒」，「至」作「其」。

〔六〕不肯爲純　「肯」下孫校云：當作「謂」。校勘記：校語當在「爲」字下。明案慎校本、寶顔堂本、崇文本「不肯爲純」作「不肯規爲」。

〔七〕見遊雲西行而謂月之東馳　校勘記：御覽八「行」作「馳」，「馳」作「行」。

抱朴子曰：「妍媸有定矣〔一〕，而憎愛異情，故兩目不相爲視焉。雅鄭有素矣，而好惡不同，故兩耳不相爲聽焉。真僞有質矣，而趨舍舛忤，故兩心不相爲謀焉。以醜爲美者有矣，以濁爲清者有矣，以失爲得者有矣，此三者乖殊，炳然可知〔二〕，如此其易也，而彼此終不可得而一焉。又況乎神仙之事，事之妙者，而欲令人皆信之，未有可得之理也。凡人悉使之知，又何貴乎達者哉？若待俗人之息妄言，則俟河之清，未爲久也〔三〕。吾所以不能默者，冀夫可上可下者，可引致耳。其不移者，古人已末如之何矣。」

校釋

〔一〕妍媸有定矣　孫校：「媸」藏本作「蚩」。

〔二〕炳然可知　慎校本、寶顏堂本、崇文本「炳然」作「昭然」。

〔三〕俟河之清未爲久也　逸周詩曰：「俟河之清，人壽幾何。」見左傳襄公八年。

抱朴子曰：「至理之未易明，神仙之不見信，其來久矣〔一〕，豈獨今哉？太上自然知之，其次告而後悟，若夫聞而大笑者，則悠悠皆是矣。吾之論此也，將有多敗之悔，失言之咎乎〔二〕！夫物莫之與，則傷之者至焉〔三〕。蓋盛陽不能榮枯朽之木，神明不能變沈溺之性，子貢不能悦録馬之野人〔四〕，古公不能釋欲地之戎狄〔五〕，實理有所不通，善言有所不行。章甫不售於蠻越〔六〕，赤舄不用於跣夷〔七〕，何可强哉？夫見玉而指之曰石〔八〕，非玉之不真也，待和氏而後識焉。見龍而命之曰蛇，非龍之不神也，須蔡墨而後辨焉〔九〕。所以貴道者，以其加之不可益，而損之不可減也。所以貴德者，以其聞毁而不慘，見譽而不悦也。彼誠以天下之必無仙，而我獨以實有而與之諍，諍之彌久，而彼執之彌固，是虚長此紛紜，而無救於不解，果當從連環之義乎〔一〇〕！」

校釋

〔一〕其來久矣　慎校本、寶顏堂本、崇文本「久」作「尚」。

〔二〕將有多敗之悔失言之咎乎　原校：「咎」一作「吝」。說苑敬慎篇金人銘云：「無多言，多言多敗。」

〔三〕夫物莫之與則傷之者至焉　語見周易繫辭下。

〔四〕子貢不能悦録馬之野人　「録」原作「禄」。孫校：「禄」當作「録」，事見吕氏春秋必己、淮南子人間訓；前論仙篇云，則術家有鉤録之法，用「録」字義正同。明案：録，取也。吕覽必己篇云，孔丘行道而息，馬逸，食人之稼，野人取其馬。子貢請往説之，野人不聽。有鄙人始事孔丘者請往説之，其野人大説，解馬而與之。孫校是，今據改。

〔五〕古公不能釋欲地之戎狄　古公名亶父，周太王。孟子梁惠王下：昔者太王居邠，狄人侵之，去之岐山之下居焉。毛詩大雅緜篇傳云：古公處豳（同邠），狄人侵之，事之以皮幣，不得免焉；事之以犬馬，不得免焉；事之以珠玉，不得免焉。乃屬其耆老而告之曰，狄人之所欲吾土地，吾聞之，君子不以其所以養人而害人，二三子何患乎無君！去之踰梁山，邑乎岐山之下。

〔六〕章甫不售於蠻越　章甫，殷代冠名。莊子逍遥遊篇：「宋人資章甫適諸越，越人斷髮文身，無所用之。」案宋，殷商後裔所在地。

〔七〕赤舄不用於跣夷　慎校本、寶顔堂本「跣」作「戎」。赤舄，君王之上屨，見周禮天官屨人及注。夷民跣足，自然不用赤舄。

〔八〕夫見玉而指之曰石　孫校：藏本無「之」字。

〔九〕非龍之不神也須蔡墨而後辨焉　左傳昭公二十九年，龍見於絳郊。魏獻子問於蔡墨曰，吾聞之，蟲莫知於龍，以其不生得也，謂之知，信乎？對曰，人實不知，非龍實知。古者畜龍，故國有豢龍氏，有御龍氏云云。

〔一〇〕果當從連環之義乎　連環無端不可解。秦昭王嘗遣使者遺齊君王后玉連環，曰，齊多知，能解此環不？群臣不知解。君王后引椎椎破之，曰，謹以解矣。見戰國策齊策六。

抱朴子内篇卷之八　釋滯

或問曰：「人道多端，求仙至難，非有廢也，則事不兼濟。藝文之業，憂樂之務，君臣之道，胡可替乎？」抱朴子答曰：「要道不煩，所爲鮮耳。但患志之不立，信之不篤，何憂於人理之廢乎？長才者兼而修之，何難之有？内寶養生之道，外則和光於世〔一〕，治身而身長修，治國而國太平。以六經訓俗士，以方術授知音，欲少留則且止而佐時，欲昇騰則凌霄而輕舉者，上士也。自持才力〔二〕，不能並成，則棄置人間〔三〕，專修道德者，亦其次也。昔黄帝荷四海之任，不妨鼎湖之舉〔四〕；彭祖爲大夫八百年，然後西適流沙〔五〕；伯陽爲柱史〔六〕，甯封爲陶正〔七〕，方回爲閭士〔八〕，吕望爲太師〔九〕，仇生仕於殷〔一〇〕，馬丹官於晉〔一一〕，范公霸越而泛海〔一二〕，琴高執笏於宋康〔一三〕，常生降志於執鞭〔一四〕，莊公藏器於小吏〔一五〕，古人多得道而匡世，修之於朝隱，蓋有餘力故也〔一六〕。何必修於山林〔一七〕，盡廢生民之事，然後乃成乎？亦有心安静默，性惡諠譁，以縱逸爲歡，以榮任爲戚者，帶索藍縷，茹草操耜，玩其三樂，守常待終〔一八〕，不營苟生，不憚速死，辭千金之聘，忽卿相之貴者。無所修爲，猶常如此，況又加之以知神仙之道，其亦必不肯役身於世矣，各從其志，不可一概而言也。」抱朴子曰：「世之謂一言之善，貴於千金然，蓋亦軍國之得失，行己之臧否耳。至於告人以長生之訣，授之以不死之方，非特若彼常人之善言也，則奚徒千金而已乎？設使有困病垂死，而有能救之得愈者，莫不謂之爲宏恩重施矣。今若按仙經，飛九丹，水金玉，則天下皆可令不死，其惠非但活一人之功也。黄老之德，固無量矣，而莫之克識，謂爲妄誕之言，可歎者也。」

校釋

〔一〕外則和光於世　和光於世，謂不自顯於世。老子云：和其光，同其塵。

〔二〕自持才力　慎校本、寶顔堂本「持」作「恃」。

〔三〕棄置人間　孫校：「置」藏本作「智」。

〔四〕不妨鼎湖之舉　史記封禪書云：黄帝采首山銅，鑄鼎於荆山下，鼎既成，有龍垂胡髯，下迎黄帝上天，後世因名其處曰鼎湖。

〔五〕「彭祖」至「西適流沙」　彭祖，姓籛名鏗，歷夏至殷末，八百餘歲，聞人於流沙之國西見之。參見列仙傳及神仙傳。

〔六〕伯陽爲柱史　伯陽，老子字，爲周柱下史。見列仙傳。

〔七〕甯封爲陶正　甯封子，世傳爲黄帝陶正。見列仙傳。

〔八〕方回爲閭士　方回，堯時隱人，堯聘以爲閭士。見列仙傳。

〔九〕吕望爲太師　吕望即吕尚，周初人，本姓姜，字子牙，其先封於吕，以封爲姓，故曰吕尚。年老隱於釣，遇文王，得立爲師，亦號太公望。列仙傳謂冀州人。

〔一〇〕仇生仕於殷　仇生，不知何許人，殷湯時爲木正。見列仙傳。

〔一一〕馬丹官於晉　馬丹，晉耿人也。當晉文侯時爲大夫，至獻公時，復爲幕府正。見列仙傳。

〔一二〕范公霸越而泛海　范蠡，字少伯，徐人也，佐越王勾踐破吴，越國以霸，後乘舟泛海去。見列仙傳。

〔一三〕琴高執笏於宋康　琴高，趙人，以鼓琴爲宋康王舍人，行涓彭之術，浮遊冀州涿郡之間。見列仙傳。

〔一四〕常生降志於執鞭　「常」，或疑作「長」，常生即陰長生。神仙傳本傳：陰長生者，「漢皇后之親屬，少生富貴之門，而不好榮貴，唯專務道術。聞馬鳴生得度世之道，乃尋求之，遂得相見。便執奴僕之役，親運履之勞」。

〔一五〕莊公藏器於小吏　孫校：「吏」舊本作「史」，今校正。

〔一六〕蓋有餘力故也　孫校：藏本無「也」字。

〔一七〕何必修於山林　孫校：藏本無「山林」二字。案魯藩本亦無。

〔一八〕玩其三樂守常待終　列子天瑞篇榮啓期曰：天生萬物，唯人爲貴，吾得爲人，一樂也；以男爲貴，吾得爲男，二樂也；人生有不免於襁褓，吾已行年九十矣，三樂也。夫貧者，士之常也；死者，人之終也；處常待終，當何憂哉？

抱朴子曰：「欲求神仙，唯當得其至要，至要者在於寶精行炁，服一大藥便足，亦不用多也。然此三事，復有淺深，不值明師，不經勤苦，亦不可倉卒而盡知也。雖云行炁，而行炁有數法焉。雖曰房中，而房中之術，近有百餘事焉。雖言服藥，而服藥之方，略有千條焉。初以授人，皆從淺始，有志不怠，勤勞可知，方乃告其要耳。故行炁或可以治百病，或可以入瘟疫，或可以禁蛇虎，或可以止瘡血，或可以居水中，或可以行水上，或可以辟飢渴，或可以延年命。其大要者，胎息而已。得胎息者，能不以鼻口噓吸，如在胞胎之中，則道成矣。初學行炁，鼻中引炁而閉之，陰以心數至一百二十，乃以口微吐之〔一〕，及引之，皆不欲令己耳聞其炁出入之聲〔二〕，常令入多出少，以鴻毛著鼻口之上，吐炁而鴻毛不動爲候也。漸習轉增其心數，久久可以至千，至千則老者更少，日還一日矣。夫行炁當以生炁之時，勿以死炁之時也。故曰仙人服六炁〔三〕，此之謂也。一日一夜有十二時，其從半夜以至日中六時爲生炁，從日中至夜半六時爲死炁，死炁之時，行炁無益也。善用炁者，噓水，水爲之逆流數步；噓火，火爲之滅；噓虎狼，虎狼伏而不得動起；噓蛇虺，蛇虺蟠而不能去。若他人爲兵刃所傷，噓之血即止；聞有爲毒蟲所中，雖不見其人，遥爲噓祝我之手，男噓我左，女噓我右，而彼人雖在百里之外，即時皆愈矣。又中惡急疾，但吞三九之炁，亦登時差也。但人性多躁，少能安静以修其道耳。又行炁大要，不欲多食，及食生菜肥鮮之物，令人炁强難閉。又禁恚怒，多恚怒則炁亂，既不得溢，或令人發欬，故尠有能爲者也。予從祖仙公，每大醉及夏天盛熱，輒入深淵之底，一日許乃出者，正以能閉炁胎息故耳。房中之法十餘家，或以補救傷損，或以攻治衆病，或以采陰益陽，或以增年延壽，其大要在於還精補腦之一事耳。此法乃真人口口相傳，本不書也，雖服名藥，而復不知此要，亦不得長生也。人復不可都絶陰陽，陰陽不交〔四〕，則坐致壅閼之病；故幽閉怨曠，多病而不壽也。任情肆意，又損年命。唯有得其節宣之和，可以不損。若不得口訣之術，萬無一人爲之而不以此自傷煞者也。玄素子都容成公彭祖之屬〔五〕，蓋載其麄事，終不以至要者著於紙上者也。志求不死者，宜勤行求之〔六〕。余承師鄭君之言，故記以示將來之信道者，非臆斷之談也。余實復未盡其訣矣。一塗之道士，或欲專守交接之術，以規神仙，而不作金丹之大藥，此愚之甚矣。」

校釋

〔一〕乃以口微吐之　孫校：藏本無「微」字，「吐之」下當重有二字。

〔二〕皆不欲令己耳聞其炁出入之聲　孫校：「己」藏本作「自」。

〔三〕仙人服六炁　遐覽篇著録食六氣經一卷。六氣之説，楚辭遠遊篇王逸注引陵陽子明經云云，與莊子逍遥遊李頤注大同小異。參前對俗篇「餐朝霞之沆瀣」條注。

〔四〕人復不可都絶陰陽陰陽不交　「復」寶顏堂本、崇文本並作「欲」。「陰陽」下原不重「陰陽」二字，疑脱。孫校：「陰陽」下當重有二字。明案文意當重有，今據增補。

〔五〕玄素子都容成公彭祖之屬　玄，玄女；素，素女；以及容成公彭祖等，傳説皆修補導之術。神仙傳：巫炎，字子都，漢武帝時人，有陰道之術。本書遐覽篇著録玄女經、素女經、子都經、容成經、彭祖經各一卷。

〔六〕宜勤行求之　「宜」原作「以」。明案藏本、魯藩本、慎校本、寶顏堂本「以」皆作「宜」，今據改。

抱朴子曰：「道書之出於黄老者，蓋少許耳，率多後世之好事者，各以所知見而滋長，遂令篇卷至於山積。古人質朴，又多無才，其所論物理，既不周悉，其所證按〔一〕，又不著明，皆闕所要而難解，解之又不深遠，不足以演暢微言，開示憤悱，勸進有志，教戒始學，令知玄妙之塗徑，禍福之源流也。徒誦之萬遍，殊無可得也。雖欲博涉，然宜詳擇其善者，而後留意，至於不要之道書，不足尋繹也。末學者或不別作者之淺深，其於名爲道家之言，便寫取累箱盈筐〔二〕，盡心思索其中。是探燕巢而求鳳卵，搜井底而捕鱔魚〔三〕，雖加至勤，非其所有也，不得必可施用，無故消棄日月，空有疲困之勞，了無錙銖之益也。進失當世之務，退無長生之效，則莫不指點之曰，彼修道如此之勤，而不得度世，是天下果無不死之法也；而不知彼之求仙，猶臨河羨魚，而無網罟，非河中之無魚也。又五千文雖出老子，然皆泛論較略耳。其中了不肯首尾全舉其事，有可承按者也。但暗誦此經，而不得要道，直爲徒勞耳，又況不及者乎？至於文子莊子關令尹喜之徒，其屬文筆〔四〕，雖祖述黄老，憲章玄虚，但演其大旨，永無至言。或復齊死生，謂無異以存活爲徭役，以殂歿爲休息〔五〕，其去神仙，已千億里矣，豈足耽玩哉？其寓言譬喻，猶有可采，以供給碎用，充御卒乏，至使末世利口之奸佞，無行之弊子，得以老莊爲窟藪，不亦惜乎？」

校釋

〔一〕其所證按　「按」一作「據」。

〔二〕便寫取累箱盈筐　慎校本、寶顔堂本、崇文本作「輒便取集以至積箱盈筐」。

〔三〕搜井底而捕鱔魚　孫校云：「鱔」當作「鱓」，假借爲鱣鮪之「鱣」。顔氏家訓書證論後漢書三鱓。尚書大傳注，鱓或爲鱣。鱣，鯉也。其用字正同。傳寫者誤認爲蛇鱓之「鱓」，而改之以俗「鱔」字，失之遠矣。案宋浙本「鱔」作「鱣」，是。

〔四〕其屬文筆　孫校：「筆」藏本作「華」。案宋浙本亦作「華」，非。

〔五〕以存活爲徭役以殂歿爲休息　淮南子俶真篇「休我以死」高注引莊子佚文云：「生乃徭役，死乃休息也。」

或曰：「聖明御世，唯賢是寶，而學仙之士，不肯進宦，人皆修道，誰復佐政事哉？」抱朴子曰：「背聖主而山栖者，巢許所以稱高也〔一〕；遭有道而遁世者，莊伯所以爲貴也〔二〕；軒轅之臨天下，可謂至理也，而廣成不與焉〔三〕；唐堯之有四海，可謂太平也，而偓佺不佐焉〔四〕，而德化不以之損也，才子不以之乏也；天乙革命，而務光負石以投河〔五〕；姬武翦商，而夷齊不食於西山〔六〕；齊桓之興，而少稷高枕於陋巷〔七〕；魏文之隆，而干木散髮於西河〔八〕；四老鳳戢於商洛，而不妨大漢之多士也〔九〕；周黨麟跱於林藪，而無損光武之刑厝也〔一〇〕。夫寵貴不能動其心，極富不能移其好，濯纓滄浪，不降不辱，以芳林爲臺榭，峻岫爲大厦，翠蘭爲絪牀，緑葉爲幃幙，被褐代衮衣，薇藿當嘉饍，非躬耕不以充飢，非妻織不以蔽身，千載之中，時或有之，況又加之以委六親於邦族〔一一〕，捐室家而不顧，背榮華如棄跡，絶可欲於胸心，淩嵩峻以獨往，侣影響於名山，内視於無形之域，反聽乎至寂之中，八極之内，將遽幾人？而吾子乃恐君之無臣，不亦多憂乎？」

校　釋

〔一〕巢許所以稱高也　巢，巢父；許，許由，相傳二人皆唐堯時高士。並見皇甫謐高士傳。

〔二〕莊伯所以爲貴也　莊伯，即莊光，字子陵，避後漢明帝諱，改寫莊光爲嚴光。嚴光少與劉秀同游學。及劉秀即帝位，光乃變姓名，隱身不見。光武帝懇請相助爲治，竟不果。富陽嚴陵瀨，即其漁釣處。見後漢書逸民列傳。一説莊伯乃是莊子讓王篇之子州支伯。

〔三〕廣成不與焉　黄帝立爲天子，令行天下，聞廣成子居空同之山，故往問治天下之至道，不答，乃再問治身之道。見莊子在宥篇。

〔四〕偓佺不佐焉　偓佺，堯時避世修道者，好食松實。見列仙傳。

〔五〕天乙革命而務光負石以投河　天乙，成湯。務光，一作瞀光，夏時人。湯既克桀，欲以天下讓光，光乃負石自沈於廬水。見莊子讓王篇。

〔六〕夷齊不食於西山　伯夷叔齊，殷孤竹君之二子，武王滅商，夷齊恥，不食周粟，餓死於首陽山。見史記伯夷列傳。

〔七〕齊桓之興而少稷高枕於陋巷　吕氏春秋下賢篇：齊桓公見小臣稷，一日三至，弗得見。

〔八〕干木散髮於西河　孫校：「西河」藏本作「之王」。明案宋浙本作「蓬蓽」，慎校本、寶顔堂本、崇文本並作「衡門」。段干木，戰國魏人，遊西河，魏文侯欲以爲相，不肯就。見皇甫謐高士傳。

〔九〕四老鳳戢於商洛而不妨大漢之多士也　「多士」愼校本、寶顏堂本並作「事功」。四老，東園公、綺里季、夏黄公、甪里先生，皆秦時人，逃匿商山中，義不爲漢臣。後張良以計招之輔漢太子。四人年皆八十有餘，鬚眉皓白，故稱四皓。見史記留侯世家。

〔一〇〕周黨麟跱於林藪而無損光武之刑厝也　「光武」原作「孝文」。「孝文」下孫校云當有誤。校勘記：校語當在「刑厝也」下，因周黨與孝文不相值，而孝文刑厝合當連文也。明案後漢書逸民傳云：周黨，太原人，不仕王莽世。建武中，再被徵，見光武帝。黨伏而不謁，自陳願守所志。帝乃許，遂隱居澠池，著書而終。本篇所謂孝文，時代不合，當作光武。今據訂正。

〔一一〕委六親於邦族　「六」宋浙本作「九」。

或曰：「學仙之士，獨潔其身而忘大倫之亂，背世主而有不臣之慢，余恐長生無成功，而罪罟將見及也。」抱朴子答曰：「夫北人石户善卷子州，皆大才也，〔一〕而沈遁放逸，養其浩然，昇降不爲之虧〔二〕，大化不爲之缺也。況學仙之士，未必有經國之才，立朝之用，得之不加塵露之益，棄之不覺毫釐之損者乎？方今九有同宅，而幽荒來仕，元凱委積〔三〕，無所用之。士有待次之滯，官無暫曠之職；勤久者有遲敘之歎，勳高者有循資之屈〔四〕；濟濟之盛，莫此之美，一介之徒，非所乏也。昔子晉舍視膳之役，棄儲貳之重，而靈王不責之以不孝〔五〕；尹生委衿帶之職，違式遏之任〔六〕，而有周不罪之以不忠。何者？彼誠亮其非輕世薄主，直以所好者異，匹夫之志，有不可移故也。夫有道之主，含垢善恕，知人心之不可同，出處之各有性，不逼不禁〔七〕，以崇光大，上無嫌恨之偏心，下有得意之至歡〔八〕，故能暉聲並揚於罔極，貪夫聞風而忸怩也〔九〕。吾聞景風起則裘鑪息〔一〇〕，世道夷則奇士退。今喪亂既平〔一一〕，休牛放馬，烽燧滅影，干戈載戢，繁弱既韜〔一二〕，盧鵲將烹〔一三〕，子房出玄帷而反閭巷〔一四〕，信越釋甲冑而修魚釣〔一五〕，況乎學仙之士，萬未有一，國家吝此以何爲哉〔一六〕？然其事在於少思寡欲〔一七〕，其業在於全身久壽，非爭競之醜，無傷俗之負，亦何罪乎？且華霍之極大，滄海之滉瀁，其高不俟翔埃之來，其深不仰行潦之注〔一八〕，撮壤土不足以減其峻，挹勺水不足以削其廣〔一九〕，一世不過有數仙人，何能有損人物之鞅掌乎〔二〇〕？」

校釋

〔一〕北人石戶善卷子州皆大才也　莊子讓王篇云：舜以天下讓北人無擇、石戶之農、善卷、子州支伯，皆不受。

〔二〕昇降不爲之虧　孫校：「降」疑作「隆」。

〔三〕元凱委積　元，八元；凱，八凱。昔高陽氏有才子八人，天下之民謂之八愷；高辛氏有才子八人，天下之民謂之八元。見左傳文公十八年。愷通凱。委積，聚積。

〔四〕勳高者有循資之屈　「勳」慎校本、寶顔堂本、崇文本皆作「才」。孫校：「循資」藏本作「待漏」。明案宋浙本作「坐漏」。

〔五〕「昔子晉舍視膳之役」至「靈王不責之以不孝」　「視」慎校本、寶顔堂本、崇文本作「親」。周靈王太子晉好吹笙作鳳凰鳴，遊伊洛間，道士浮丘公接上嵩山，謝世而去。見列仙傳王子喬傳。

〔六〕尹生委衿帶之職違式遏之任　尹生，即關令尹喜，周大夫，爲函谷關令，善内學。老子西遊，喜先見其氣，果得老子。後與老子俱遊流沙，莫知其所終。見列仙傳。衿同襟。「委襟帶之職」，言棄形勢險要關塞之職守。毛詩民勞篇：「式遏寇虐。」「違式遏之任」，而有周不罪之以不忠」，言尹喜委棄關令防寇之責，而周室不以不忠而加罪之。

〔七〕不逼不禁　「禁」宋浙本作「奪」。

〔八〕上無嫌恨之偏心下有得意之至歡　校勘記：「偏心」榮案盧本作「徧心」。明案宋浙本、慎校本亦作「徧心」。是。徧心，徧急之心。「得意」慎校本、寶顔堂本作「稱意」。

〔九〕聞風而忸怩　忸怩，心慚貌。

〔一〇〕景風起則裘鑪息　景風，南方之風。史記律書云：景風居南方。

〔一一〕今喪亂既平　孫校：「今」藏本作「會」。

〔一二〕繁弱既韜　繁弱，良弓名。韜，藏。

〔一三〕盧鵲將烹　案盧鵲，並是犬名。鵲亦作䧿。廣雅釋獸犬屬有韓獹宋浞。「獹」與「盧」通，「浞」「鵲」音同字異。博物志云：韓國有黑犬名盧，宋有駿犬曰䧿。盧鵲烹，蓋謂良狗烹也。

〔一四〕子房出玄帷而反閭巷　張良，字子房，佐漢劉邦，封萬户侯。後棄人間事，學辟穀導引。良死，葬黄石冢。見史記留侯世家。

〔一五〕信越釋甲胄而修魚釣　信，淮陰侯韓信；越，彭越，皆漢高帝武臣，後因叛見殺。史記均有傳。

〔一六〕國家吝此以何爲哉　校補：「以」疑「亦」字草書之譌。

〔一七〕其事在於少思寡欲　老子云：「見素抱樸，少思寡欲。」「思」他本作「私」，此據文選謝靈運鄰里相送方山詩李善注引。

〔一八〕其深不仰行潦之注　「仰」原作「抑」。明案「抑」當作「仰」，形近而譌。慎校本、寶顔堂本、崇文本正作「仰」，今訂正。「仰」，仰仗，與上句「俟」字正相應。

〔一九〕挹勺水不足以削其廣　孫校：「挹」藏本作「升」。

〔二〇〕何能有損人物之鞅掌乎　曲園云：詩北山篇毛傳，鞅掌，失容也；箋云，言促遽也；如此文，則鞅掌當爲繁多之意，與傳箋均異。案孔穎達疏云：傳以鞅掌爲煩勞之狀，故云失容；言事煩鞅掌然，不暇爲容也，今俗語以職煩爲鞅掌。馬瑞辰詩傳箋通釋云，鞅掌疊韻，即秧穰之類，禾之葉多曰秧穰，人之事多曰鞅掌，其義一也；傳訓失容，亦狀事多之貌；箋分二字釋之，失其義矣。由此可見鞅掌爲繁多之意，與傳訓合，唯箋則異。

或曰：「果其仙道可求得者，五經何以不載？周孔何以不言？聖人何以不度世？上智何以不長存？若周孔不知，則不可爲聖。若知而不學〔一〕，則是無仙道也。」抱朴子答曰：「人生星宿，各有所值，既詳之於別篇矣。子可謂戴盆以仰望，不睹七曜之炳粲；暫引領於大川，不知重淵之奇怪也。夫五經所不載者無限矣，周孔所不言者不少矣。特爲吾子略説其萬一焉。雖大笑不可止，局情難卒開〔二〕，且令子聞其較略焉。夫天地爲物之大者也。九聖共成易經〔三〕，足以彌綸陰陽，不可復加也。今問善易者，周天之度數，四海之廣狹，宇宙之相去，凡爲幾里〔四〕？上何所極，下何所據？及其轉動，誰所推引？日月遲疾，九道所乘〔五〕；昏明脩短，七星迭正〔六〕。五緯盈縮〔七〕，冠珥薄蝕〔八〕；四七淩犯，彗孛所出〔九〕。氣矢之異〔一〇〕，景老之祥〔一一〕，辰極不動〔一二〕，鎮星獨東〔一三〕，羲和外景而熱，望舒内鑒而寒〔一四〕，天漢仰見爲潤下之性，濤潮往來有大小之變〔一五〕。五音六屬，占喜怒之情，雲動氣起，含吉凶之候，欃、槍、尤、矢，旬始絳繹〔一六〕，四鎮五殘，天狗歸邪〔一七〕，或以示成，或以正敗，明易之生，不能論此也。以次問春秋四部詩書三禮之家，皆復無以對矣。皆曰悉正經所不載，唯有巫咸甘公石申海中郄萌七曜記之悉矣〔一八〕。余將問之曰，此六家之書，是爲經典之教乎？彼將曰非也。余又將問曰：甘石之徒，是爲聖人乎？彼亦曰非也。然則人生而戴天，詣老履地，而求之於五經之上則無之，索之於周孔之書則不得，今寧可盡以爲虛妄乎？天地至大，舉目所見，猶不能了，況於玄之又玄，妙之極妙者乎？」

校釋

〔一〕若知而不學　此句下宋浙本有「是則不近人情，若爲而不得」二句。

〔二〕局情難卒開　孫校：「開」藏本作「闓」。案宋浙本亦作闓。

〔三〕九聖共成易經　通常傳説，易歷三聖，謂伏羲畫卦，文王繫辭，孔丘作十翼。本文謂九聖共成易經，蓋指伏羲、神農、黄帝、堯、舜、夏禹、商湯、周文、孔丘。

〔四〕凡爲幾里　案慎校本、寶顏堂本作「凡幾萬里」。

〔五〕九道所乘　孫校：「乘」藏本作「剩」。明案宋浙本、魯藩本、寶顏堂本亦作「剩」。九道，月所行之道。漢書天文志云月有九行者，黑道二，出黄道北；赤道二，出黄道南；白道二，出黄道西；青道二，出黄道東。王先謙補注：月行青朱白黑道，各兼黄道而言，故又謂之九道。

〔六〕七星迭正　七星，星宿名。史記天官書南宫朱鳥有七星。吕氏春秋十二紀，季春之月，昏，七星中；孟冬之月，旦，七星中。高誘注：七星，南方宿，是月昏旦時皆中於南方。

〔七〕五緯盈縮　五緯，金木水火土五個行星。周易參同契云：五緯錯順。漢書天文志：凡五星早出爲贏，晚出爲縮。贏通盈。

〔八〕冠珥薄蝕　漢書天文志顔師古注：凡氣在日上爲冠爲戴，在旁直對爲珥，日月不交而食曰薄，虧毁曰食。

〔九〕彗孛所出　彗星之光，引長如彗。孛星如彗，芒短，其光四出。

〔一〇〕氣矢之異　史記天官書：西宫，矢黄則吉，青白黑凶。

〔一一〕景老之祥　史記天官書：景星者，德星也。又西宫，有大星曰南極老人，老人見，治安。

〔一二〕辰極不動　辰極，即北極星。爾雅釋天：北極謂之北辰。郝懿行義疏云：説者謂北極五星，第五爲天樞，最小，是不動處。然實不動處，猶在樞星之下。今按樞星非不動，但其動也微，人所不見耳。

〔一三〕鎮星獨東　史記天官書：太歲在甲寅，鎮星在東壁。

〔一四〕羲和外景而熱望舒内鑒而寒　羲和，日御，指日；望舒，月御，指月。離騷云：吾令羲和弭節兮。又云，前望舒使先驅兮。淮南子天文篇：火曰外景，水曰内景。參淮南鴻烈集解。

〔一五〕濤潮往來有大小之變　葛洪曾著潮説，已佚。彼云：「月之精生水，是以月盛滿而潮濤大。」又云：「水從天邊來，一月之中，天再東再西，故潮來再大再小也。又夏時日居南宿，陰消陽盛，而天高一萬五千里，故夏潮大也。冬時日居北宿，陰盛陽消，而天卑一萬五千里，故冬潮小。」（見抱朴子外篇佚文）是謂濤潮往來有大小之變也。

〔一六〕欃槍尤矢旬始絳繹　欃、槍、尤、矢，旬始、絳繹，皆星名。史記天官書：歲星之精，生天欃天槍；又蚩尤之旗，類彗而後曲；枉矢，類大流星；旬始，出北斗旁，狀如雄雞。孫校云：「絳繹」當作「鋒澤」，謂天鋒及格澤也。明案「絳繹」，殆係「格澤」之譌。格澤星，太史公云如炎火之狀。

〔一七〕四鎮五殘天狗歸邪　史記天官書：四鎮星，所出四隅，去地可四丈；五殘星，狀如辰星，去地可六丈；天狗，狀如大流星，星尾有光類狗；如星非星，如雲非雲，命曰歸邪。

〔一八〕「巫咸甘公」至「記之悉矣」　史記天官書云：昔之傳天數者，殷商巫咸，在齊甘公（漢書藝文志云楚人），魏石申。漢書天文志引甘氏石氏星經。又漢書藝文志天文著録海中星占驗等多卷。梁有石氏甘氏天文占。乙巳占引有巫咸、石氏、甘氏、海中占、郄萌占等書。郄萌，後漢天文學家，主宣夜説，見晉書天文志。

復問俗人曰：「夫乘雲蠒産之國〔一〕，肝心不朽之民〔二〕，巢居穴處，獨目三首〔三〕，馬閒狗蹄〔四〕，脩臂交股〔五〕，黄池無男〔六〕，穿胸旁口〔七〕，廩君起石而汎土船〔八〕，沙壹觸木而生群龍〔九〕，女媧地出〔一〇〕，杜宇天墮〔一一〕，甓飛犬言〔一二〕，山徙社移〔一三〕，三軍之衆，一朝盡化，君子爲鶴，小人成沙〔一四〕，女丑倚枯〔一五〕，貳負抱桎〔一六〕，寄居之蟲〔一七〕，委甲步肉，二首之蛇〔一八〕，弦之爲弓〔一九〕，不灰之木〔二〇〕，不熱之火〔二一〕，昌蜀之禽，無目之獸，無身之頭〔二二〕，無首之體〔二三〕，精衛填海〔二四〕，交讓遞生〔二五〕，火浣之布，切玉之刀〔二六〕，炎昧吐烈〔二七〕，磨泥漉水，枯灌化形，山夔前跟〔二八〕，石脩九首，畢方人面〔二九〕，少千之劾伯率〔三〇〕，聖卿之役肅霜〔三一〕，西羌以虎景興〔三二〕，鮮卑以乘鱉強〔三三〕，林邑以神録王〔三四〕，庸蜀以流尸帝〔三五〕，鹽神嬰來而蟲飛〔三六〕，縱目世變於荆岫〔三七〕，五丁引蛇以傾峻〔三八〕，肉甚振翅於三海〔三九〕。金簡玉字，發於禹井之側〔四〇〕。正機、平衡，割乎文石之中〔四一〕。凡此奇事，蓋以千計，五經所不載，周孔所不説，可皆復云無是物乎？至於南人能入柱以出耳，禦寇停肘水而控弦，伯昏躡億仞而企踵〔四二〕，吕梁能行歌以憑淵〔四三〕，宋公克象葉以亂真〔四四〕，公輸飛木鵠之翩翾〔四五〕，離朱覿毫芒於百步〔四六〕，賁獲效膂力於萬鈞〔四七〕，越人揣鍼以蘇死〔四八〕，豎亥超迹於累千〔四九〕，郢人奮斧於鼻堊〔五〇〕，仲都袒身於寒天〔五一〕，此皆周孔所不能爲也，復可以爲無有乎？若聖人誠有所不能，則無怪於不得仙，不得仙亦無妨於爲聖人，爲聖人偶所不閒〔五二〕，何足以爲攻難之主哉？

聖人或可同去留，任自然，有身而不私，有生而不營，存亡任天，長短委命，故不學仙，亦何怪也。」

校釋

〔一〕乘雲蠒産之國　博物志：大人國，其人孕三十六年生，白頭，其兒則長大能乘雲而不能走。山海經海外北經：歐絲之野，有女子跪，據樹歐絲。案歐同嘔，言食桑吐絲作蠒也。

〔二〕肝心不朽之民　博物志異人：無脊民，居穴食土，死埋之，其心不朽，百年還化爲人。細民，其肝不朽，百年化爲人。山海經海外北經有無脊之國，其人無脊。郭璞注：脊，肥腸也。

〔三〕獨目三首　山海經海外北經：一目國，國人一目在面中央。又海外南經：三首國，其人一身三首。

〔四〕馬閒狗蹄　孫校：「馬閒」一本作「鳥爪」。

〔五〕脩臂交股　山海經海外南經有長臂國。淮南子墬形篇有脩臂民。高誘注：一國民皆長臂，臂長於身，南方之國也。

〔六〕黄池無男　山海經海外西經：女子國，在巫咸北。郭璞注：有黄池，婦人入浴，出即懷妊。魏志東沃沮，有一國，在海中，純女無男。

〔七〕穿胸旁口　山海經海外南經有貫匈國，其爲人匈有竅。案「匈」即「胸」之本字。淮南子墬形篇有穿胸民。博物志載穿胸國，穿胸人去會稽萬五千里。

〔八〕廩君起石而汎土船　「汎」原作「沈」。孫校：「沈」當作「汎」。案後漢書南蠻傳：蠻有五姓，皆出於武落鍾離山，山有赤黑二穴。巴氏之子生於赤穴，四姓之子皆生於黑穴。未有君長，乃共擲劍於石穴，約能中者，奉以爲君，巴氏之子務相獨中之。又令各乘土船，約能浮者，當以爲君，餘姓悉沈，唯務相獨浮。因共立之，是爲廩君。「沈」乃「汎」字之形譌，孫校是，今據改。

〔九〕沙壹觸木而生群龍　孫校：「壹」藏本作「丘」，非；「木」藏本作「目」，非。明案後漢書哀牢夷傳：哀牢夷者，其先有婦人名沙壹，嘗捕魚水中，觸沈木懷妊，産子十人。後沈木化爲龍，出水上，九子見龍驚走。獨小子不能去，背龍而坐，龍因舐之，及後長大，共推以爲王。是其故事。

〔一〇〕女媧地出　山海經大荒西經有女媧之腸化爲神，處栗廣之野。春秋運斗樞：伏羲女媧神農，是謂三皇。唐司馬貞補史記三皇本紀云：女媧風姓，代伏羲立。當其時，諸侯有共工氏，與祝融戰，不勝而怒，乃頭觸不周山，崩，天柱折，地維絶。女媧乃鍊五色石以補蒼天，斷鼇足以立四極。

〔一一〕杜宇天墮　「杜」原作「壯」。孫校：「壯」當作「杜」。明案揚雄蜀王本紀云：有一男子，名曰杜宇，從天墮止，後自立爲蜀王，號曰望帝（見嚴可均輯全漢文）。孫校是，今改正。

〔一二〕 甓飛犬言　原校：「甓」一作「璧」。魏志杜夔傳注云：扶風馬鈞，巧思絶世，作發石車，以車輪懸甓數十，飛之數百步。犬言，不知即後漢書南蠻傳帝嚳女配槃瓠故事否？蓋犬解人言也。

〔一三〕 山徙社移　搜神記六云：夏桀之時，厲山亡；秦始皇之時，三山亡；周顯王三十二年，宋大丘社亡；漢昭帝之末，陳留、昌邑社亡。明案山徙社移，爲自然變異之現象，與人間政事無關。

〔一四〕 三軍之衆一朝盡化君子爲鶴小人成沙　校勘記云：御覽七十四、八十五、九百十六作周穆王南征，一軍盡化，君子爲猿爲鶴，小人爲蟲爲沙。又八百八十八鶴作鵠，當誤。又白孔六帖九十四作周穆王南征，一軍自化爲猿，君子爲鶴。語有脱越，不如御覽可據。

〔一五〕 女丑倚枯　「丑」原作「伆」。舊校：「伆」一作「丑」。案札迻云：「伆」作「丑」是也。山海經海外西經云，女丑之尸生而十日炙殺之（亦見大荒西經）。即葛氏所本。「丑」譌爲「刃」，又譌爲「伆」耳。今改正。

〔一六〕 貳負抱桎　孫校：「貳」舊誤作「二」，今校正；「桎」舊誤作「柱」，今校正。明案山海經海内西經：貳負之臣曰危危，與貳負殺窫窳，帝乃梏之疏屬之山，桎其右足。

〔一七〕 寄居之蟲　重修政和證類本草二十一：蝸牛，寄居螺蛤殼中，候螺蛤開，當自出食；螺蛤欲合，已還殼中，亦名寄居蟲。

〔一八〕二首之蛇　博物志云：常山之蛇名率然，有兩頭。觸其一頭則另頭至，觸其中則兩頭俱至。

〔一九〕弦之爲弓　爾雅釋地：「中有枳首蛇焉。」郭注：「岐頭蛇也。或曰今江東呼兩頭蛇爲越王約髪，亦名弩弦。」石藥爾雅：「蛇脱皮，一名蛇符弓皮。」是謂「弦之爲弓」歟？

〔二〇〕不灰之木　東晳發蒙記：西域有火鼠之布，東海有不灰之木。重修政和證類本草五謂：不灰木如爛木，燒之不然，石類也。蓋是石棉。

〔二一〕不熱之火　前論仙篇所謂「火體宜熾，而有蕭丘之寒焰」。

〔二二〕無身之頭　吕氏春秋先識覽云：周鼎著饕餮，有首無身，食人未咽，害及其身。

〔二三〕無首之體　山海經大荒西經：有人無首，操戈盾立，名曰夏耕之尸。

〔二四〕精衛填海　精衛，鳥名。山海經北山經云：發鳩山有鳥名精衛，是炎帝之少女，名曰女娃。女娃溺死於東海，故爲精衛，常銜西山之木石以填東海。

〔二五〕交讓遞生　「交」原作「玄」。孫校：「玄」當作「交」。明案文選左思蜀都賦云：交讓所植。劉淵林注：交讓，木名，兩樹對生，一樹枯則一樹生，如是歲更，終不俱生俱枯也。本文「玄」乃「交」字之形譌，今據訂正。

〔二六〕火浣之布切玉之刀　見前論仙篇注。

〔二七〕炎昧吐烈　山海經海外南經：厭火國，在其國南，獸身，黑色，火出其口中。郭注：「言能吐火。」後漢書哀牢夷傳：永寧元年，西南夷撣國王獻樂及幻人能變化吐火。搜神記：永嘉中，有天竺人能續斷舌吐火。

〔二八〕山夔前跟　山海經大荒東經：有獸狀如牛，蒼身而無角，一足，出入水則必風雨，其名曰夔。

〔二九〕畢方人面　畢方鳥在東青水西，其爲鳥，人面一脚。見山海經海外南經。

〔三〇〕少千之劾伯率　本書辨問篇又云：少千執百鬼。又遐覽篇著録少千三十六將軍符一卷。少千當爲人名。搜神記一有魯少千，山陽人。列異傳云：魯少千者，得仙人符，楚王少女英爲魅所病，請少千。少千未至，數十里止宿，夜有乘鼈蓋車，從數千騎來，自稱伯敬，候少千，請納酒肴及錢二十萬，相爲一還。少千受錢，但從他道詣楚，爲治之。於女舍前，聞有風聲西北去，女遂氣絶，夜半乃蘇。王使人尋風，於城西北得一死蛇，長數丈，小蛇數百，伏死其旁。見太平廣記四百五十六楚王英女條引。

〔三一〕聖卿之役肅霜　劉義慶幽明録：陽起，字聖卿，能劾百鬼，役肅霜之神，變形如奴，送書京師，朝發暮返，作使當千人之力。

〔三二〕西羌以虎景興　「虎」原作「唐」。校補云：「唐景」不可解，於史傳亦無徵，「唐」當作「虎」字之誤也。後漢書西羌傳云，羌無弋爰劒者，秦厲公時爲秦所拘執，以爲奴隸，不知爰劍何戎之别也，後得亡歸，而秦人追之急，藏於巖穴中得免。羌人云，爰劍初藏穴中，秦人焚之，有景象如虎，爲其蔽火，得以不死。諸羌見爰劍被焚不死，怪其神，共畏事之，推以爲豪。羌之興盛，從此起矣。是西羌之興，實由爰劍；爰劍之所以不焚死者，實由虎景以蔽之。故抱朴云西羌以虎景興也。鶡冠子王鈇篇云虎狼殺人，注云「虎」或作「唐」，又「虎」誤爲「唐」之證。案校補之説是，今據改。

〔三三〕鮮卑以乘鱉强　孫校：「乘」藏本作「桀」，譌。明案後漢書東夷傳：夫餘國，西與鮮卑接，北有弱水，地方二千里，本濊地也。初，北夷索離國王出行，其侍兒於後姙身。王還，欲殺之。侍兒曰，前見天上有氣，大如雞子來降，我因以有身。王囚之，後遂生男。王令置於豕牢，豕以口氣噓之，不死；復徙於馬蘭，馬亦如之。王以爲神，乃聽母收養，名曰東明。東明長而善射，王忌其猛，復欲殺之。東明奔走，南至掩淲水，以弓擊水，魚鱉皆聚浮水上，東明乘之得度，因至夫餘而王之焉。查夫餘與鮮卑接壤，是葛洪所謂鮮卑以乘鱉强也。

〔三四〕林邑以神録王　晉書林邑國傳云：林邑國王范逸死，奴文篡立。文本日南郡西卷縣夷帥范椎奴，嘗牧牛澗中，獲二鯉魚，化成鐵，鑄爲刀。乃對石嶂咒曰，若破石嶂，是有神靈。進斫石，石即瓦解。文知其神，乃懷之。後得范逸愛信，逸死，無嗣，文遂自立爲王。

〔三五〕庸蜀以流尸帝　庸、蜀，古梁州之地。揚雄蜀王本紀云：荆人鱉令死，其尸流亡，隨江水上至成都，見蜀王杜宇，立以爲相。杜宇號望帝，自以德不如鱉令，以其國禪之，號開明帝。見後漢書張衡傳注引。

〔三六〕鹽神嬰來而蟲飛　孫校：「來」當作「采」。按後漢書南蠻傳：巴郡南郡蠻君長廩君乘土船至鹽陽，鹽水有神女謂廩君曰，此地廣大，魚鹽所出，願留共居。廩君不許。鹽神暮輒來取宿，旦即化爲蟲，與諸蟲群飛。李賢注引世本曰，廩君使人操青縷以遺鹽神曰，嬰此即相宜，與女俱生。鹽神受縷而嬰之。

〔三七〕縱目世變於荆岫　縱目指蜀王蠶叢，見華陽國志蜀志。世變，指荆人鱉令受禪爲帝。見蜀王本紀。

〔三八〕五丁引蛇以傾峻　揚雄蜀王本紀云：秦王獻美女於蜀王，蜀王遣五丁迎五女，見一大蛇入山穴中，五丁引蛇，山崩，五女上山化爲石。並見初學記五。

〔三九〕肉甚振翅於三海　孫校：刻本「肉甚」作「内其」。校勘記：藏本作「内甚」。案宋浙本亦作「内甚」。

〔四〇〕金簡玉字發於禹井之側　漢書地理志會稽郡顏注：會稽山上有禹冢禹井。孔靈符會稽記云：會稽山南有宛委山，其上有石簣，壁立干雲；昔禹治洪水，厥功未就，發石簣，得金簡字，以知山河體勢，於是疏導百川，各盡其宜。見雲笈七籤卷七石碩條引。

〔四一〕正機平衡割乎文石之中　孫校：「文」當作「合」。本書辨問篇云：「靈寶經有正機平衡飛龜授袟凡三篇，皆仙術也。吴王伐石以治宮室，而於合石之中，得紫文金簡之書。」

〔四二〕禦寇停肘水而控弦伯昏躡億仞而企踵　列子黄帝篇云：列禦寇爲伯昏瞀人射，措杯水其肘上，發之，鏑矢復沓，方矢復寓。伯昏瞀人曰，當與汝登高山，履危石，臨百仞之淵，汝能射乎？禦寇伏地，汗流至踵。

〔四三〕呂梁能行歌以憑淵　莊子達生篇云：孔丘觀於呂梁，縣水三千仞，流沫四十里，黿鼉魚鱉之所不能游也，見一丈夫游之，數百步而出，被髮行歌，而游於塘下。並見列子黄帝篇。

〔四四〕宋公克象葉以亂真　韓非子喻老篇云：宋人有爲其君以象爲楮葉者，三年而後成，亂之楮葉之中而不可别也，此人遂以功食禄於宋邦。並見淮南子泰族篇、列子説符篇。

〔四五〕公輸飛木鵄之翩翾　墨子魯問篇：公輸子削竹木以爲鵲，成而飛之，三日不下。又淮南子齊俗篇云：魯般墨子以木爲鳶而飛之，三日不集。

〔四六〕離朱覿毫芒於百步　慎子云：離朱之明，察秋毫之末於百步之外。案離朱即離婁，古之明目者。

〔四七〕賁獲效膂力於萬鈞　賁，孟賁，獲，烏獲，皆戰國時力士。「賁」一作「説」。史記秦本紀云：秦武王有力好戲，力士任鄙、烏獲、孟説皆至大官。

〔四八〕越人揣鍼以蘇死　越人，扁鵲名，春秋時良醫，號太子死，越人以鍼石使之復活。見史記扁鵲倉公列傳。

〔四九〕豎亥超迹於累千　豎亥，健行人。山海經海外東經：帝命豎亥步自東極，至於西極，五億十萬九千八百步。淮南子墬形篇所説有異。

〔五〇〕郢人奮斧於鼻堊　此言郢匠石運斤之妙也。莊子徐無鬼篇云：郢人堊漫其鼻端若蠅翼，使匠石斲之，匠石運斤成風，聽而斲之，盡堊而鼻不傷。

〔五一〕仲都袒身於寒天　桓譚新論載王仲都能忍寒暑，乃以隆冬盛寒日，令袒載駟馬於上林昆明池上環冰而馳，御者厚衣狐裘寒戰，而仲都獨無變色，卧於池臺上，曛然自若；夏大暑日，使曝坐，環以十爐火，不言熱，又身不汗。

〔五二〕爲聖人偶所不閒　校勘記：「閒」各本作「閑」。

抱朴子内篇卷之九　道意

抱朴子曰：道者涵乾括坤，其本無名〔一〕。論其無，則影響猶爲有焉；論其有，則萬物尚爲無焉。隸首不能計其多少〔二〕，離朱不能察其髣髴，吴札晉野竭聰，不能尋其音聲乎窈冥之内〔三〕，猚狶犭步猪〔四〕疾走，不能迹其兆眹乎宇宙之外〔五〕。以言乎邇，則周流秋毫而有餘焉；以言乎遠，則彌綸太虚而不足焉。爲聲之聲，爲響之響，爲形之形，爲影之影，方者得之而静，員者得之而動，降者得之而俯，昇者得之以仰，强名爲道，已失其真，況復乃千割百判〔六〕，億分萬析，使其姓號至於無垠，去道遼遼，不亦遠哉？

校　釋

〔一〕其本無名　老子云：無名，天地之始。

〔二〕隸首不能計其多少　隸首，傳説黄帝時人，始作算數者。見後漢書劉昭補律曆志并注。

〔三〕吴札晉野竭聰不能尋其音聲乎窈冥之内　吴季札曉音，聘於晉，請觀於周樂，使工爲之歌周南、召南等，季札逐一評其歌聲。見左傳襄公二十九年。晉師曠，字子野，聰能辨歌音以知吉凶。見左傳襄公十八年。

〔四〕獨豨猏豬　孫校云：四字據刻本如此，疑傳寫誤也，藏本「猏豬」作「涉豬」。案獨，疑係「𤝞」字之譌，廣雅釋詁：𤝞，大也。「豨」音希，本作「豨」。廣雅釋獸：豨，豕也。

〔五〕不能迹其兆朕乎宇宙之外　「兆朕」慎校本、寶顏堂本作「朕兆」。

〔六〕況復乃千割百判　「復乃」宋浙本、藏本、魯藩本作「乃復」。

俗人不能識其太初之本，而修其流淫之末。人能淡默恬愉，不染不移，養其心以無欲，頤其神以粹素，掃滌誘慕，收之以正，除難求之思，遣害真之累，薄喜怒之邪，滅愛惡之端，則不請福而福來，不禳禍而禍去矣。何者？命在其中，不繫於外，道存乎此，無俟於彼也。患乎凡夫不能守真，無杜遏之檢括，愛嗜好之摇奪〔一〕，馳騁流遁，有迷無反，情感物而外起，智接事而旁溢，誘於可欲，而天理滅矣，惑乎見聞，而純一遷矣。心受制於奢玩，情濁亂於波蕩〔二〕，於是有傾越之災，有不振之禍，而徒烹宰肥腯，沃酹醪醴，撞金伐革，謳歌踴躍，拜伏稽顙，守請虚坐〔三〕，求乞福願，冀其必得，至死不悟，不亦哀哉？若乃精靈困於煩擾，榮衛消於役用，煎熬形氣〔四〕，刻削天和。勞逸過度，而碎首以請命〔五〕；變起膏肓，而祭禱以求痊；當風卧濕，而謝罪於靈祇；飲食失節，而委禍於鬼魅。蕞爾之體，自貽兹患，天地神明，曷能濟焉？其烹牲罄群，何所補焉？夫福非足恭所請也，禍非禋祀所禳也。若命可以重禱延，疾可以豐祀除，則富姓可以必長生，而貴人可以無疾病也。夫神不歆非族〔六〕，鬼不享淫祀，皁隸之巷，不能紆金根之軒〔七〕，布衣之門，不能動六轡之駕〔八〕，同爲人類，而尊卑兩絶，況於天神，緬邈清高，其倫異矣，貴亦極矣。蓋非臭鼠之酒肴，庸民之曲躬所能感降，亦已明矣。夫不忠不孝，罪之大惡，積千金之賂，太牢之饌，求令名於明主，釋愆責於邦家〔九〕，以人釋人，猶不可得，況年壽難獲於令名，篤疾難除於愆責，鬼神異倫，正直是與，冀其曲祐，未之有也〔一〇〕。夫慚德之主，忍詬之臣，猶能賞善不須貸財，罰惡不任私情，必將修繩履墨〔一一〕，不偏不黨，豈況鬼神，過此之遠，不可以巧言動，不可以飾賂求，斷可識矣。

校釋

〔一〕愛嗜好之摇奪　孫校：「奪」藏本作「篗」。

〔二〕情濁亂於波蕩　「情」宋浙本、藏本、魯藩本作「神」。

〔三〕守請虚坐　「請」宋浙本、魯藩本、慎校本作「靖」，寶顔堂本作「静」。當作「靖」或「静」。

〔四〕煎熬形氣　「氣」宋浙本作「器」。論仙篇「聾瞽在乎形器」，塞難篇「不能令我形器必中適」，均「形器」聯詞，當作「形器」。

〔五〕碎首以請命　孫校：藏本無「以」字。

〔六〕神不歆非族　孫校：左傳僖公十年云：「神不歆非類，民不祀非族。」是其所本。

〔七〕金根之軒　孫校：「根」藏本作「銀」，非。明案金根，車名，以金爲飾，貴者之車。見後漢書劉昭補輿服志并注。

〔八〕不能動六轡之駕　古時四馬之車，動用六轡。毛詩小雅皇皇者華云：六轡如濡。

〔九〕釋僁責於邦家　「僁」同「愆」字。

〔一〇〕未之有也　「之有」原作「有之」，宋浙本、藏本、魯藩本、慎校本等皆作「之有」，是，今訂正。

〔一一〕必將修繩履墨　「修」當作「循」。外篇行品篇「循繩墨以進止」，可爲例證。

楚之靈王，躬自爲巫〔一〕，靡愛斯牲，而不能却吳師之討也。漢之廣陵，敬奉李須〔二〕，傾竭府庫而不能救叛逆之誅也。孝武尤信鬼神，咸秩無文，而不能免五柞之殂〔三〕。孫主貴待華蠁，封以王爵，而不能延命盡之期〔四〕。非犧牲之不博碩，非玉帛之不豐醲〔五〕，信之非不款，敬之非不重，有丘山之損，無毫釐之益，豈非失之於近，而營之於遠乎？

校　釋

〔一〕楚之靈王躬自爲巫　桓譚新論云：昔楚靈王驕逸輕下，信巫祝之道，躬執羽紱，起舞壇前，吴人來攻，其國人告急，而靈王鼓舞自若。

〔二〕敬奉李須　「須」原作「頒」。孫校：「頒」當作「須」，事見漢書武五子傳。明案漢書廣陵厲王劉胥傳云，始昭帝時，胥見帝年少無子，有覬欲心。而楚地巫鬼，胥迎女巫李女須，使下神祝詛。女須泣曰，孝武帝下我，言吾必令胥爲天子。胥多賜女須錢，使禱巫山。會昭帝崩，宣帝即位，胥曰，太子孫何以反得立，復令女須祝詛如前。及祝詛事發覺，有司按驗，胥惶恐，藥殺巫及宫人二十餘人以絶口。公卿請誅胥。胥自殺。是爲廣陵王敬奉李須，卒招叛逆之誅。孫校是，今據改。

〔三〕「孝武尤信鬼神」至「不能免五柞之殂」　孫校：「武」舊誤作「文」，今校正。明案宋浙本正作「武」。武帝信鬼神事，見漢書郊祀志及武帝紀；漢後元二年，武帝死於盩厔五柞宫，見漢書本紀。「咸秩無文」，語見尚書洛誥，言祀衆神，皆循秩序，雖不在禮文者亦祀之。

〔四〕「孫主貴待華嚮」至「不能延命盡之期」　孫主，吴主孫權。權信臨海羅陽縣妖神王表，以輔國將軍羅陽王印綬迎表請福。後表亡去，權亦死。見吴志孫權傳。「封以王爵」，孫校云：「王」藏本作「往」，非。

〔五〕非玉帛之不豐醲　孫校：「不」下疑有脱文。

第五公誅除妖道〔一〕，而既壽且貴；宋廬江罷絶山祭〔二〕，而福禄永終；文翁破水靈之廟〔三〕，而身吉民安；魏武禁淫祀之俗〔四〕，而洪慶來假。前事不忘〔五〕，將來之鑒也。明德惟馨〔六〕，無憂者壽，嗇寶不夭〔七〕，多慘用老，自然之理，外物何爲！若養之失和，伐之不解，百痾緣隙而結，榮衛竭而不悟，太牢三牲〔八〕，曷能濟焉？俗所謂道率皆妖僞〔九〕，轉相誑惑，久而彌甚，既不能修療病之術，又不能返其大迷，不務藥石之救，惟專祝祭之謬，祈禱無已，問卜不倦，巫祝小人，妄説禍祟，疾病危急，唯所不聞，聞輒修爲，損費不訾，富室竭其財儲，貧人假舉倍息，田宅割裂以訖盡，篋櫃倒裝而無餘。或偶有自差，便謂受神之賜；如其死亡，便謂鬼不見赦。幸而誤活，財産窮罄，遂復飢寒凍餓而死，或起爲劫剽，或穿窬斯濫〔一〇〕，喪身於鋒鏑之端，自陷於醜惡之刑，皆此之由也。或什物盡於祭祀之費耗，穀帛淪於貪濁之師巫，既没之日，無復凶器之直〔一一〕，衣衾之周〔一二〕，使尸朽蟲流，良可悼也。愚民之蔽，乃至於此哉！淫祀妖邪，禮律所禁。然而凡夫，終不可悟。唯宜王者更峻其法制，犯無輕重，致之大辟，購募巫祝不肯止者，刑之無赦，肆之市路，不過少時，必當絶息〔一三〕，所以令百姓杜凍飢之源〔一四〕，塞盜賊之萌，非小惠也。

校　釋

〔一〕第五公誅除妖道　後漢第五倫爲會稽太守，會稽俗多淫祀，好卜筮，民常以牛祭神，百姓財産以匱。倫到官，禁祀鬼神及屠牛，百姓以安。見後漢書本傳。

〔二〕宋廬江罷絶山祭　後漢書宋均傳：廬江郡屬有唐、后二山，民共祭山神，巫取百姓之男爲山公，女爲山嫗，既而民不敢嫁娶。宋均爲九江太守，令今後爲山娶者，皆娶巫家，勿擾良民。於是遂絶。

〔三〕文翁破水靈之廟　漢書文翁傳：景帝時，文翁爲蜀郡太守。水經注三十三江水注云，江水神嘗溺殺人，文翁拔劍擊之，遂不爲害。

〔四〕魏武禁淫祀之俗　魏武帝曹操，後漢末爲濟南相時，禁斷淫祀。見魏志本傳。

〔五〕前事不忘　「忘」原作「妄」，孫校云：「妄」當作「忘」。明案孫校是，今據改。

〔六〕明德惟馨　語見尚書君陳篇。言道德風行，猶如香氣遠播。

〔七〕嗇寶不夭　老子五十九章：「治人事天莫若嗇。」嗇謂愛而藏之。寶，大寶，指精氣。呂氏春秋先己篇：「凡事之本，必先治身，嗇其大寶。」

〔八〕太牢三牲　牛羊豕三牲具備謂之太牢，古時最隆之祭禮。

〔九〕俗所謂道率皆妖僞　「謂」下原無「道」字。孫校：「謂」下當有脱字。案宋浙本「謂」下有「道」字，是。今據補。

〔一〇〕或穿窬斯濫　孫校：一本作「或縱而爲穿窬」，非。案穿，穿壁；窬通踰，指踰牆，穿壁踰牆，偷盜之行。

〔一一〕無復凶器之直　凶器，指棺材。周禮天官閽人：「喪服凶器不入宫。」直，價錢。

〔二〕衣衾之周　「之」宋浙本作「不」。案「衣衾之周」，承上文「無復」而言，亦通順。

〔三〕必當絶息　宋浙本「息」下有「卒如頗嚴，而實善政」兩句。

〔四〕所以令百姓杜凍飢之源　宋浙本「姓」下有「病必親醫藥，勉强死之禍，省其大費，救其困乏」四句。當據補。「勉」通「免」。

曩者有張角柳根王歆李申之徒〔一〕，或稱千歲，假託小術，坐在立亡，變形易貌，誑眩黎庶，糾合群愚，進不以延年益壽爲務，退不以消災治病爲業，遂以招集姦黨，稱合逆亂，不純自伏其辜〔二〕，或至殘滅良人，或欺誘百姓，以規財利，錢帛山積，富踰王公，縱肆奢淫，侈服玉食〔三〕，妓妾盈室，管絃成列，刺客死士，爲其致用，威傾邦君，勢淩有司，亡命逋逃，因爲窟藪。皆由官不糾治，以臻斯患。原其所由，可爲歎息。吾徒匹夫，雖見此理，不在其位，末如之何！臨民官長，疑其有神，慮恐禁之，或致禍祟，假令頗有其懷，而見之不了，又非在職之要務，殿最之急事，而復是其愚妻頑子之所篤信，左右小人，並云不可，阻之者衆，本無至心而諫，怖者異口同聲〔四〕，於是疑惑，竟於莫敢，令人扼腕發憤者也〔五〕。余親見所識者數人，了不奉神明，一生不祈祭，身享遐年，名位巍巍，子孫蕃昌，且富且貴也。唯余亦無事於斯，唯四時祀先人而已。曾所遊歷水陸萬里，道側房廟，固以百許，而往返徑遊〔六〕，一無所過，而車馬無顛覆之變〔七〕，涉水無風波之異，屢值疫癘，當得藥物之力〔八〕，頻冒矢石，幸無傷刺之患，益知鬼神之無能爲也。又諸妖道百餘種，皆煞生血食，獨有李家道無爲爲小差。然雖不屠宰，每供福食，無有限劑，市買所具，務於豐泰，精鮮之物，不得不買，或數十人厨，費亦多矣，復未純爲清省也，亦皆宜在禁絶之列。

校釋

〔一〕張角柳根王歆李申之徒　張角，鉅鹿人，創太平道，自稱大賢良師，爲後漢末年黄巾起義軍之領袖。角遣弟子以善道傳教天下。十餘年間，徒衆數十萬，連結郡國，自青、徐、幽、冀、荆、揚、兖、豫八州之人，莫不畢應。遂置三十六方，方猶將軍號也。大方萬餘人，小方六七千，各立渠帥。宣告：「蒼天已死，黄天當立，歲在甲子，天下大吉。」爲其起義之口號。以白土書京城寺門及州郡官府，皆作甲子字。爲其約定内外共同起義之信記。皆著黄巾爲標幟，時人謂之黄巾。所在燔燒官府，佔領聚邑，州郡失據，長吏多逃亡，旬日之間，天下嚮應，京師大震。參後漢書皇甫嵩傳及三國志張魯傳注。柳根似即劉根，有道術，炫惑百姓，見後漢書方術傳。王歆，與赤眉軍同時起義之一首領，據下邳，見後漢書馮異傳。

〔二〕不純自伏其辜　「純」宋浙本作「糺」。本篇宋浙本「糾」皆作「糺」。「糺」即「糾」字。案當作「糺」。慎校本、寶顔堂本作「久」，非。

〔三〕侈服玉食　「侈」宋浙本作「侯」。漢書敘傳述貨殖傳云：「侯服玉食。」外篇守塉篇「入侯服而玉食」，並以「侯服」爲言。案當作「侯」。

〔四〕怖者異口同聲　「怖」下宋浙本有「之」字。

〔五〕令人扼腕發憤者也　孫校：「扼」舊誤作「振」，今校正。

〔六〕往返徑遊　校勘記：榮案盧本「徑遊」作「經遊」。明案藏本、魯藩本、慎校本亦作「經遊」，作「經遊」於義爲長。

〔七〕車馬無頗覆之變　「頗」宋浙本、藏本、魯藩本、慎校本皆作「傾」。案當作「傾」。

〔八〕當得藥物之力　「當」宋浙本、藏本、魯藩本、慎校本皆作「常」。案當作「常」。

或問李氏之道起於何時。余答曰：吴大帝時，蜀中有李阿者，穴居不食，傳世見之〔一〕，號爲八百歲公〔二〕。人往往問事，阿無所言，但占阿顏色〔三〕。若顏色欣然，則事皆吉；若顏容慘戚，則事皆凶；若阿含笑者，則有大慶；若微歎者，即有深憂。如此之候，未曾一失也〔四〕。後一旦忽去，不知所在。後有一人姓李名寬〔五〕，到吴而蜀語，能祝水治病頗愈，於是遠近翕然，謂寬爲李阿，因共呼之爲李八百，而實非也。自公卿以下，莫不雲集其門，後轉驕貴，不復得常見，賓客但拜其外門而退，其怪異如此。於是避役之吏民，依寬爲弟子者恒近千人，而升堂入室高業先進者，不過得祝水及三部符導引日月行炁而已，了無治身之要、服食神藥、延年駐命、不死之法也。吞氣斷穀，可得百日以還，亦不堪久，此是其術至淺可知也。余親識多有及見寬者，皆云寬衰老羸悴，起止咳噫，目瞑耳聾，齒墮髮白，漸又昏耗，或忘其子孫，與凡人無異也。然民復謂寬故作無異以欺人，豈其然乎？吴曾有大疫，死者過半。寬所奉道室，名之爲廬，寬亦得温病，託言入廬齋戒，遂死於廬中。而事寬者猶復謂之化形尸解之仙，非爲真死也。夫神仙之法，所以與俗人不同者，正以不老不死爲貴耳。今寬老則老矣，死則死矣，此其不得道，居然可知矣，又何疑乎？若謂於仙法應尸解者，何不且止人間一二百歲，住年不老〔六〕，然後去乎？天下非無仙道也，寬但非其人耳。余所以委曲論之者，寬弟子轉相教授，布滿江表，動有千許，不覺寬法之薄，不足遵承而守之，冀得度世，故欲令人覺此而悟其滯迷耳。

校釋

〔一〕傳世見之　校勘記：御覽六百六十六「傳世」作「累世」。

〔二〕「蜀中有李阿者」至「號爲八百歲公」　校補云：本書所載李阿李寬，並有李八百之名。而神仙傳分李八百與李阿爲二人，且阿無八百之號。本書謂李寬實非八百，則阿爲八百明矣。何一人著書參差若是也。張道陵二十四治圖（雲笈七籤二十八），中八品第一昌利治，注云：山在懷安軍金堂縣東，昔蜀郡李八百初學道處；下八品第五平岡治，注云：山在蜀州新津縣，昔蜀郡李阿於此山學道得仙。此言李八百又與葛異，而李阿未云有八百之名，蓋道家傳聞互異也。

〔三〕人往往問事阿無所言但占阿顏色　「往往」御覽六百六十六引只一「往」字，不重，是。「占阿」原作「占問」。校勘記：御覽六百六十六「問」作「阿」。校補云：作「阿」是也。「問」字蓋涉上文而誤。神仙傳云，或問往事，阿無所言，但占阿顏色。是其切證。今據改。

〔四〕未曾一失也　校勘記：御覽六百六十六作「未曾不審也」。明案神仙傳李阿傳亦作「未曾不審也」。

〔五〕後有一人姓李名寬　孫校：「後」疑作「復」。

〔六〕住年不老　原校：「老」藏本作「死」。明案魯藩本、實顏堂本亦作「死」。

天下有似是而非者，實爲無限，將復略説故事，以示後人之不解者。昔汝南有人於田中設繩罥以捕麏〔一〕而得者，其主未覺。有行人見之，因竊取麏而去，猶念取之不事。其上有鮑魚者，乃以一頭置罥中而去。本主來，於罥中得鮑魚，怪之以爲神〔二〕，不敢持歸。於是村里聞之，因共爲起屋立廟，號爲鮑君。後轉多奉之者，丹楹藻梲，鐘鼓不絶。病或有偶愈者，則謂有神，行道經過，莫不致祀焉。積七八年，鮑魚主後行過廟下，問其故，人具爲之説〔三〕。其鮑魚主乃曰，此是我鮑魚耳，何神之有？於是乃息。

校釋

〔一〕昔汝南有人於田中設繩罥以捕麞　「麞」下原無「而得者」至「因竊取麞」十六字。孫校云：此下有脱文。校補云：勞格讀書雜識二據太平廣記引抱朴子麞下補「而得者，其主未覺，有行人見之，因竊取麞」十六字，是也。今據補。

〔二〕本主來於罥中得鮑魚怪之以爲神　曲園曰：此文有脱誤。風俗通怪神篇載此事云，汝南鮦陽有於田得麞者，其主未往取也。商車十餘乘，經澤中行，望見麞著繩，因持去。念其不事，持一鮑魚置其處。有頃，其主往，不見所得麞，反見鮑魚，澤中非人道路，怪其如是，大以爲神。

〔三〕人具爲之説　「之説」宋浙本作「説之」。

又南頓人張助者，耕白田〔一〕，有一李栽，應在耕次。助惜之，欲持歸，乃掘取之，未得即去，以濕土封其根，以置空桑中，遂忘取之。助後作遠職不在。後其里中人，見桑中忽生李，謂之神。有病目痛者，蔭息此桑下，因祝之，言李君能令我目愈者，謝以一㹠。其目偶愈，便殺㹠祭之。傳者過差，便言此樹能令盲者得見。遠近翕然，同來請福，常車馬填溢〔二〕，酒肉滂沱，如此數年。張助罷職來還，見之，乃曰，此是我昔所置李栽耳，何有神乎？乃斫去，便止也。

校　釋

〔一〕南頓人張助者耕白田　「耕白田」御覽九百六十八引作「耕於白田」。校補云：白田，乾旱的田，没有蓄水的田。晉書傅玄傳白田與水田對舉。酈道元水經注溫水篇：白田種白穀。案張助故事見風俗通怪神篇李君神條。

〔二〕常車馬填溢　「常」上宋浙本有「其下」二字。

又汝南彭氏墓近大道，墓口有一石人〔一〕。田家老母到市買數片餅以歸，天熱，過蔭彭氏墓口樹下，以所買之餅暫著石人頭上，忽然便去，而忘取之。行路人見石人頭上有餅，怪而問之。或人云，此石人有神〔二〕，能治病〔三〕，愈者以餅來謝之。如此轉以相語，云頭痛者摩石人頭，腹痛者摩石人腹，亦還以自摩，無不愈者。遂千里來就石人治病，初但雞豚，後用牛羊〔四〕，爲立帷帳，管絃不絶，如此數年。忽日前忘餅母聞之，乃爲人説，始無復往者。

校　釋

〔一〕汝南彭氏墓近大道墓口有一石人　事見風俗通怪神篇石賢士神條。

〔二〕此石人有神　「人」原作「上」。孫校：「上」當作「土」。校補云：「石上」當作「石人」，太平廣記三百十五引此文作「石人」，是。孫星衍欲改「上」爲「土」，誤。今據校補訂正。

〔三〕能治病　校補云：太平廣記引重「病」字，今本脱。

〔四〕初但雞豚後用牛羊　「豚」原作「肭」。孫校：「肭」疑作「肫」。曲園云：「雞肭」當是「雞豚」之誤。校補云：太平廣記三百十五引作「豚」，與俞校合；又「但」作「具」，或此文作「初但具雞豚，後用牛羊」。今據以「豚」字校正。

又洛西有古大墓，穿壞多水，墓中多石灰。石灰汁主治瘡，夏月，行人有病瘡者煩熱，見此墓中水清好，因自洗浴，瘡偶便愈。於是諸病者聞之，悉往自洗，轉有飲之以治腹内疾者。近墓居人，便於墓所立廟舍而賣此水。而往買者又常祭廟中，酒肉不絶。而來買者轉多，此水盡，於是賣水者常夜竊他水以益之〔一〕。其遠道人不能往者，皆因行便或持器遺信買之〔二〕。於是賣水者大富。人或言無神，官申禁止，遂填塞之，乃絶。

校　釋

〔一〕此水盡於是賣水者常夜竊他水以益之　校補云：太平廣記引此文「盡」上有「行」字，「竊」下有「運」字，於義爲長，疑今本脱誤。明案宋浙本「竊」下有「輂」字，是。

〔二〕皆因行便或持器遺信買之　孫校：「便」藏本作「使」，「遺」當作「遣」。案宋浙本「便」

亦作「使」。

又興古太守馬氏在官，有親故人投之求恤焉。馬乃令此人出外住，詐云是神人道士，治病無不手下立愈。又令辨士遊行，爲之虛聲，云能令盲者登視，躄者即行。於是四方雲集，趨之如市，而錢帛固已山積矣〔一〕。又敕諸求治病者，雖不便愈，當告人言愈也，如此則必愈；若告人未愈者，則後終不愈也，道法正爾，不可不信。於是後人問前來者，前來輒告之云已愈，無敢言未愈者也。旬日之閒，乃致巨富焉。凡人多以小黠而大愚，聞延年長生之法，皆爲虛誕〔二〕，而喜信妖邪鬼怪，令人鼓舞祈祀。所謂神者，皆馬氏誑人之類也。聊記其數事，以爲未覺者之戒焉。

校　釋

〔一〕錢帛固已山積矣　孫校：「山積」二字舊誤倒，今校正。

〔二〕皆爲虛誕　孫校：「爲」當作「謂」。

或問曰：「世有了無知道術方伎，而平安壽考者，何也？」抱朴子曰：「諸如此者，或有陰德善行，以致福祐；或受命本長，故令難老遲死；或亦幸而偶爾不逢災傷。譬猶田獵所經，而有遺禽脱獸；大火既過，時餘不燼草木也。要於防身却害，當修守形之防禁，佩天文之符劍耳。祭禱之事無益也，當恃我之不可侵也，無恃鬼神之不侵我也。然思玄執一，含景環身，可以辟邪惡，度不祥，而不能延壽命，消體疾也。任自然無方術者，未必不有終其天年者也，然不可以值暴鬼之横枉，大疫之流行，則無以却之矣。夫儲甲胄，蓄蓑笠者，蓋以爲兵爲雨也。若幸無攻戰，時不沈陰，則有與無正同耳〔一〕。若矢石霧合，飛鋒烟交，則知裸體者之困矣；洪雨河傾，素雪彌天，則覺露立者之劇矣。不可以薺麥之細碎，疑陰陽之大氣，以誤晚學之散人，謂方術之無益也。」

校釋

〔一〕有與無正同耳　宋浙本「有」下「無」下並有「之者」二字。

抱朴子内篇卷之十　明本

或問儒道之先後。抱朴子答曰：「道者，儒之本也；儒者，道之末也。先以爲陰陽之術〔一〕，衆於忌諱〔二〕，使人拘畏；而儒者博而寡要，勞而少功；墨者儉而難遵，不可偏循〔三〕；法者嚴而少恩，傷破仁義。唯道家之教，使人精神專一，動合無形，包儒墨之善，總名法之要，與時遷移，應物變化，指約而易明，事少而功多〔四〕，務在全大宗之朴，守真正之源者也。而班固以史遷先黄老而後六經，謂遷爲謬〔五〕。夫遷之洽聞，旁綜幽隱，沙汰事物之臧否，覈實古人之邪正。其評論也，實原本於自然；其褒貶也，皆準的乎至理。不虚美，不隱惡，不雷同以偶俗。劉向命世通人，謂爲實録〔六〕；而班固之所論，未可據也〔七〕。固誠純儒，不究道意，翫其所習，難以折中。夫所謂道，豈唯養生之事而已乎？易曰：立天之道，曰陰與陽；立地之道，曰柔與剛；立人之道，曰仁與義〔八〕。又曰：易有聖人之道四焉〔九〕，苟非其人，道不虚行。又於治世隆平，則謂之有道，危國亂主，則謂之無道。又坐而論道，謂之三公〔一〇〕，國之有道，貧賤者恥焉。凡言道者，上自二儀，下逮萬物，莫不由之。但黄老執其本，儒墨治其末耳。今世之舉有道者，蓋博通乎古今，能仰觀俯察，歷變涉微，達興亡之運，明治亂之體，心無所惑，問無不對者，何必修長生之法，慕松喬之武者哉〔一一〕？而管窺諸生，臆斷瞽説，聞有居山林之間，宗伯陽之業者，則毁而笑之曰，彼小道耳，不足算也。嗟乎！所謂抱螢燭于環堵之内者，不見天光之焜爛〔一二〕；侣鰌鰕于跡水之中者〔一三〕，不識四海之浩汗。重江河之深，而不知吐之者崐崘也；珍黍稷之收，而不覺秀之者豐壤也。今苟知推崇儒術，而不知成之者由道。道也者，所以陶冶百氏，範鑄二儀，胞胎萬類，醖釀彝倫者也。世間淺近者衆，而深遠者少，少不勝衆，由來久矣〔一四〕。是以史遷雖長而不見譽，班固雖短而不見彈。然物以少者爲貴，多者爲賤，至於人事，豈獨不然？故藜藿彌原，而芝英不世；枳棘被野，而尋木間秀；沙礫無量，而珠璧甚尠；鴻隼屯飛〔一五〕，而鸞鳳罕出；虺蜴盈藪，而虬龍希覿；班生多黨，固其宜也。夫道者，内以治身，外以爲國，能令七政遵度，二氣告和，四時不失寒燠之節，風雨不爲暴物之災，玉燭表昇平之徵〔一六〕，澄醴彰德洽之符〔一七〕，焚輪虹霓寢其祅〔一八〕，積雲商羊戢其翼〔一九〕，景耀高照，嘉禾畢遂，疫癘不流，禍亂不作，壍壘不設，干戈不用，不議而當，不約而信，不結而固，不謀而成，不賞而勸，不罰而肅，不求而得，不禁而止，處上而人不以爲重，居前而人不以爲患，號未發而風移，令未施而俗易，此蓋道之治世也。故道之興也，則三五垂拱而有餘焉。道之衰也，則叔代馳騖而不足〔二〇〕焉。夫唯有餘，故無爲而化美。夫唯不足，故刑嚴而姦繁。黎庶怨於下，皇靈怒於上。或洪波橫流〔二一〕，或亢陽赤地，或山谷易體，或冬雷夏雪，或流血漂櫓，積尸築京，或坑降萬計，析骸易子，城愈高而衝愈巧，池愈深而梯愈妙〔二二〕，法令明而盜賊多，盟約數而叛亂甚，猶風波駭而魚鱉擾於淵，纖羅密而羽禽躁於澤，豺狼衆而走獸劇於林，爨火猛而小鮮糜於鼎〔二三〕也。君臣易位者有矣，父子推刃者有矣，然後忠義制名於危國，孝子收譽於敗家。疾疫起而巫醫貴矣，道德喪而儒墨重矣。由此觀之，儒道之先後，可得定矣。」

校釋

〔一〕先以爲陰陽之術　孫校：「先」下當有脫文。校勘記：榮案盧本「先」作「夫」。明案愼校本、寶顔堂本、崇文本亦作「夫」。

〔二〕衆於忌諱　校補云：「於」字無義，疑「相」之草書，形近之譌。

〔三〕不可偏循　「偏循」原作「偏修」。校補云：「偏」當作「徧」，「修」當作「循」，並字之誤也。史記太史公自序云，墨者儉而難遵，是以其事不可偏循。索隱曰：不可偏循，言難盡用也。抱朴所言，實本史記。今據改。

〔四〕指約而易明事少而功多　上述儒、墨、道、法、陰陽之要旨，略見史記太史公自序。

〔五〕「而班固」至「謂遷爲謬」　語見漢書司馬遷傳贊。

〔六〕「不虚美」至「謂爲實録」　語見漢書司馬遷傳贊。

〔七〕未可據也　孫校：「據」藏本作「遽」。案宋浙本亦作「遽」，皆非。

〔八〕「立天之道」至「曰仁與義」　語見周易説卦。

〔九〕易有聖人之道四焉　語見周易繫辭上。

〔一〇〕坐而論道謂之三公　尚書周官：「茲惟三公，論道經邦。」周禮考工記：「坐而論道，謂之王公。」

〔一一〕慕松喬之武者哉　孫校：「武」藏本作「式」。案宋浙本、魯藩本、愼校本亦作「式」。

〔一二〕天光之焜爛　「焜」宋浙本作「晃」，藏本、魯藩本作「熀」。焜爛，光明燦爛。

〔一三〕侶䱑鰕于跡水之中　䱑，音雠，小魚。鰕同蝦。

〔一四〕由來久矣　「由」宋浙本、魯藩本、愼校本作「其」。

〔一五〕鴻隼屯飛　孫校：「鴻」刻本作「鷹」。案：屯，聚也。

〔一六〕玉燭表昇平之徵　春夏秋冬四氣和謂之玉燭，見爾雅釋天。

〔一七〕澄醴彰德洽之符　澄醴即醴泉。爾雅釋天云：甘雨時降，萬物以嘉，謂之醴泉。

〔一八〕焚輪虹霓寢其袄　焚輪，穨風，即暴風從上下降。爾雅釋天云：「焚輪謂之穨。」此句言穨風與虹霓並不爲害。穨同頽。

〔一九〕穨雲商羊戢其翼　商羊，鳥名。此句言暴風不起，亂雲不翻，商羊亦不飛舞。

〔二〇〕叔代馳騖而不足　叔代，指衰世之人。馳騖，謂勞碌奔走。孝經鉤命決：三皇步，五帝趨，三王馳，五霸騖。

〔二一〕或洪波横流　孫校：藏本無「或」字。明案魯藩本亦無。

〔二二〕池愈深而梯愈妙　孫校：二「愈」字藏本作「逾」。明案宋浙本、魯藩本亦作「逾」。

〔二三〕小鮮麋於鼎　鮮，生魚。老子云：「治大國若烹小鮮。」孫校：「麋」藏本作「糜」。

或問曰：「昔赤松子王喬琴高老氏彭祖務成鬱華〔一〕皆真人，悉仕於世，不便遐遁，而中世以來，爲道之士，莫不飄然絶跡幽隱，何也？」抱朴子答曰：「曩古純朴，巧僞未萌，其信道者〔二〕，則勤而學之，其不信者，則嘿然而已。謗毁之言，不吐乎口，中傷之心，不存乎胸也。是以真人徐徐於民間，不促促於登遐耳。末俗偷薄，雕僞彌深，玄淡之化廢，而邪俗之黨繁，既不信道，好爲訕毁，謂真正爲妖訛，以神仙爲誕妄，或曰惑衆，或曰亂群，是以上士恥居其中也。昔之達人，杜漸防微，色斯而逝〔三〕，夜不待旦，覩幾而作，不俟終日。故趙害鳴犢，而仲尼旋軫〔四〕；醴酒不設，而穆生星行〔五〕；彼衆我寡，華元去之〔六〕。況乎明哲，業尚本異，有何戀之當住其間哉？夫淵竭池漉，則蛟龍不游；巢傾卵拾〔七〕，則鳳凰不集；居言于室，而翔鷗不下〔八〕；凡卉春翦，而芝蓂不秀。世俗醜正，慢辱將臻，彼有道者，安得不超然振翅乎風雲之表，而翻爾藏軌於玄漠之際乎？山林之中非有道也，而爲道者必入山林，誠欲遠彼腥膻，而即此清淨也。夫入九室以精思〔九〕，存真一以招神者，既不喜諠譁而合污穢〔一〇〕，而合金丹之大藥，鍊八石之飛精〔一一〕者，尤忌利口之愚人〔一二〕，凡俗之聞見〔一三〕，明靈爲之不降，仙藥爲之不成，非小禁也。止於人中，或有淺見毁之有司〔一四〕，加之罪福〔一五〕，或有親舊之往來，牽之以慶弔，莫若幽隱一切，免於如此之臭鼠矣。彼之邈爾獨往，得意嵩岫〔一六〕，豈不有以乎？或云：上士得道於三軍，中士得道於都市，下士得道於山林。此皆爲仙藥已成，未欲昇天〔一七〕，雖在三軍，而鋒刃不能傷，雖在都市，而人禍不能加〔一八〕，而下士未及於此，故止山林耳。不謂人之在上品者，初學道當止於三軍都市之中而得也，然則黄老可以至今不去也。」

校釋

〔一〕老氏彭祖務成鬱華　校補云：務成鬱華，道家有二説。太上老君開天經（雲笈七籤二）云，伏羲之時，老君下爲師，號曰無化子，一名鬱華子。帝堯之時，老君下爲師，號曰務成子。此謂務成鬱華諸仙，皆老子化身，蓋本道家舊説也。葛氏神仙傳辨之云，夫有天地則有道術，道術之士，何時暫乏。是以伏羲以來，至于三代，顯名道術，世世有之，何必常是一老子也。是抱朴不取舊説者矣。今以老子、務成、鬱華並列，正可與神仙傳相印證。

〔二〕其信道者　孫校：「其」下藏本有「明」字。案宋浙本、魯藩本、慎校本亦有「明」字。

〔三〕色斯而逝　論語鄉黨：「色斯舉矣。」本篇「色斯而逝」，言見人顔色不善則去之，即下文見幾而作之意。

〔四〕趙害鳴犢而仲尼旋軫　史記孔子世家云：孔丘將西見趙簡子，至於河，而聞竇鳴犢舜華之死也，臨河而嘆曰，美哉水，洋洋乎！丘之不濟此，命也夫！

〔五〕醴酒不設而穆生星行　漢書楚元王傳：初元王敬禮申公等，穆生不嗜酒，元王每置酒，常爲穆生設醴。及王戊即位，常設，後忘設焉。穆生退曰，可以逝矣！醴酒不設，王之意怠。遂謝病去。

〔六〕彼衆我寡華元去之　左傳宣公二年：鄭伐宋，宋師敗績，囚華元。宋人以車馬贖華元于鄭，半入，華元逃歸，見叔牂云云。華元曰，去之，夫其口衆我寡。

〔七〕巢傾卵拾　「拾」宋浙本作「捨」，又云一作「拾」。

〔八〕翔鷗不下　三國志魏志高柔傳裴注引孫盛曰：「機心内萌，則鷗鳥不下。」列子黄帝篇：海上之人有好漚鳥者（漚音鷗），每旦之海上從漚鳥游，漚鳥之至者百住而不止。其父曰：「吾聞漚鳥皆從汝游，汝取來，吾玩之。」明日之海上，漚鳥舞而不下。

〔九〕入九室以精思　九室，修道之静室。

〔一〇〕既不喜諠譁而合污穢　孫校：刻本無「合」字，按當有脱誤，未詳。明案「合」宋浙本作

「交」，是。

〔一〕鍊八石之飛精　神仙傳老子傳云「所出度世之法，九丹八石」等。八石見前論仙篇注。校勘記：御覽六百七十「精」作「英」。

〔二〕尤忌利口之愚人　孫校：「人」下藏本有「忌」字，非。

〔三〕凡俗之聞見　宋浙本「凡」上有「諱」字。

〔四〕或有淺見毁之有司　孫校：「毁」字當衍。

〔五〕加之罪福　孫校云：「之」下當脱「以」字，「福」當作「禍」。案宋浙本有「以」字。

〔六〕得意嵩岫　孫校云：「嵩」一本作「岩」。

〔七〕未欲昇天　校勘記：御覽六百七十作「未欲輕舉」。

〔八〕而人禍不能加　校勘記：御覽六百七十「人禍」作「凶禍」。

或問曰：「道之爲源本，儒之爲末流，既聞命矣。今之小異，悉何事乎？」抱朴子曰：「夫升降俯仰之教，盤旋三千之儀，攻守進趣之術，輕身重義之節〔一〕，歡憂禮樂之事，經世濟俗之略，儒者之所務也。外物棄智，滌蕩機變，忘富逸貴，杜遏勸沮，不恤乎窮，不榮乎達，不戚乎毁，不悦乎譽，道家之業也。儒者祭祀以祈福，而道者履正以禳邪〔二〕。儒者所愛者勢利也，道家所寶者無欲也。儒者汲汲於名利，而道家抱一以獨善。儒者所講者，相研之簿領也〔三〕；道家所習者，遺情之教戒也。夫道者，其爲也，善自修以成務〔四〕；其居也，善取人所不爭；其治也，善絶禍於未起；其施也，善濟物而不德；其動也，善觀民以用心；其靜也，善居慎而無悶〔五〕。此所以爲百家之君長，仁義之祖宗也。小異之理，其較如此，首尾汙隆，未之變也。」

校釋

〔一〕輕身重義之節　孫校：「義」藏本作「命」。案魯藩本亦作「命」。

〔二〕而道者履正以禳邪　「者」宋浙本作「家」。

〔三〕相研之簿領也　或疑「研」爲「斫」之訛。御覽六百一十引魏略：「魚豢嘗問魏禧左氏傳，禧曰，左氏，相斫書耳。」相斫書，言交戰相殺之書。

〔四〕其爲也善自修以成務　孫校：「其」藏本作「無」，誤。

〔五〕其靜也善居慎而無悶　孫校：「慎」當作「真」。或疑作「貞」。

或曰：「儒者，周孔也，其籍則六經也，蓋治世存正之所由也，立身舉動之準繩也，其用遠而業貴，其事大而辭美，有國有家不易之制也。爲道之士，不營禮教，不顧大倫，侶狐貉於草澤之中，偶猿猱於林麓之閒〔一〕，魁然流擯，與木石爲鄰，此亦東走之迷〔二〕，忘葵之甘也。」抱朴子答曰：「擿華騁豔，質直所不尚，攻蒙救惑，疇昔之所饜，誠不欲復與子較物理之善否，校得失於機吻矣。然觀孺子之墜井，非仁者之意，視瞽人之觸柱，非兼愛之謂耶？又陳梗概〔三〕，粗抗一隅。夫體道以匠物，寶德以長生者，黃老是也。黃帝能治世致太平〔四〕，而又昇仙，則未可謂之後於堯舜也。老子既兼綜禮教，而又久視，則未可謂之爲滅周孔也〔五〕。故仲尼有竊比之嘆〔六〕，未聞有疵毀之辭。而末世庸民，不得其門，修儒墨而毀道家，何異子孫而罵詈祖考哉？是不識其所自來，亦已甚矣。夫侏儒之手，不足以傾嵩華；焦僥之脛〔七〕，不足以測滄海。每見凡俗守株之儒，營營所習，不博達理，告頑舍嚚〔八〕，崇飾惡言，誣詰道家，說糟粕之滓，則若覩駿馬之過隙也，涉精神之淵，則淪溺而自失也〔九〕。猶斥鷃之揮短翅〔一〇〕，以凌陽侯之波，猶蒼蠅之力駑質〔一一〕，以涉昫猿之峻〔一二〕，非其所堪，祇足速困。然而嘍嘍守於局隘〔一三〕，聰不經曠，明不徹離〔一四〕，而欲企踵以包三光，鼓腹以奮雷靈〔一五〕，不亦蔽乎？蓋登旋璣之眇邈，則知井谷之至卑，覩大明之麗天〔一六〕，乃知鷦金之可陋〔一七〕。吾非生而知之，又非少而信之，始者蒙蒙，亦如子耳，既觀奧祕之弘修，而恨離困之不早也。五經之事，注說炳露，初學之徒，猶可不解〔一八〕。豈況金簡玉札，神仙之經，至要之言，又多不書。登壇歃血，乃傳口訣，苟非其人，雖裂地連城，金璧滿堂，不妄以示之。夫指深歸遠〔一九〕，雖得其書而不師受，猶仰不見首，俯不知跟〔二〇〕，豈吾子所詳悉哉？夫得仙者，或昇太清，或翔紫霄，或造玄洲〔二一〕，或棲板桐〔二二〕，聽鈞天之樂〔二三〕，享九芝之饌，出攜松羨於倒景之表〔二四〕，入宴常陽於瑤房之中〔二五〕，曷爲當侶狐貉而偶猿狖乎？所謂不知而作也。夫道也者，逍遥虹霓，翱翔丹霄，鴻崖六虚〔二六〕，唯意所造。魁然流擯，未爲戚也。犧腯聚處，雖被藻繡〔二七〕，論其爲樂，孰與逸麟之離群以獨往，吉光坼偶而多福哉〔二八〕？」

校釋

〔一〕偶猿猱於林麓之間　「猱」宋浙本作「狖」，當作狖。狖，猨屬，長尾而昂鼻，見淮南子覽冥篇高注。

〔二〕東走之迷　韓非子説林上：慧（惠）子曰，狂者東走，逐者亦東走。其東走則同，其所以東走之爲則異。

〔三〕耶又陳梗概　孫校：「耶」當作「即」。明案宋浙本「耶」作「邪」，「邪」同「耶」。慎校本、寶顔堂本「耶又」作「又聊」。

〔四〕黄帝能治世致太平　「能」宋浙本、藏本、魯藩本、慎校本皆作「既」，當作「既」。

〔五〕未可謂之爲減周孔也　慎校本、寶顔堂本、崇文本「減」下有「於」字。

〔六〕仲尼有竊比之嘆　孔丘適周，問禮於老子。老子曰，良賈深藏若虚，君子盛德，容貌若愚，去子之驕氣與多慾，態色與淫志云云。孔丘謂弟子曰，吾今日見老子，其猶龍耶？蓋龍吾不能知其乘風雲而上天也。見史記老莊申韓列傳。此即謂仲尼有竊比之嘆。

〔七〕焦僥之脛　焦僥亦作僬僥。山海經大荒南經云：有小人名曰焦僥之國。列子湯問篇：從中州以東四十萬里得僬僥國，人長一尺五寸。

〔八〕告頑舍嚚　「舍」原作「令」。孫校：「令」當作「舍」。是。左傳文公十八年：「告之則頑，舍之則嚚。」今據改。

〔九〕則淪溺而自失也　孫校：「則」下當脱二字。

〔一〇〕斥鷃之揮短翅　斥鷃亦作尺鷃，小鳥。

〔一一〕猶蒼蠅之力駑質　孫校：「猶」字當衍，藏本脱「蒼」字「之」字。明案魯藩本亦脱「蒼」「之」二字，「蠅」訛爲「蠅」。

〔一二〕以涉眴猿之峻　原校：「眴」一作「日」。孫校：「眴」當作「眴」。案孫校是。「眴」與「眩」古字通。淮南子俶真篇：「臨蝯眩之岸。」蝯或作猨。

〔一三〕然而嘍嘍守於局隘　嘍嘍，煩瑣貌。

〔一四〕聰不經曠明不徹離　曠，師曠，耳聰能善辨音。離，離朱，古之明目者。

〔一五〕鼓腹以奮雷靈　孫校：「奮」當作「奪」。案宋浙本「靈」作「震」。「靈」下宋浙本有「拘桎不移」四字。

〔一六〕覩大明之麗天　「明」宋浙本作「鵬」，「麗」作「彌」。大明，指日月。

〔一七〕知鵮金之可陋　宋浙本「鵮金」作「鵮鵮」。鵮金，疑謂鵮明鳥羽上之金光。

〔一八〕猶可不解　「可」宋浙本作「多」，慎校本、柏筠堂本作「有」。

〔一九〕夫指深歸遠　宋浙本此句下有「匪徒數仞」四字。

〔二〇〕俯不知跟　孫校：「跟」藏本作「根」。案宋浙本、魯藩本亦作「根」。

〔二一〕或造玄洲　玄洲，十洲之一，人跡罕絶處。海内十洲記云：玄洲在北海之中，上有太玄都，饒金芝玉草。

〔二二〕或棲板桐　原校：「板」或作「枝」。明案：板桐，山名，崑崙墟三山之一。楚辭莊忌哀時命云：望閬風之板桐。洪氏補注引博雅曰：崑崙虚有三山，閬風、板桐、玄圃。

〔二三〕聽鈞天之樂　鈞天之樂，古神話傳説天上之音樂。昔趙簡子疾，五日不知人。及簡子寤，語大夫曰，我之帝所甚樂，與百神游於鈞天，廣樂九奏萬舞，其聲動人心。見史記趙世家。

〔二四〕出攜松羨於倒景之表　松，赤松子；羨，羨門子高，傳説皆是古之仙人。見劉向列仙傳王圓照校正本。

〔二五〕入宴常陽於瑶房之中　常，平常生；陽，陵陽子明，皆是所謂修道之人，見列仙傳。

〔二六〕鴻崖六虚　六虚，上下四方。

〔二七〕犧腯聚處雖被藻繡　犧，宗廟之牲，色純白曰犧，如犧牛犧羊。腯，豕豚肥盛。莊周不欲爲被文繡之犧牛，見莊子列禦寇篇。

〔二八〕吉光坼偶而多福哉　吉光，神獸，見對俗篇注。

抱朴子内篇卷之十一　仙藥

抱朴子曰：神農四經〔一〕曰，上藥令人身安命延，昇爲天神〔二〕，遨遊上下，使役萬靈〔三〕，體生毛羽，行厨立至〔四〕。又曰，五芝〔五〕及餌丹砂、玉札、曾青、雄黄、雌黄〔六〕、雲母、太乙禹餘糧，各可單服之，皆令人飛行長生。又曰，中藥養性，下藥除病，能令毒蟲不加，猛獸不犯，惡氣不行，衆妖併辟。又孝經援神契曰，椒薑禦濕，菖蒲益聰，巨勝延年〔七〕，威喜辟兵〔八〕。皆上聖之至言，方術之實録也，明文炳然，而世人終於不信，可歎息者也。

校　釋

〔一〕神農四經　孫校：太平御覽九百八十四引無「四」字。明案外篇廣譬篇：「神農不九疾，則四經之道不垂。」當有「四」字。博物志引神農經曰，上藥養命，中藥養性，下藥治病云云，大抵與此相同。唯本篇所言上藥，講張度仙之作用，是其異者。

〔二〕昇爲天神　孫校：藏本無「爲」字，御覽引「神」下有「仙」字。按魯藩本亦無「爲」字。

〔三〕使役萬靈　「使役」一本及御覽九百八十四引作「役使」。

〔四〕行厨立至　前金丹篇云：欲致行厨，取黑丹和水，以塗左手，其所求如口所道，皆自至。

〔五〕又曰五芝　校勘記：御覽九百八十四「五芝」上有「餌」字。明案影宋本御覽無。

〔六〕雄黄雌黄　孫校：御覽引無「雌黄」二字。

〔七〕巨勝延年　神農本草經云：胡麻一名巨勝，味甘平，補五内，益氣力，久服輕身不老。

〔八〕威喜辟兵　威喜，木芝名。本篇下文云，木威喜芝，夜視有光，燒之不燃，帶之辟兵。

仙藥之上者丹砂，次則黄金，次則白銀，次則諸芝，次則五玉，次則雲母〔一〕，次則明珠，次則雄黄，次則太乙禹餘糧，次則石中黄子，次則石桂，次則石英，次則石腦，次則石硫黄〔二〕，次則石䊽，次則曾青，次則松柏脂、茯苓、地黄、麥門冬、木巨勝、重樓、黄連、石韋、楮實、象柴〔三〕，一名托盧〔四〕是也。或云仙人杖，或云西王母杖〔五〕，或名天精，或名却老，或名地骨，或名苟杞也。天門冬，或名地門冬，或名莚門冬，或名顛棘，或名淫羊食，或名管松，其生高地，根短而味甜，氣香者善。其生水側下地者，葉細似蘊而微黄，根長而味多苦，氣臭者下，亦可服食。然喜令人下氣，爲益尤遲也。服之百日，皆丁壯，倍駛〔六〕於朮及黄精也。入山便可蒸，若煮啖之，取足可以斷穀〔七〕。若有力可餌之，亦可作散，并及絞其汁作酒〔八〕，以服散尤佳。楚人呼天門冬爲百部，然自有百部草，其根俱有百許，相似如一也，而其苗小異也。真百部苗似拔揳〔九〕，唯中以治欬及殺蝨耳，不中服食，不可誤也。如黄精一名白及，而實非中以作糊之白及也。按本草藥之與他草同名者甚多，唯精博者能分別之，不可不詳也。黄精一名兔竹〔一〇〕，一名救窮〔一一〕，一名垂珠〔一二〕。服其花勝其實，服其實勝其根，但花難多得。得其生花十斛，乾之纔可得五六斗〔一三〕耳，而服之日可三合，非大有役力者不能辨也〔一四〕。服黄精僅十年，乃可大得其益耳〔一五〕。俱以斷穀不及朮，朮餌令人肥健，可以負重涉險，但不及黄精甘美易食，凶年可以與老小休糧〔一六〕，人不能別之，謂爲米脯也。

校釋

〔一〕次則雲母　孫校：御覽九百八十四引「雲母」作「五雲」。

〔二〕次則石硫黄　孫校：御覽九百八十四引「黄」作「丹」。明案「硫」一作「流」。石硫黄亦名硫黄。神農本草經云，主治疽痔惡血，能化金銀銅鐵奇物。

〔三〕象柴　孫校：御覽、大觀本草引「象」作「家」。

〔四〕一名托盧　「托」原作「純」。孫校：御覽、大觀本草引「純」作「托」。校補云，作「托盧」是也。「純」乃「托」字形近之譌。說文木部云，宅櫨木出宏農山。列仙傳云，陸通好養生，食槖盧木及蕪青子。周禮掌染草注云，染草，茅蒐、槖蘆、豕首之屬。托與宅、槖，盧與蘆、櫨，並聲同相通。今據改。

〔五〕或云仙人杖或云西王母杖　校勘記云，御覽九百八十四「或云」作「或名」，兩句皆同。

〔六〕倍駛　孫校：「駛」舊誤作「駃」，今校正。明案駛，音試，馬疾行，此喻成效快速。

〔七〕若煮啖之取足可以斷穀　一本無「若」字，「取」上有「若」字，「取」下有「長服」二字。

〔八〕并及絞其汁作酒　一本無「及」字。重修政和證類本草六引作「并擣絞其汁作液」。

〔九〕真百部苗似拔楔　重修政和證類本草九云：百部根主治咳嗽上氣。本篇謂其能治欬及殺蝨。拔楔亦作菝葜。重修政和證類本草八云：菝葜，主腰背寒痛風痹。

〔一〇〕黄精一名兔竹　孫校：御覽九百八十九引「兔」作「鹿」。校勘記云，遍檢御覽衆本並作「菟」，校語以爲作「鹿」，未知何據？明案影宋本御覽亦作「菟」，「鹿」字殆「兔」形近之譌。

〔一一〕一名救窮　孫校：「救窮」御覽引作「雞格」。

〔一二〕一名垂珠　孫校：「垂」御覽引作「岳」。

〔一三〕纔可得五六斗　孫校：「斗」御覽引作「升」。

〔一四〕不能辨也　一本、崇文本「辨」作「辦」。

〔一五〕乃可大得其益耳　校勘記：御覽九百八十九引作「乃可得益壽」。明案影宋本御覽無「壽」字，博物志曰，太陽之草，名曰黄精，餌之可以長生。

〔一六〕凶年可以與老小休糧　孫校：「休」大觀本草引作「代」。

五芝者，有石芝，有木芝，有草芝，有肉芝，有菌芝〔一〕，各有百許種也。

校釋

〔一〕「五芝者有石芝」至「菌芝」 本書遐覽篇著録有木芝圖、菌芝圖、肉芝圖、石芝圖、大魄雜芝圖。

石芝者，石象芝生於海隅名山〔一〕，及島嶼之涯有積石者〔二〕，其狀如肉象有頭尾四足者，良似生物也，附於大石，喜在高岫險峻之地，或却著仰綴也。赤者如珊瑚，白者如截肪，黑者如澤漆，青者如翠羽，黄者如紫金，而皆光明洞徹如堅冰也。晦夜去之三百步〔三〕，便望見其光矣。大者十餘斤，小者三四斤，非久齋至精，及佩老子入山靈寶五符，亦不能得見此輩也〔四〕。凡見諸芝，且先以開山却害符置其上，則不得復隱蔽化去矣。徐徐擇王相之日，設醮祭以酒脯，祈而取之，皆從日下禹步閉氣而往也。又若得石象芝，擣之三萬六千杵，服方寸匕〔五〕，日三，盡一斤，則得千歲；十斤，則萬歲。亦可分人服也。又玉脂芝，生於有玉之山，常居懸危之處，玉膏流出，萬年已上，則凝而成芝，有似鳥獸之形，色無常彩，率多似山玄水蒼玉也〔六〕。亦鮮明如水精，得而末之，以無心草汁和之，須臾成水，服一升，得一千歲也。七明九光芝，皆石也，生臨水之高山石崖之間，狀如盤椀，不過徑尺以還，有莖蔕連綴之，起三四寸，有七孔者，名七明，九孔者名九光，光皆如星，百餘步內，夜皆望見其光，其光自別，可散不可合也。常以秋分伺之得之〔七〕，擣服方寸匕，入口則翕然身熱，五味甘美，盡一斤則得千歲，令人身有光，所居暗地如月，可以夜視也〔八〕。石蜜芝，生少室石户中，户中便有深谷〔九〕，不可得過，以石投谷中，半日猶聞其聲也。去户外十餘丈有石柱，柱上有偃蓋石，高度徑可一丈許，望見蜜芝從石户上墮入偃蓋中〔一〇〕，良久，輒有一滴，有似雨後屋之餘漏，時時一落耳。然蜜芝墮不息，而偃〔一一〕蓋亦終不溢也。户上刻石爲科斗字，曰得服石蜜芝一斗者壽萬歲。諸道士共思惟其處，不可得往，唯當以椀器著勁竹木端以承取之，然竟未有能爲之者。按此石户上刻題如此，前世必已有得之者也。石桂芝，生名山石穴中〔一二〕，似桂樹而實石也。高尺許，大如徑尺〔一三〕，光明而味辛〔一四〕，有枝條，擣服之一斤得千歲也。石中黄子，所在有之，沁水山〔一五〕爲尤多。其在大石中，則其石常潤濕不燥，打其石有數十重，乃得之。在大石中，赤黄溶溶，如雞子之在其殼中也。即當飲之，不飲則堅凝成石〔一六〕，不復中服也。法正當及未堅時飲之，既凝則應末服也。破一石中，多者有一升，少者有數合，可頓服也。雖不得多，相繼服之，共計前後所服〔一七〕，合成三升〔一八〕，壽則千歲。但欲多服，唯患難得耳。石腦芝，生滑石中〔一九〕，亦如石中黄子狀，但不皆有耳。打破大滑石千許，乃可得一枚。初破之，其在石中，五色光明而自動，服一升得千歲矣〔二〇〕。石硫黄芝〔二一〕，五岳皆有，而箕山爲多。其方言許由就此服之而長生，故不復以富貴累意，不受堯禪也。石硫丹者，石之赤精〔二二〕，蓋石硫黄之類也。皆浸溢於崖岸之間，其濡濕者可丸服，其已堅者可散服，如此有百二十〔二三〕，皆石芝也，事在太乙玉策及昌宇内記〔二四〕，不可具稱也。

校釋

〔一〕生於海隅名山　校勘記：御覽九百八十五作「海隅石山」。

〔二〕有積石者　校勘記：御覽九百八十五作「肉芝者」，無「有積石」三字。

〔三〕晦夜去之三百步　孫校：「三」御覽九百八十五引作「一二」。

〔四〕亦不能得見此輩也　校勘記：御覽九百八十五引「此輩也」作「此光也」。明案影宋本御覽無「光也」二字。

〔五〕服方寸匕　方寸匕，量藥具，作匕正方一寸，抄散藥取不落爲度，武威漢墓出土醫藥簡牘中有方寸匕之稱。

〔六〕「又玉脂芝生於有玉之山」至「似山玄水蒼玉也」　曲園云：玉藻篇，公侯佩山玄玉，大夫佩水蒼玉。注曰，玉有山玄水蒼者，視之文色所似也。正義曰，玉色似山之玄而雜有文，似水之蒼而雜有文。然則山玄水蒼初非一色，此玉芝殆亦或玄或蒼者歟？

〔七〕常以秋分伺之得之　校勘記：御覽九百八十五「伺之」作「伺而」。案影宋本御覽仍作

「伺之」。

〔八〕可以夜視也　校勘記：御覽九百八十五「夜視」作「夜視書」。

〔九〕户中便有深谷　一本「便」作「更」。

〔一〇〕從石户上墮入偃蓋中　「墮」原作「隨」。孫校云：御覽九百八十五引「隨」作「墮」。明案當作「墮」，今據訂正。

〔一一〕「有一滴」至「而偃」　孫校：自「有一」至「而偃」二十四字，各本皆脱去，御覽引有，今據之補全。

〔一二〕石桂芝生名山石穴中　校勘記：藝文類聚八十九「石桂芝」作「石桂英芝」。

〔一三〕大如徑尺　孫校：「如」字疑衍。明案寶顔堂本、崇文本並無「如」字。

〔一四〕光明而味辛　校勘記：御覽九百八十五「光明」作「色明」。明案影宋本御覽仍作「光明」。

〔一五〕沁水山　孫校：本草圖經引作「近水之山」。

〔一六〕不飲則堅凝成石　校勘記：御覽九百八十五「則堅凝」作「則漸堅凝」。

〔一七〕共計前後所服　「共」原作「其」，「前」下原無「後」字。校勘記：御覽九百八十五「所」作「後」。校補云：「其」當作「共」，形近之誤；「前」下脱一「後」字。御覽九百八十五引「其」正作「共」，「前」下正有「後」字。明案影宋本御覽引此文作「其計前後所服」，則校勘記與校補所據之御覽，本各有異也。審察文意，當作「共計前後所服」，今據訂補。

〔一八〕合成三升　孫校：「升」御覽引作「斗」。

〔一九〕石腦芝生滑石中　校勘記：御覽九百八十五「石腦芝」作「石脛芝」。

〔二〇〕服一升得千歲矣　孫校：「升」御覽引作「斗」。明案影宋本御覽仍作「升」。

〔二一〕石硫黃芝　孫校：御覽九百八十七引無「芝」字。

〔二二〕石硫丹者石之赤精　校勘記：御覽九百八十七作「石流赤山之赤精」。上下文「硫」皆作「流」。明案影宋本御覽標題作「石流赤」，引文作「石流丹者山之赤精」。

〔二三〕如此有百二十　校勘記：御覽九百八十七作「百二十種」。校補云，有「種」字是也，下文頻言百二十種。

〔二四〕昌宇内記　原校：「宇」一作「字」。明案作「字」非。本書對俗篇稱玉策記及昌宇經。昌宇，人名，傳説與力牧等並爲黄帝之臣。參雲笈七籤七十九五嶽真形圖法。

及夫木芝者，松柏脂淪入地千歲〔一〕，化爲茯苓，茯苓萬歲，其上生小木，狀似蓮花，名曰木威喜芝。夜視有光，持之甚滑，燒之不然〔二〕，帶之辟兵。以帶雞而雜以他雞十二頭共籠之，去之十二步，射十二箭，他雞皆傷，帶威喜芝者終不傷也。從生門上採之，於六甲陰乾之，百日，末服方寸匕，日三，盡一枚，則三千歲也。千歲之栝木〔三〕，其下根如坐人，長七寸，刻之有血，以其血塗足下，可以步行水上不没；以塗人鼻以入水，水爲之開，可以止住淵底也；以塗身則隱形，欲見則拭之。又可以治病，病在腹內，刮服一刀圭〔四〕，其腫痛在外者，隨其所在刮一刀圭，即其腫痛所在以摩之〔五〕，皆手下即愈，假令左足有疾，則刮塗人之左足也〔六〕。又刮以雜巨勝爲燭，夜遍照地下，有金玉寶藏，則光變青而下垂，以鍤掘之可得也。末之，服盡十斤則千歲也。又松樹枝三千歲者，其皮中有聚脂，狀如龍形，名曰飛節芝〔七〕，大者重十斤，末服之，盡十斤〔八〕，得五百歲也。又有樊桃芝，其木如昇龍，其花葉如丹羅，其實如翠鳥，高不過五尺，生於名山之陰，東流泉水之土〔九〕，以立夏之候伺之〔一〇〕，得而末服之，盡一株得五千歲也。參成芝，赤色有光，扣之枝葉，如金石之音，折而續之，即復如故。木渠芝，寄生大木上，如蓮花，九莖一叢，其味甘而辛。建木芝，實生於都廣，其皮如纓蛇，其實如鸞鳥〔一一〕。此三芝得服之，白日昇天也。黄盧子、尋木華、玄液華，此三芝生於泰山要鄉及奉高，有得而服之，皆令人壽千歲。黄蘗檀桓芝者，千歲黄蘗木下根，有如三斛器，去本株一二丈，以細根相連狀如縷〔一二〕，得末而服之，盡一枚則成地仙不死也。此輩復百二十種〔一三〕，自有圖也。

校釋

〔一〕松柏脂淪入地千歲　孫校：刻本無「柏」字，非。明案翻譯名義集卷三七寶篇注引無「柏」字，是。

〔二〕燒之不然　孫校：御覽九百八十五、大觀本草引「然」作「焦」。

〔三〕千歲之栝木　孫校：「栝木」御覽九百九十二引作「射干」，按所引爲藥部射干門，當不誤也。校勘記曰：御覽九百八十六作「括木」，校語宜先舉出。

〔四〕刮服一刀圭　明案「服」原作「腹」，「刮腹」於文義不合，蓋涉上文「病在腹内」而誤。魯藩本、慎校本、寶顔堂本並作「刮服」，今據校正。

〔五〕即其腫痛所在以摩之　孫校：藏本無「即」字。

〔六〕則刮塗人之左足也　「塗」原作「射」。孫校：「射」下當有「干」字。校勘記：御覽九百八十六作「則刮塗之」，無「射人」二字。校補云，孫星衍所校未是，御覽所引亦未盡是，疑本作「假令左足有疾，則刮人之左足也」，今本有「射」字，即「刮」字之譌衍。明案校補之説亦未是，所謂「刮人之左足」，文義不完，當依影宋本御覽九百八十六作「則刮塗人左足也」。今據訂正。

〔七〕名曰飛節芝　「曰」下原有「日」字。孫校：御覽九百五十三、九百八十六引皆無「日」字。校補云：「日」即「曰」之譌衍。明案當無「日」字，今據删。

〔八〕末服之盡十斤　孫校：「十」御覽九百八十六引作「一」。

〔九〕東流泉水之土　「土」藏本、魯藩本、慎校本、寶顔堂本、一本及御覽九百八十六引皆作「上」。案當作「上」。

〔一〇〕以立夏之候伺之　孫校：「立夏」御覽引作「夏至」。

〔一一〕「建木芝實」至「其實如鸞鳥」　上「實」字一本作「止」；下「實」字，孫校：「實」御覽引作「文」。山海經海内南經：有木其狀如牛，引之有皮，若纓、黄蛇，其葉如羅，其實如欒，其名曰建木。

〔一二〕以細根相連狀如縷　「以」字上寶顔堂本、崇文本有「有」字。

〔一三〕此輩復百二十種　「復」下寶顔堂本、崇文本有「有」字。

草芝有獨揺芝，無風自動，其莖大如手指，赤如丹，素葉似莧，其根有大魁如斗，有細者如雞子十二枚，周繞大根之四方，如十二辰也，相去丈許，皆有細根，如白髮以相連，生高山深谷之上，其所生左右無草。得其大魁末服之，盡則得千歲，服其細者一枚百歲，可以分他人也。懷其大根即隱形，欲見則左轉而出之。牛角芝，生虎壽山及吴坂上，狀似葱，特生如牛角，長三四尺，青色，末服方寸匕，日三，至百日〔一〕，則得千歲矣。龍仙芝，狀如昇龍之相負也，以葉爲鱗，其根則如蟠龍，服一枚則得千歲矣。麻母芝，似麻而莖赤色，花紫色。紫珠芝，其花黄〔二〕，其葉赤，其實如李而紫色，二十四枝輒相連，而垂如貫珠也。白符芝，高四五尺，似梅，常以大雪而花，季冬而實。朱草芝，九曲，曲有三葉，葉有三實也。五德芝，狀似樓殿，莖方，其葉五色各具而不雜，上如偃蓋，中常有甘露，紫氣起數尺矣。龍銜芝，常以仲春對生，三節十二枝，下根如坐人。凡此草芝，又有百二十種，皆陰乾服之，則令人與天地相畢，或得千歲二千歲。

校釋

〔一〕日三至百日　校補云：「日三」句，語意不完，御覽九百八十六引作「日三服」，近是，今本蓋脱「服」字。明案校補之説非，本篇「日三」語法衆多，如石象芝、木威喜芝、千歲靈龜等，皆云「日三」，意謂日三服，未必脱「服」字也。

〔二〕紫珠芝其花黄　「珠」上原無「紫」字。校勘記云：「珠芝」藝文類聚九十八作「紫朱芝」。此脱「紫」字，作「朱」者，彼誤也。據下文，如李而紫色，垂如貫珠，明當作「紫珠芝」。明案校勘記之説是矣，御覽九百八十六引正作「紫珠芝」，今據補。

肉芝者，謂萬歲蟾蜍，頭上有角，頷下有丹書八字再重〔一〕，以五月五日日中時取之〔二〕，陰乾百日，以其左足畫地，即爲流水，帶其左手於身，辟五兵，若敵人射己者，弓弩矢皆反還自向也。千歲蝙蝠，色白如雪，集則倒縣，腦重故也。此二物得而陰乾末服之，令人壽四萬歲〔三〕。千歲靈龜，五色具焉，其雄額上兩骨起似角〔四〕，以羊血浴之，乃剔取其甲，火炙擣服方寸匕，日三，盡一具，壽千歲。行山中，見小人乘車馬，長七八寸者，肉芝也，捉取服之即仙矣。風生獸似貂〔五〕，青色，大如狸，生於南海大林中，張網取之，積薪數車以燒之，薪盡而此獸在灰中不然，其毛不焦，斫刺不入，打之如皮囊，以鐵鎚鍛其頭數十下乃死〔六〕，死而張其口以向風，須臾便活而起走，以石上菖蒲塞其鼻即死。取其腦以和菊花服之，盡十斤，得五百歲也。又千歲鷰，其窠户北向，其色多白而尾掘〔七〕，取陰乾，末服一頭五百歲。凡此又百二十種，此皆肉芝也。

校　釋

〔一〕八字再重　「再」字原作「體」。校勘記云：藝文類聚九十八、御覽三十一、九百四十九「體重」作「再重」；按再重，謂「八」字作「八八」也。明案當作「再」，今據改。

〔二〕以五月五日日中時取之　「日」下原不重「日」字。校補云：此句文義不完，御覽引重「日」字是也。類聚引「中」作「午」，亦通。今據御覽九百四十九補。

〔三〕令人壽四萬歲　校勘記：御覽九百四十六無「四」字。明案影宋本御覽有。

〔四〕其雄額上兩骨起似角　校勘記云：御覽九百三十一「似角」下有「解人言，浮于蓮葉之上，或在叢蓍之下」十五字；案對俗篇有此一段，其下文不同，上文僅異二字。藝文類聚九十六、初學記三十、御覽八所引，皆屬彼篇，與此無涉。

〔五〕風生獸似貂　校勘記：御覽九百八「風生獸」作「風母獸」，引在風母門，當不誤也。案

「貂」，慎校本、寶顔堂本、崇文本及御覽九百八引皆作「豹」。十洲記炎洲上有風生獸似豹。此當作豹。

〔六〕以鐵鎚鍛其頭數十下乃死　「十」原作「千」。原校：「千」或作「十」。校補云：十洲記説風生獸亦作數十下，疑「千」當作「十」，原校近是。曲園曰：玉篇犬部，獱𤞤獸有尾，小打即死，因風更生；廣韻一東，獱𤞤狀如猿，逢人則叩頭，小打便死，得風還活，出異物志。二書所言小打即死，與此云鐵鎚鍛數千下乃死者不同，意抱朴亦止就書籍所載言之，未必親見也。明案古籍輾轉抄寫，以訛傳訛者多矣。此文「數千下」，當爲「數十下」之誤，今據訂正。

〔七〕其色多白而尾掘　孫校：御覽九百八十八引「尾」下有「曲」字。校勘記云：「而尾掘」御覽九百二十二作「而尾屈」，九百八十六作「而尾毛堀」，一本作「而尾毛掘」。堀、掘皆與屈相當，九百八十八不引，校語所謂有「曲」字者，未審何據？

菌芝，或生深山之中，或生大木之下，或生泉之側〔一〕，其狀或如宫室，或如車馬，或如龍虎，或如人形，或如飛鳥，五色無常，亦百二十種，自有圖也。皆當禹步往采取之，刻以骨刀，陰乾末服方寸匕，令人昇仙，中者數千歲，下者千歲也。

校　釋

〔一〕或生泉之側　孫校：「泉」下御覽九百八十六有「水」字。

欲求芝草，入名山，必以三月九月，此山開出神藥之月也，勿以山佷日〔一〕，必以天輔時，三奇會尤佳。出三奇吉門到山，須六陰之日，明堂之時，帶靈寶符，牽白犬，抱白雞，以白鹽一斗，及開山符檄，著大石上，執吴唐草一把以入山〔二〕，山神喜，必得芝也。又采芝及服芝，欲得王相專和之日〔三〕，支干上下相生爲佳。此諸芝名山多有之，但凡庸道士，心不專精，行穢德薄，又不曉入山之術，雖得其圖，不知其狀，亦終不能得也。山無大小，皆有鬼神，其鬼神不以芝與人，人則雖踐之，不可見也。

校　釋

〔一〕勿以山佷日　此句未詳。校補云：「佷」字於義無取，「佷」當作「浪」，言當三月九月山出神葯，既入名山，不可流連山之風景而費日也，御覽九百八十六引作「浪」。案此可聊備一說。

〔二〕執吴唐草一把以入山　原校：「草」或作「花」。

〔三〕欲得王相專和之日　「專」一本作「合」。

又，雲母有五種，而人多不能分別也，法當舉以向日，看其色，詳占視之，乃可知耳。正爾於陰地視之，不見其雜色也。五色並具而多青者名雲英，宜以春服之。五色並具而多赤者名雲珠，宜以夏服之。五色並具而多白者名雲液，宜以秋服之。五色並具而多黑者名雲母，宜以冬服之。但有青黄二色者名雲沙，宜以季夏服之。晶晶純白名磷石〔一〕，可以四時長服之也。服五雲之法，或以桂葱水玉化之以爲水，或以露於鐵器中，以玄水熬之爲水，或以硝石合於筒中埋之爲水，或以蜜搜爲酪〔二〕，或以秋露漬之百日，韋囊挻以爲粉〔三〕，或以無巔草樗血合餌之，服之一年，則百病除〔四〕，三年久服〔五〕，老公反成童子，五年不闕，可役使鬼神〔六〕，入火不燒，入水不濡，踐棘而不傷膚〔七〕，與仙人相見。又他物埋之即朽，著火即焦〔八〕，而五雲以納猛火中，經時終不然，埋之永不腐敗，故能令人長生也。又云，服之十年，雲氣常覆其上，服其母以致其子，理自然也〔九〕。又向日看之，晻晻純黑色起者，不中服，令人病淋發瘡。雖水餌之，皆當先以茅屋霤水，若東流水露水，漬之百日，淘汰去其土石，乃可用耳。中山衛叔卿服之，積久能乘雲而行，以其方封之玉匣之中，仙去之後，其子名度世〔一〇〕，及漢使者梁伯，得而按方合服，皆得仙去。

校釋

〔一〕晶晶純白名磷石　校勘記：御覽八百八「純白」下有「者」字。校補云：有「者」字是也，蓋以上句例相同故。皛皛，見前金丹篇注。

〔二〕或以蜜搜爲酪　崇文本「搜」作「溲」。

〔三〕韋囊挻以爲粉　挻，音羶，揉也。

〔四〕則百病除　孫校：「除」藏本作「愈」。

〔五〕三年久服　孫校：藏本無「久服」二字。

〔六〕五年不闕可役使鬼神　孫校：「不闕可」三字藏本作「則」。

〔七〕踐棘而不傷膚　孫校：藏本無「而」字「膚」字。

〔八〕著火即焦　孫校：「著火」藏本作「燒之」。

〔九〕理自然也　孫校：大觀本草玉石部引小有異，據之改補。

〔一〇〕其子名度世　原無「度」字，神仙傳衛叔卿傳：「但見其子名度世。」今據補。

又，雄黃當得武都山所出者，純而無雜，其赤如雞冠，光明曄曄者，乃可用耳。其但純黃似雄黃色〔一〕，無赤光者，不任以作仙藥，可以合理病藥耳。餌服之法，或以蒸煮之，或以酒餌，或先以硝石化爲水乃凝之〔二〕，或以玄胴腸〔三〕裹蒸之於赤土下，或以松脂和之，或以三物煉之，引之如布，白如冰，服之皆令人長生，百病除，三尸下〔四〕，瘢痕滅，白髮黑，墮齒生，千日則玉女來侍，可得役使，以致行厨。又玉女常以黃玉爲誌，大如黍米，在鼻上，是真玉女也，無此誌者，鬼試人耳。

校　釋

〔一〕其但純黄似雄黄色　孫校：大觀本草引「雄」作「雌」。

〔二〕或先以硝石化爲水乃凝之　孫校：「硝」大觀本草引作「消」。

〔三〕或以玄胴腸　孫校：大觀本草引「玄胴腸」作「猪胴」二字。

〔四〕三尸下　一本無此句。

玉亦仙藥，但難得耳。玉經曰：服金者壽如金，服玉者壽如玉也。又曰：服玄真者，其命不極。玄真者，玉之别名也。令人身飛輕舉，不但地仙而已。然其道遲成，服一二百斤，乃可知耳。玉可以烏米酒及地榆酒化之爲水〔一〕，亦可以葱漿消之爲粭，亦可餌以爲丸，亦可燒以爲粉，服之一年已上，入水不霑，入火不灼，刃之不傷，百毒不犯也。不可用已成之器，傷人無益，當得璞玉，乃可用也，得于闐國白玉尤善。其次有南陽徐善亭部界中玉及日南盧容水中玉亦佳。赤松子以玄蟲血漬玉爲水而服之，故能乘烟上下也〔二〕。玉屑服之與水餌之，俱令人不死。所以爲不及金者，令人數數發熱，似寒食散狀也〔三〕。若服玉屑者，宜十日輒一服雄黄丹砂各一刀圭，散髮洗沐寒水，迎風而行，則不發熱也。

董君異嘗以玉醴與盲人服之〔四〕，目旬日而愈。有吴延稚者，志欲服玉，得玉經方不具，了不知其節度禁忌，乃招合得珪璋環璧，及校劍〔五〕所用甚多，欲餌治服之，後余爲説此不中用，乃歎息曰：事不可不精，不但無益，乃幾作禍也。

校釋

〔一〕玉可以烏米酒及地榆酒化之爲水　校勘記：御覽八百五「米」作「珠」；烏米酒烏珠酒皆不他見，未審孰是。

〔二〕故能乘烟上下也　孫校：御覽八百五引「烟」下有「霞」字。

〔三〕似寒食散狀也　寒食散方，漢張機製。寒食散一名五石散。世説新語言語篇何晏服五石散。此散宜寒食，冷水洗取寒，唯酒欲熱飲，不爾，百病生焉。余嘉錫撰有寒食散考。

〔四〕董君異嘗以玉醴與盲人服之　董奉，字君異，侯官人，見神仙傳董奉傳。

〔五〕乃招合得珪璋環璧及校劍　原校：「招」一作「始」，「校」一作「裝」。

又，銀但不及金玉耳，可以地仙也。服之法，以麥漿化之，亦可以朱草酒餌之，亦可以龍膏煉之，然三服〔一〕，輒大如彈丸者，又非清貧道士所能得也。

校釋

〔一〕然三服　孫校：「然」下當有「日」字。

又，真珠徑一寸以上可服，服之可以長久。酪漿漬之，皆化如水銀，亦可以浮石水蜂窠化〔一〕，包彤蛇黄合之，可引長三四尺，丸服之，絶穀服之，則不死而長生也。淳漆不沾者，服之令人通神長生，餌之法，或以大無腸公子，或云大蟹，十枚投其中〔二〕，或以雲母水，或以玉水合服之，九蟲悉下，惡血從鼻去，一年六甲行厨至也。

校釋

〔一〕亦可以浮石水蜂窠化　孫校：大觀本草引「窠」下有「𥂝」字。明案慎校本、寶顔堂本「化」下有「之」字。

〔二〕或云大蟹十枚投其中　孫校：「或云大蟹」四字當是小注，誤入正文。

桂可以葱涕合蒸作水，可以竹瀝合餌之，亦可以先知君腦，或云龜，和服之〔一〕，七年，能步行水上，長生不死也。

校釋

〔一〕或云龜和服之　孫校：「或云龜」三字當是小注，誤入正文。校勘記云：御覽九百五十七無此三字。

巨勝一名胡麻，餌服之不老，耐風濕，補衰老也。桃膠以桑灰汁漬，服之百病愈，久服之，身輕有光明，在晦夜之地如月出也，多服之則可以斷穀。柠木實之赤者〔一〕，餌之一年，老者還少，令人徹視見鬼〔二〕。昔道士梁須〔三〕年七十乃服之，轉更少，至年百四十歲〔四〕，能夜書〔五〕，行及奔馬，後入青龍山去。

校釋

〔一〕柠木實之赤者　原校：「柠」一作「楮」。案「之」原作「芝」。孫校：大觀本草引無「芝」字。校勘記云：御覽三百九十四作「柠木實之赤者」。明案慎校本、寶顔堂本、崇文本亦作「柠木實之赤者」，則「芝」爲「之」之誤，今據改。

〔二〕令人徹視見鬼　校補：歲時廣記二十四引作「令人夜能徹視鬼神」，於義爲長。

〔三〕昔道士梁須　孫校：大觀本草引「須」作「頓」。校補：太平廣記四百十四引作「頊」。明案御覽三百九十四引仍作「須」。

〔四〕至年百四十歲　校勘記：御覽三百九十四引「四」作「三」。校補云：太平廣記引「至年」作「年至」，於義爲長。案宋浙本作「年至」。

〔五〕能夜書　御覽三百九十四作「能夜讀書」。

槐子以新甕〔一〕合泥封之，二十餘日，其表皮皆爛，乃洗之如大豆，日服之，此物主補腦，久服之，令人髮不白而長生〔二〕。

校　釋

〔一〕槐子以新甕　孫校：御覽九百五十四引「甕」作「瓷」。

〔二〕久服之令人髮不白而長生　孫校：御覽引「久」作「早」。

玄中蔓方，楚飛廉、澤瀉、地黃、黄連之屬，凡三百餘種，皆能延年，可單服也。靈飛散、未央丸〔一〕、制命丸、羊血丸，皆令人駐年却老也。

校　釋

〔一〕未央丸　孫校：「央」疑作「央」。明案崇文本作「央」。

南陽酈縣山中有甘谷水，谷水所以甘者，谷上左右皆生甘菊，菊花墮其中，歷世彌久，故水味爲變。其臨此谷中居民，皆不穿井，悉食甘谷水，食者無不老壽，高者百四五十歲，下者不失八九十，無夭年人，得此菊力也。故司空王暢、太尉劉寬、太傅袁隗，皆爲南陽太守，每到官，常使酈縣月送甘谷水四十斛以爲飲食。此諸公多患風痺及眩冒，皆得愈，但不能大得其益，如甘谷上居民，生小便飲食此水者耳。又菊花與薏花相似，直以甘苦別之耳，菊甘而薏苦，諺言所謂苦如薏者也。今所在有真菊，但爲少耳，率多生於水側，緱氏山與酈縣最多，仙方所謂日精、更生、周盈皆一菊〔一〕，而根、莖、花、實異名。其説甚美，而近來服之者略無效，正由不得真菊也。夫甘谷水得菊之氣味，亦何足言。而其上居民，皆以延年，況將復好藥〔二〕，安得無益乎？

校釋

〔一〕仙方所謂日精更生周盈皆一菊　孫校：「更生」下當有「陰成」二字，各本皆脱去，非。校勘記云：初學記二十七亦無「陰成」二字，則唐本與今本同，校語當删。案日精、更生、周盈皆菊名。見重修政和證類本草六。此節文字，並見太上靈寶五符序卷中辯菊薏法。日精，菊之華；更生，菊之葉；周盈，菊之莖；長生，菊之根。

〔二〕況將復好藥　「將復」一本作「得」。或云作「將服」。

余亡祖鴻臚少卿曾爲臨沅令〔一〕，云此縣有廖氏家，世世壽考，或出百歲，或八九十，後徙去，子孫轉多夭折。他人居其故宅，復如舊，後累世壽考。由此乃覺是宅之所爲，而不知其何故，疑其井水殊赤，乃試掘井左右，得古人埋丹砂數十斛，去井數尺〔二〕，此丹砂汁因泉漸入井，是以飲其水而得壽，況乃餌煉丹砂而服之乎〔三〕？

校釋

〔一〕余亡祖鴻臚少卿曾爲臨沅令　孫校：御覽七百二十、九百八十四引「卿」皆作「時」。校勘記：御覽六百七十、又七百二十、又九百八十五皆作「少時」；三百八十三作「少卿」；九百八十四不引，校語誤。

〔二〕得古人埋丹砂數十斛去井數尺　「去」下原無「井」字。孫校：御覽九百八十四引有「井」字。校勘記云：御覽三百八十三作「去井數尺」；九百八十五引至上句而止；九百八十四不引，校語誤。明案校勘記是，「去」下當有「井」字，今據補。

〔三〕況乃餌煉丹砂而服之乎　校補：御覽七百二十引無「餌」字，近是。

余又聞上黨有趙瞿者，病癩歷年，衆治之不愈，垂死。或云不如及活流棄之〔一〕，後子孫轉相注易，其家乃賫糧將之，送置山穴中。瞿在穴中，自怨不幸〔二〕，晝夜悲歎，涕泣經月。有仙人行經過穴，見而哀之，具問訊之。瞿知其異人，乃叩頭自陳乞哀〔三〕，於是仙人以一囊藥賜之，教其服法。瞿服之百許日，瘡都愈，顏色豐悦，肌膚玉澤。仙人又過視之，瞿謝受更生活之恩，乞丐其方〔四〕。仙人告之曰，此是松脂耳，此山中更多此物，汝錬之服，可以長生不死。瞿乃歸家，家人初謂之鬼也，甚驚愕〔五〕。瞿遂長服松脂，身體轉輕，氣力百倍，登危越險，終日不極，年百七十歲，齒不墮，髮不白。夜卧，忽見屋間有光大如鏡者，以問左右，皆云不見，久而漸大，一室盡明如晝日。又夜見面上有綵女二人，長二三寸，面體皆具，但爲小耳，遊戲其口鼻之間，如是且一年，此女漸長大，出在其側。又常聞琴瑟之音，欣然獨笑，在人間三百許年〔六〕，色如小童，乃入抱犢山去，必地仙也。于時聞瞿服松脂如此〔七〕，於是競服。其多役力者，乃車運驢負，積之盈室，服之遠者，不過一月，未覺大有益輒止，有志者難得如是也。

校釋

〔一〕不如及活流棄之　「不」下原無「如」字，太平廣記四百十四服松脂條引有「如」字。是。今據補。「不如及活」與神仙傳趙瞿傳「當及生」之意相若。

〔二〕自怨不幸　孫校：「自」上藏本有「瞿」字。

〔三〕乃叩頭自陳乞哀　孫校：「哀」大觀本草引作「命」。

〔四〕乞丐其方　孫校：「丐」大觀本草引作「遺」。

〔五〕甚驚愕　校補云：「甚驚愕」下當有脱文。太平廣記四百十四引作「甚驚愕遂具言狀」，御覽六百七十引作「甚駭問得愈狀」，神仙傳亦有「具説其由」一句可證。

〔六〕在人間三百許年　校勘記：御覽六百七十作「在人間二百餘年」。

〔七〕于時聞瞿服松脂如此　孫校：「于」藏本作「余」。

又漢成帝時，獵者於終南山中，見一人無衣服，身生黑毛，獵人見之，欲逐取之，而其人踰坑越谷，有如飛騰，不可逮及。於是乃密伺候其所在，合圍得之，定是婦人〔一〕。問之，言我本是秦之宫人也，聞關東賊至，秦王出降，宫室燒燔，驚走入山，飢無所食，垂餓死〔二〕，有一老翁教我食松葉松實〔三〕，當時苦澀，後稍便之，遂使不飢不渴，冬不寒，夏不熱。計此女定是秦王子嬰宫人，至成帝之世，二百許歲，乃將歸，以穀食之，初聞穀臭嘔吐，累日乃安。如是二年許，身毛乃脱落，轉老而死。向使不爲人所得，便成仙人矣。

校釋

〔一〕定是婦人　孫校：「定」大觀本草引作「乃」。明案慎校本、寶顔堂本亦作「乃」，疑當作「乃」。校補云：此婦人故事頗似列仙傳毛女，唯云漢成帝時爲人所得，所説稍異。

〔二〕垂餓死　校勘記：意林作「垂當餓死」。

〔三〕教我食松葉松實　孫校：「松葉松實」大觀本草引作「松柏葉實」。

南陽文氏，説其先祖，漢末大亂，逃去山中〔一〕，飢困欲死。有一人教之食朮，遂不能飢〔二〕，數十年乃來還鄉里，顔色更少，氣力勝故。自説在山中時，身輕欲跳，登高履險，歷日不極，行冰雪中，了不知寒。常見一高巖上，有數人對坐博戲者，有讀書者，俛而視文氏，因聞其相問〔三〕，言此子中呼上否。其一人答言未可也。朮一名山蓟〔四〕，一名山精。故神藥經曰：必欲長生，常服山精〔五〕。

校釋

〔一〕逃去山中　「去」太平廣記四百十四、重修政和證類本草六引作「壺」，是。

〔二〕遂不能飢　校補：類聚八十一、太平廣記四百十四、御覽九百八十九引並無「能」字，疑是衍文。

〔三〕因聞其相問　孫校：「聞」藏本作「閲」。案魯藩本、慎校本亦作「閲」。

〔四〕朮一名山蓟　神農本草經云：朮一名山薊。案「蓟」疑係「薊」字之譌。史記賈誼傳「細故鬱薊兮」，「薊」譌作「蓟」。蓋「魚」與「角」傳寫易亂也。

〔五〕常服山精　孫校：御覽九百八十九、大觀本草引「常」作「當」。明案慎校本、寶顔堂本、崇文本「常」作「長」。

昔仙人八公〔一〕，各服一物，以得陸仙，各數百年，乃合神丹金液，而昇太清耳。人若合八物，鍊而服之，不得其力，是其藥力有轉相勝畏故也。韓終服菖蒲十三年〔二〕，身生毛，日視書萬言，皆誦之，冬袒不寒。又菖蒲生須得石上〔三〕，一寸九節已上，紫花者尤善也。趙他子服桂二十年〔四〕，足下生毛，日行五百里，力舉千斤。移門子服五味子十六年〔五〕，色如玉女，入水不沾，入火不灼也。楚文子服地黃八年，夜視有光，手上車弩也〔六〕。林子明服朮十一年，耳長五寸，身輕如飛，能超踰淵谷二丈許。杜子微服天門冬，御八十妾〔七〕，有子百三十人〔八〕，日行三百里。任子季服茯苓十八年，仙人玉女往從之，能隱能彰，不復食穀，灸瘢皆滅，面體玉光。陵陽子仲服遠志二十年，有子三十七人，開書所視不忘，坐在立亡。仙經曰：雖服草木之葉，已得數百歲，忽怠於神丹〔九〕，終不能仙。以此論之，草木延年而已，非長生之藥可知也。未得作丹，且可服之，以自楮持耳〔一〇〕。

校釋

〔一〕昔仙人八公　淮南八公：蘇飛、李尚、左吳、田由、雷被、毛被、伍被、晉昌。見淮南鴻烈高誘撰敍目。

〔二〕韓終服菖蒲十三年　校勘記：藝文類聚八十一作「三十年」。案楚辭遠遊王逸注引列仙傳云：齊人韓終，爲王採藥，王不肯服，終自服之，遂得仙也。

〔三〕菖蒲生須得石上　校補：太平廣記四百十四引「生須」作「須生」。明案慎校本、寶顔堂本、崇文本「生須得石上」作「須得生石上」，近是。

〔四〕趙他子服桂二十年　校補：太平廣記引作「二十一年」。

〔五〕移門子服五味子　孫校：御覽九百九十引「移」作「羡」，非，後遐覽篇有移門子記也。校補云：孫説非。古人言事於聲音相近者隨意用之，故前後同説一人一事，往往字異而實同。本書或作移門子，或作羡門子。陶弘景真誥作衍門子。移、羡、衍三字音近並通，實一人也。且遐覽篇廣載仙經，有移門子記而無羡門子記，其爲一人，毫無可疑。又御覽九百九十引典術云，羡門子服五味子十六年。此正作羡門子。孫氏欲分羡門子移門子爲二人，誤矣。

〔六〕手上車弩也　孫校：「車」當作「連」。校勘記云：御覽九百八十九亦作「車弩」，未定是「連」之誤。據御覽三百四十八引趙公王琚教射經，有絞車弩中七百步。王琚，魏書有傳，雖將恐古有車弩，至魏盛行耳。又校補云，「上」乃「止」之壞字。此言楚文子服地黄八年，雖車弩之迅疾而能以手止之。誤「止」爲「上」，不可通矣。御覽九百八十九引正作「止」。明案校補之説雖近是，然影宋本御覽仍作「上」。「上」爲動詞用，蓋車弩非力弱者所能上，言其手勁大，能上車弩也。

〔七〕御八十妾　校勘記：藝文類聚八十一、御覽九百八十九作「十八妾」。

〔八〕有子百三十人　孫校：御覽九百八十九、大觀本草引「三」作「四」。校勘記：藝文類聚八十一亦作「四」。

〔九〕忽怠於神丹　孫校：「忽」舊誤作「勿」，今校正。

〔一〇〕以自楮持耳　楮，音支，柱下根。楮持，支持。

或問：「服食藥物，有前後之宜乎？」抱朴子答曰：「按中黄子服食節度云，服治病之藥，以食前服之；養性之藥，以食後服之。吾以咨鄭君，何以如此。鄭君言，此易知耳，欲以藥攻病，既宜及未食，内虚，令藥力勢易行，若以食後服之，則藥但攻穀而力盡矣；若欲養性，而以食前服藥，則力未行，而被穀驅之下去不得止，無益也。」

或問曰：「人服藥以養性，云有所宜，有諸乎？」抱朴子答曰：「按玉策記及開明經，皆以五音六屬，知人年命之所在。子午屬庚，卯酉屬己，寅申屬戊，丑未屬辛，辰戌屬丙，巳亥屬丁。一言得之者，宫與土也。三言得之者，徵與火也。五言得之者，羽與水也。七言得之者，商與金也。九言得之者，角與木也。若本命屬土，不宜服青色藥；屬金，不宜服赤色藥；屬木，不宜服白色藥；屬水，不宜服黄色藥；屬火，不宜服黑色藥。以五行之義，木尅土，土尅水，水尅火，火尅金，金尅木故也。若金丹大藥，不復論宜與不宜也。」

一言宫。庚子庚午，辛未辛丑，丙辰丙戌，丁亥丁巳，戊寅戊申，己卯己酉。

三言徵。甲辰甲戌，乙亥乙巳，丙寅丙申，丁酉丁卯，戊午戊子，己未己丑。

五言羽。甲寅甲申，乙卯乙酉，丙子丙午，丁未丁丑，壬辰壬戌，癸巳癸亥。

七言商。甲子甲午，乙丑乙未，庚辰庚戌，辛巳辛亥，壬申壬寅，癸卯癸酉。

九言角。戊辰戊戌，己巳己亥，庚寅庚申，辛卯辛酉，壬午壬子，癸丑癸未。

禹步法〔一〕：前舉左，右過左，左就右。次舉右，左過右，右就左。次舉右〔二〕，右過左，左就右。如此三步，當滿二丈一尺〔三〕，後有九跡〔四〕。

校釋

〔一〕禹步法　本書登涉篇亦載禹步法，文字不同。

〔二〕次舉右　孫校：「右」當作「左」。

〔三〕當滿二丈一尺　孫校：藏本無「尺」字。

〔四〕後有九跡　寶顏堂本無「後」字。

小神方〔一〕，用真丹三斤，白蜜一斤〔二〕，合和日曝煎之，令可丸。旦服如麻子十丸，未一年，髮白更黑，齒墮更生，身體潤澤；長服之，老翁還成少年，常服長生不死也〔三〕。

校釋

〔一〕小神方　孫校：「神」下疑有「丹」字。

〔二〕白蜜一斤　校補：「一」當作「六」，此涉上下諸「一」字而誤，金丹篇、金汋經並作「六」。

〔三〕常服長生不死也　校補：「常服」二字，蓋涉上文「長服」而衍。金丹篇及金汋經並無此二字。

小餌黄金方，火銷金納清酒中，二百出，二百入，即沸矣。握之出指間〔一〕，令如泥，若不沸及握之不出指間，即復銷之内酒中無數也。成，服如彈丸一枚，亦可汁一丸分爲小丸〔二〕，服三十日，無寒温，神人玉女下之。又銀亦可餌，與金同法。服此二物，可居名山石室中，一年即輕舉矣。人間服之，名地仙，勿妄傳也。

校釋

〔一〕握之出指間　「握」原作「渥」。校勘記：「渥之」明刻諸本作「握之」，榮案下文有「及握之不出指間」語，正作「握」。明案當作「握」，今據改。

〔二〕亦可汁一丸分爲小丸　一本無「汁」字。

兩儀子餌銷黄金法〔一〕，猪負革肪〔二〕三斤，醇苦酒一斗，取黄金五兩，置器中煎之，出爐，以金置肪中〔三〕，百入百出，苦酒亦爾〔四〕。飡一斤金，壽弊天地〔五〕；食半斤金，壽二千歲；五兩，千二百歲。無多少，便可餌之。當以王相之日，作之神良，勿傳人，傳人，藥不成不神也〔六〕。

校釋

〔一〕兩儀子餌銷黄金法　孫校：「儀子」二字，據前金丹篇補。

〔二〕猪負革肪　孫校：肪，舊誤作「方脂」二字，今删正。明案負革肪，亦名負革脂，即是猪項上脂。

〔三〕出爐以金置肪中　孫校：藏本無「肪」字。

〔四〕百入百出苦酒亦爾　案一本作「百出百入」，寶顔堂本、崇文本「爾」作「可」。

〔五〕壽弊天地　孫校：藏本無「壽」字。案魯藩本亦無。

〔六〕藥不成不神也　「藥不成」原作「藥成」。明案前金丹篇及慎校本、寶顔堂本、崇文本皆作「藥不成」，是，今據補。

欲食去尸藥〔一〕，當服丹砂。餌丹砂法，丹砂一斤，擣簁，下〔二〕醇苦酒三升〔三〕，淳漆二升〔四〕，凡三物合，令相得〔五〕，微火上煎之，令可丸。服如麻子三丸，日再。四十日〔六〕，腹中百病愈，三尸去；服之百日，肌骨堅强；服之千日，司命削死籍〔七〕，與天地相保〔八〕，日月相望，改形易容，變化無常，日中無影，乃别有光矣〔九〕。

校釋

〔一〕欲食去尸藥　校勘記：明刻本「尸」上有「三」字。明案明藏本、魯藩本無「三」字。

〔二〕丹砂一斤擣篵下　孫校：「篵下」藏本作「下從」，誤，今改正。金丹篇「篵」作「篩」，字同也。

〔三〕醇苦酒三升　孫校：藏本無「醇」字。

〔四〕淳漆二升　原校：一本「和蜜二升」。

〔五〕凡三物合令相得　孫校：藏本無「三」字。

〔六〕日再四十日　校補：「日再」下脱「服」字，言每日服兩次也。金丹篇及金汋經並有「服」字。又「四十日」，金丹篇及金汋經並作「三十日」。明案一本「再」下有「服」字，是。

〔七〕司命削死籍　慎校本、寶顔堂本、崇文本「削」下有「去」字。

〔八〕與天地相保　慎校本、寶顔堂本、崇文本「保」作「畢」。

〔九〕乃别有光矣　孫校云：自「小神方」至此，皆又見金丹篇，其文小異，不具出。

抱朴子内篇卷之十二　辨問

或問曰：若仙必可得，聖人已修之矣，而周孔不爲之者，是無此道可知也。

抱朴子答曰：夫聖人不必仙，仙人不必聖。聖人受命，不值長生之道〔一〕，但自欲除殘去賊，夷險平暴，制禮作樂，著法垂教，移不正之風，易流遁之俗，匡將危之主，扶亡徵之國，刊詩書，撰河洛，著經誥，和雅頌，訓童蒙〔二〕，應聘諸國，突無凝煙，席不暇煖〔三〕。其事則鞅掌罔極，窮年無已，亦焉能閉聰掩明〔四〕，内視反聽，呼吸導引，長齋久潔，入室鍊形，登山採藥，數息思神，斷穀清腸哉？至於仙者，唯須篤志至信，勤而不怠，能恬能靜，便可得之，不待多才也。有入俗之高真〔五〕，乃爲道者之重累也。得合一大藥，知守一養神之要〔六〕，則長生久視，豈若聖人所修爲者云云之無限乎？

校　釋

〔一〕不值長生之道　孫校：「道」當作「氣」。

〔二〕訓童蒙　孫校：「訓」上當脱一字。

〔三〕突無凝煙席不暇煖　案淮南子脩務篇云「孔子無黔突，墨子無煖席」，此一説也；班固答賓戲云「孔席不暝，墨突不黔」，又一説也。本篇言古聖人汲汲于行道，不暇久居，以致灶突無煙，坐席不煖。

〔四〕亦焉能閉聰掩明　校勘記：藏本「焉能」作「焉得」。按一本亦作「焉得」。

〔五〕有入俗之高真　孫校：「真」疑作「具」。按一本「入」作「世」，「真」作「豪」。

〔六〕知守一養神之要　「知」下原無「守」字。一本亦無「守」字。校勘記：榮案盧本作「知守一」。明案慎校本、寶顔堂本、崇文本亦有「守」字。原脱，今據補。

且夫俗所謂聖人者，皆治世之聖人，非得道之聖人，得道之聖人，則黄老是也。治世之聖人，則周孔是也。黄帝先治世而後登仙，此是偶有能兼之才者也。古之帝王，刻於泰山，可省讀者七十二家〔一〕，其餘磨滅者，不可勝數，而獨記黄帝仙者，其審然可知也。世人以人所尤長，衆所不及者〔二〕，便謂之聖。故善圍棊之無比者，則謂之棊聖，故嚴子卿馬綏明於今有棊聖之名焉〔三〕。善史書之絶時者，則謂之書聖，故皇象胡昭於今有書聖之名焉〔四〕。善圖畫之過人者，則謂之畫聖，故衛協張墨於今有畫聖之名焉〔五〕。善刻削之尤巧者，則謂之木聖，故張衡馬鈞於今有木聖之名焉〔六〕。故孟子謂伯夷，清之聖者也；柳下惠，和之聖者也；伊尹，任之聖者也〔七〕。吾試演而論之，則聖非一事。夫班輸倕狄〔八〕，機械之聖也；附扁和緩〔九〕，治疾之聖也；子韋甘均，占候之聖也〔一〇〕；史蘇辛廖〔一一〕，卜筮之聖也；夏育杜回〔一二〕，筋力之聖也；荆軻聶政〔一三〕，勇敢之聖也；飛廉夸父〔一四〕，輕速之聖也；子野延州〔一五〕，知音之聖也；孫吴韓白〔一六〕，用兵之聖也。聖者，人事之極號也，不獨於文學而已矣。莊周云：盜有聖人之道五焉〔一七〕。妄意而知人之藏者，明也；先入而不疑者，勇也；後出而不懼者，義也；知可否之宜者，知也；分財均同者，仁也。不得此道而成天下大盜者，未之有也。或曰：「聖人之道，不得枝分葉散，必總而兼之，然後爲聖。」余答之曰：「孔子門徒，達者七十二，而各得聖人之一體，是聖事有剖判也。又云：顔淵具體而微，是聖事有厚薄也。又易曰：有聖人之道四焉〔一八〕，以言者尚其辭，以動者尚其變，以制器者尚其象，以卜筮者尚其占。此則聖道可分之明證也。何爲善於道德以致神仙者，獨不可謂之爲得道之聖〔一九〕？苟不有得道之聖，則周孔不得爲治世之聖乎？既非一矣〔二〇〕，何以當責使相兼乎〔二一〕？」

校　釋

〔一〕可省讀者七十二家　孫校：「讀」下舊衍「書」字，今删正。

〔二〕世人以人所尤長衆所不及者　一本作「世人以一人所尤長，衆人所不及者」。

〔三〕嚴子卿馬綏明　嚴武，字子卿，三國吴人，圍棋妙手。見吴志趙達傳裴松之注。三國志魏文帝紀注引典論云：昔有馬合鄉侯善彈棊。又隋書經籍志著録圍棊勢二十九卷，晉趙王倫舍人馬朗等撰。未知孰是馬綏明？

〔四〕「皇象胡昭」至「謂之畫聖」　孫校：上二十六字藏本脱，校本約太平御覽七百五十一增。明案一本亦脱「皇象」下二十五字。皇象，字休明，三國吴人，精工書法。見吴志趙達傳注。胡昭，字孔明，潁川人，魏志十一稱其尺牘之迹，動見模楷。

〔五〕衛協張墨於今有畫聖之名焉　衛協，晉時人，工繪畫，作道釋人物，冠絶當代。又名畫家顧愷之張墨等皆師事衛協，見歷代名畫記。

〔六〕張衡馬鈞於今有木聖之名焉　孫校：「鈞」藏本作「忠」，校本依御覽更正。明案張衡，後漢南陽人，擅長文才，又善機巧，尤致思于天文曆算，以造渾天儀及候風地動儀著稱，後漢書有傳。御覽七百五十二引文士傳云：張衡嘗作木鳥，假以羽翮，腹中施機，能飛數里。馬鈞，三國時扶風人，巧思絶世，作指南車及翻車等，見魏志杜夔傳裴注；參傅玄馬鈞先生傳，見嚴可均輯全晉文。

〔七〕「柳下惠」至「伊尹任之聖者也」　孫校：上十六字藏本脱，刻本有。案一本亦脱，寶顔堂本、崇文本皆有。孟軻稱伯夷、柳下惠、伊尹爲聖，見孟子萬章下。

〔八〕班輸倕狄　孫校：刻本無「輸倕」二字。明案倕，尚書舜典作垂，古巧匠，傳説堯時人，或説黄帝時人。班狄，見前論仙篇注。

〔九〕附扁和緩　「附」柏筠堂本作「跗」。附，俞跗；扁，扁鵲；和，醫和；緩，醫緩，皆古名醫，見前至理篇注。

〔一〇〕子韋甘均占候之聖也　札迻云：案史記天官書云，昔之傳天數者，於宋子韋，在齊甘公。集解引徐廣云，甘公名德。漢書藝文志有甘德長柳占夢十一卷。史記張耳傳索隱引劉歆七略則云甘公字逢，皆不云名均，未詳葛氏所據。

〔一一〕史蘇辛廖　史蘇，晉占卜之史，國語晉語云：獻公卜伐驪戎，史蘇占之。辛廖，晉大夫，畢萬筮仕於晉，遇屯之比，辛廖占之曰，吉。其後果蕃昌。見左傳閔公元年。

〔一二〕夏育杜回　夏育，周時衛人，大力士，能舉千鈞，見史記范睢傳及注。杜回，秦之力士，見左傳宣公十五年。

〔一三〕荆軻聶政　荆軻，戰國時勇者，胆大妄爲，爲燕太子丹刺秦王，見戰國策燕策。聶政，戰國勇士，爲嚴遂刺殺韓相傀，見戰國策韓策。

〔一四〕飛廉夸父　飛廉，商紂臣，善走。孟子滕文公下：周武王驅飛廉於海隅而戮之。夸父，善走，爲堯子丹朱臣，與日逐走，見山海經海外北經。

〔一五〕子野延州　子野，晉國師曠，見前道意篇注。延州，春秋時吴季札。左傳昭公二十七年：吴子使延州來季子聘于上國。杜預注云：季子本封延陵，後復封州來，故曰延州來。案師曠季札，並深知音樂者。

〔一六〕孫吴韓白　孫，孫武，春秋齊人，以兵法見用于吴王闔閭。後百餘歲有孫臏，孫武之後裔，亦長兵法，爲齊威王軍師，著孫臏兵法。吴，吴起，衛人，好用兵，爲魏文侯將，後之楚，爲楚悼王相，厲行變法。並見史記孫子吴起列傳。韓，淮陰侯韓信，善用兵，爲劉邦破項羽。白，白起，擅長用兵，爲秦昭王將，屢破韓趙魏。各見史記本傳。

〔一七〕盜有聖人之道五焉　語見莊子胠篋篇。

〔一八〕易曰有聖人之道四焉　語見周易繫辭上。

〔一九〕獨不可謂之爲得道之聖　慎校本、寶顔堂本「聖」下有「乎」字。

〔二〇〕既非一矣　慎校本、寶顔堂本「既」上有「聖」字。

〔二一〕何以當貴使相兼乎　「當貴」一本作「富貴」，非。

按仙經以爲諸得仙者，皆其受命偶值神仙之氣，自然所禀。故胞胎之中，已含信道之性，及其有識，則心好其事，必遭明師而得其法，不然，則不信不求，求亦不得也。玉鈐經〔一〕主命原曰：人之吉凶，制在結胎受氣之日〔二〕，皆上得列宿之精。其值聖宿則聖，值賢宿則賢，值文宿則文，值武宿則武，值貴宿則貴，值富宿則富，值賤宿則賤，值貧宿則貧，值壽宿則壽，值仙宿則仙。又有神仙聖人之宿，有治世聖人之宿，有兼二聖之宿，有貴而不富之宿，有富而不貴之宿〔三〕，有兼富貴之宿，有先富後貧之宿，有先貴後賤之宿，有兼貧賤之宿，有富貴不終之宿，有忠孝之宿，有兇惡之宿。如此不可具載，其較略如此〔四〕。爲人生本有定命，張車子之説是也〔五〕。苟不受神仙之命，則必無好仙之心，未有心不好之而求其事者也，未有不求而得之者也。自古至今，有高才明達而不信有仙者，有平平許人學而得仙者，甲雖多所鑒識而或蔽於仙，乙則多所不通而偏達其理，此豈非天命之所使然乎？夫道家寶祕仙術，弟子之中，尤尚簡擇，至精彌久，然後告之以要訣。況於世人，幸自不信不求，何爲當强以語之邪？既不能化令信之，又將招嗤速謗。故得道之士，所以與世人異路而行，異處而止，言不欲與之交，身不欲與之雜。隔千里，猶恐不足以遠煩勞之攻〔六〕；絶軌迹，猶恐不足以免毀辱之醜。貴不足以誘之，富不足以移之，何肯當自衒於俗士〔七〕，言我有仙法乎？此蓋周孔所以無緣而知仙道也。

校釋

〔一〕玉鈐經　孫校：「經」藏本作「云」，非；按玉鈐經又見前對俗篇，又見後登涉篇，今改正。

〔二〕人之吉凶制在結胎受氣之日　慎校本、寶顔堂本、崇文本無「制在」二字，但有「修短於」三字。

〔三〕有富而不貴之宿　此句下，一本有「有不貴之宿」五字。

〔四〕其較略如此　孫校：「如此」二字當衍。

〔五〕張車子之説是也　張車子事，見晉干寶搜神記卷十周擥嘖條。校補云，此不言張車子之事，而云張車子之説者，蓋車子之事，世所共知。此言人生本有定命，若俗説張車子之事是也。

〔六〕煩勞之攻　孫校：「煩勞」刻本作「頰舌」。

〔七〕何肯當自衒於俗士　寶顔堂本「當」作「常」。

且夫周孔，蓋是高才大學之深遠者耳，小小之伎，猶多不閑。使之跳丸弄劍〔一〕，踰鋒投狹〔二〕，履絙登幢〔三〕，擿盤緣案〔四〕，跟挂萬仞之峻峭〔五〕，游泳吕梁之不測〔六〕，手扛千鈞，足躡驚飆，暴虎檻豹〔七〕，攬飛捷矢，凡人爲之，而周孔不能，況過於此者乎？他人之所念慮，蚤蝨之所首向，隔牆之朱紫，林下之草芥，匣匱之書籍，地中之寶藏，豐林邃藪之鳥獸，重淵洪潭之魚鼈，令周孔委曲其采色，分別其物名，經列其多少，審實其有無，未必能盡知，況於遠此者乎〔八〕？聖人不食則飢，不飲則渴，灼之則熱，凍之則寒，撻之則痛，刃之則傷，歲久則老矣，損傷則病矣，氣絶則死矣。此是其所與凡人無異者甚多，而其所以不同者至少矣。所以過絶人者，唯在於才長思遠，口給筆高，德全行潔，强訓博聞之事耳，亦安能無事不兼邪〔九〕？既已著作典謨，安上治民，復欲使之兩知仙道〔一〇〕，長生不死，以此責聖人，何其多乎？吾聞至言逆俗耳，真語必違衆，儒士卒覽吾此書者，必謂吾非毀聖人。吾豈然哉？但欲盡物理耳，理盡事窮，則似於謗訕周孔矣。世人謂聖人從天而墜，神靈之物，無所不知〔一一〕，無所不能。甚於服畏其名，不敢復料之以事，謂爲聖人所不能，則人無復能之者也；聖人所不知，則人無復知之者也，不可笑哉〔一二〕？今具以近事校之，想可以悟也。完山之鳥，賣生送死之聲，孔子不知之〔一三〕，便可復謂顔回只可偏解之乎？聞太山婦人之哭，問之，乃知虎食其家三人，又不知此婦人何以不徙去之意，須答乃悟〔一四〕。見羅雀者純得黄口，不辨其意，問之乃覺〔一五〕。及欲葬母，不知父墓所在，須人語之，既定墓崩，又不知之，弟子語之，乃泫然流涕〔一六〕。又疑顔淵之盜食，乃假言欲祭先人，卜掇塵之虚僞〔一七〕。廐焚，又不知傷人馬否〔一八〕。顔淵後，便謂之已死〔一九〕。又周流七十餘國，而不能逆知人之必不用之也，而棲棲遑遑〔二〇〕，席不暇温。又不知匡人當圍之，而由其途〔二一〕。問老子以古禮〔二二〕，禮有所不解也。問郯子以鳥官〔二三〕，官有所不識也。行不知津，而使人問之，又不知所問之人，必譏之而不告其路〔二四〕，若爾可知不問也。下車逐歌鳳者，而不知彼之不住也〔二五〕。見南子而不知其無益也〔二六〕。諸若此類，不可具舉，但不知仙法，何足怪哉？又俗儒云：聖人所不能，則餘人皆不能。則宕人水居〔二七〕，梁母火化，伯子耐至熱〔二八〕，仲都堪酷寒〔二九〕，左慈兵解而不死〔三〇〕，甘始休糧以經歲〔三一〕，范軼見斫而不入〔三二〕，鱉令流尸而更生〔三三〕，少千執百鬼〔三四〕，長房縮地脉〔三五〕，仲甫假形於晨鳧〔三六〕，張楷吹嘘起雲霧〔三七〕，未聞周孔能爲斯事也。

校　釋

〔一〕跳丸弄劍　跳丸弄劍，雜技名。後漢張衡西京賦云：「跳丸劍之揮霍。」魏略載魏曹植爲邯鄲淳命演跳丸擊劍等戲。

〔二〕踰鋒投狹　張衡西京賦「胸突銛鋒」，是踰鋒技也。投狹，即衝狹，西京賦云：「衝狹燕濯。」薛注：卷簟席以矛插其中，伎兒以身投從中過。

〔三〕履絙登幢　一本「絙」作「繩」。絙，大索。履絙，行繩技。西京賦云：「走索上而相逢。」一九五四年，山東省沂南縣漢墓出土石刻繩技圖。

〔四〕擿盤緣案　並雜技名。

〔五〕跟挂萬仞之峻峭　西京賦云：「侲僮程材，上下翩翻，突倒投而跟絓，譬隕絶而復聯。」此即葛洪説跟挂萬仞伎之所指。

〔六〕游泳吕梁之不測　故事見莊子達生篇及列子黄帝篇，參前釋滯篇注。

〔七〕暴虎檻豹　暴虎，徒搏。檻豹，圈豹。

〔八〕況於遠此者乎　慎校本、寶顔堂本、崇文本「於遠」作「遠於」。

〔九〕亦安能無事不兼邪　「兼邪」一本作「察也」。

〔一〇〕復欲使之兩知仙道　慎校本、寶顏堂本、崇文本「兩」作「兼」。

〔一一〕「世人謂聖人從天而墜」至「無所不知」　明案論衡知實篇論「聖人不能先知」，其言甚覈。蓋爲抱朴之所本，其所舉例亦多同。

〔一二〕不可笑哉　孫校：「可」藏本作「亦」。

〔一三〕完山之鳥賣生送死之聲孔子不知之　説苑辨物篇云：孔子晨立堂上，聞哭者聲甚悲。孔子出，顔回曰，今有哭者其音甚悲，非獨哭死，又哭生離者。孔子曰，何以知之？回曰，似完山之鳥。孔子曰，何如？回曰，完山之鳥生四子，羽翼已成，乃離四海，哀鳴送之。孔子使人問哭者。哭者果爲父死家貧賣子以葬，將與其長别也。

〔一四〕「聞太山婦人之哭」至「須荅乃悟」　禮記檀弓下云：孔子過泰山之側，有婦人哭於墓者而哀，使子路問之。而曰，昔者吾舅死於虎，吾夫又死焉，今吾子又死焉。子曰，何爲不去也？婦人曰，無苛政。子曰，苛政猛於虎也。

〔一五〕「見羅雀者純得黄口」至「問之乃覺」　説苑敬慎篇云：孔子見羅雀者所得皆黄口，問其故。羅者對曰，黄口從大爵者不得，大爵從黄口者可得。

〔一六〕「葬母不知父墓所在」至「乃泫然流涕」　案「弟子誥之」慎校本、寶顏堂本「誥」作「語」。禮記檀弓上云：孔子少孤，不知父墓。母亡，問於鄹曼父之母，然後得合葬於防。防墓又崩，門人後至，孔子問來何遲。門人實對。孔子泫然流涕曰，古不脩墓。由此可見孔丘不知之事實多。但自來儒者深爲孔丘諱短。如晉張華博物志史補云：「蔣濟、何晏、夏侯玄、王肅，皆云無此事（案指孔丘不知其父墓所在），注記者謬。時賢咸從之。」

〔一七〕「疑顔淵之盜食」至「卜掇塵之虚僞」　吕氏春秋任數篇云：孔子窮乎陳蔡之間，七日不嘗粒。晝寢。顔回索米回，爨之幾熟。孔子望見回攫其甑中而食之。選間食熟，謁孔子而進食。孔子佯爲不見，起曰，今者夢見先君，食潔而後饋。顔回對曰，不可，嚮者煤炱入甑中，棄食不祥，回攫而飲之。由此可見孔丘疑顔回盜食而實無知也。

〔一八〕廐焚又不知傷人馬否　論語鄉黨篇：廐焚。子曰，傷人乎？不問馬。

〔一九〕顔淵後便謂之已死　論語先進篇：子畏於匡，顔淵後。子曰，吾以女爲死矣。

〔二〇〕栖栖遑遑　孫校：藏本「栖栖」作「恓恓」。

〔二一〕不知匡人當圍之而由其途　史記孔子世家張守節正義引琴操云：孔子到匡郭外，顔淵舉策指匡穿垣曰，往與陽貨正從此人。匡人聞其言，告君曰，往者陽貨今復來。乃率衆圍孔子。

〔二二〕問老子以古禮　史記孔子世家：孔子適周問禮，蓋見老子云。

〔二三〕問郯子以鳥官　左傳昭公十七年：郯子來朝，説少皞氏以鳥名官。仲尼聞之，見郯子而學之。

〔二四〕「行不知津而使人問之」至「不告其路」　論語微子篇：長沮桀溺耦而耕，孔子過之，使子路問津焉。長沮桀溺譏之而不告其路。

〔二五〕下車逐歌鳳者而不知彼之不住也　楚狂接輿，歌而過孔子。孔子下車，欲與之言，接輿趨而避之。見論語微子篇。

〔二六〕見南子而不知其無益也　論語雍也篇：子見南子，子路不説，孔子矢之。

〔二七〕宕人水居　博物志云：南海外有鮫人，水居如魚，不廢織績。

〔二八〕梁母火化伯子耐至熱　列仙傳嘯父傳：梁母得其作火法，「上與梁母别，列數十火而昇，西邑多奉祀之」。「伯子」原作「子伯」。校補云：子伯當作伯子，文倒誤也。伯子，謂幼伯子。雜應篇云，唯幼伯子王仲都夏日重裘，周以十爐之火，口不稱熱。列仙傳幼伯子盛暑著襦袴。今據校正。

〔二九〕仲都堪酷寒　桓譚新論云：道士王仲都能忍寒暑，元帝乃以隆冬盛寒日令袒，載駟馬於昆明池上，環冰而馳。御者厚衣狐裘寒戰，而仲都獨無變色，卧於池臺上，曛然自若。

〔三〇〕左慈兵解而不死　魏王曹操屢欲殺左慈而不死。見神仙傳。

〔三一〕甘始休糧以經歲　甘始，三國時太原人，善行氣，不飲食，在世百餘歲，見神仙傳。

〔三二〕范軼見斫而不入　范軼，晉書林邑國傳作范逸。見前釋滯篇林邑以神録王注。

〔三三〕鱉令流尸而更生　鱉令，一作鱉泠。參見前釋滯篇「庸蜀以流尸帝」注。

〔三四〕少千執百鬼　少千一作少干。參見前釋滯篇注。

〔三五〕長房縮地脉　費長房，汝南人，後漢書有傳。長房有神術，能縮地脉千里，見神仙傳壺公。

〔三六〕仲甫假形於晨凫 「晨」一本作「神」。李仲甫少學道於王君，能步訣隱形。仲甫有相識人居相去五百餘里，常以張羅自業。一旦，張羅得一鳥，視之，乃仲甫也。語畢，別去。見神仙傳。

〔三七〕張楷吹噓起雲霧 「雲」一本作「寒」。後漢書張霸傳：霸子楷好道術，能作五里霧。

俗人或曰〔一〕：「周孔皆能爲此，但不爲耳。」吾答之曰：「必不求之於明文，而指之以空言者，吾便可謂周孔能振翮翲飛，翱翔八極，興雲致雨，移山拔井，但不爲耳。一不以記籍見事爲據者，復何限哉？必若所云者，吾亦可以言周孔皆已昇仙，但以此法不可以訓世，恐人皆知不死之可得，皆必悉委供養，廢進宦而登危浮深，以修斯道，是爲家無復子孫，國無復臣吏，忠孝並喪，大倫必亂，故周孔密自爲之，而祕不告人，外託終亡之形，內有上仙之實。如此，則子亦將何以難吾乎？亦又未必不然也。靈寶經有正機平衡飛龜授袟凡三篇〔二〕，皆仙術也。吴王伐石以治宮室，而於合石之中，得紫文金簡之書〔三〕，不能讀之，使使者持以問仲尼，而欺仲尼曰：『吴王閑居，有赤雀銜書以置殿上，不知其義，故遠諮呈。』仲尼以視之〔四〕，曰：『此乃靈寶之方，長生之法，禹之所服，隱在水邦，年齊天地，朝於紫庭者也。禹將仙化，封之名山石函之中，乃今赤雀銜之，殆天授也。』以此論之，是夏禹不死也，而仲尼又知之；安知仲尼不皆密修其道乎？正復使聖人不爲此事，未可謂無其效也。人所好惡，各各不同，諭之以面，豈不信哉？誠合其意，雖小必爲也；不合其神，雖大不學也。好苦憎甘，既皆有矣，嗜利棄義，亦無數焉。『聖人之大寶曰位，何以聚人曰財〔五〕。』又曰：『富與貴，是人之所欲。』〔六〕而昔已有禪之以帝王之位而不用，委之以四海之富而不願，蔑三九之官〔七〕，背玉帛之聘，遂山林之高潔，甘魚釣之陋業者，蓋不可勝數耳。又曰：『男女飲食，人之大欲存焉〔八〕。』是以好色不可諫，甘旨可忘憂。昔有絶穀棄美，不畜妻妾，超然獨往，浩然得意〔九〕，顧影含歡，漱流忘味者，又難勝記也。人情莫不愛紅顏豔姿，輕體柔身，而黄帝逑篤醜之嫫母〔一〇〕，陳侯憐可憎之敦洽〔一一〕。人鼻無不樂香，故流黄鬱金〔一二〕、芝蘭蘇合〔一三〕、玄膽素膠〔一四〕、江離揭車〔一五〕、春蕙秋蘭，價同瓊瑶，而海上之女，逐酷臭之夫〔一六〕，隨之不止〔一七〕。周文嗜不美之葅〔一八〕，不以易太牢之滋味〔一九〕。魏明好椎鑿之聲，不以易絲竹之和音〔二〇〕。人各有意，安可求此以同彼乎？周孔自偶，不信仙道，日月有所不照，聖人有所不知。豈可以聖人所不爲，便云天下無仙！是責三光不照覆盆之内也。」

校釋

〔一〕俗人或曰　一本無「俗人」二字。

〔三〕靈寶經有正機平衡飛龜授祑凡三篇　明案後遐覽篇著録正機經、平衡經、飛龜振經各一卷。所謂「飛龜振經」，疑有脱文誤字。神仙傳云華子期受仙隱靈寶方，一曰伊洛飛龜秩，二曰白禹正機，三曰平衡。

〔三〕「吴王」至「於合石之中得紫文金簡之書」　前釋滯篇云：正機、平衡，割乎文(合)石之中。蓋即指此。

〔四〕仲尼以視之　校補云：此文不當有「以」字，蓋涉上文諸「以」字而衍。玉燭寶典十引此文無「以」字。

〔五〕聖人之大寶曰位何以聚人曰財　語見周易繫辭下篇。

〔六〕富與貴是人之所欲　語見論語里仁篇。

〔七〕蔑三九之官　三九，三公九卿。後漢書郎顗傳云：「三九之位，未見其人。」

〔八〕男女飲食人之大欲存焉　語見禮記禮運篇。

〔九〕浩然得意　孫校：「浩」藏本作「倍」，非。明案一本「浩」亦作「倍」。寶顔堂本、崇文本「浩然」作「悟言」。

〔一〇〕黄帝逑篤醜之嫫母　孫校：藏本「逑」作「遠」，非。明案嫫母貌醜，傳説是黄帝第四妃。吕氏春秋遇合篇云：「嫫母執乎黄帝。黄帝曰：厲汝德而弗忘，與汝正而弗衰，雖惡奚傷？」高誘注：惡，醜也。

〔一一〕陳侯憐可憎之敦洽　敦洽，陳人，醜而有德，陳侯悦之。吕氏春秋遇合篇云：「陳有惡人曰敦洽讎麋，椎顙廣額，色如漆赭，垂眼臨鼻，長肘而盭。陳侯見而甚悦之，外使治其國，內使制其身。」

〔二〕流黄鬱金　流黄，即流黄香，似流黄而香。御覽九百八十二引吴時外國傳云，流黄香出都昆國。鬱金，鬱金香，其香十二葉，爲百草之英。魏略云，生大秦國。見重修政和證類本草十三。

〔三〕芝蘭蘇合　蘇合，蘇合香。後漢書西域傳：大秦國合諸香煎其汁，以爲蘇合。

〔四〕玄膽素膠　玄膽，未知何物。後雜應篇云：含玄膽湯以治齒牙動摇。本草有底野迦，用諸膽作之，赤黑色，出西戎，甚珍貴。見重修政和證類本草十六。另有楓香脂，一名白膠香，見重修政和證類本草十二，未知素膠之實指。

〔五〕江離揭車　案江離、揭車，皆是香草。説文：江蘺，蘼蕪也。爾雅：蘄茝，蘼蕪也。郭璞注云：香草。爾雅：藒車，芞輿也。郭璞注云：藒車，香草，見離騷。

〔六〕海上之女逐酷臭之夫　曲園云，吕氏春秋遇合篇：「人有大臭者，其親戚兄弟妻妾知識無能與居者，自苦而居海上，海上人有説其臭者，晝夜隨之而弗能去。」本篇所云即此事。而以爲海上之女，未知別有所據歟？或其所見吕覽，與今異也。

〔七〕隨之不止　孫校：「止」下刻本有「人口無不悦甘而」七字，非。

〔八〕周文嗜不美之葅　吕氏春秋遇合篇云：「若人之於滋味，無不説甘脆，而甘脆未必受也。

文王嗜菖蒲葅，孔子聞而服之，縮頞而食之，三年，然後勝之。」

〔一九〕不以易太牢之滋味　孫校：「味」下刻本有「人耳無不喜樂而」七字，非。

〔二〇〕魏明好椎鑿之聲不以易絲竹之和音　劉晝新論殊好篇云：「漢順聽山鳥之音，云勝絲竹之響；魏文好槌鑿之聲，不貴金石之和。」案此篇魏明，劉子新論作魏文，椎鑿作槌鑿，絲竹作金石，是爲異文。

抱朴子内篇卷之十三　極言

或問曰："古之仙人者，皆由學以得之，將特稟異氣耶[一]？"抱朴子答曰："是何言歟？彼莫不負笈隨師，積其功勤，蒙霜冒險，櫛風沐雨，而躬親灑掃，契闊勞藝，始見之以信行，終被試以危困，性篤行貞，心無怨貳，乃得升堂以入於室。或有怠厭而中止，或有怨恚而造退，或有誘於榮利，而還修流俗之事，或有敗於邪説，而失其淡泊之志，或朝爲而夕欲其成，或坐修而立望其效。若夫覩財色而心不戰，聞俗言而志不沮者，萬夫之中，有一人爲多矣。故爲者如牛毛，獲者如麟角也[二]。夫彀勁弩者，效力於發箭；涉大川者，保全於既濟；井不達泉，則猶不掘也；一步未至，則猶不往也。修塗之累，非移晷所臻；淩霄之高，非一簣之積。然升峻者患於垂上而力不足，爲道者病於方成而志不遂。千倉萬箱，非一耕所得；干天之木，非旬日所長；不測之淵，起於汀瀅[三]；陶朱之資[四]，必積百千。若乃人退己進，陰子所以窮至道也[五]；敬卒若始，羨門所以致雲龍也[六]。我志誠堅，彼何人哉？"

校釋

〔一〕將特稟異氣耶　「異」原作「其」。明案藏本、魯藩本、寶顏堂本「其」皆作「異」。當作「異」，今訂正。

〔二〕爲者如牛毛獲者如麟角也　校勘記：北堂書鈔八十三「爲」作「學」，「獲」作「成」。

〔三〕起於汀瀅　汀瀅，小水。

〔四〕陶朱之資　「朱」宋浙本作「白」。陶朱白圭，皆以治生積資著稱。見史記貨殖傳。外篇守堉、喻蔽兩篇亦皆以陶白並稱。

〔五〕若乃人退己進陰子所以窮至道也　案陰子，後漢陰長生。神仙傳云：陰長生，新野人，恭事馬鳴生學道。鳴生初不教其度世之法，但日夕與之高談，論當世之事，如此十餘年。同時共事鳴生者十二人，皆歸去。唯長生執禮彌肅。鳴生告之曰，子真能得道矣，以太清神丹經授之。是即所謂人退己進，陰子所以窮至道也。

〔六〕羨門所以致雲龍也　史記封禪書有羨門子高爲方仙道。唐司馬貞索隱：羨門高者，秦始皇使盧生求羨門子高是也。

抱朴子曰：「俗民既不能生生，而務所以煞生。夫有盡之物，不能給無已之耗；江河之流，不能盈無底之器也。凡人利入少而費用多者，猶不供也，況無錙銖之來，而有千百之往乎？人無少長，莫不有疾，但輕重言之耳。而受氣各有多少，多者其盡遲，少者其竭速。其知道者補而救之，必先復故，然後方求量表之益。若令服食終日〔一〕，則肉飛骨騰，導引改朔，則羽翮參差，則世閒無不信道之民也。患乎升勺之利未堅，而鍾石之費相尋，根柢之據未極〔二〕，而冰霜之毒交攻。不知過之在己，而反云道之無益，故捐丸散而罷吐納矣。故曰非長生難也，聞道難也；非聞道難也，行之難也；非行之難也，終之難也。良匠能與人規矩，不能使人必巧也。明師能授人方書，不能使人必爲也。夫修道猶如播穀也，成之猶收積也〔三〕。厥田雖沃，水澤雖美，而爲之失天時，耕鋤又不至，登稼被壟，不穫不刈，頃畝雖多，猶無獲也〔四〕。凡夫不徒不知益之爲益也，又不知損之爲損也，夫損易知而速焉，益難知而遲焉，人尚不悟其易，安能識其難哉？夫損之者如燈火之消脂，莫之見也，而忽盡矣。益之者如苗禾之播殖〔五〕，莫之覺也，而忽茂矣。故治身養性，務謹其細，不可以小益爲不平而不修〔六〕，不可以小損爲無傷而不防。凡聚小所以就大，積一所以至億也。若能愛之於微〔七〕，成之於著，則幾乎知道矣。」

校釋

〔一〕若令服食終日　寶顏堂本、崇文本「終」作「旬」。

〔二〕根柢之據未極　孫校：「柢」藏本作「移」，非。校勘記云：榮案盧本「根柢」作「根荄」。

〔三〕成之猶收積也　「收積」寶顔堂本、崇文本作「收穀」。

〔四〕猶無獲也　孫校：「獲」藏本作「穫」，非。案宋浙本亦作「穫」。

〔五〕益之者如苗禾之播殖　孫校：藏本無上「之」字。

〔六〕不可以小益爲不平而不修　「平」一作「足」。

〔七〕若能愛之於微　孫校：藏本無「之」字。

或問曰：「古者豈有無所施行，而偶自長生者乎？」抱朴子答曰：「無也。或隨明師，積功累勤，便得賜以合成之藥。或受祕方，自行治作，事不接於世，言不累於俗，而記著者止存其姓名，而不能具知其所以得仙者，故闕如也。昔黄帝生而能言〔一〕，役使百靈，可謂天授自然之體者也，猶復不能端坐而得道〔二〕。故陟王屋而受丹經〔三〕，到鼎湖而飛流珠〔四〕，登崆峒而問廣成〔五〕，之具茨而事大隗〔六〕，適東岱而奉中黄〔七〕，入金谷而諮涓子〔八〕，論道養則資玄素二女〔九〕，精推步則訪山稽力牧，講占候則詢風后，著體診則受雷岐〔一〇〕，審攻戰則納五音之策〔一一〕，窮神奸則記白澤之辭〔一二〕，相地理則書青烏之説〔一三〕，救傷殘則綴金冶之術〔一四〕。故能畢該祕要，窮道盡真〔一五〕，遂昇龍以高躋，與天地乎罔極也。然按神仙經，皆云黄帝及老子奉事太乙元君以受要訣，況乎不逮彼二君者，安有自得仙度世者乎？未之聞也。」

校釋

〔一〕昔黄帝生而能言　黄帝姓公孫，名軒轅，生而神靈，弱而能言。參史記五帝本紀、大戴禮記五帝德篇。

〔二〕猶復不能端坐而得道　孫校：藝文類聚十一、御覽七十九引「能」作「敢」。

〔三〕陟王屋而受丹經　「受」原作「授」。校補云：類聚引「授」作「受」是也，「授」字誤。今據改。案王屋，山名，見前金丹篇注。

〔四〕到鼎湖而飛流珠　史記封禪書云：黄帝采首山銅，鑄鼎於荆山下，鼎既成，有龍垂胡髯，下迎黄帝，後世因名其處曰鼎湖。

〔五〕登崆峒而問廣成　廣成子居崆峒之山，石室之中，黄帝造而問至道。見神仙傳。

〔六〕之具茨而事大隗　莊子徐無鬼篇云：黄帝將見大隗乎具茨之山。案具茨，山名。司馬彪云，在滎陽密縣東。大隗，神君名，一云古之至人。

〔七〕適東岱而奉中黄　東岱，雲笈七籤一百作「中岱」。中黄，中黄真人。後遐覽篇著録中黄經一卷。

〔八〕入金谷而諮涓子　涓子，齊人，著天地人經，見列仙傳。遐覽篇有涓子天地人經一卷。

〔九〕論道養則資玄素二女　孫校：藝文類聚、御覽引「資」作「質」。案雲笈七籤一百軒轅本紀云，於玄女素女受房中術。

〔一〇〕精推步則訪山稽力牧講占候則詢風后著體診則受雷岐　案山稽一作太山稽。傳説山稽、力牧、風后，皆是黄帝臣。雷，雷公；岐，岐伯，並係黄帝時精於醫術方藥者。皆見雲笈七籤一百軒轅本紀。

〔一一〕審攻戰則納五音之策　傳説黄帝與蚩尤戰，玄女教帝三宫祕略五音權謀陰陽之術；黄帝於是納五音之策，以審攻戰之事，再伐蚩尤而殺之。見軒轅本紀。

〔一二〕窮神奸則記白澤之辭　黄帝巡狩，東至海濱，得白澤神獸，能言。因問天下鬼神之事，自古精氣爲物，遊魂爲變者，凡萬一千五百二十種，白澤言之，帝令以圖寫之。見軒轅本紀。隋書經籍志五行家有白澤圖一卷。

〔一三〕相地理則書青烏之説　「烏」原作「鳥」。孫校：藝文類聚、御覽引「鳥」作「烏」。校補云：作「烏」是也。文選謝靈運廬陵王墓下詩注引青烏子相冢書；御覽五百六十引相冢書曰，青烏子稱山三重相連名傘山，並作「烏」。明案軒轅本紀云：黄帝始畫野分州，有青烏子能相地理，帝問之以制經。舊唐書經籍志著録青烏子三卷。據此改「青鳥」爲「青烏」。

〔一四〕救傷殘則綴金冶之術　此語並見雲笈七籤載軒轅本紀。

〔一五〕窮道盡真　藝文類聚十一引作「窮盡道真」。校補云：「窮盡道真」與「畢該祕要」對文，今本誤倒。

或曰：「黄帝審仙者，橋山之塜〔一〕，又何爲乎？」抱朴子答曰：「按荆山經及龍首記〔二〕，皆云黄帝服神丹之後，龍來迎之，群臣追慕，靡所措思，或取其几杖，立廟而祭之；或取其衣冠，葬而守之。列仙傳云：黄帝自擇亡日，七十日去，七十日還，葬於橋山，山陵忽崩〔三〕，墓空無尸，但劍舄在焉。此諸説雖異，要於爲仙也。言黄帝仙者，見於道書及百家之説者甚多，而儒家不肯長奇怪，開異塗〔四〕，務於禮教，而神仙之事，不可以訓俗，故云其死，以杜民心耳。朱邑欒巴于公〔五〕，有功惠於民，百姓皆生爲之立廟祠。又古者盛德之人，身没之後，臣子刊其勳績於不朽之器。而今世君長遷轉，吏民思戀，而樹德頌之碑者，往往有焉，此亦黄帝有廟墓之類也，豈足以證其必死哉？」

校釋

〔一〕橋山之塜　史記五帝本紀：黄帝崩，葬橋山。劉宋裴駰集解引皇覽曰：黄帝冢在上郡橋山。

〔二〕荆山經及龍首記　後遐覽篇著録龍首經荆山記各一卷。明正統道藏有黄帝龍首經上下兩卷。

〔三〕山陵忽崩　原校：「陵」一作「後」。

〔四〕開異塗　孫校：「開」藏本作「閡」。

〔五〕朱邑欒巴于公　「邑」原作「巴」。孫校云：「巴」當作「邑」。明案漢書循吏傳：朱邑，廬江舒人，少爲桐鄉嗇夫，廉平不苛，官至大司農。爲人淳厚，篤於故舊。及死，其子葬之桐鄉西郭外，百姓共爲邑起冢立祠。今據改爲「邑」字。欒巴，蜀郡成都人，能劾鬼護病，其鄉里爲立生祠，見神仙傳。于公，説苑貴德篇：丞相于定國，東海下邳人，「其父號曰于公，爲縣獄吏、決曹掾，決獄平，法未嘗有所冤。郡中離文法者，于公所決，皆不敢隱情。東海郡中，爲于公生立祠，號曰于公祠」。並見漢書于定國傳。

或人問曰：「彭祖八百，安期三千，斯壽之過人矣，若果有不死之道，彼何不遂仙乎？豈非稟命受氣，自有脩短，而彼偶得其多，理不可延，故不免於彫隕哉？」抱朴子答曰：「按彭祖經云〔一〕，其自帝嚳佐堯，歷夏至殷爲大夫，殷王遣綵女從受房中之術，行之有效，欲殺彭祖，以絶其道，彭祖覺焉而逃去。去時年七八百餘，非爲死也。黄石公記〔二〕云：彭祖去後七十餘年，門人於流沙之西見之〔三〕，非死明矣。又彭祖之弟子，青衣烏公、黑穴公、秀眉公、白兔公子、離婁公、太足君、高丘子、不肯來七八人，皆歷數百歲，在殷而各仙去，況彭祖何肯死哉？又劉向所記列仙傳亦言彭祖是仙人也。又安期先生者，賣藥於海邊，瑯琊人傳世見之，計已千年。秦始皇請與語，三日三夜。其言高，其旨遠，博而有證，始皇異之，乃賜之金璧，可直數千萬，安期受而置之於阜鄉亭，以赤玉舄一量爲報〔四〕，留書曰，復數千載〔五〕，求我於蓬萊山。如此，是爲見始皇時已千歲矣，非爲死也。又始皇剛暴而鷙很，最是天下之不應信神仙者。又不中以不然之言答對之者也。至於問安期以長生之事，安期答之允當，始皇惺悟，信世間之必有仙道，既厚惠遺，又甘心欲學不死之事，但自無明師也，而爲盧敖徐福輩所欺弄〔六〕，故不能得耳。向使安期先生言無符據〔七〕，三日三夜之中，足以窮屈，則始皇必將烹煮屠戮，不免鼎俎之禍，其厚惠安可得乎？」

校釋

〔一〕彭祖經云　有黃山君者，修彭祖之術。彭祖既去，乃追論其言，以爲彭祖經，見神仙傳。後遐覽篇著録彭祖經一卷。

〔二〕黃石公記　孫校：「黃」下藏本有「帝」字，非。原校：「石」一作「山」。校補云：作「山」近是。遐覽篇廣載仙經，正有黃山公記可證。黃白篇有黃山子；神仙傳云黃山君者修彭祖之術，黃山君殆即黃山公也。

〔三〕門人於流沙之西見之　校補：神仙傳云，聞人於流沙之國西見之，即本於黃山公記。此「門」或即「聞」之壞字。

〔四〕「安期先生者賣藥於海邊」至「以赤玉舄一量爲報」　案此所記安期事與列仙傳合。列仙傳云，留書以赤玉舄一量爲報。「量」即「兩」字，「量」「兩」古通用。

〔五〕復數千載　校勘記：藝文類聚八十四「復」作「後」，又案列仙傳亦作「後」。疑當作「後」。

〔六〕「始皇」至「爲盧敖徐福輩所欺弄」　史記秦始皇本紀：二十八年，齊人徐市等上書，言海中有三神山，名曰蓬萊、方丈、瀛洲，仙人所居，請與童男女求之。三十二年，始皇使燕人盧生求羡門、高誓。案盧生，即盧敖；徐市，即徐福。

〔七〕言無符據　慎校本、寶顏堂本「言無符據」作「所言無據」。

或問曰：「世有服食藥物，行氣導引，不免死者，何也？」抱朴子答曰：「不得金丹，但服草木之藥及修小術者，可以延年遲死耳，不得仙也。或但知服草藥，而不知還年之要術〔一〕，則終無久生之理也。或不曉帶神符，行禁戒，思身神，守真一，則止可令内疾不起〔二〕，風濕不犯耳。若卒有惡鬼强邪，山精水毒害之，則便死也。或不得入山之法，令山神爲之作禍，則妖鬼試之，猛獸傷之，溪毒擊之，蛇蝮螫之，致多死事，非一條也。或修道晚暮，而先自損傷已深，難可補復。補復之益，未得根據，而疾隨復作，所以剋伐之事，亦何緣得長生哉？或年老爲道而得仙者，或年少爲道而不成者，何哉？彼雖年老而受氣本多，受氣本多則傷損薄，傷損薄則易養，易養故得仙也。此雖年少而受氣本少，受氣本少則傷深〔三〕，傷深則難救，難救故不成仙也。夫木槿楊柳，斷殖之更生，倒之亦生，横之亦生。生之易者，莫過斯木也。然埋之既淺，又未得久，乍刻乍刴，或摇或拔，雖壅以膏壤，浸以春澤，猶不脱於枯瘁者〔四〕，以其根荄不固，不暇吐其萌芽，津液不得遂結其生氣也。人生之爲體，易傷難養，方之二木，不及遠矣。而所以攻毁之者，過於刻刴，劇乎摇拔也。濟之者鮮〔五〕，壞之者衆，死其宜也。夫吐故納新者，因氣以長氣，而氣大衰者則難長也；服食藥物者，因血以益血，而血垂竭者則難益也。夫奔馳而喘逆，或欬或滿〔六〕，用力役體，汲汲短乏者，氣損之候也。面無光色，皮膚枯臘，脣焦脉白，腠理萎瘁者，血減之證也。二證既衰於外，則靈根亦凋於中矣〔七〕。如此，則不得上藥，不能救也。凡爲道而不成，營生而得死者，其人非不有氣血也。然身中之所以爲氣爲血者，根源已喪，但餘其枝流也。譬猶入水之燼，火滅而煙不即息；既斷之木，柯葉猶生。二者非不有煙，非不有葉，而其所以爲煙爲葉者已先亡矣。世人以覺病之日，始作爲疾〔八〕，猶以氣絶之日，爲身喪之候也。唯怨風冷與暑濕，不知風冷暑濕〔九〕，不能傷壯實之人也〔一〇〕，徒患體虚氣少者，不能堪之，故爲所中耳。何以較之？設有數人，年紀老壯既同，服食厚薄又等，俱造沙漠之地，並冒嚴寒之夜，素雪墮於上，玄冰結於下，寒風摧條而宵駭，欬唾凝沍於脣吻〔一一〕，則其中將有獨中冷者，而不必盡病也。非冷氣之有偏，蓋人體有不耐者耳。故俱食一物，或獨以結病者，非此物之有偏毒也；鈞器齊飲，而或醒或醉者，非酒勢之有彼此也；同冒炎暑，而或獨以暍死者，非天熱之有公私也；齊服一藥，而或昏瞑煩悶者，非毒烈之有愛憎也。是以衝風赴林，而枯柯先摧；洪濤淩崖，而拆隙首頽〔一二〕；烈火燎原，而燥卉前焚；龍椀墜地〔一三〕，而脆者獨破。由兹以觀，則人之無道，體已素病，因風寒暑濕者以發之耳。苟能令正氣不衰，形神相衛，莫能傷也。凡爲道者，常患於晚，不患於早也。恃年紀之少壯、體力之方剛者，自役過差，百病兼結〔一四〕，命危朝露，不得大藥，但服草木，可以差於常人，不能延其大限也。故仙經曰：養生以不傷爲本。此要言也。神農曰：百病不愈，安得長生？信哉斯言也。」

校釋

〔一〕而不知還年之要術　原校：「還年」誤作「房中」。校補云：作「房中」近是。明案校補之説不確。

〔二〕則止可令内疾不起　「止」原作「正」。明案文義，「正」當作「止」，慎校本、寶顔堂本、崇文本「正」皆作「止」。今據訂正。

〔三〕受氣本少則傷深　孫校：藏本不重「受氣本少」。

〔四〕猶不脱於枯瘁者　孫校：「脱」刻本作「免」。

〔五〕濟之者鮮　「濟」寶顔堂本作「培」。

〔六〕或欬或滿　孫校：「滿」刻本作「懣」。

〔七〕則靈根亦凋於中矣　「靈根」，舌根也。見黃庭外景經「靈根堅固老不衰」梁丘子注。

〔八〕始作爲疾　慎校本、寶顔堂本作「始爲己病」。

〔九〕不知風冷暑濕　孫校：藏本無此六字，非。明案宋浙本亦無此六字。

〔一〇〕不能傷壯實之人也　慎校本、寶顔堂本「傷」作「侵」。

〔一一〕欬唾凝冱於脣吻　冱同沍，音護；凝冱，凍結。

〔一二〕拆隙首頹　「拆」疑當作「坼」，開裂也。

〔一三〕龍梡墜地　孫校：「龍」當作「籠」。

〔一四〕百病兼結　宋浙本此句下有「亦尚生存」四字。

或問曰：「所謂傷之者，豈非淫慾之間乎？」抱朴子曰：「亦何獨斯哉？然長生之要，在乎還年之道〔一〕。上士知之，可以延年除病；其次不以自伐者也。若年尚少壯而知還年〔二〕，服陰丹以補腦，采玉液於長谷者，不服藥物，亦不失三百歲也〔三〕，但不得仙耳。不得其術者，古人方之於冰盃之盛湯，羽苞之蓄火也。且又才所不逮〔四〕，而困思之，傷也；力所不勝，而强舉之，傷也；悲哀憔悴〔五〕，傷也；喜樂過差，傷也；汲汲所欲，傷也〔六〕；久談言笑，傷也；寢息失時，傷也；挽弓引弩，傷也；沈醉嘔吐，傷也；飽食即卧，傷也；

跳走喘乏，傷也〔七〕；歡呼哭泣，傷也；陰陽不交，傷也；積傷至盡則早亡，早亡非道也。是以養生之方，唾不及遠，行不疾步，耳不極聽，目不久視，坐不至久〔八〕，卧不及疲，先寒而衣，先熱而解，不欲極飢而食，食不過飽，不欲極渴而飲，飲不過多。凡食過則結積聚，飲過則成痰癖。不欲甚勞甚逸，不欲起晚〔九〕，不欲汗流〔一〇〕，不欲多睡，不欲奔車走馬，不欲極目遠望，不欲多啖生冷，不欲飲酒當風，不欲數數沐浴，不欲廣志遠願，不欲規造異巧。冬不欲極温，夏不欲窮涼，不露卧星下，不眠中見肩，大寒大熱，大風大霧，皆不欲冒之。五味入口，不欲偏多，故酸多傷脾，苦多傷肺，辛多傷肝，鹹多則傷心，甘多則傷腎〔一一〕，此五行自然之理也。凡言傷者，亦不便覺也，謂久則壽損耳。是以善攝生者，卧起有四時之早晚，興居有至和之常制；調利筋骨，有偃仰之方；杜疾閑邪，有吞吐之術；流行榮衛，有補瀉之法；節宣勞逸，有與奪之要。忍怒以全陰氣，抑喜以養陽氣。然後先將服草木以救虧缺，後服金丹以定無窮，長生之理，盡於此矣。若有欲決意任懷，自謂達識知命，不泥異端，極情肆力，不營久生者，聞此言也，雖風之過耳，電之經目，不足諭也。雖身枯於流連之中，氣絶於紈綺之閒，而甘心焉，亦安可告之以養生之事哉？不惟不納，乃謂妖訛也。而望彼信之，所謂以明鑑給矇瞽，以絲竹娱聾夫也。」

校釋

〔一〕在乎還年之道　孫校：「還年」疑「房中」。校勘記云：御覽六百六十八亦作「還年」，下同。明案「還年」不誤，孫説非也，下同。

〔二〕而知還年　孫校：「還年」疑「房中」。

〔三〕亦不失三百歲也　校勘記：御覽六百六十八作「一二百歲」。案籤三十五禁忌篇引亦作「一二百歲」。

〔四〕且又才所不逮　校勘記：御覽六百六十八無「且又」二字，作「凡傷之道有數焉」。

〔五〕悲哀憔悴　明案「哀」原作「衰」，形近而譌，今依宋浙本、藏本、魯藩本改正。校勘記云：御覽六百六十八「悲」上有「深憂重怨」四字，「衰」作「哀」。依今本語例補改，當云「深憂重怨，傷也；悲哀憔悴，傷也」。校勘記之説是，籤三十五正是如此。惟「怨」作「恚」。

〔六〕汲汲所欲傷也　校勘記：御覽六百六十八「所欲」下有「戚戚所患」四字，依今本語例，當補於「傷也」下，云「戚戚所患，傷也」。案籤三十五引及宋浙本有此六字。

〔七〕跳走喘乏傷也　校勘記：御覽六百六十八「喘乏」作「喘息」。

〔八〕坐不至久　素問宣明五氣篇云：「久坐傷肉。」此爲養生家言。御覽六百六十八引作「坐不至疲」，與本篇下句「卧不及疲」之「疲」相重，不足據，仍以「坐不至久」爲是。

〔九〕不欲起晚　孫校：「不欲」下當有「起早」二字。

〔一〇〕不欲汗流　校勘記：御覽六百六十八作「不欲多汗」。

〔一一〕「故酸多傷脾」至「甘多則傷腎」　明案脾合肉，肺合皮，肝合筋，心合脈，腎合骨。素問五藏生成篇云：「多食鹹則脈凝泣而變色，多食苦則皮槁而毛拔，多食辛則筋急而爪枯，多食酸則肉胝䐢而脣揭，多食甘則骨痛而髮落，此五味之所傷也。」

抱朴子内篇卷之十四　勤求

抱朴子曰：「天地之大德曰生；生，好物者也〔一〕。是以道家之所至祕而重者，莫過乎長生之方也。故血盟乃傳〔二〕，傳非其人，戒在天罰。先師不敢以輕行授人，須人求之至勤者，猶當揀選至精者乃教之，況乎不好不求，求之不篤者，安可衒其沽以告之哉〔三〕？其受命不應仙者，雖日見仙人成群在世，猶必謂彼自異種人，天下別有此物，或呼爲鬼魅之變化，或云偶值於自然，豈有肯謂修爲之所得哉？苟心所不信，雖令赤松王喬言提其耳，亦當同以爲妖訛〔四〕。然時頗有識信者，復患於不能勤求明師。夫曉至要得真道者，誠自甚稀，非倉卒可值也。然知之者，但當少耳〔五〕，亦未嘗絶於世也。由求之者不廣不篤，有仙命者，要自當與之相值也。然求而不得者有矣，未有不求而得者也。世間自有奸僞圖錢之子，而竊道士之號者，不可勝數也。然此等復不謂挺無所知也〔六〕，皆復粗開頭角，或妄沽名，加之以伏邪飾僞，而好事之徒，不識其真僞者，徒多之進問〔七〕，自取誑惑，而拘制之，不令得行，廣尋奇士異人，而告之曰，道盡於此矣。以誤於有志者之不少，可歎可恚也。或聞有曉消五雲〔八〕、飛八石〔九〕、轉九丹〔一〇〕、冶黄白、水瓊瑶〔一一〕、化朱碧、凝霜雪於神爐、採靈芝於嵩岳者，則多而毁之曰〔一二〕，此法獨有赤松王喬知之，今世之人而云知之者，皆虚妄耳。則淺見之家，不覺此言有詐僞而作，便息遠求之意。悲夫，可爲慨歎者也！淩晷飆飛，暫少忽老，迅速之甚，諭之無物，百年之壽，三萬餘日耳。幼弱則未有所知，衰邁則歡樂並廢，童蒙昏耄，除數十年，而險隘憂病〔一三〕，相尋代有，居世之年，略消其半，計定得百年者，喜笑平和，則不過五六十年，咄嗟滅盡，哀憂昏耄，六七千日耳，顧眄已盡矣，況於全百年者，萬未有一乎？諦而念之，亦無以笑彼夏蟲朝菌也〔一四〕。蓋不知道者之所至悲矣。里語有之：人在世間，日失一日，如牽牛羊以詣屠所，每進一步，而去死轉近。此譬雖醜，而實理也。達人所以不愁死者，非不欲求，亦固不知所以免死之術，而空自焦愁，無益於事。故云樂天知命，故不憂耳，非不欲久生也。姬公請代武王〔一五〕，仲尼曳杖悲懷〔一六〕，是知聖人亦不樂速死矣。俗人見莊周有大夢之喻〔一七〕，因復競共張齊死生之論。蓋詭道强達，陽作違抑之言，皆仲尼所爲破律應煞者也〔一八〕。今察諸有此談者，被疾病則遽針灸，冒危險則甚畏死。然末俗通弊，不崇真信，背典誥而治子書，若不吐反理之巧辨者，則謂之朴野，非老莊之學。故無骨殖而取偶俗之徒，遂流漂於不然之説，而不能自返也。老子以長生久視爲業，而莊周貴於摇尾塗中，不爲被網之龜〔一九〕、被繡之牛〔二〇〕，餓而求粟於河侯〔二一〕，以此知其不能齊死生也。晚學不能考校虛實，偏據一句，不亦謬乎？且夫深入九泉之下，長夜罔極，始爲螻蟻之糧，終與塵壤合體，令人怛然心熱，不覺咄嗟。若心有求生之志〔二二〕，何可不棄置不急之事，以修玄妙之業哉？其不信則已矣。其信之者，復患於俗情之不蕩盡，而不能專以養生爲意，而營世務之餘暇而爲之，所以或有爲之者，恒病晚而多不成也。凡人之所汲汲者，勢利嗜欲也。苟我身之不全，雖高官重權，金玉成山，妍豔萬計，非我有也。是以上士先營長生之事，長生定可以任意。若未昇玄去世，可且地仙人間。若彭祖老子，止人中數百歲，不失人理之懽，然後徐徐登遐，亦盛事也。然決須好師，師不足奉，亦無由成也。昔漢太后從夏侯勝受尚書，賜勝黄金百斤，他物不可勝數。及勝死，又賜勝家錢二百萬，爲勝素服一百日〔二三〕。成帝在東宫時，從張禹受論語。及即尊位，賜禹爵關内侯〔二四〕，食邑千户，拜光禄大夫，賜黄金百斤。又遷丞相，進爵安昌侯。年老乞骸骨，賜安車駟馬，黄金百斤，錢數萬。及禹疾，天子自臨省之，親拜禹牀下。章帝在東宫時，從桓榮以受孝經〔二五〕。及帝即位，以榮爲太常上卿。天子幸榮第，令榮東面坐，設几杖。會百官及榮門生生徒數百人，帝親自持業講説。賜榮爵關内侯，食邑五千户。及榮病，天子幸其家，入巷下車，抱卷而趨，如弟子之禮。及榮薨，天子爲榮素服。凡此諸君，非能攻城野戰，折衝拓境，懸旌效節〔二六〕，祈連方〔二七〕，轉元功，騁鋭絶域也。徒以一經之業，宣傳章句，而見尊重，巍巍如此。此但能説死人之餘言耳，帝王之貴，猶自卑降以敬事之。世閒或有欲試修長生之道者，而不肯謙下於堪師者，直爾蹴迮〔二八〕，從求至要，寧可得乎？夫學者之恭遜驅走，何益於師之分寸乎？然不爾，則是彼心不盡；彼心不盡，則令人告之不力；告之不力，則祕訣何可悉得邪？不得已當以浮淺示之，豈足以成不死之功哉？亦有人皮膚好喜，而信道之誠，不根心神，有所索欲〔二九〕，陽爲曲恭，累日之閒，怠慢已出。若值明智之師，且欲詳觀來者變態，試以淹久，故不告之，以測其志。則若此之人，情僞行露，亦終不得而教之，教之亦不得盡言吐實，言不了則爲之無益也。陳安世者，年十三歲，蓋灌叔本之客子耳〔三〇〕，先得仙道。叔本年七十皓首，朝夕拜安世曰，道尊德貴，先得道者則爲師矣，吾不敢倦執弟子之禮也。由是安世告之要方，遂復仙去矣。夫人生先受精神於天地，後禀氣血於父母〔三一〕，然不得明師，告之以度世之道，則無由免死。鑿石有餘焰，年命已凋頹矣。由此論之，明師之恩，誠爲過於天地，重於父母多矣，可不崇之乎？可不求之乎？」

校　釋

〔一〕天地之大德曰生生好物者也　上句語見周易繫辭下。下句見左傳昭公二十五年。

〔二〕血盟乃傳　血盟，歃血誓盟。

〔三〕安可銜其沽以告之哉　慎校本、寶顏堂本、崇文本「銜其」作「自銜」。

〔四〕亦當同以爲妖訛　宋浙本「當同」作「同當」。慎校本、寶顏堂本、崇文本「同」作「指」。

〔五〕但當少耳　寶顏堂本、崇文本「當」作「謂」。

〔六〕不謂挺無所知也　宋浙本「謂」作「肯」。

〔七〕徒多之進問　校補：「之」字疑涉上文諸「之」字而衍。

〔八〕消五雲　五雲，五色之雲母。仙藥篇有服五雲之法。

〔九〕飛八石　飛八石，鍊八石之飛精。

〔一〇〕轉九丹　九丹，九轉還丹。神仙傳老子傳：所出度世之法，九丹八石，玉醴金液。

〔一一〕水瓊瑶　原校：「瓊」一作「槿」。明案宋浙本云：「一作瑾。」水瓊瑶，溶化瓊瑶爲玉漿。

〔一二〕則多而毁之曰　孫校：「多」下疑有脱誤。

〔一三〕險隘憂病　校勘記：御覽六百七十二「隘」作「戹」。

〔一四〕亦無以笑彼夏蟲朝菌也　莊子逍遥遊云：「朝菌不知晦朔，蟪蛄不知春秋。」朝菌，生於朝而死於暮，至多不能過月之晦朔；蟪蛄，夏蟬也，夏生秋死。夏蟲朝菌，喻生時之暫短耳。

〔一五〕姬公請代武王　姬公，周武王弟周公旦。武王病，周公祓齋，自爲質，欲代武王。見史記周本紀。

〔一六〕仲尼曳杖悲懷　仲尼，孔丘字。史記孔子世家：孔丘病，子貢請見。孔丘方負杖逍遥於門，嘆曰，太山壞乎，梁柱摧乎，哲人萎乎！因以涕下。後七日卒。

〔一七〕莊周有大夢之喻　莊子齊物論：「予惡乎知夫死者不悔其始之蘄生乎！夢飲酒者，旦而哭泣；夢哭泣者，旦而田獵。方其夢也，不知其夢也，覺而後知其夢也。且有大覺，而後知此其大夢也。」此即所謂大夢之喻。

〔一八〕仲尼所爲破律應煞者也　禮記王制：析言破律，殺。鄭玄注：析言破律，巧賣法令者也。

〔一九〕莊周貴於搖尾塗中不爲被網之龜　莊子秋水篇：莊子釣於濮水之上，楚王使人求之仕。莊子持竿不顧，曰，吾不願爲死龜，巾笥藏之廟堂之上，寧將曳尾於塗中。

〔二〇〕被繡之牛　莊子列禦寇篇：「或聘於莊子，莊子應其使曰，子見夫犧牛乎？衣以文繡，食以芻叔，及其牽而入於太廟，雖欲爲孤犢，其可得乎？」案史記老莊申韓列傳作楚威王聘莊周。

〔二一〕餓而求粟於河侯　莊周家貧，故往貸粟於監河侯。見莊子外物篇。

〔二二〕若心有求生之志　寶顔堂本、崇文本「心」並作「必」。明案心即志也，作「必」於義爲長。

〔二三〕「漢太后從夏侯勝受尚書」至「爲勝素服一百日」　事見漢書夏侯勝傳。勝死，太后爲勝素服五日，與本篇所云一百日不同。案當從漢書。

〔二四〕成帝在東宫時從張禹受論語及即尊位賜禹爵關内侯　事見漢書張禹傳。

〔二五〕章帝在東宫時從桓榮以受孝經　案後漢書明帝紀及桓榮傳，明帝爲皇太子時，桓榮所授非孝經，乃是尚書。蓋葛洪誤記其事歟？

〔二六〕懸旌效節　原校：「效節」一作「郊坰」。案宋浙本、藏本、魯藩本：「一作郊坰。」

〔二七〕祈連方　方，方伯；連，連帥，皆地方官之職名。

〔二八〕直爾蹴迮　蹴迮，蹙迫。

〔二九〕有所索欲　孫校：「欲」刻本作「取」。

〔三〇〕「陳安世者」至「灌叔本之客子耳」　校勘記云：御覽九百十一作陳世安，下亦作世安。按登涉篇有仙人陳安世。明案當作陳安世，影宋本御覽所引與今本抱朴子正相合。灌叔本以爲道尊德貴，不在年齒，拜傭童陳安世爲師，故事並見神仙傳。灌叔本一作權叔本。校勘記云：御覽九百十一「灌」作「管」。

〔三一〕後稟氣血於父母　孫校：藏本無「血」字。案宋浙本亦無「血」字。

抱朴子曰：「古人質正，貴行賤言，故爲政者不尚文辨，修道者不崇辭說。風俗衰薄，外飾彌繁，方策既山積於儒門，而內書亦鞅掌於術家。初學之徒，即未便可授以大要，又亦人情以本末殷富者爲快。故後之知道者，干吉容嵩桂帛諸家，各著千所篇〔一〕，然率多教誡之言，不肯善爲人開顯大向之指歸也。其至真之訣，或但口傳，或不過尋尺之素，在領帶之中，非隨師經久，累勤歷試者，不能得也。雜猥弟子，皆各隨其用心之疎密，履苦之久遠，察其聰明之所逮，及志力之所能辦，各有所授。千百歲中，時有盡其囊枕之中、肘腋之下祕要之旨耳〔二〕。或但將之合藥，藥成分之〔三〕，足以使之不死而已，而終年不以其方文傳之。故世閒道士，知金丹之事者，萬無一也。而管見之屬，謂仙法當具在於紛若之書，及於祭祀拜伏之閒而已矣。夫長生制在大藥耳，非祠醮之所得也〔四〕。昔秦漢二代，大興祈禱，所祭太乙五神、陳寶八神之屬〔五〕，動用牛羊穀帛，錢費億萬，了無所益。況於匹夫，德之不備，體之不養，而欲以三牲酒餚，祝願鬼神，以索延年，惑亦甚矣。或頗有好事者，誠欲爲道，而不能勤求明師，合作異藥，而但晝夜誦講不要之書數千百卷，詣老無益，便謂天下果無仙法。或舉門扣頭，以向空坐，烹宰犧牲，燒香請福，而病者不愈，死喪相襲，破産竭財，一無奇異，終不悔悟，自謂未篤。若以此之勤，求知方之師，以此之費，給買藥之直者〔六〕，亦必得神仙長生度世也。何異詣老空耕石田，而望千倉之收，用力雖盡〔七〕，不得其所也。所謂適楚而道燕，馬雖良而不到，非行之不疾，然失其道也。或有性信而喜信人，其聰明不足以校練真僞，揣測深淺；所博涉素狹，不能賞物。後世頑淺，趣得一人，自譽之子，云我有祕書，便守事之。而庸人小兒，多有外託有道之名，名過其實，由於誇誑，內抱貪濁，惟利是圖，有所請爲，輒强喑嗚，俛仰抑揚，若所知實祕乃深〔八〕而不可得之狀。其有所請，從其所求，俛仰含笑，或許以頃後，故使不覺者，欲罷而不能〔九〕，自謂事之末勤，而禮幣之尚輕也。於是篤信之心，尤加恭肅，賂以殊玩〔一〇〕，爲之執奴僕之役，不辭負重涉遠，不避經險履危，欲以積勞自效，服苦求哀，庶有異聞。而虛引歲月，空委二親之供養，捐妻子而不卹，戴霜蹈冰，連年隨之，而妨資棄力，卒無所成。彼初誠欺之，末或慙之，懵然體中，實自空罄短乏，無能法以相教，將何法以成人乎？余目見此輩不少，可以有十餘人〔一一〕。或自號高名，久居於世，世或謂之已三四百歲，但易名字，詐稱聖人，託於人閒，而多有承事之者。余但不喜書其人之姓名耳。頗游俗閒，凡夫不識妍蚩，爲共吹揚〔一二〕，增長妖妄，爲彼巧僞之人，虛生華譽，歙習遂廣，莫能甄別。故或令高人偶不留意澄察，而但任兩耳者，誤於學者，常由此輩，莫不使人歎息也。每見此曹，欺誑天下，以規勢利者，遲速皆受殃罰，天網雖疎，終不漏也。但誤有志者可念耳。世人多逐空聲，尠能校實。聞甲乙多弟子，至以百許，必當有異，便載馳競逐，赴爲相聚守之，徒妨工夫，以崇重彼愚陋之人也，而不復尋精。彼得門人之力，或以致富。辨逐之雖久〔一三〕，猶無成人之道，愚夫故不知此人不足可事，何能都不與悟，自可悲哉！夫搜尋仞之壟，求干天之木；漉牛迹之中，索吞舟之鱗，用日雖久，安能得乎？嗟乎！將來之學者，雖當以求師爲務，亦不可以不詳擇爲急也。陋狹之夫，行淺德薄，功微緣少，不足成人之道，亦無功課以塞人重恩也。深思其趣，勿令徒勞也。」

校釋

〔一〕干吉容嵩桂帛諸家各著千所篇　孫校：「干」藏本作「于」。明案後漢書襄楷傳：楷疏云，「臣前上琅邪宮崇受于吉神書」。唐李賢注：「神書，即今道家太平經，其經以甲乙丙丁戊己庚辛壬癸爲部，每部一十七卷。」相傳後漢于吉撰。容嵩即宮崇，師事于吉，除從于吉受太平經外，又著書百餘卷，見神仙傳。帛和，字仲理，三國遼東人，從董奉學行氣服朮法，又到西城山，事王遠學神丹方，見神仙傳。

〔二〕祕要之旨耳　孫校：藏本無「旨」字。

〔三〕或但將之合藥藥成分之　「將之合藥藥成分之」八字，寶顏堂本、崇文本並作「將合成藥以分之」。

〔四〕非祠醮之所得也　「得」宋浙本作「定」。

〔五〕「秦漢二代」至「所祭太乙五神陳寶八神之屬」　宋浙本「五神」作「五帝」。案漢武帝時，亳人謬忌奏祠太一方，曰，天神貴者太一，太一佐曰五帝。五帝即五神。秦始皇祠八神，一曰天，二曰地，三曰兵，四曰陰，五曰陽，六曰月，七曰日，八曰四時。並見史記封禪書。

〔六〕以此之費給買藥之直者　孫校：「藥」下藏本有「求明師祕術」五字，衍。案宋浙本亦衍此五字。

〔七〕用力雖盡　寶顏堂本、崇文本「盡」作「勤」。

〔八〕若所知寶祕乃深　寶顏堂本、崇文本「乃」作「之」。

〔九〕故使不覺者欲罷而不能　寶顏堂本、崇文本「不覺者」作「學者」。

〔一〇〕賂以殊玩　宋浙本、藏本、魯藩本「殊」作「珠」。案殊玩，泛指特異之玩物，義亦通。

〔一一〕可以有十餘人　寶顏堂本、崇文本並無「以」字。

〔一二〕爲共吹揚　寶顏堂本、崇文本「吹」作「稱」。

〔一三〕辨逐之雖久　孫校：「辨」即「辦」字。

抱朴子曰：「諸虚名之道士，既善爲誑詐，以欺學者；又多護短匿愚，恥於不知，陽若以博涉已足〔一〕，終不肯行求請問於勝己者，蠢爾守窮，面牆而立；又不但拱默而已，乃復憎忌於實有道者而謗毁之，恐彼聲名之過己也。此等豈有意於長生之法哉？爲欲以合致弟子，圖其財力，以快其情欲而已耳。而不知天高聽卑，其後必受斯殃也。夫貧者不可妄云我富也，賤者不可虚云我貴也，況道德之事實無，而空養門生弟子乎？凡俗之人，猶不宜懷妬善之心，況於道士，尤應以忠信快意爲生者也，云何當以此之徼然函胸臆閒乎〔二〕？人自不能聞見神明，而神明之聞見己之甚易也〔三〕。此何異乎在紗幌之外，不能察軒房之内，而肆其倨慢，謂人之不見己。此亦如竊鍾棖物，鏗然有聲，惡他人聞之，因自掩其耳者之類也〔四〕。而聾瞽之存乎精神者，唯欲專擅華名，獨聚徒衆，外求聲價，内規財力〔五〕，患疾勝己，乃劇於俗人之争權勢也。遂以脣吻爲刃鋒，以毁譽爲朋黨，口親心疎，貌合行離，陽敦同志之言，陰挾蜂蠆之毒。此乃天人所共惡，招禍之符檄也。夫讀五經，猶宜不恥下問，以進德修業，日有緝熙。至於射御之麤伎，書數之淺功，農桑之露事，規矩之小術，尚須師授以盡其理，況營長生之法，欲以延年度世，斯與救卹死事無異也。何可務惜請受之名，而永守無知之困，至老不改，臨死不悔，此亦天民之篤暗者也。令人代之慙悚，爲之者獨不顧形影也。爲儒生尚當兀然守朴，外託質素，知而如否，有而如無，令庸兒不得盡其稱，稱而不問不對，對必辭讓而後言。何其道士之人，强以不知爲知，以無有爲有，虚自衒燿，以圖奸利者乎？迷而不知返者，愈以遂往〔六〕。若有以行此者，想不恥改也。吾非苟爲此言，誠有爲而興，所謂疾之而不能默然也。徒愍念愚人，不忍見嬰兒之投井耳。若覽之而悟者，亦仙藥之一草也，吾何爲哉！不御苦口，其危至矣，不俟脉診而可知者也。」

校　釋

〔一〕陽若以博涉已足　寶顔堂本、崇文本無「以」字。

〔二〕云何當以此之傲然函胸臆閒乎　傲，音別。傲然，盤旋貌。

〔三〕而神明之聞見已之甚易也　孫校、藏本無「而神明」三字。案宋浙本亦無。

〔四〕「此亦如竊鍾棖物」至「因自掩其耳者之類也」　故事並見呂氏春秋自知篇、淮南子説山篇。言范氏之敗，有竊鍾者欲負而走，鎗然有聲，恐人聞之，遽掩其耳。棖，以物觸物。

〔五〕内規財力　慎校本、寶顔堂本、崇文本「力」皆作「利」。

〔六〕愈以遂往　「以」宋浙本、藏本、魯藩本作「於」。

抱朴子曰：「設有死罪，而人能救之者，必不爲之吝勞辱而憚卑辭也，必獲生生之功也。今雜猥道士之輩，不得金丹大法，必不得長生可知也。雖治病有起死之效，絶穀則積年不飢，役使鬼神，坐在立亡，瞻視千里，知人盛衰，發沈祟於幽翳，知禍福於未萌，猶無益於年命也，尚羞行請求，恥事先達，是惜一日之屈，而甘罔極之痛，是不見事類者也。古人有言曰，生之於我，利亦大焉。論其貴賤，雖爵爲帝王，不足以此法比焉。論其輕重，雖富有天下，不足以此術易焉〔一〕。故有死王樂爲生鼠之喻也〔二〕。夫治國而國平，治身而身生，非自至也，皆有以致之也。惜短乏之虚名，恥師授之蹔勞，雖曰不愚，吾不信也。今使人免必死而就戮刑者，猶欣然喜於去重而即輕，脱炙爛而保視息，甘其苦痛，過於更生矣。人但莫知當死之日，故不暫憂耳。若誠知之，而刖劓之事，可得延期者，必將爲之。況但躬親灑掃，執巾竭力於勝己者，可以見教之不死之道，亦何足爲苦？而蔽者憚焉。假令有人，恥迅走而待野火之燒爇，羞逃風而致沈溺於重淵者，世必呼之爲不曉事也，而咸知笑其不避災危，而莫怪其不畏實禍，何哉〔三〕？」

校釋

〔一〕「古人有言曰」至「不足以此術易焉」　以上文句約見呂氏春秋重己篇。

〔二〕故有死王樂爲生鼠之喻也　校勘記：御覽九百十一「死王樂生鼠」下復有二語云「雖爲帝王，死不及生鼠」，似非抱朴本文，隋志有音一卷，或即此。

〔三〕莫怪其不畏實禍何哉　「實禍」宋浙本作「賁禍」，慎校本、寶顔堂本、崇文本作「僨禍」。案當作「賁」，「賁」通「僨」，覆敗。

抱朴子曰：「昔者之著道書多矣，莫不務廣浮巧之言，以崇玄虚之旨，未有究論長生之階徑，箴砭爲道之病痛〔一〕，如吾之勤勤者也。實欲令迷者知反，失之東隅，收之桑榆，墜井引綆，愈於遂没。但惜美疢而距惡石者〔二〕，不可如何耳。人誰無過，過而能改，日月之蝕，睎顔氏之子也〔三〕。又欲使將來之好生道者，審於所託，故竭其忠告之良謀，而不飾淫麗之言，言發則指切，筆下則辭痛，惜在於長生而折抑邪耳，何所索哉？」

校釋

〔一〕箴砭爲道之病痛　孫校：藏本缺「砭」字。

〔二〕但惜美疢而距惡石者　孫校：「疢」藏本作「病」。明案宋浙本、魯藩本亦作「病」。慎校本、寶顏堂本、崇文本「惜美疢」作「惜養危病」。美疢惡石，語出左傳襄公二十三年。

〔三〕睎顔氏之子也　説文：「睎，望也。」顔氏之子，顔回。揚子法言學行篇云：睎顔之人，亦顔之徒也。

抱朴子曰：「深念學道藝養生者，隨師不得其人，竟無所成，而使後之有志者，見彼之不得長生，因云天下之果無仙法也。凡自度生〔一〕，必不能苦身約己以修玄妙者，亦徒進失干禄之業，退無難老之功，内誤其身，外沮將來也。仙之可學致，如黍稷之可播種得，甚炳然耳。然未有不耕而獲嘉禾，未有不勤而獲長生度世也。」

校釋

〔一〕凡自度生　慎校本、寶顏堂本、崇文本「自」作「欲」。

抱朴子内篇卷之十五　雜應

或曰：「敢問斷穀人可以長生乎〔一〕？凡有幾法，何者最善與？」抱朴子答曰：「斷穀人止可息肴糧之費〔二〕，不能獨令人長生也。問諸曾斷穀積久者云，差少病痛，勝於食穀時。其服朮及餌黄精，又禹餘糧丸，日再服，三日〔三〕，令人多氣力，堪負擔遠行，身輕不極〔四〕。其服諸石藥，一服守中十年五年者及吞氣服符飲神水輩，但爲不飢耳，體力不任勞也。道書雖言欲得長生，腸中當清〔五〕；欲得不死，腸中無滓〔六〕。又云，食草者善走而愚，食肉者多力而悍，食穀者智而不壽，食氣者神明不死〔七〕。此乃行氣者一家之偏説耳，不可便孤用也。若欲服金丹大藥，先不食百許日爲快。若不能者，正爾服之，但得仙小遲耳，無大妨也。若遭世荒，隱竄山林，知此法者，則可以不餓死。其不然也，則無急斷，急既無可大益。又止人中斷肉，聞肥鮮之氣，皆不能不有欲於中心。若未便絶俗委家，巖棲岫處者，固不成遂休五味〔八〕，無致自苦，不如莫斷穀而節量飢飽。近有一百許法，或服守中石藥數十丸，便辟四五十日不飢，練松柏及朮，亦可以守中，但不及大藥，久不過十年以還。或辟一百二百日，或須日日服之〔九〕，乃不飢者。或先作美食極飽，乃服藥以養所食之物，令不消化，可辟三年；欲還食穀，當以葵子猪膏下之，則所作美食皆下，不壞如故也。洛陽有道士董威輦，常止白社中，了不食〔一〇〕，陳子敘共守事之，從學道積久，乃得其方，云以甘草、防風、莧實之屬十許種擣爲散，先服方寸匕，乃吞石子大如雀卵十二枚，足辟百日，輒更服散，氣力顔色如故也；欲還食穀者，當服葵子湯下石子，乃可食耳。又赤龍血、青龍膏作之，用丹砂、曾青水〔一一〕，以石内其中，復須臾，石柔而可食也。若不即取，便消爛盡也。食此石以口取飽〔一二〕，令人丁壯。又有引石散，以方寸匕投一斗白石子中，以水合煮之，亦立熟如芋子，可食以當穀也。張太元舉家及弟子數十人，隱居林慮山中〔一三〕，以此法食石十餘年，皆肥健。但爲須得白石，不如赤龍血、青龍膏，取得石便可用；又當煮之，有薪火之煩耳。或用符，或用水，或符水兼用。或用乾棗，日九枚，酒一二升者。或食十二時氣，從夜半始，從九九至八八、七七、六六、五五而止。或春向東食歲星青氣，使入肝；夏服熒惑赤氣，使入心；四季之月食鎮星黄氣，使入脾；秋食太白白氣，使入肺；冬服辰星黑氣，使入腎。又中岳道士郗元節食六戊之精，亦大有效。假令甲子之旬，有戊辰之精，則竟其旬十日，常向辰地而吞氣，到後甲復向其旬之戊也。甘始法，召六甲六丁玉女，各有名字，因以祝水而飲之，亦可令牛馬皆不飢也。或思脾中神名，名黄裳子〔一四〕，但合口食内氣，此皆有真效。余數見斷穀人三年二年者多，皆身輕色好，堪風寒暑濕，大都無肥者耳。雖未見數十歲不食者，然人絶穀不過十許日皆死，而此等已積載而自若，亦何疑於不可大久乎？若令諸絶穀者轉羸，極常慮之，恐不可久耳。而問諸爲之者，無不初時少氣力，而後稍丁健，月勝一月，歲勝一歲，正爾，可久無嫌也。夫長生得道者，莫不皆由服藥吞氣，而達之者而不妄也〔一五〕。夫服藥斷穀者，略無不先極也。但用符水及單服氣者，皆作四十日中疲瘦〔一六〕，過此乃健耳。鄭君云：本性飲酒不多，昔在銅山中，絶穀二年許，飲酒數斗不醉。以此推之，是爲不食更令人耐毒，耐毒則是難病之候也。余因此問山中那得酒？鄭君言，先釀好雲液勿壓漉，因以桂附子甘草五六種末合丸之，曝乾，以一丸如雞子許，投一斗水中，立成美酒。又有黄帝雲液泉法，以蘖米及七八種藥合之，取一升，輒内一升水投中〔一七〕，如千歲苦酒之内水也。無知盡時〔一八〕，而味常好不變，飲之大益人。又符水斷穀，雖先令人羸，然宜兼知者，倘卒遇荒年，不及合作藥物，則符水爲上矣。有馮生者，但單吞炁，斷穀已三年，觀其步陟登山，擔一斛許重，終日不倦。又時時引弓，而略不言語，言語又不肯大聲。問之云，斷穀亡精費氣，最大忌也。余亦屢見淺薄道士輩，爲欲虛曜奇怪，招不食之名，而實不知其道，但虛爲不啖羹飯耳。至於飲酒，日中斗餘，脯臘、粭糒、棗、栗、雞子之屬，不絶其口。或大食肉而咽其汁，吐其滓，終日經口者數十斤。此直是更作美食矣。凡酒客但飲酒食脯而不食穀，皆自堪半歲一歲而不躄頓矣，未名絶穀耳。吴有道士石春，每行氣爲人治病，輒不食，以須病者之愈，或百日，或一月乃食。吴景帝聞之曰〔一九〕，此但不久，必當飢死也。乃召取鏁閉，令人備守之。春但求三二升水，如此一年餘，春顔色更鮮悦，氣力如故。景帝問之，可復堪幾時？春言無限，可數十年，但恐老死耳，不憂飢也。乃罷遣之。按如春言，是爲斷穀不能延年可知也。今時亦有得春之法者。」

校釋

〔一〕敢問斷穀人可以長生乎　孫校云：藏本無「穀」字。明案宋浙本無「人」字。

〔二〕斷穀人止可息肴糧之費　孫校云：藏本無「穀」字。明案宋浙本無「人」字。「止」宋浙本、藏本、魯藩本作「正」。「息」慎校本、寶顔堂本、崇文本作「省」。

〔三〕日再服三日　孫校：三日之「日」，當作「者」。

〔四〕身輕不極　校勘記：榮案盧本「不極」作「不困」。明案寶顔堂本、崇文本「極」亦作「困」。

〔五〕腸中當清　孫校：「腸」意林引作「腹」，下同。

〔六〕腸中無滓　孫校：意林引「滓」作「屎」。校勘記：御覽三百七十六亦作「屎」。

〔七〕「食草者善走而愚」至「食氣者神明不死」　語見淮南子墜形篇及大戴禮記易本命篇，唯間有異文。

〔八〕固不成遂休五味　寶顏堂本、崇文本「固不成」作「固不能成」。

〔九〕或須日日服之　「日日」原作「日月」。明案慎校本、寶顏堂本、崇文本「日月」皆作「日日」。當作「日日」，今訂正。

〔一〇〕「洛陽有道士董威輦」至「了不食」　董京，字威輦，不知何許人，晉武帝末，在洛陽白社中，常吞一石子，經日不食。參見晉書董京傳及御覽六百六十二引神仙傳董威輦傳。

〔一一〕用丹砂曾青水　孫校：「用」藏本作「明」。明案慎校本、寶顏堂本、崇文本亦作「用」，「明」乃「用」字之形譌。

〔一二〕以口取飽　「以」宋浙本作「恣」。

〔一三〕隱居林慮山中　孫校：「慮」藏本作「其」。案林慮山，在今河南省林縣。一名隆慮，其山南接太行，北接恒岳。見神仙傳帛和傳。

〔一四〕或思脾中神名名黄裳子　案黄庭内景經云：脾部之宫屬戊己，中有明童黄裳裏。

〔一五〕而不妄也　孫校：「而」字疑衍。

〔一六〕皆作四十日中疲瘦　孫校：「作」當作「乍」。明案慎校本、寶顏堂本、崇文本無「作」字。

〔一七〕取一升輒内一升水投中　校勘記：書鈔一百四十八作「取一斗酒輒内一斗水」，隸書「斗」形近「升」字，因誤爲「升」耳。校補云：繼校未覈。取一升輒内一升水，當作「取一斗酒輒内一升水」。上「升」字乃「斗」字之譌，下文又脱去「酒」字。故與「千歲苦酒之内水」句文不相應。下「升」字非誤文也。此言調和之意，用酒量與調水量遞次增減。北堂書鈔一百四十八兩引此文，並作「取一斗酒内一升水」。繼氏既據俗本書鈔，又不推尋其理，故致誤耳。又按「投中」二字，文既不安，義亦複贅，蓋涉上文「投一斗水中」而衍。書鈔兩引此文，並無「投中」二字。

〔一八〕無知盡時　校勘記：榮案盧本「無知」作「無或」。

〔一九〕吴景帝聞之曰　景帝，孫休謚號，見吴志孫休傳。

或問不寒之道。抱朴子曰：「或以立冬之日，服六丙六丁之符，或閉口行五火之炁千二百遍，則十二月中不寒也。或服太陽酒，或服紫石英、朱漆散〔一〕，或服雄丸一〔二〕，後服雌丸二〔三〕，亦可堪一日一夕不寒也。雌丸用雌黄、曾青、礬石、磁石也。雄丸用雄黄、丹砂、石膽也。然此無益於延年之事也。」

校釋

〔一〕或服紫石英朱漆散　校勘記：御覽九百八十七此下有「東莞縣西北二十五里有襮山，出紫石英，舊以貢獻」二十字，疑是注文。

〔二〕或服雄丸一　慎校本、寶顏堂本、崇文本「或」下有「先」字。

〔三〕後服雌丸二　原校云：「別本先雌後雄。」明案宋浙本有此語。

或問不熱之道。抱朴子曰：「或以立夏日，服六壬六癸之符，或行六癸之炁，或服玄冰之丸〔一〕，或服飛霜之散。然此用蕭丘上木皮，及五月五日中時北行黑蛇血〔二〕，故少有得合之者也。唯幼伯子王仲都，此二人衣以重裘〔三〕，曝之於夏日之中，周以十爐之火〔四〕，口不稱熱，身不流汗，蓋用此方者也。」

校釋

〔一〕或服玄冰之丸　「冰」原作「水」。原校：「水」一作「冰」。校勘記：藝文類聚四、御覽二十二、二十三、三十四皆作「冰」。明案當作「冰」，今據訂正。

〔二〕及五月五日中時北行黑蛇血　校補云：「日」下當更有「日」字。

〔三〕此二人衣以重裘　校勘記：御覽二十三、八百六十九「衣以重裘」作「衣之以重裘」。

〔四〕周以十爐之火　「十」下原有「二」字。校勘記：御覽二十三、八百六十九無「二」字。校補云：無「二」字是也。此涉上文二人而衍。幼伯子事又見辨問篇，王仲都事又見釋滯篇。桓譚新論云道士王仲都暑日環以十爐火不言熱，博物志辨方士「王仲都盛夏之月，十爐火灸之不熱」，並其切證。明案「二」字誤衍，今據删。

或問辟五兵之道。抱朴子答曰〔一〕：「吾聞吴大皇帝曾從介先生受要道云〔二〕，但知書北斗字及日月字〔三〕，便不畏白刃。帝以試左右數十人〔四〕，常爲先登鋒陷陣〔五〕，皆終身不傷也。鄭君云，但誦五兵名亦有驗。刀名大房，虚星主之；弓名曲張，氐星主之；矢名彷徨，熒惑星主之；劍名失傷，角星主之；弩名遠望，張星主之；戟名大將〔六〕，參星主之也。臨戰時，常細祝之。或以五月五日作赤靈符，著心前。或丙午日日中時，作燕君龍虎三囊符。歲符歲易之，月符月易之，日符日易之。或佩西王母兵信之符，或佩熒惑朱雀之符，或佩南極鑠金之符〔七〕，或戴却刃之符〔八〕、祝融之符。或傅玉札散，或浴禁葱湯，或取牡荆以作六陰神將符，符指敵人。或以月蝕時刻，三歲蟾蜍喉下有八字者血〔九〕，以書所持之刀劍。或帶武威符熒火丸〔一〇〕。或交鋒刃之際，乘魁履罡，呼四方之長，亦有明效。今世之人，亦有得禁辟五兵之道，往往有之。」

校釋

〔一〕抱朴子答曰　「曰」上原無「答」字。校勘記云：藝文類聚四、御覽三十一、三百三十九，「曰」上有「答」字。明案當有「答」字，今據增。

〔二〕吾聞吴大皇帝曾從介先生受要道云　吴大皇帝，孫權謚號，見吴志本傳。介先生，即介象，見神仙傳。

〔三〕但知書北斗字及日月字　孫校：「知」疑作「朱」。校勘記：御覽三百三十九無「書」字，作「但知北斗姓字及日月名字」。

〔四〕帝以試左右數十人　校勘記：御覽三百三十九「試」下有「告」字。

〔五〕常爲先登鋒陷陣　孫校：「鋒」字疑衍。校勘記：御覽三百三十九作「先登陷陣」，無「鋒」字。「陳」即「陣」之正體。

〔六〕戟名大將　「將」下原有「軍」字。孫校：「軍」字不當有，此以「將」字爲韻也。校勘記云：御覽三百三十九無「軍」字。明案「軍」字不應有，今據删。

〔七〕或佩南極鑠金之符　孫校：藏本無「或」字「之」字。

〔八〕或戴却刃之符　孫校：藏本無「之」字。

〔九〕三歲蟾蜍喉下有八字者血　孫校：「三」下刻本有「千」字。明案慎校本、寶顔堂本有「千」。

〔一〇〕或帶武威符熒火丸　案熒火丸可以避病除毒及免五兵白刃傷害。雲笈七籤七十七載螢火丸方，螢火丸一名冠軍丸，亦名武威丸。「螢」同「熒」字。

或問隱淪之道。抱朴子曰：「神道有五，坐在立亡其數焉。然無益於年命之事，但在人閒無故而爲此，則致詭怪之聲，不足妄行也。可以備兵亂危急，不得已而用之，可以免難也。鄭君云，服大隱符十日，欲隱則左轉，欲見則右回也。或以玉粭丸塗人身中；或以蛇足散，或懷離母之草，或折青龍之草，以伏六丁之下；或入竹田之中，而執天樞之壤；或造河龍石室，而隱雲蓋之陰；或伏清泠之淵，以過幽闕之徑；或乘天一馬以遊紫房〔一〕；或登天一之明堂；或入玉女之金匱；或背輔向官，立三蓋之下；或投巾解履〔二〕；膽煎及兒衣符、子居蒙人〔三〕、青液桂梗、六甲父母、僻側之膠、駮馬泥丸、木鬼之子、金商之艾〔四〕，或可爲小兒，或可爲老翁，或可爲鳥，或可爲獸，或可爲草，或可爲木，或可爲六畜，或依木成木，或依石成石，依水成水，依火成火。此所謂移形易貌，不能都隱者也。」

校釋

〔一〕或乘天一馬以遊紫房　案寶顔堂本「一」下有「之」字。前歷史語言研究所藏平津館本抱朴子，有無名氏校語云，談薈十三「一」下有「之」字，乘天一馬以遊紫房，蓋遁甲之術，此當作太一。淮南子天文訓紫宮者太一之居也。依五行大義，「太一」與「天一」爲二。

〔二〕或投巾解履　孫校：「解履」下有缺文。

〔三〕子居蒙人　原校：「蒙」一作「象」。

〔四〕「僻側之膠」至「金商之艾」　明案「艾」疑當作「芝」。黄白篇有金商芝。桃膠一名僻側膠，楸木耳一名金商芝。並見唐梅彪石藥爾雅。

或問：「魏武帝曾收左元放而桎梏之，而得自然解脱，以何法乎？」抱朴子曰：「吾不能正知左君所施用之事。然歷覽諸方書，有月三服薏苡子，和用三五陰丹，或以偶牙陽胞，或以七月七日東行跳脱蟲，或以五月五日石上龍子單衣〔一〕，或以夏至日霹靂楔〔二〕，或以天文二十一字符，或以自解去父血，或以玉子餘糧，或合山君目、河伯餘糧、浮雲滓以塗之，皆自解。然左君之變化無方，未必由此也。自用六甲變化，其真形不可得執也。」

校　釋

〔一〕石上龍子單衣　黄白篇「單」作「丹」。蛇蜕一名龍子單衣，見神農本草經。但梅彪石藥爾雅云：蝦蟆皮一名龍子單衣。明案此當取神農本草經説。

〔二〕或以夏至日霹靂楔　校勘記：御覽二十三「楔」作「櫼」。

或問曰：「爲道者可以不病乎？」抱朴子曰：「養生之盡理者，既將服神藥，又行氣不懈，朝夕導引，以宣動榮衛，使無輟閡，加之以房中之術，節量飲食，不犯風濕，不患所不能，如此可以不病。但患居人閒者，志不得專，所修無恒，又苦懈怠不勤，故不得不有疹疾耳。若徒有信道之心，而無益己之業，年命在孤虛之下〔一〕，體有損傷之危，則三尸因其衰月危日，入絶命病鄉之時，招呼邪氣，妄延鬼魅，來作殃害。其六厄並會，三刑同方者，其災必大。其尚盛者，則生諸疾病，先有疹患者，則令發動。是故古之初爲道者，莫不兼修醫術，以救近禍焉。凡庸道士，不識此理，恃其所聞者，大至不關治病之方〔二〕。又不能絶俗幽居，專行内事，以却病痛，病痛及己〔三〕，無以攻療，乃更不如凡人之專湯藥者。所謂進不得邯鄲之步，退又失壽陵之義者也〔四〕。余見戴霸華他所集金匱緑囊、崔中書黄素方及百家雜方五百許卷。甘胡吕傳周始甘唐通阮南河等〔五〕，各撰集暴卒備急方，或一百十，或九十四，或八十五，或四十六，世人皆爲精悉，不可加也。余究而觀之，殊多不備，諸急病甚尚未盡〔六〕，又渾漫雜錯，無其條貫，有所尋按，不即可得。而治卒暴之候，皆用貴藥，動數十種，自非富室而居京都者，不能素儲，不可卒辦也。又多令人以針治病，其灸法又不明處所分寸，而但說身中孔穴榮輸之名〔七〕。自非舊醫備覽明堂流注偃側圖者〔八〕，安能曉之哉？余所撰百卷，名曰玉函方，皆分别病名，以類相續，不相雜錯，其救卒叄卷〔九〕，皆單行徑易，約而易驗，籬陌之閒，顧眄皆藥，衆急之病，無不畢備，家有此方，可不用醫。醫多承襲世業，有名無實，但養虚聲，以圖財利。寒白退士，所不得使，使之者乃多誤人，未若自閑其要，勝於所迎無知之醫。醫又不可卒得，得又不肯即爲人使，使腠理之微疾，成膏肓之深禍，乃至不救。且暴急之病，而遠行借問，率多枉死矣。」

校釋

〔一〕年命在孤虚之下　史記龜策傳：「日辰不全，故有孤虚。」裴駰集解：甲乙謂之日，子丑謂之辰。六甲孤虚法，甲子旬中無戌亥，戌亥即爲孤，辰巳即爲虚。餘類推。

〔二〕大至不關治病之方　孫校「至」當作「氐」。

〔三〕病痛及己　慎校本、寶顔堂本、崇文本「病痛及己」作「及病」。

〔四〕進不得邯鄲之步退又失壽陵之義者也　莊子秋水篇：獨不聞夫壽陵餘子之學行於邯鄲與！未得國能，又失其故行矣。唐成玄英疏云：壽陵，燕之邑；邯鄲，趙之都。趙都之俗能行，故燕國少年遠來學步，既乖本性，未得趙國之能，更失壽陵之故行矣。

〔五〕甘胡吕傅周始甘唐通阮南河等　校補云：南河當作河南，文倒誤也。阮河南乃阮炳也。魏志杜畿傳裴注引杜氏新書曰，阮武弟炳，字叔文，河南尹，精意醫術，撰藥方一部。隋書經籍志阮河南藥方十六卷，阮文叔（當作叔文）撰。抱朴所云撰集暴卒備急方，即指此人。

〔六〕諸急病甚尚未盡　慎校本、寶顔堂本、崇文本「甚」作「其」。

〔七〕身中孔穴榮輸之名　案輸、腧、俞三字通用。靈樞經云：經脈之所注爲俞。俞穴，人身之經穴。

〔八〕明堂流注偃側圖者　隋書經籍志醫方著録黄帝明堂偃人圖十二卷，扁鵲偃側鍼灸圖三卷，均不著撰人。

〔九〕其救卒叁卷　「救卒」原作「玖拾」。孫校云：「玖拾」當作「救卒」，即肘後救卒方也。卒，古猝字。明案應作救卒，今據改。

或問：「將來吉凶，安危去就，知之可全身〔一〕，爲有道乎？」抱朴子曰：「仰觀天文，俯察地理，占風氣，布籌算，推三棊，步九宫，檢八卦〔二〕，考飛伏之所集，診訞訛於物類，占休咎於龜筴，皆下術常伎，疲勞而難恃。若乃不出帷幕而見天下，乃爲入神矣。或以三皇天文，召司命司危五岳之君、阡陌亭長六丁之靈，皆使人見之，而對問以諸事，則吉凶昭然，若存諸掌，無遠近幽深，咸可先知也。或召六陰玉女，其法六十日而成，成則長可役使。或祭致八史，八史者，八卦之精也，亦足以預識未形矣。或服葛花及秋芒、麻勃刀圭方寸匕〔三〕，忽然如欲卧，而聞人語之以所不決之事，吉凶立定也。或用明鏡九寸以上自照〔四〕，有所思存，七日七夕則見神仙，或男或女，或老或少，一示之後，心中自知千里之外，方來之事也。明鏡或用一，或用二，謂之日月鏡。或用四，謂之四規鏡〔五〕。四規者，照之時，前後左右各施一也。用四規所見來神甚多，或縱目，或乘龍駕虎，冠服彩色，不與世同，皆有經圖。欲修其道，當先暗誦所當致見諸神姓名位號，識其衣冠。不爾，則卒至而忘其神，或能驚懼，則害人也。爲之，率欲得靜漠幽閑林麓之中，外形不經目，外聲不入耳，其道必成也。三童九女節壽君，九首蛇軀百二十官，雖來，勿得熟視也。或有問之者，或有訶怒之者，亦勿答也。或有侍從暐曄，力士甲卒，乘龍駕虎，簫鼓嘈嘈，勿舉目與言也。但諦念老君真形，老君真形見，則起再拜也。老君真形者，思之，姓李名聃，字伯陽，身長九尺，黄色，鳥喙，隆鼻，秀眉長五寸〔六〕，耳長七寸，額有三理上下徹，足有八卦，以神龜爲牀〔七〕，金樓玉堂，白銀爲階，五色雲爲衣，重疊之冠，鋒鋋之劍，從黄童百二十人，左有十二青龍，右有二十六白虎，前有二十四朱雀，後有七十二玄武，前道十二窮奇〔八〕，後從三十六辟邪〔九〕，雷電在上，晃晃昱昱。此事出於仙經中也。見老君則年命延長，心如日月，無事不知也。」

校釋

〔一〕知之可全身　孫校：「全身」刻本作「前審」。

〔二〕推三棊步九宮檢八卦　隋書經籍志五行著録九宮經三卷，九宮行棊經三卷，皆鄭玄注。又有九宮八卦式蟠龍圖一卷，不著撰人名氏。

〔三〕或服葛花及秋芒麻勃刀圭方寸匕　葛花主消酒，見重修政和證類本草八。麻蕡一名麻勃，主五勞七傷，利五藏，見神農本草經。

〔四〕或用明鏡九寸以上自照　本書登涉篇載明鏡可以照妖魅。雲笈七籤四十八摩照法，謂明鏡之道，可以分形變化。

〔五〕謂之四規鏡　「規」下原無「鏡」字。校補云：「四規」下脱「鏡」字，書鈔一百三十六、初學記二十五、類聚七十引並有「鏡」字。明案御覽七百一十七引亦有「鏡」字，今據補。

〔六〕秀眉長五寸　孫校：意林引無「秀」字。

〔七〕以神龜爲牀　孫校：「牀」下意林有「住」字。

〔八〕前道十二窮奇　窮奇，獸名。山海經海内北經：窮奇，狀如虎，有翼，食人。曲園云：窮奇有三説。左傳少皞氏有不才子，謂之窮奇。杜預注，其行窮，其好奇，一説也。淮南子墬形篇，窮奇廣莫，風之所生也。高誘注以爲天神之名，二説也。山海經西山經，邽山，其上有獸焉，其狀如牛，蝟毛，名曰窮奇，音如獋狗，是食人。神異經西北荒經，西北有獸焉，狀似虎，有翼能飛，知人言語，聞人鬭，輒食直者，聞人忠信，輒食其鼻，聞人惡逆不善，輒殺獸往饋之，名曰窮奇，三説也。明案此謂窮奇乃怪獸，大抵符合第三説。

〔九〕後從三十六辟邪　後漢書靈帝紀，天禄蝦蟆。李賢注：今鄧州南陽縣北有宗資碑，旁有兩石獸，鐫其髆，一曰天禄，一曰辟邪。據此，天禄、辟邪，並獸名也。

或問堅齒之道〔一〕。抱朴子曰：「能養以華池，浸以醴液，清晨建齒三百過者，永不搖動。其次則含地黄煎，或含玄膽湯，及蛇脂丸、礬石丸、九棘散。則已動者更牢，有蟲者即愈。又服靈飛散者，則可令既脱者更生也。」

校釋

〔一〕或問堅齒之道　顔氏家訓養生篇：吾嘗患齒，摇動欲落，飲食熱冷，皆苦疼痛。見抱朴子牢齒之法，早朝建齒，三百下爲良，行之數日，即便平愈。又陶弘景養性延命録云，常每旦啄齒三十六通，能至三百彌佳，令人齒堅不痛。凡此皆本抱朴子堅齒之法而得之效驗。

或問聰耳之道。抱朴子曰：「能龍導虎引，熊經龜咽，鷰飛蛇屈鳥伸，天俛地仰，令赤黄之景，不去洞房，猿據兔驚，千二百至，則聰不損也。其既聾者，以玄龜薰之，或以棘頭、羊糞、桂毛、雀桂成裹塞之，或以狼毒冶葛，或以附子葱涕，合内耳中，或以蒸鯉魚腦灌之，皆愈也。」

或問明目之道。抱朴子曰：「能引三焦之昇景〔一〕，召大火於南離，洗之以明石，熨之以陽光，及燒丙丁洞視符，以酒和洗之，古人曾以夜書也。或以苦酒煮蕪菁子令熟，曝乾，末服方寸匕，日三，盡一斗，能夜視有所見矣。或以犬膽煎青羊、班鳩、石決明、充蔚百華散，或以雞舌香、黄連、乳汁煎注之。諸有百疾之在目者皆愈，而更加精明倍常也。」

校　釋

〔一〕能引三焦之昇景　原校：「昇」一作「外」。明案：三焦者，水穀之道路，氣之所終始也。上焦者，在心下下膈，在胃上口，主内而不出；中焦者，在胃中脘（脘，音管，胃腔），主腐熟水穀；下焦者，在臍下，當膀胱上口，主出而不内，以傳導也。見難經集注卷三榮衛三焦篇。

或問登峻涉險、遠行不極之道。抱朴子曰：「惟服食大藥，則身輕力勁，勞而不疲矣。若初入山林，體未全實者，宜以雲珠粉、百華醴、玄子湯洗脚，及虎膽丸、朱明酒、天雄鶴脂丸、飛廉煎、秋芒、車前、澤瀉散，用之旬日，不但涉遠不極，乃更令人行疾，可三倍於常也。若能乘蹻者〔一〕，可以周流天下，不拘山河。凡乘蹻道有三法：一曰龍蹻，二曰虎蹻，三曰鹿盧蹻。或服符精思，若欲行千里，則以一時思之。若晝夜十二時思之，則可以一日一夕行萬二千里，亦不能過此。過此當更思之，如前法。或用棗心木爲飛車，以牛革結環劍以引其機，或存念作五蛇六龍三牛交罡而乘之，上昇四十里，名爲太清。太清之中，其氣甚罡，能勝人也。師言鳶飛轉高，則但直舒兩翅，了不復扇摇之而自進者，漸乘罡炁故也。龍初昇階雲，其上行至四十里，則自行矣。此言出於仙人，而留傳於世俗耳，實非凡人所知也。又乘蹻須長齋，絶葷菜，斷血食，一年之後，乃可乘此三蹻耳。雖復服符，思五龍蹻行最遠，其餘者不過千里也〔二〕。其高下去留，皆自有法，勿得任意耳。若不奉其禁，則不可妄乘蹻，有傾墜之禍也。」

校　釋

〔一〕若能乘蹻者　乘蹻，指能舉足高飛，故曰可以周流天下，不拘山河。

〔二〕其餘者不過千里也　宋浙本云：「者」下缺一字。

或曰：「老子篇中記及龜文經，皆言藥兵之後〔一〕，金木之年，必有大疫，萬人餘一，敢問辟之道〔二〕。」抱朴子曰：「仙人入瘟疫祕禁法，思其身爲五玉。五玉者，隨四時之色，春色青，夏赤，四季月黄〔三〕，秋白，冬黑。又思冠金巾，思心如炎火，大如斗，則無所畏也。又一法，思其髮散以被身，一髮端，輒有一大星綴之。又思作七星北斗，以魁覆其頭，以罡指前。又思五臟之氣，從兩目出，周身如雲霧，肝青氣，肺白氣，脾黄氣，腎黑氣，心赤氣，五色紛錯，則可與疫病者同牀也。或禹步呼直日玉女，或閉氣思力士，操千斤金鎚，百二十人以自衛。或用射鬼丸、赤車使者丸、冠軍丸〔四〕、徐長卿散、玉函精粉、青牛道士薰身丸、崔文黄散〔五〕、草玉酒、黄庭丸、皇符、老子領中符、赤鬚子桃花符，皆有良效者也。」

校　釋

〔一〕皆言藥兵之後　孫校：「藥」刻本作「大」。案宋浙本亦作「大」。

〔二〕敢問辟之道　孫校：「之」下當重有「之」字。明案宋浙本、藏本、魯藩本作「敢問避辟之道」。寶顔堂本、崇文本作「敢問辟疫之道」。

〔三〕四季月黄　原校：「四季」或作「六月」。

〔四〕冠軍丸　冠軍丸，亦名熒火丸，見上注。

〔五〕崔文黄散　原校：「崔」一作「雀」，「黄」一作「星」。案列仙傳崔文子傳：後文在蜀賣黄散。則「崔」與「黄」皆不誤。

抱朴子内篇卷之十六　黄白

抱朴子曰：神仙經黄白之方二十五卷，千有餘首。黄者，金也。白者，銀也。古人祕重其道，不欲指斥，故隱之云爾。或題篇云庚辛，庚辛亦金也。然率多深微難知，其可解分明者少許爾。世人多疑此事爲虚誕，與不信神仙者正同也。余昔從鄭公受九丹及金銀液經〔一〕，因復求受黄白中經五卷。鄭君言，曾與左君於廬江銅山中試作，皆成也。然而齋潔禁忌之勤苦，與金丹神仙藥無異也〔二〕。俗人多譏余好攻異端，謂予爲趣欲强通天下之不可通者。余亦何爲然哉！余若欲以此輩事騁辭章於來世，則余所著外篇及雜文二百餘卷，足以寄意於後代，不復須此。且此内篇，皆直語耳，無藻飾也。余又知論此曹事，世人莫不呼爲迂闊不急，未若論俗間切近之理可以合衆心也。然余所以不能已於斯事，知其不入世人之聽，而猶論著之者，誠見其效驗，又所承授之師非妄言者。而余貧苦無財力，又遭多難之運，有不已之無賴，兼以道路梗塞〔三〕，藥物不可得，竟不遑合作之。余今告人言，我曉作金銀，而躬自飢寒，何異自不能行，而賣治躄之藥？求人信之，誠不可得。

然理有不如意，亦不可以一槩斷也。所以勤勤綴之於翰墨者，欲令將來好奇賞真之士，見余書而具論道之意耳。

校釋

〔一〕余昔從鄭公受九丹及金銀液經　鄭公、鄭君，皆指鄭隱。隱字思遠，葛玄弟子，葛洪師。參金丹篇及遐覽篇。遐覽篇述抱朴子師事鄭隱之經過尤詳。洞仙傳有鄭思遠傳，唯事蹟太略耳。

〔二〕與金丹神仙藥無異也　御覽六百七十二「與」下有「合」字，是。

〔三〕兼以道路梗塞　孫校：「梗」刻本作「逼」。

夫變化之術，何所不爲。蓋人身本見，而有隱之之法。鬼神本隱，而有見之之方。能爲之者往往多焉。水火在天，而取之以諸燧。鉛性白也，而赤之以爲丹。丹性赤也，而白之而爲鉛。雲雨霜雪，皆天地之氣也，而以藥作之，與真無異也〔一〕。至於飛走之屬，蠕動之類，禀形造化，既有定矣。及其倏忽而易舊體，改更而爲異物者，千端萬品，不可勝論。人之爲物，貴性最靈，而男女易形，爲鶴爲石，爲虎爲猿，爲沙爲黿，又不少焉。至於高山爲淵，深谷爲陵，此亦大物之變化。變化者，乃天地之自然，何爲嫌金銀之不可以異物作乎？譬諸陽燧所得之火，方諸所得之水，與常水火，豈有別哉？蛇之成龍，茅糝爲膏，亦與自生者無異也。然其根源之所緣由〔二〕，皆自然之感致，非窮理盡性者，不能知其指歸，非原始見終者，不能得其情狀也。狹觀近識〔三〕，桎梏巢穴，揣淵妙於不測，推神化於虛誕，以周孔不說，墳籍不載，一切謂爲不然，不亦陋哉？又俗人以劉向作金不成，便云天下果無此道，是見田家或遭水旱不收，便謂五穀不可播殖得也。成都内史吴大文，博達多知，亦自説昔事道士李根〔四〕，見根煎鉛錫，以少許藥如大豆者投鼎中，以鐵匙攪之，冷即成銀。大文得其祕方，但欲自作，百日齋便爲之，而留連在官，竟不能得，恒歎息言人間不足處也。又桓君山言漢黄門郎程偉，好黄白術，娶妻得知方家女〔五〕。偉常從駕出而無時衣，甚憂。妻曰，請致兩端縑。縑即無故而至前。偉按枕中鴻寶，作金不成。妻乃往視偉，偉方扇炭燒筩，筩中有水銀。妻曰，吾欲試相視一事。乃出其囊中藥，少少投之，食頃發之，已成銀。偉大驚曰，道近在汝處，而不早告我，何也？妻曰，得之須有命者。於是偉日夜説誘之，賣田宅以供美食衣服，猶不肯告偉。偉乃與伴謀撾笞伏之。妻輒知之，告偉言，道必當傳其人，得其人，道路相遇輒教之；如非其人，口是而心非者，雖寸斷支解，而道猶不出也。偉逼之不止，妻乃發狂，裸而走，以泥自塗，遂卒。近者前廬江太守華令思〔六〕，高才達學，洽聞之士也，而事之不經者，多所不信。後有道士説黄白之方，乃試令作之，云以鐵器銷鉛，以散藥投中，即成銀。又銷此銀，以他藥投之，乃作黄金。又從此道士學徹視之方，行之未百日，夜卧即便見天文及四鄰了了，不覺復有屋舍籬障。又妾名瑶華者已死，乃見形〔七〕，與之言語如平生。又祭廟，聞廟神答其拜，牀似動有聲。令思乃歎曰，世間乃定無所不有，五經雖不載，不可便以意斷也。然不聞方伎者，卒聞此，亦焉能不驚怪邪？

校釋

〔一〕雲雨霜雪皆天地之氣也而以藥作之與真無異也　曲園曰：列子周穆王篇，老成子學幻於尹文先生，用尹文先生之言，深思三月，遂能存亡自在，憣校四時，冬起雷，夏造冰。然則起雷造冰，皆幻術也。且亦列子之寓言，未必實有其事。後漢書張楷傳，性好道術，能作五里霧，時關西人裴優亦能爲三里霧。魏書西域悦般傳，其國有大術者，能作霖雨、狂風、大雪。是霧雨風雲有能爲之者，要亦術士之爲，人間固不恒有也。而抱朴乃言雲雨霜雪，以藥作之，與真無異。且抱朴此言，因人不信黄金之可作，故以此曉之。然則以藥作雲雨霜雪，在當時固人所共見而共信者歟！今西人飲饌喜用雪，能以藥作雪，供飲饌，不知古固有之，西法之出於中法，此亦其一端也。明案僞書關尹子七釜篇云：人之力有可以奪天地造化者，如冬起雷，夏造冰，皆純氣所爲，故能化萬物。是亦道家之説也，可與抱朴子相印證。

〔二〕然其根源之所緣由　孫校：藏本「緣由」作「由緣」。案宋浙本、魯藩本亦作「由緣」。

〔三〕狹觀近識　魯藩本「觀」作「覩」。

〔四〕「成都内史吴大文」至「昔事道士李根」　「大」宋浙本作「太」。吴大文從李根學作金銀，並見神仙傳李根傳。

〔五〕程偉好黄白術娶妻得知方家女　「知」寶顔堂本、崇文本作「之」。本篇所載程偉好黄白事，其妻知治黄白，見桓譚新論。

〔六〕盧江太守華令思　御覽七百三十六「令」作「念」。案華令思名譚，廣陵人，著新論，晉書有傳。

〔七〕妾名瑶華者已死乃見形　校勘記：「已死乃見形」御覽七百三十六作「死已久亦見其形」。

又黄白術亦如合神丹，皆須齋潔百日已上，又當得閑解方書〔一〕，意合者乃可爲之，非濁穢之人及不聰明人，希涉術數者所辨作也〔二〕。其中或有須口訣者，皆宜師授。又宜入於深山之中，清潔之地，不欲令凡俗愚人知之。而劉向止宫中作之，使宫人供給其事，必非齋潔者，又不能斷絶人事，使不來往也，如此安可得成哉？桓譚新論曰〔三〕：史子心見署爲丞相史，官架屋，發吏卒及官奴婢以給之，作金不成。丞相自以力不足，又白傅太后。

太后不復利於金也，聞金成可以作延年藥，又甘心焉，乃除之爲郎，舍之北宫中，使者待遇。寧有作此神方可於宫中，而令凡人雜錯共爲之者哉？俗閒染繒練，尚不欲使雜人見之，見之即壞，況黄白之變化乎〔四〕？凡事無巨細，皆宜得要。若不得其法，妄作酒醬醋羹臛猶不成，況大事乎？

校釋

〔一〕又當得閑解方書　孫校：「閑」即「嫺」字。

〔二〕所辨作也　孫校：「辨」即「辦」字。

〔三〕桓譚新論曰　孫校：藏本「論」作「詮」，非。案史子心作金事，見新論辨惑篇。

〔四〕況黄白之變化乎曰　孫校：藏本無「況」字「乎」字。案宋浙本亦無「況」「乎」二字。

余曾諮於鄭君曰：「老君云，不貴難得之貨。而至治之世，皆投金於山，捐玉於谷，不審古人何用金銀爲貴而遺其方也〔一〕？」鄭君答余曰：「老君所云，謂夫披沙剖石，傾山漉淵，不遠萬里，不慮壓溺，以求珍玩，以妨民時，不知止足，以飾無用。及欲爲道，志求長生者，復兼商賈，不敦信讓，浮深越險，乾没逐利，不吝軀命，不修寡欲者耳〔二〕。至於真人作金，自欲餌服之致神仙，不以致富也。故經曰，金可作也，世可度也，銀亦可餌服，但不及金耳。」余難曰：「何不餌世間金銀而化作之〔三〕，作之則非真，非真則詐僞也。」鄭君答余曰：「世間金銀皆善，然道士率皆貧。故諺云，無有肥仙人富道士也。師徒或十人或五人，亦安得金銀以供之乎？又不能遠行採取，故宜作也。又化作之金，乃是諸藥之精，勝於自然者也。仙經云，丹精生金。此是以丹作金之説也。故山中有丹砂，其下多有金。且夫作金成則爲真物，中表如一，百煉不減。故其方曰，可以爲釘〔四〕。明其堅勁也。此則得夫自然之道也。故其能之，何謂詐乎〔五〕？詐者謂以曾青塗鐵，鐵赤色如銅；以雞子白化銀，銀黄如金，而皆外變而内不化也。夫芝菌者，自然而生，而仙經有以五石五木種芝，芝生，取而服之，亦與自然芝無異〔六〕，俱令人長生，此亦作金之類也。雉化爲蜃，雀化爲蛤，與自然者正同。故仙經曰，流珠九轉，父不語子，化爲黄白，自然相使。又曰，朱砂爲金，服之昇仙者，上士也；茹芝導引，咽氣長生者，中士也；餐食草木〔七〕，千歲以還者，下士也。又曰，金銀可自作，自然之性也，長生可學得者也。玉牒記云：天下悠悠，皆可長生也，患於猶豫，故不成耳。凝水銀爲金〔八〕，可中釘也。銅柱經曰：丹沙可爲金，河車可作銀，立則可成，成則爲真，子得其道，可以仙身。黄山子曰：天地有金，我能作之，二黄一赤，立成不疑。龜甲文曰：我命在我不在天〔九〕，還丹成金億萬年。古人豈欺我哉？但患知此道者多貧，而藥或至賤而生遠方，非亂世所得也。若戎鹽鹵鹹皆賤物，清平時了不直錢，今時不限價直而買之無也。羌里石膽，千萬求一斤〔一〇〕，亦不可得。徒知其方，而與不知者正同，可爲長歎者也。有其法者，則或飢寒無以合之，而富貴者復不知其法也。就令知之，亦無一信者。假令頗信之，亦已自多金銀，豈肯費見財以市其藥物，恐有棄繫逐飛之悔，故莫肯爲也。又計買藥之價，以成所得之物，尤有大利，而更當齋戒辛苦，故莫克爲也。且夫不得明師口訣，誠不可輕作也。」夫醫家之藥，淺露之甚，而其常用效方，便復祕之。故方有用後宮遊女、僻側之膠〔一一〕、封君泥丸、木鬼子、金商芝、飛君根、伏龍肝〔一二〕、白馬汗、浮雲滓〔一三〕、龍子丹衣〔一四〕、夜光骨、百花醴〔一五〕、冬鄒齋之屬，皆近物耳，而不得口訣，猶不可知，況於黃白之術乎？今能爲之者，非徒以其價貴而祕之矣，此道一成，則可以長生。長生之道，道之至也，故古人重之也。凡方書所名藥物，又或與常藥物同而實非者，如河上姹女〔一六〕，非婦人也；陵陽子明〔一七〕，非男子也；禹餘糧〔一八〕，非米也；堯漿，非水也。而俗人見方用龍膽虎掌〔一九〕、雞頭鴨蹠〔二〇〕、馬蹄犬血〔二一〕、鼠尾牛膝〔二二〕，皆謂之血氣之物也；見用缺盆覆盆〔二三〕、釜鑩大戟〔二四〕、鬼箭天鉤〔二五〕，則謂之鐵瓦之器也；見用胡王使者〔二六〕、倚姑新婦、野丈人〔二七〕、守田公〔二八〕、戴文浴〔二九〕、徐長卿〔三〇〕，則謂人之姓名也。近易之草〔三一〕，或有不知，玄祕之方，孰能悉解？劉向作金不成，無可怪之也。及得其要，則復不煩聖賢大才而後作也，凡人可爲耳。劉向豈頑人哉〔三二〕？直坐不得口訣耳。今將載其約而效之者，以貽將來之同志焉。當先取武都雄黄，丹色如雞冠，而光明無夾石者，多少任意〔三三〕，不可令減五斤也。擣之如粉，以牛膽和之，煑之令燥。以赤土釜容一斗者，先以戎鹽石膽末薦釜中，令厚三分，乃内雄黄末，令厚五分，復加戎鹽於上。如此，相似至盡。又加碎炭火如棗核者，令厚二寸。以蚓螻土及戎鹽爲泥，泥釜外，以一釜覆之，皆泥令厚三寸，勿泄。陰乾一月，乃以馬糞火熅之，三日三夜，寒，發出，鼓下其銅，銅流如冶銅鐵也。乃令鑄此銅以爲筩，筩成以盛丹砂水。又以馬屎火熅之，三十日發爐，鼓之得其金，即以爲筩，又以盛丹砂水〔三四〕。又以馬通火熅三十日，發取擣治之。取其二分生丹砂，一分并汞〔三五〕，汞者，水銀也〔三六〕，立凝成黄金矣。光明美色，可中釘也。

校釋

〔一〕至治之世皆投金於山捐玉於谷不審古人何用金銀爲貴而遺其方也　「金銀」宋浙本、藏本、魯藩本作「金玉」。莊子天地篇：「藏金於山，藏珠於淵。」新語術事篇：「棄黄金，捐珠玉。」

〔二〕不修寡欲者耳　孫校：藏本無「者耳」二字。

〔三〕何不餌世閒金銀而化作之　「何」上宋浙本有「然則」二字。

〔四〕故其方曰可以爲釘　或疑「釘」當作「針」。

〔五〕故其能之何謂詐乎　「能」下宋浙本有「成」字。慎校本、寶顔堂本、崇文本「其」作「苟」，「謂」下有「之」字。

〔六〕亦與自然芝無異　慎校本、寶顔堂本、崇文本「自然」下有「之」字。

〔七〕餐食草木　「餐」宋浙本作「飡」。

〔八〕凝水銀爲金　孫校云：藏本無「水」字。明案宋浙本「水銀」作「汞」。可知藏本漏「水」字。

〔九〕我命在我不在天　西昇經五云：「我命在我，不屬天地。」前塞難篇謂「命之修短，實由所值，受氣結胎，各有星宿」。

〔一〇〕千萬求一斤　慎校本、寶顔堂本、崇文本「千萬」下有「錢」字。案當有。

〔一一〕後宫遊女僻側之膠　後宫遊女是螢火蟲，見石藥爾雅。僻側膠，見前雜應篇注。

〔一二〕「金商芝」至「伏龍肝」　金商芝已見雜應篇注。伏龍肝一名釜臍下墨。陶弘景云：此灶中對釜月下黄土也。見重修政和證類本草五。

〔一三〕白馬汗浮雲滓　明案「汗」疑當作「汁」，覆盆子一名白馬汁。浮雲滓，雲母别名。並見石藥爾雅。

〔一四〕龍子丹衣　龍子丹衣，丹一作單，參前雜應篇注。

〔一五〕夜光骨百花醴　燭燼一名夜光骨，蜜一名百花醴，並見石藥爾雅。

〔一六〕河上姹女　河上姹女是水銀，一名汞。周易參同契云：河上姹女，見火則飛。

〔一七〕陵陽子明　陵陽子明，水銀別稱。此條承北京中醫研究院醫史文獻研究室告知。石藥爾雅云：水銀一名子明，一名陽明子。

〔一八〕禹餘糧　禹餘糧，一名白餘糧，屬礦物藥，本草云，生東海池澤及山島中。又草藥麥門冬，一名禹餘糧。然皆非米。

〔一九〕龍膽虎掌　龍膽，屬草藥，葉似龍葵，味苦如膽，因以爲名。虎掌，草藥，味苦溫，主治心痛寒熱。

〔二〇〕雞頭鴨蹠　雞頭，一名芡，生水中，葉似荷而大，皺而有刺，花似雞冠，結實如雞頭，其實可食，亦可爲藥。鴨蹠，草藥，味苦，主治寒熱瘴瘧等病。

〔二一〕馬蹄犬血　孫校：「蹄」藏本作「胇」。明案馬蹄，香草名。爾雅釋草杜，郭璞注：杜衡也，似葵而香。杜衡葉似葵，形如馬蹄，故俗云馬蹄香。

〔二二〕鼠尾牛膝　爾雅釋草鼠尾，郭璞注：可以染皂。鼠尾又是草藥，可治赤白痢。牛膝，草藥，主治寒濕痿痹，四肢拘攣。

〔二三〕缺盆覆盆　上「盆」原作「盃」，「盃」疑作「盆」。案爾雅釋草葥葐，郭注：覆盆也，實似莓而小，可食。清郝懿行爾雅義疏云：葥葐當作缺盆。廣雅釋草：葥盆，陸英，莓也。御覽九百九十八引甄氏本草云，覆盆子，一名馬瘻，一名陸荆。陸荆，猶陸英也。參王念孫廣雅疏證。唐梅彪石藥爾雅云：覆盆子一名缺盆。是缺盆、覆盆名異實同，皆是草藥。御覽九百九十八引正作「蒛葐覆葐」。今據改「盃」爲「盆」。

〔二四〕釜鬲大戟　大戟，屬草藥，味苦寒，主治蠱毒十二水等病。淮南子繆稱篇云：大戟去水。

〔二五〕鬼箭天鉤　鬼箭，一名衞矛，屬草藥，生山谷，主治女子崩中下血。原校：「鉤」一作「鈎」。

〔二六〕胡王使者　胡王使者，即草藥白頭翁，主治癥瘕積聚癭氣。又草藥獨活，一名胡王使者，主治風寒所擊，金瘡止痛。參重修政和證類本草六。

〔二七〕野丈人　草藥白頭翁，一名野丈人。見神農本草經。

〔二八〕守田公　守田，稂莠之草。爾雅釋草：稂，童粱。郭璞注：稂，莠類也。孔穎達正義引陸璣疏云，禾秀爲穗而不成，崱嶷然謂之童粱。今人謂之宿田翁，或謂之守田也。北京中醫研究院醫史文獻研究室告知：守田公即狼尾草，又名宿田翁。

〔二九〕戴文浴　戴文浴即戴文玉，草藥名，如金釵草，療血疾。見趙學敏本草綱目拾遺卷四。此條承江蘇新醫學院中醫基礎教研組告知。

〔三〇〕徐長卿　徐長卿，草藥名，一名鬼督郵，一名石下長卿。

〔三一〕近易之草　「近」原作「延」。孫校：「延」刻本作「近」。校勘記：御覽九百九十八作「近」。明案慎校本、寶顏堂本、崇文本皆作「近」，「延易」無義，「延」爲「近」之形譌。「近易之草」與下文「玄祕之方」對語。今據訂正。

〔三二〕劉向豈頑人哉　孫校：「頑」刻本作「凡」。明案頑人謂愚鈍之人。「凡」字蓋涉上文而訛。

〔二三〕多少任意　孫校：藏本「任」作「在」。

〔二四〕「又以馬屎火煴之」至「又以盛丹砂水」　孫校：以上二十七字當是小注。一本如此作，誤入正文耳。

〔二五〕生丹砂一分并汞　孫校：藏本「汞」作「緑」，非。

〔二六〕汞者水銀也　孫校：以上五字，當是小注，誤入正文。

作丹砂水法

治丹砂一斤，内生竹筩中，加石膽消石各二兩，覆薦上下，閉塞筩口，以漆骨丸封之〔一〕，須乾，以内醇苦酒中，埋之地中，深三尺，三十日成水，色赤味苦也。

校釋

〔一〕以漆骨丸封之　孫校：「漆」藏本作「染」。

金樓先生所從青林子受作黄金法

先鍛錫，方廣六寸，厚一寸二分，以赤鹽和灰汁，令如泥，以塗錫上，令通厚一分，累置於赤土釜中。率錫十斤，用赤鹽四斤，合封固其際，以馬通火煴之，三十日，發火視之，錫中悉如灰狀，中有累累如豆者，即黄金也。合治内土甌中〔一〕，以炭鼓之，十煉之並成也。率十斤錫，得金二十兩。唯長沙桂陽豫章南海土釜可用耳。彼鄉土之人，作土釜以炊食，自多也〔二〕。

校　釋

〔一〕合治内土甌中　孫校：「治」藏本作「冶」。明案慎校本、寶顔堂本、崇文本並無「合治」二字。

〔二〕「金樓先生」至「自多也」　孫校：自「金樓先生」以下，當另起一條而誤連。明案孫校是，今將「金樓先生所從青林子受作黄金法」移爲文前小標題。

治作赤鹽法

用寒鹽一斤〔一〕，又作寒水石一斤，又作寒羽涅一斤，又作白礬一斤〔二〕，合内鐵器中，以炭火火之，皆消而色赤，乃出之可用也。

校　釋

〔一〕用寒鹽一斤　孫校：藏本無「一斤」二字。校勘記：書鈔一百四十六、御覽八百六十五有此二字。

〔二〕又作白礬一斤　孫校：藏本無「一斤」二字。

角里先生從稷丘子所授化黄金法〔一〕

先以礬水石二分〔二〕，内鐵器中，加炭火令沸，乃内汞多少自在，攪令相得，六七沸，注地上成白銀。乃取丹砂水曾青水各一分，雄黄水二分，於鑑中加微火上令沸〔三〕，數攪之，令相得，復加炭火上令沸，以此白銀内其中，多少自在，可六七沸，注地上凝，則成上色紫磨金也〔四〕。

校釋

〔一〕角里先生從稷丘子所授化黄金法　角里先生，漢商山四皓之一。此角音禄，有改「角」爲「甪」者。魯藩本作「甪里」。前金丹篇有稷丘子丹法。

〔二〕礬水石二分　宋浙本「礬水石」作「礬石水」。

〔三〕於鑑中加微火上　鑑同鬲，鼎屬。

〔四〕「角里先生」至「則成上色紫磨金也」　孫校：自「角里先生」以下當另起一條而誤連。明案孫校是，今將「角里先生從稷丘子所授化黄金法」移爲文前小標題。

治作雄黄水法

治雄黄内生竹筩中一斤，輒加消石二兩，覆薦上下，封以漆骨丸，内醇大醋中〔一〕，埋之深三尺，二十日即化爲水也。作曾青水方，及礬石水同法，但各異筩中耳。

校　釋

〔一〕内醇大醋中　原校：「醇大醋」或作「醇苦酒」。

小兒作黄金法

作大鐵筩成，中一尺二寸，高一尺二寸。作小鐵筩成，中六寸，瑩磨之。赤石脂一斤，消石一斤，雲母一斤，代赭一斤，流黄半斤，空青四兩，凝水石一斤，皆合擣細篩，以醯和，塗之小筩中，厚二分。汞一斤，丹砂半斤，良非半斤。取良非法，用鉛十斤内鐵釜中，居爐上露灼之，鉛銷，内汞三兩，早出者以鐵匙抄取之，名曰良非也。攪令相得，以汞不見爲候，置小筩中，雲母覆其上，鐵蓋鎮之。取大筩居爐上，銷鉛注大筩中，没小筩中，去上半寸，取銷鉛爲候，猛火炊之，三日三夜成，名曰紫粉。取鉛十斤於鐵器中銷之，二十日上下，更内銅器中，須鉛銷，内紫粉七方寸匕，攪之，即成黄金也。欲作白銀者，取汞置鐵器中，内紫粉三寸已上〔一〕，火令相得，注水中，即成銀也。

校釋

〔一〕内紫粉三寸已上　孫校：「寸已上」當作「方寸匕」。

務成子法

作鐵筩長九寸，徑五寸，擣雄黄三斤，蚓螻壤等分，作合以爲泥，塗裏〔一〕使徑三寸，匱口四寸，加丹砂水二合，覆馬通火上，令極乾，内銅筩中，塞以銅合蓋堅，以黄沙築上，覆以蚓壤重泥，上無令泄，置爐炭中，令有三寸炭，筩口赤，可寒發之，雄黄皆入著銅筩，復出入如前法。三斤雄黄精，皆下入著筩中，下提取與黄沙等分，合作以爲爐，爐大小自在也〔二〕。欲用之，置爐於炭火中，爐赤，内水銀，銀動則内鉛其中，黄從傍起交中央，注之於地，即成金。凡作一千五百斤，爐力即盡矣。此金取牡荆赤黍酒漬之，百日，即柔可和也。如小豆，服一丸，日三服，盡一斤，三蟲伏尸，百病皆去，盲者視，聾者聞，老者即還年如三十時，入火不灼，百邪衆毒、冷風暑濕，不能侵人；盡三斤，則步行水上，山川百神，皆來侍衞，壽與天地相畢。以杼血朱草煮一丸〔三〕，以拭目眥，即見鬼及地中物，能夜書；以白羊血塗一丸，投水中，魚龍立出，可以取也；以青羊血丹雞血塗一丸〔四〕，懸都門上，一里不疫；以塗牛羊六畜額上，皆不疫病，虎豹不犯也；以虎膽蛇肪塗一丸，從月建上以擲敵人之軍，軍即便無故自亂，相傷殺而走矣；以牛血塗一丸以投井中，井中即沸，以投流水，流水則逆流百步；以白犬血塗一丸〔五〕，投社廟舍中，其鬼神即見，可以役使；以兔血塗一丸，置六陰之地，行厨玉女立至，可供六七十人也〔六〕；以鯉魚膽塗一丸，持入水，水爲之開一丈，可得氣息水中以行，冒雨衣不濡也；以紫莧煮一丸，含咽其汁，可百日不飢；以慈石煮一丸，内髻中，以擊賊，白刃流矢不中之，有射之者，矢皆自向也；以六丁六壬上土并一丸，以蔽人中則隱形；含一丸，北向以噴火，火則滅；以庚辛日申酉時，向西地以一丸擲樹，樹木即日便枯；又以一丸，禹步擲虎狼蛇蝮，皆即死；研一丸以書石即入石，書金即入金，書木入木，所書皆徹其肌理，削治不可去也；卒死未經宿，以月建上水下一丸，令入咽喉，并含水噴死人面，即活；以狐血鶴血塗一丸，内爪中，以指萬物，隨口變化，即山行木徙，人皆見之，然而實不動也。凡作黃白，皆立太乙、玄女、老子坐醮祭，如作九丹法，常燒五香，香不絶。又金成，先以三斤投深水中，一斤投市中，然後方得恣其意用之耳〔七〕。

校釋

〔一〕合以爲泥塗裹　愼校本、寶顔堂本、崇文本「塗裹」作「塗筩中」。

〔二〕爐大小自在　「爐」宋浙本、藏本、魯藩本作「火」。

〔三〕以枒血朱草煮一丸　原校：「枒」一作「樗」。

〔四〕以青羊血丹雞血塗一丸　慎校本、寶顔堂本、崇文本「青羊血」下有「塗一丸」。

〔五〕以白犬血塗一丸　孫校：「丸」下刻本有「置六陰之地」五字，藏本無。

〔六〕可供六七十人也　「供」原作「俟」，孫校：「俟」當作「供」。明案宋浙本作「供」，今據改。

〔七〕然後方得恣其意用之耳　孫校：自「務成子法」以下當另起一條而誤連。明案孫校是，今將「務成子法」移爲文前小標題。

抱朴子内篇卷之十七　登涉

或問登山之道。抱朴子曰：「凡爲道合藥，及避亂隱居者，莫不入山。然不知入山法者，多遇禍害。故諺有之曰，太華之下，白骨狼藉。皆謂偏知一事，不能博備，雖有求生之志，而反强死也。山無大小，皆有神靈，山大則神大，山小即神小也。入山而無術，必有患害。或被疾病及傷刺，及驚怖不安；或見光影，或聞異聲；或令大木不風而自摧折，巖石無故而自墮落，打擊煞人；或令人迷惑狂走，墮落坑谷；或令人遭虎狼毒蟲犯人，不可輕入山也。當以三月九月，此是山開月，又當擇其月中吉日佳時。若事久不得徐徐須此月者，但可選日時耳。凡人入山，皆當先齋潔七日，不經污穢，帶昇山符出門，作周身三五法。又五岳有受殃之歲，如九州之地，更有衰盛，受飛符煞炁，則其地君長不可作也。按周公城名録，天下分野，災之所及，可避不可禳，居宅亦然，山岳皆爾也。又大忌，不可以甲乙寅卯之歲正月二月入東岳，不以丙丁巳午之歲四月五月入南岳，不以庚辛申酉之歲七月八月入西岳，不以戊己之歲四季之月入中岳，不以壬癸亥子之歲十月十一月入北岳。

不須入太華霍山恒山太山嵩高山乃忌此歲，其岳之方面，皆同禁也。又萬物之老者，其精悉能假託人形〔一〕，以眩惑人目而常試人，唯不能於鏡中易其真形耳。是以古之入山道士，皆以明鏡徑九寸已上，懸於背後，則老魅不敢近人。或有來試人者，則當顧視鏡中，其是仙人及山中好神者，顧鏡中故如人形。若是鳥獸邪魅，則其形貌皆見鏡中矣。又老魅若來，其去必却行，行可轉鏡對之，其後而視之，若是老魅者，必無踵也，其有踵者，則山神也。昔張蓋蹹及偶高成二人〔二〕，並精思於蜀雲臺山石室中，忽有一人著黄練單衣葛巾，往到其前曰，勞乎道士，乃辛苦幽隱！於是二人顧視鏡中，乃是鹿也。因問之曰〔三〕：汝是山中老鹿，何敢詐爲人形。言未絶，而來人即成鹿而走去〔四〕。林慮山下有一亭〔五〕，其中有鬼，每有宿者，或死或病，常夜有數十人〔六〕，衣色或黄或白或黑，或男或女。後郅伯夷者過之宿〔七〕，明燈燭而坐誦經，夜半有十餘人來，與伯夷對坐，自共樗蒲博戲〔八〕，伯夷密以鏡照之，乃是群犬也。伯夷乃執燭起，佯誤以燭爐爇其衣，乃作燋毛氣。伯夷懷小刀，因捉一人而刺之，初作人叫〔九〕，死而成犬，餘犬悉走，於是遂絶，乃鏡之力也。上士入山，持三皇内文及五嶽真形圖〔一〇〕，所在召山神，及按鬼録，召州社及山卿宅尉問之，則木石之怪、山川之精，不敢來試人。其次即立七十二精鎮符，以制百邪之章，及朱官印包元十二印，封所住之四方，亦百邪不敢近之也。其次執八威之節，佩老子玉策，則山神可使，豈敢爲害乎？余聞鄭君之言如此，實復不能具知其事也。余師常告門人曰：「夫人求道，如憂家之貧，如愁位之卑者，豈有不得耶？但患志之不篤，務近忘遠，聞之則悅，倔倔前席，未久，則忽然若遺，毫釐之益未固，而丘山之損不已，亦安得窮至言之微妙，成罔極之峻崇乎？」

校釋

〔一〕萬物之老者其精悉能假託人形　案論衡訂鬼篇云「物之老者，其精爲人」，是抱朴之所本。

〔二〕昔張蓋蹹及偶高成二人　原校：「蓋」一作「盍」，「高」一作「豪」。

〔三〕因問之曰　校勘記：御覽六百七十一「問」作「叱」。

〔四〕即成鹿而走去　校勘記：御覽六百七十一「走去」作「徑去」。

〔五〕林慮山下有一亭　林慮山，見前雜應篇注。

〔六〕常夜有數十人　校勘記：御覽六百七十一「數十人」作「十數人」，七百五十四作「十許人」。

〔七〕後郅伯夷者過之宿　「郅」原作「郄」。原校：「郄」一作「郅」。校勘記：御覽六百七十一作「郅」。札迻云：續搜神記亦作「郅」，別本是也。風俗通義怪神篇載此事，文小異，云北部督郵西平郅伯夷，長沙太守郅君章孫也（今本「郅」誤「到」，依盧氏群書拾補校正）。君章，郅惲字，後漢書有傳，則不當作「郄」明矣。明案當作「郅」，今據改。過之宿，「過」原作「遇」。孫校：「遇」疑作「過」。校勘記：御覽六百七十一、七百五十四並作「過」。明案崇文本亦作「過」，是，今據訂正。

〔八〕自共樗蒲博戲　校勘記：御覽七百五十四「自共」作「自持」。

〔九〕初作人叫　校勘記：榮案盧本「人叫」作「人聲」。明案寶顔堂本亦作「人聲」，慎校本作「人語」。

〔一〇〕持三皇内文及五嶽真形圖　後遐覽篇云：道書之重者，莫過於三皇文、五嶽真形圖也。

抱朴子曰：「入山之大忌：正月午，二月亥，三月申，四月戌〔一〕，五月未〔二〕，六月卯，七月甲子〔三〕，八月申子〔四〕，九月寅，十月辰未〔五〕，十一月己丑〔六〕，十二月寅〔七〕。入山良日：甲子、甲寅、乙亥、乙巳、乙卯、丙戌、丙午、丙辰，已上日大吉。」抱朴子曰：「按九天祕記及太乙遁甲云，入山大月忌：三日、十一日、十五日、十八日、二十四日、二十六日、三十日；小月忌：一日、五日、十三日、十六日、二十六日、二十八日。以此日入山，必爲山神所試。又所求不得，所作不成。不但道士，凡人以此日入山，皆凶害，與虎狼毒蟲相遇也。」

校　釋

〔一〕四月戌　孫校：「戌」當作「丑」。

〔二〕五月未　原校：「未」一作「戌」。當作「戌」，一作最是。

〔三〕七月甲子　孫校：「甲」字當衍。

〔四〕八月申子　孫校：「申子」當作「巳」。

〔五〕十月辰未　孫校：「辰」字當衍。

〔六〕十一月己丑　孫校：「己丑」當作「辰」。

〔七〕十二月寅　孫校：「寅」當作「酉」。此以寅、午、戌逆行於正、五、九月，亥、卯、未順行於二、六、十月，申、子、辰之於三、七、十一月亦逆行，巳、酉、丑之於四、八、十二月亦順行，而各忌之也。諸本皆訛錯不可通，今訂正。

抱朴子曰：「天地之情狀，陰陽之吉凶，茫茫乎其亦難詳也，吾亦不必謂之有，又亦不敢保其無也。然黄帝太公皆所信仗，近代達者嚴君平司馬遷皆所據用，而經傳有治曆明時剛柔之日〔一〕。古言曰〔二〕，吉日惟戊〔三〕，有自來矣。王者立太史之官，封拜置立，有事宗廟〔四〕，郊祀天地，皆擇良辰；而近才庸夫，自許脱俗，舉動所爲，恥揀善日，不亦戇愚哉？每伺今入山，不得其良時日交，下有其驗，不可輕入也。按玉鈐經云，欲入名山，不可不知遁甲之祕術，而不爲人委曲説其事也。而靈寶經云〔五〕，入山當以保日及義日，若專日者大吉，以制日伐日必死〔六〕，又不一一道之也。余少有入山之志，由此乃行學遁甲書，乃有六十餘卷，事不可卒精，故鈔集其要，以爲囊中立成，然不中以筆傳。今論其較略，想好事者欲入山行，當訪索知之者，亦終不乏於世也。遁甲中經曰，欲求道，以天内日天内時，刼鬼魅，施符書；以天禽日天禽時入名山，欲令百邪虎狼毒蟲盜賊不敢近人者。出天藏，入地户。凡六癸爲天藏，六己爲地户也。又曰，避亂世，絶跡於名山，令無憂患者，以上元丁卯日，名曰陰德之時，一名天心，可以隱淪，所謂白日陸沈，日月無光，人鬼不能見也。又曰，求仙道入名山者，以六癸之日六癸之時，一名天公日，必得度世也。又曰，往山林中，當以左手取青龍上草，折半置逢星下，歷明堂入太陰中〔七〕，禹步而行三，呪曰：諾臯，太陰將軍，獨開曾孫王甲〔八〕，勿開外人；使人見甲者，以爲束薪；不見甲者，以爲非人。則折所持之草置地上，左手取土以傅鼻人中，右手持草自蔽，左手著前，禹步而行，到六癸下，閉氣而住，人鬼不能見也。凡六甲爲青龍，六乙爲逢星，六丙爲明堂，六丁爲陰中也。又云，一尺〔九〕合二丈一尺〔一〇〕，顧視九跡。又禹步法：正立，右足在前，左足在後，次復前〔一一〕右足，以左足從右足併，是一步也。次復前右足，次前左足，以右足從左足併，是二步也。次復前〔一二〕右足，以左足從右足併，是三步也。如此，禹步之道畢矣。凡作天下百術，皆宜知禹步，不獨此事也。」

䷾比成既濟卦，初一初二跡不任九跡數，然相因仍一步七尺。

校釋

〔一〕而經傳有治曆明時剛柔之日　易革卦象辭：「君子以治曆明時。」禮記曲禮上：「外事以剛日，内事以柔日。」孔疏：外事，郊外之事；剛，奇日也。内事，郊内之事，偶日爲柔也。一説外事指用兵之事，内事指宗廟之祭。

〔二〕古言曰　孫校：「古言」當作「故詩」。

〔三〕吉日惟戊　語見毛詩小雅吉日篇。

〔四〕有事宗廟　校勘記：御覽六百七十一「宗廟」下有「社稷」。

〔五〕而靈寶經云　靈寶經，未曉撰於何人。抱朴子内篇已數引之，其爲東晉以前之道書無疑。或者如雲笈七籤卷三靈寶略紀所述，蓋洪從祖葛玄所傳習之書也。真誥敘録謂葛巢甫造搆靈寶，風教大行。案巢甫乃葛洪從孫，其書未必如此晚出。陳國符道藏源流考稱抱朴子所引靈寶經即五符經，本篇所引靈寶經文，皆見於太上靈寶五符序卷下。宋賈善翔猶龍傳五云漢天師張陵撰靈寶五符序，即此文也。而葛巢甫所造之靈寶，乃是另一道書，當在葛洪去世之後云。至於清惠棟易漢學四稱靈寶周秦時書，羌無的據，更屬臆測之辭。

〔六〕入山當以保日及義日若專日者大吉以制日伐日必死　案保、義、專、制、伐之説，依五行生剋而定吉凶。淮南子天文篇云：水生木，木生火，火生土，土生金，金生水。子母生曰義，母生子曰保，子母相得曰專，母勝子曰制，子勝母曰困。太上靈寶五符序卷下：「保者，支干上生下之日，甲午乙巳是也。義日，支干下生上之日，壬申癸酉日是也。制日，支干上尅下之日，戊子己亥是也。伐日，支干下尅上之日，甲申乙酉日是也。」

〔七〕歷明堂入太陰中　孫校：「太」字當衍。

〔八〕諸皋太陰將軍獨開曾孫王甲　「開」原作「聞」。孫校：「聞」當作「開」。案吴曾能改齋漫錄五引作「開」，是。今據改。諸皋，太陰神名。

〔九〕又云一尺　孫校：「又云一尺」四字當是小注，誤入正文。

〔一〇〕合二丈一尺　原校：一作「一步三尺」。

〔一一〕次復前　孫校：此下當有「左足次前」四字。

〔一二〕次復前　孫校：此下當有「左足次前」四字。

抱朴子曰：「靈寶經曰〔一〕，所謂寶日者〔二〕，謂支干上生下之日也，若用甲午乙巳之日是也。甲者，木也；午者，火也；乙亦木也；巳亦火也；火生於木故也。又謂義日者，支干下生上之日也，若壬申癸酉之日是也。壬者，水也；申者，金也；癸者，水也；酉者，金也；水生於金故也。所謂制日者，支干上克下之日也。若戊子己亥之日是也。戊者，土也；子者，水也；己亦土也；亥亦水也；五行之義，土克水也。所謂伐日者，支干下克上之日，若甲申乙酉之日是也。甲者，木也；申者，金也；乙亦木也；酉亦金也；金克木故也。他皆倣此，引而長之，皆可知之也。」

校釋

〔一〕靈寶經曰　孫校：「曰」字當衍。

〔二〕所謂寶日者　孫校：「寶」當作「保」。明案太上靈寶五符序卷中正作「保」，是。

抱朴子曰：「入名山，以甲子開除日，以五色繒各五寸，懸大石上，所求必得。」又曰：「入山宜知六甲祕祝。祝曰：臨兵鬬者，皆陣列前行。凡九字，常當密祝之，無所不辟。要道不煩，此之謂也。」

抱朴子曰：「山中山精之形，如小兒而獨足，走向後〔一〕，喜來犯人。人入山，若夜聞人音聲大語〔二〕，其名曰蚑，知而呼之，即不敢犯人也。一名熱內〔三〕，亦可兼呼之。又有山精，如鼓赤色，亦一足，其名曰暉〔四〕。又或如人，長九尺〔五〕，衣裘戴笠，名曰金累。或如龍而五色赤角，名曰飛飛〔六〕。見之皆以名呼之〔七〕，即不敢爲害也。」

校釋

〔一〕走向後　孫校：太平御覽八百八十六引「走」作「足」。

〔二〕若夜聞人音聲大語　孫校：御覽八百八十六引「若」作「谷」，無「夜」字，「人」作「其」，「大」

作「笑」。明案影宋本御覽有「夜」字。一本「大」亦作「笑」，是。

〔三〕一名熱内　孫校：「熱内」御覽作「超空」。校補云：「内」蓋「肉」之壞字。蚑、暉皆一足，形同，熱肉乃其别名。明案一本作「熱肉」，是。

〔四〕其名曰暉　孫校：御覽引「暉」作「揮」。

〔五〕長九尺　孫校：御覽引「尺」作「寸」。

〔六〕或如龍而五色赤角名曰飛飛　孫校：御覽引「或」上有「又」字。原校：下「飛」字或作「龍」。校勘記：御覽八百八十六作「飛龍」。校補：作「飛龍」是也。酉陽雜俎諾皋記下云，山蕭一名山臊，神異經作㺐，永嘉郡記作山魅。一名山駱，一名蛟（疑蚑字之誤），一名濯肉，一名熱肉，一名暉，一名飛龍。李石續博物志同。

〔七〕見之皆以名呼之　校勘記：御覽引「皆以」下有「其」字。

抱朴子曰：「山中有大樹，有能語者〔一〕，非樹能語也，其精名曰雲陽，呼之則吉〔二〕。山中夜見火光者，皆久枯木所作，勿怪也。山中夜見胡人者，銅鐵之精；見秦者〔三〕，百歲木之精。勿怪之，並不能爲害。山水之間見吏人者〔四〕，名曰四徼，呼之名即吉〔五〕。山中見大蛇著冠幘者，名曰升卿，呼之即吉。山中見吏，若但聞聲不見形，呼人不止，以白石擲之則息矣；一法以葦爲矛〔六〕以刺之即吉。山中見鬼來喚人，求食不止者，以白茅投之即死也。山中鬼常迷惑使失道徑者〔七〕，以葦杖投之即死也。山中寅日，有自稱虞吏者，虎也。稱當路君者，狼也。稱令長者，老狸也。卯日稱丈人者，兔也。稱東王父者，麋也。稱西王母者，鹿也。辰日稱雨師者，龍也。稱河伯者，魚也。稱無腸公子者，蟹也。巳日稱寡人者，社中蛇也。稱時君者，龜也。午日稱三公者，馬也。稱仙人者，老樹也。未日稱主人者，羊也。稱吏者，麞也。申日稱人君者，猴也。稱九卿者，猿也。酉日稱將軍者，老雞也〔八〕。稱捕賊者，雉也〔九〕。戌日稱人姓字者，犬也。稱成陽公者，狐也〔一〇〕。亥日稱神君者，豬也。稱婦人者，金玉也〔一一〕。子日稱社君者，鼠也。稱神人者，伏翼也。丑日稱書生者，牛也。但知其物名，則不能爲害也。」

校釋

〔一〕有能語者　校勘記：御覽八百八十六、九百五十二無「有」字。

〔二〕呼之則吉　孫校：御覽引「呼」上有「以其名」三字。

〔三〕見秦者　孫校：御覽引「秦」下有「人」字。

〔四〕山水之閒見吏人者　孫校：御覽引無「人」字。

〔五〕呼之名即吉　孫校：「呼」上御覽引有「以其名」三字，「之」下無「名」字。

〔六〕一法以葦爲矛　孫校：「矛」舊誤作「茅」，今校正。

〔七〕山中鬼常迷惑使失道徑者　一本「惑」下有「人」字，是。慎校本、寶顔堂本無「道」字。

〔八〕老雞也　孫校：舊脱「老」字，今依御覽八百八十六引補。

〔九〕稱捕賊者雉也　校勘記：御覽八百八十六「捕賊」作「賊捕」。

〔一〇〕稱成陽公者狐也　校勘記：御覽八百八十六「成陽公」作「咸陽公」，八百八十九作「陽城公」。

〔一一〕亥日稱神君者猪也稱婦人者金玉也　孫校：舊此二句誤倒，今依御覽乙正。

或問隱居山澤辟蛇蝮之道〔一〕。抱朴子曰：「昔圓丘多大蛇，又生好藥，黄帝將登焉，廣成子教之佩雄黄，而衆蛇皆去。今帶武都雄黄，色如雞冠者五兩以上，以入山林草木，則不畏蛇。蛇若中人，以少許雄黄末内瘡中，亦登時愈也〔二〕。蛇種雖多〔三〕，唯有蝮蛇及青金蛇中人爲至急，不治之，一日則煞人。人不曉治之方術者〔四〕，而爲此二蛇所中，即以刀割所傷瘡肉以投地，其肉沸如火炙，須臾焦盡，而人得活。此蛇七八月毒盛之時，不得嚙人，而其毒不泄，乃以牙嚙大竹及小木，皆即燋枯。今爲道士人入山，徒知大方，而不曉辟之之道〔五〕，亦非小事也。未入山，當預止於家，先學作禁法，思日月及朱雀玄武青龍白虎以衛其身，乃行到山林草木中，左取三口炁閉之，以吹山草中，意思令此炁赤色如雲霧，彌滿數十里中。若有從人，無多少皆令羅列，以炁吹之，雖踐蛇，蛇不敢動，亦略不逢見蛇也。若或見蛇，因向日左取三炁閉之，以舌柱天，以手捻都關，又閉天門，塞地户，因以物抑蛇頭而手縈之，畫地作獄以盛之，亦可捉弄也。雖繞頭頸〔六〕，不敢囓人也。自不解禁，吐炁以吹之，亦終不得復出獄去也。若他人爲蛇所中，左取三口炁以吹之，即愈不復痛。若相去十數里者，亦可遥爲作炁，呼彼姓字，男祝我左手，女祝我右手，彼亦愈也。介先生法，到山中住，思作五色蛇各一頭，乃閉炁以青竹及小木板屈刺之〔七〕，左徊禹步，思作吴蚣數千板〔八〕，以衣其身，乃去，終亦不逢蛇也。或以乾薑附子帶之肘後，或燒牛羊鹿角薰身，或帶王方平雄黄丸〔九〕，或以猪耳中垢及麝香丸著足爪甲中，皆有效也。又麝及野猪皆啖蛇〔一〇〕，故以厭之也。又雲日鳥及蠳龜〔一一〕，亦皆啖蛇。故南人入山，皆帶蠳龜之尾、雲日之喙以辟蛇。蛇中人，刮此二物以塗其瘡，亦登時愈也。雲日，鴆鳥之别名也〔一二〕。又南人入山，皆以竹管盛活蜈蚣，蜈蚣知有蛇之地〔一三〕，便動作於管中，如此則詳視草中，必見蛇也。大蛇丈餘，身出一圍者，蜈蚣見之，而能以炁禁之，蛇即死矣。蛇見蜈蚣在涯岸間，大蛇走入川谷深水底逃，其蜈蚣但浮水上禁，人見有物正青，大如綖者，直下入水至蛇處，須臾蛇浮出而死。故南人因此末蜈蚣治蛇瘡，皆登愈也。」

校釋

〔一〕或問隱居山澤辟蛇蝮之道　「問」下原有「曰」字。校補云：此文不當有「曰」字，蓋涉下文而衍。類聚九十六引無「曰」字。明案校補之説是，今據删。

〔二〕亦登時愈也　校補：類聚九十六引「登時愈」作「立愈」，皆非也。原文當作「亦登愈也」（下文同）。登愈，即登時愈也。此乃魏晉南北朝之通語。下文云，南人因此末蜈蚣治蛇瘡，皆登愈也可證。至理篇「登止」，道意篇「盲者登視」，凡此「登」字，皆即登時之意。

〔三〕蛇種雖多　慧琳一切經音義第四十一、四十七、御覽九百三十三引「種」作「類」，是。

〔四〕人不曉治之方術者　「人」御覽九百三十三引作「若」，是。

〔五〕不曉辟之之道　一本上「之」字空格。

〔六〕雖繞頭頸　孫校：「雖」藏本作「以」。

〔七〕及小木板屈刺之　「板」一本作「枝」。案當作「枝」。

〔八〕思作吴蚣數千板　「板」一本作「枚」。案當作「枚」。

〔九〕或帶王方平雄黄丸　王遠，字方平，後漢東海人，見神仙傳。

〔一〇〕又麝及野猪皆啖蛇　孫校：藏本「麝」下有「香」字。

〔一一〕又雲日鳥及蠳龜　「雲」原作「運」。孫校：「運」皆當作「雲」，見下。又劉逵三都賦注作「雲」字，與此正同。明案孫校是，今據訂正。下同。

〔一二〕雲日鴆鳥之别名也　孫校：「雲」藏本作「曇」，誤；又藏本「日」作「是」，誤。明案魯藩本、慎校本與藏本同誤。

〔一三〕蜈蚣知有蛇之地　孫校：藏本無「蜈」字。

或問曰：「江南山谷之間，多諸毒惡，辟之有道乎？」抱朴子答曰：「中州高原〔一〕，土氣清和，上國名山，了無此輩。今吴楚之野，暑濕鬱蒸，雖衡霍正岳，猶多毒螫也〔二〕。又有短狐，一名蜮，一名射工，一名射影，其實水蟲也，狀如鳴蜩，狀似三合盃〔三〕，有翼能飛，無目而利耳，口中有横物角弩，如聞人聲〔四〕，緣口中物如角弩〔五〕，以氣爲矢，則因水而射人〔六〕，中人身者即發瘡，中影者亦病，而不即發瘡，不曉治之者煞人。其病似大傷寒〔七〕，不十日皆死〔八〕。又有沙蝨，水陸皆有，其新雨後及晨暮前，跋涉必著人，唯烈日草燥時，差稀耳。其大如毛髮之端，初著人，便入其皮裏，其所在如芒刺之狀，小犯大痛，可以針挑取之，正赤如丹〔九〕，著爪上行動也。若不挑之，蟲鑽至骨，便周行走入身，其與射工相似，皆煞人。人行有此蟲之地，每還所住，輒當以火炙燎令遍身，則此蟲墮地也〔一〇〕。若帶八物麝香丸，及度世丸，及護命丸，及玉壺丸、犀角丸，及七星丸，及薺苨，皆辟沙蝨短狐也〔一一〕。若卒不能得此諸藥者，但可帶好生麝香亦佳。以雄黄大蒜等分合擣，帶一丸如雞子大者亦善。若已爲所中者，可以此藥塗瘡亦愈。㕮咀赤莧汁，飲之塗之亦愈。五茄根及懸鉤草、葍藤，此三物皆可各單行，可以擣服其汁一二升。又射工蟲冬天蟄於山谷間，大雪時索之，此蟲所在，其雪不積留，氣起如灼蒸，當掘之，不過入地一尺則得也，陰乾末帶之，夏天自辟射工也。若道士知一禁方，及洞百禁，常存禁及守真一者，則百毒不敢近之，不假用諸藥也。」

校釋

〔一〕中州高原　「原」舊作「源」。孫校：「源」當作「原」。明案崇文本作「原」，是，今訂正。

〔二〕猶多毒蠚也　蠚，音釋，蟲毒。

〔三〕狀似三合盃　孫校：「狀」當作「大」。

〔四〕角弩如聞人聲　校勘記：衍「角弩」二字，御覽九百五十無。

〔五〕緣口中物如角弩　校勘記：「如角弩」御覽九百五十作「如用弩」。明案影宋本御覽仍作「如角弩」。

〔六〕則因水而射人　校勘記：御覽九百五十「因」作「激」。

〔七〕其病似大傷寒　校勘記：御覽九百五十「寒」下有「者」字。

〔八〕不十日皆死　案影宋本御覽九百五十無「十」字。

〔九〕正赤如丹　校勘記：御覽九百五十「正赤」作「色正赤」。

〔一〇〕則此蟲墮地也　校勘記：御覽九百五十作「則此蟲隨火去也」。明案影宋本御覽引無「此」字。

〔二〕皆辟沙蝨短狐也　「皆」下一本有「能」字。

或問：「道士山居，棲巖庇岫，不必有絪縟之温，直使我不畏風濕，敢問其術也？」抱朴子曰：「金餅散、三陽液、昌辛丸、葷草耐冬煎、獨摇膏、茵芋玄華散、秋地黄血丸，皆不過五十日服之而止，可以十年不畏風濕。若服金丹大藥，雖未昇虚輕舉，然體不受疾，雖當風卧濕，不能傷也。服此七藥，皆謂始學道者耳。姚先生但服三陽液，便袒卧冰上，了不寒振。此皆介先生及梁有道卧石上，及秋冬當風寒，已試有驗，祕法也。」

或問涉江渡海辟蛟龍之道〔一〕。抱朴子曰：「道士不得已而當游涉大川者，皆先當於水次，破雞子一枚，以少許粉雜香末，合攪器水中，以自洗濯，則不畏風波蛟龍也。又佩東海小童符及制水符、蓬萊札，皆却水中之百害也。又有六甲三金符、五木禁〔二〕。又法，臨川先祝曰：卷蓬卷蓬〔三〕，河伯導前辟蛟龍，萬災消滅天清明。又金簡記云，以五月丙午日日中，擣五石，下其銅。五石者，雄黄、丹砂、雌黄、礬石、曾青也〔四〕。皆粉之，以金華池浴之，内六一神爐中鼓下之，以桂木燒爲之〔五〕，銅成以剛炭鍊之，令童男童女進火，取牡銅以爲雄劍，取牝銅以爲雌劍，各長五寸五分，取土之數，以厭水精也。帶之以水行，則蛟龍巨魚水神不敢近人也。欲知銅之牝牡，當令童男童女俱以水灌銅，灌銅當以在火中向赤時也〔六〕，則銅自分爲兩段，有凸起者牡銅也，有凹陷者牝銅也，各刻名識之。欲入水，以雄者帶左，以雌者帶右。但乘船不身涉水者，其陽日帶雄，陰日帶雌。又天文大字，有北帝書，寫帛而帶之，亦辟風波蛟龍水蟲也。」

校釋

〔一〕或問涉江渡海辟蛟龍之道　「蛟」原作「蛇」，疑誤，本篇下文率以「蛟龍」並稱，藏本、魯藩本與一本皆作「蛟」，是，今據改。

〔二〕六甲三金符五木禁　後漢書方術徐登傳：東陽趙炳能爲越方，禁枯樹，樹即生荑。是即木禁之一方歟？

〔三〕卷蓬卷蓬　原校：或作「弓逢弓逢」。

〔四〕五石者雄黄丹砂雌黄礬石曾青也　孫校：當衍雌黄，脱慈石，前金丹篇不誤。明案礬石當作礜石，參前金丹篇校注。

〔五〕以桂木燒爲之　校勘記：書鈔一百二十二、御覽八百十三作「以桂薪燒之」，無「爲」字。

〔六〕灌銅當以在火中向赤時也　「向」一本作「尚」。

或問曰：辟山川廟堂百鬼之法〔一〕。抱朴子曰：「道士常帶天水符〔二〕，及上皇竹使符、老子左契〔三〕，及守真一思三部將軍者〔四〕，鬼不敢近人也。其次則論百鬼録，知天下鬼之名字，及白澤圖、九鼎記〔五〕，則衆鬼自却。其次服鶉子赤石丸，及曾青夜光散，及葱實烏眼丸，及吞白石英祇母散，皆令人見鬼，即鬼畏之矣。」抱朴子曰：「有老君黄庭中胎四十九真祕符〔六〕，入山林，以甲寅日丹書白素，夜置案中，向北斗祭之，以酒脯各少少，自説姓名，再拜受取，内衣領中，辟山川百鬼萬精虎狼蟲毒也。何必道士，亂世避難入山林，亦宜知此法也。」

校釋

〔一〕或問曰辟山川廟堂百鬼之法　原校：「堂」一作「座」。案一本無「曰」字。

〔二〕道士常帶天水符　後遐覽篇著録天水符一卷，又天水神符一卷。

〔三〕上皇竹使符老子左契　後祛惑篇云：自不帶老君竹使符、左右契者，不得入也。遐覽篇著録左右契一卷。

〔四〕守真一思三部將軍者　後地真篇詳述守真一之道，以爲守形却惡，獨有真一，故古人尤重也。

〔五〕白澤圖九鼎記　雲笈七籤卷一百軒轅本紀云：黄帝得白澤神獸，能言，帝令以圖寫之，以示天下。又黄帝采首山之銅，鑄九鼎於荆山之下。虢州湖城縣有石記述黄帝鑄鼎於此云。隋書經籍志著録白澤圖一卷。

〔六〕老君黄庭中胎四十九真祕符　遐覽篇著録四十九真符一卷。

入山符

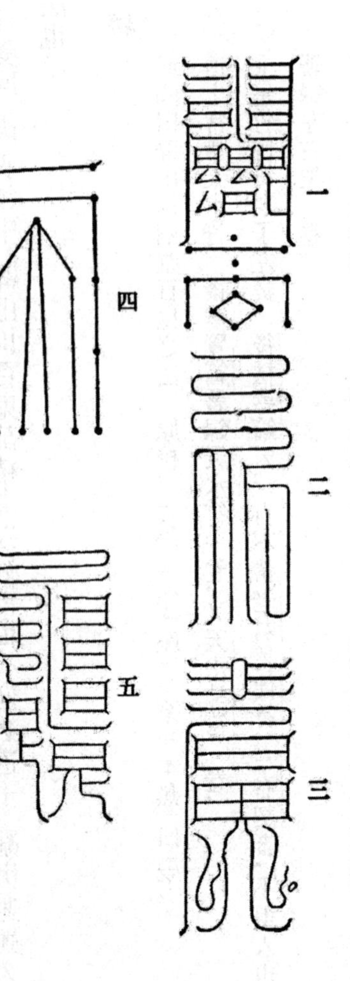

抱朴子曰：「上五符，皆老君入山符也。以丹書桃板上，大書其文字，令彌滿板上，以著門户上，及四方四隅，及所道側要處，去所住處，五十步内，辟山精鬼魅。户内梁柱，皆可施安。凡人居山林及暫入山，皆可用，即衆物不敢害也。三符以相連著一板上。意謂爾非葛氏〔一〕。」

校釋

〔一〕意謂爾非葛氏　孫校：「意謂爾非葛氏」六字疑附注之語，誤入正文。

抱朴子曰：「此符亦是老君入山符，户内梁柱皆可施。凡人居山林及暫入山，皆宜用之也。」

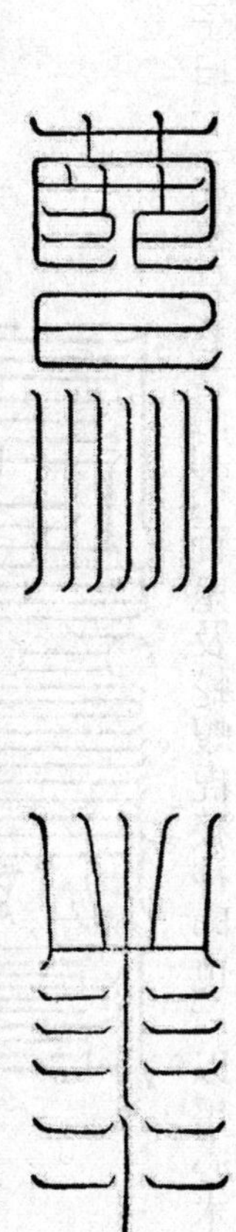

抱朴子曰：「此是仙人陳安世所授入山辟虎狼符。以丹書絹二符，各異之。常帶著所住之處，各四枚。移涉當拔收之以去，大神祕也。開山符以千歲虆名山之門，開寶書古文金玉，皆見祕之。右一法如此，大同小異。」

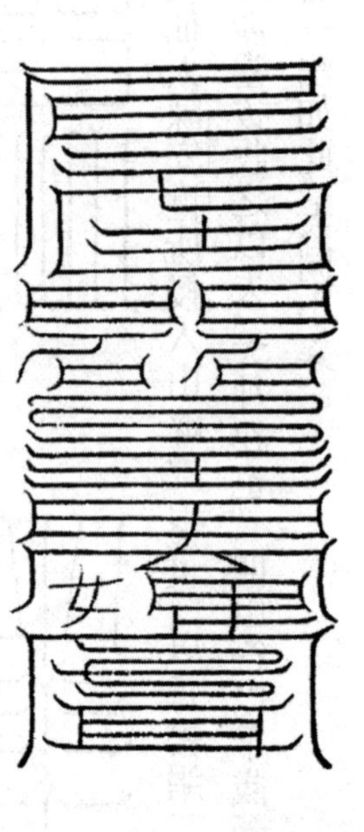

抱朴子曰：「此符是老君所戴，百鬼及蛇蝮虎狼神印也。以棗心木方二寸刻之，再拜而帶之，甚有神效〔一〕。仙人陳安世符矣。」

校釋

〔一〕甚有神效　孫校：此句下疑有缺文。

入山佩帶符

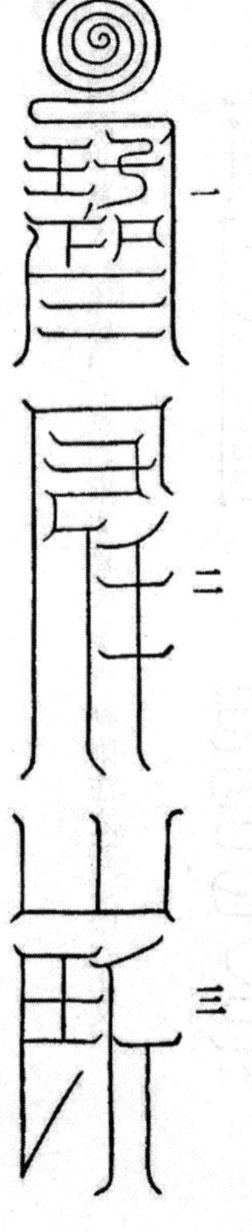

此三符，兼同著牛馬屋左右前後及猪欄上，辟虎狼也。

或問曰：「昔聞談昌，或步行水上，或久居水中，以何法乎？」抱朴子曰：「以葱涕和桂，服如梧桐子大七丸，日三服，至三年，則能行水上也。鄭君言但習閉氣至千息，久久則能居水中一日許。得真通天犀角三寸以上〔一〕，刻以爲魚，而銜之以入水，水常爲人開，方三尺，可得炁息水中。又通天犀角有一赤理如綖〔二〕，有自本徹末〔三〕，以角盛米置群雞中，雞欲啄之〔四〕，未至數寸，即驚却退。故南人或名通天犀爲駭雞犀。以此犀角著穀積上，百鳥不敢集。大霧重露之夜，以置中庭，終不沾濡也。此犀獸在深山中，晦冥之夕，其光正赫然如炬火也。以其角爲叉導，毒藥爲湯，以此叉導攪之，皆生白沫湧起，則了無復毒勢也〔五〕。以攪無毒物，則無沫起也。故以是知之者也。若行異域有蠱毒之鄉，每於他家飲食，則常先以犀攪之也。人有爲毒箭所中欲死，以此犀叉刺瘡中〔六〕，其瘡即沫出而愈也。通天犀所以能煞毒者，其爲獸專食百草之有毒者，及衆木有刺棘者，不妄食柔滑之草木也。歲一解角於山中石閒〔七〕，人或得之，則須刻木色理形狀，令如其角以代之，犀不能覺，後年輒更解角著其處也。他犀亦辟惡解毒耳，然不能如通天者之妙也。或食六戊符千日，或以赤班蜘蛛及七重水馬〔八〕，以合馮夷水仙丸服之，則亦可以居水中，只以塗蹠下，則可以步行水上也。頭垢猶足以使金鐵浮水〔九〕，況妙於兹乎？」

校釋

〔一〕得真通天犀角三寸以上　校勘記：藝文類聚九十五、御覽八百九十「三寸」作「一尺」。

〔二〕有一赤理如綖　孫校：事類賦引無「一」字，「赤」作「白」。校勘記：後漢西域大秦國傳注、藝文類聚九十五、御覽十五又八百九十作「白理」，無「一」字。明案「赤」當作「白」；「綖」音延，綫也。

〔三〕有自本徹末　孫校：事類賦引無「有」字，「末」下引有「者」字。校勘記：御覽十五作「自本徹末者」，無「有」字。

〔四〕雞欲啄之　後漢書西域傳大秦國李注、藝文類聚九十五引「欲」下有「往」字，一本亦有。案當有「往」字。

〔五〕「以其角爲叉導」至「則了無復毒勢也」　兩「導」字上原無「叉」字，「復」下原無「毒」字。校補云：類聚九十五引兩「導」字上並有「叉」字，蓋即所謂犀叉。今本脱兩「叉」字。「白沫」下當更有「白沫」二字。又「了無復勢」，「復」下脱「毒」字，類聚引作「無復毒勢」，是其證。明案影宋本御覽八百九十引「其角爲義導」，「義」乃「叉」字之訛。校補之説是，今據補兩「叉」字及「毒」字。

〔六〕以此犀叉刺瘡中　「叉」原作「文」。孫校云：「文」當作「叉」，即「釵」字。明案「犀文」無義，孫校是，今據訂正。

〔七〕歲一解角於山中石間　校勘記：御覽八百九十「解角」下有「藏」字。

〔八〕赤班蜘蛛及七重水馬　校勘記：御覽七百四十八「七重」作「七種」。案「班」一作「斑」。

〔九〕頭垢猶足以使金鐵浮水　案御覽七百三十六引淮南萬畢術云：「首澤浮針。取頭中垢以塗針，塞其孔，置水即浮。」

或問：「爲道者多在山林，山林多虎狼之害也，何以辟之？」抱朴子曰：「古之人入山者，皆佩黄神越章之印〔一〕，其廣四寸，其字一百二十，以封泥著所住之四方各百步，則虎狼不敢近其内也。行見新虎跡，以印順印之，虎即去；以印逆印之，虎即還；帶此印以行山林，亦不畏虎狼也。不但只辟虎狼，若有山川社廟血食惡神能作福禍者，以印封泥，斷其道路，則不復能神矣。昔石頭水有大黿，常在一深潭中，人因名此潭爲黿潭。此物能作鬼魅，行病於人。吴有道士戴昞者，偶視之〔二〕，以越章封泥作數百封，乘舟以此封泥遍擲潭中，良久，有大黿徑長丈餘，浮出不敢動，乃格煞之，而病者並愈也。又有小黿出〔三〕，羅列死於渚上甚多。山中卒逢虎，便作三五禁，虎亦即却去。三五禁法，當須口傳，筆不能委曲矣。一法，直思吾身爲朱鳥，令長三丈〔四〕，而立來虎頭上，因即閉氣，虎即去。若暮宿山中者，密取頭上釵，閉炁以刺白虎上，則亦無所畏。又法，以左手持刀閉炁，畫地作方，祝曰，恒山之陰，太山之陽，盜賊不起，虎狼不行，城郭不完，閉以金關。因以刀横旬日中白虎上，亦無所畏也。或用大禁，吞三百六十氣，左取右以叱虎，虎亦不敢起。以此法入山，亦不畏虎。或用七星虎步，及玉神符、八威五勝符、李耳太平符、中黄華蓋印文、及石流黄散，燒牛羊角，或立西岳公禁山符，皆有驗也。闕此四符也〔五〕。

校釋

〔一〕皆佩黄神越章之印　方術家以爲黄神越章能避虎狼，亦能殺鬼。善齋吉金録璽印録具載黄神越章之印數圖。

〔二〕偶視之　校勘記：「偶視之」御覽九百三十二作「能視見之」。

〔三〕又有小黿出　案慎校本、寶顔堂本、崇文本「黿」下有「浮」字。

〔四〕令長三丈　原校：一本「三」作「二」。

〔五〕闕此四符也　孫校：末五字疑係附注之語，誤入正文。

一　二 　三 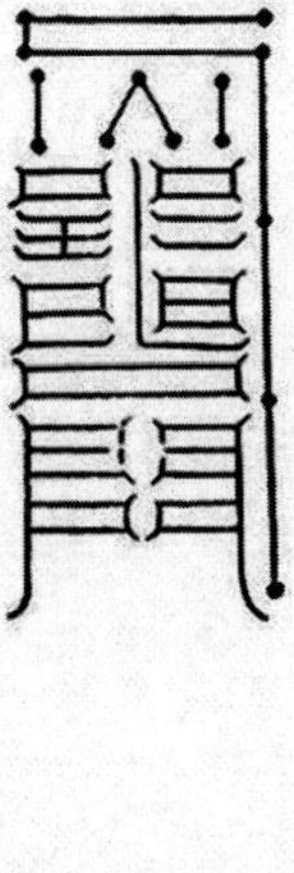　四 　五

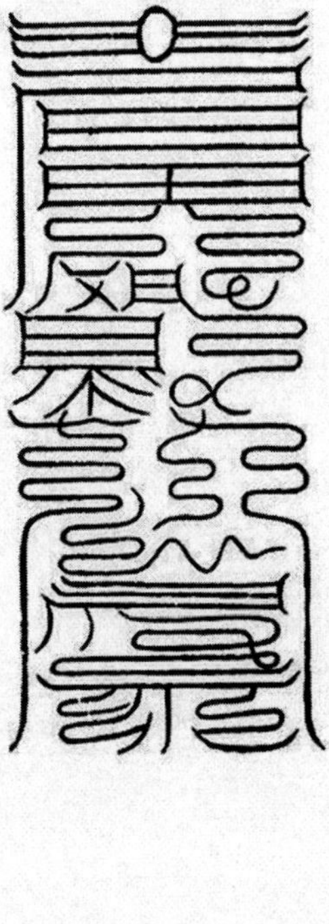

此符是老君入山符，下説如文。又可户内梁柱皆施之。凡人居山林及暫入，皆可用之。

抱朴子内篇卷之十八　地真

抱朴子曰：「余聞之師云，人能知一，萬事畢〔一〕。知一者，無一之不知也。不知一者，無一之能知也〔二〕。道起於一〔三〕，其貴無偶，各居一處，以象天地人，故曰三一也。天得一以清，地得一以寧，人得一以生，神得一以靈〔四〕。金沈羽浮，山峙川流，視之不見，聽之不聞，存之則在，忽之則亡，向之則吉，背之則凶，保之則遐祚罔極，失之則命彫氣窮。老君曰：忽兮怳兮，其中有象；怳兮忽兮，其中有物〔五〕。一之謂也。故仙經曰：子欲長生，守一當明；思一至飢，一與之糧；思一至渴，一與之漿〔六〕。一有姓字服色，男長九分，女長六分，或在臍下二寸四分下丹田中，或在心下絳宮金闕中丹田也，或在人兩眉間，却行一寸爲明堂，二寸爲洞房，三寸爲上丹田也。此乃是道家所重，世世歃血口傳其姓名耳。一能成陰生陽，推步寒暑。春得一以發，夏得一以長，秋得一以收，冬得一以藏。其大不可以六合階，其小不可以毫芒比也。昔黄帝東到青丘，過風山，見紫府先生，受三皇内文，以劾召萬神〔七〕；南到圓隴陰建木〔八〕，觀百靈之所登〔九〕，採若乾之華〔一〇〕，飲丹巒之水〔一二〕；西見中黄子，受九加之方〔一三〕，過崆峒，從廣成子受自然之經〔一三〕；北到洪隄，上具茨，見大隗君黄蓋童子，受神芝圖〔一四〕，還陟王屋，得神丹金訣記〔一五〕。到峨眉山，見天真皇人於玉堂，請問真一之道。皇人曰：子既君四海，欲復求長生，不亦貪乎？其相覆不可具説，粗舉一隅耳。夫長生仙方，則唯有金丹；守形却惡〔一六〕，則獨有真一，故古人尤重也。仙經曰：九轉丹，金液經，守一訣，皆在崑崙五城之内，藏以玉函，刻以金札，封以紫泥，印以中章焉。吾聞之於先師曰：一在北極大淵之中，前有明堂，後有絳宫；巍巍華蓋，金樓穹隆；左罡右魁，激波揚空；玄芝被崖，朱草蒙瓏；白玉嵯峨，日月垂光；歷火過水，經玄涉黄；城闕交錯，帷帳琳琅；龍虎列衛，神人在傍；不施不與，一安其所；不遲不疾，一安其室；能暇能豫，一乃不去；守一存真，乃能通神；少欲約食，一乃留息；白刃臨頸，思一得生；知一不難，難在於終；守之不失，可以無窮；陸辟惡獸，水却蛟龍；不畏魍魎，挾毒之蟲；鬼不敢近，刃不敢中。此真一之大略也。」

校　釋

〔一〕人能知一萬事畢　莊子天地篇：「記曰，通於一而萬事畢。」太平經聖君祕旨云：「子知一，萬事畢矣。」此皆道家知一之論也。

〔二〕「知一者」至「無一之能知也」　以上四句，見淮南子精神篇。高注：上「一」，道也。下

「一」，物也。

〔三〕道起於一　老子云：「道生一。」淮南子原道篇：「道者，一立而萬物生矣。」又天文篇：「道始於一。」此皆道、一關係之説也。

〔四〕天得一以清地得一以寧人得一以生神得一以靈　天地神三句，語見老子。今本老子，無「人得一以生」句。太平經聖君祕旨云：「天不守一失其清，地不守一失其寧，神不守一不生成，人不守一不活生。」

〔五〕「忽兮恍兮」至「其中有物」　宋浙本「其中有物」下重「其中有物」一句。案當重一句，與下句「一之謂也」相貫。以上四句，見老子第二十一章。

〔六〕「故仙經曰子欲長生」至「一與之漿」　明案自篇首至此一大段，皆見道藏洞玄部太上靈寶五符序卷下。則知所謂「仙經」，正指五符經而言。

〔七〕「昔黄帝東到青丘過風山」至「以劾召萬神」　雲笈七籤卷一百軒轅本紀所載無「過風山」，「三皇内文」作「三皇内文大字」。

〔八〕南到圓隴陰建木　案御覽七十九「圓隴」作「負隴」，「陰」作「蔭」。校勘記云：「陰」亦得讀爲「蔭」。明案雲笈七籤一百作「南至五芝玄澗登圓壠蔭建木」。

〔九〕觀百靈之所登　「靈」原作「令」。校勘記：御覽七十九「百令」作「百靈」。明案軒轅本紀「令」亦作「靈」，當作「靈」，今據訂正。

〔一〇〕採若乾之華　案御覽引「乾」作「乹」，誤。軒轅本紀「華」作「芝」。小注云：一云花。

〔一一〕飲丹巒之水　「巒」原作「轡」。校勘記云：書鈔十六、御覽七十九「丹轡」作「丹巒」。明案軒轅本紀亦作「丹巒」，蓋「轡」爲「巒」之形譌，今據改。

〔一二〕西見中黄子受九加之方　案軒轅本紀「九加」作「九茄」。小注：一云至崆峒山，見中黄真人。

〔一三〕過崆峒從廣成子受自然之經　「崆峒」原作「洞庭」，「自然」原作「自成」。校勘記云：御覽七十九作「過崆峒」，檢莊子等書載廣成子事，無作洞庭者也。明案軒轅本紀作登崆峒山見廣成子問至道，廣成子授以自然經一卷。作「崆峒」是。自成經當作自然經，後遐覽篇著録自然經一卷，御覽七十九引正作「自然之經」，並據訂正。

〔一四〕「北到洪隄」至「受神芝圖」　案軒轅本紀云受神芝圖七十二卷。

〔一五〕還陟王屋得神丹金訣記　「屋」原作「室」。校補：「王室」當作「王屋」，極言篇云，黄帝陟王屋而受丹經，即此事也。明案軒轅本紀作陟王屋山得九鼎神丹注訣，宋浙本亦作「屋」，「室」字誤，今據改。

〔一六〕守形却惡　「惡」原作「遠」。孫校：「遠」刻本作「惡」。明案「却遠」當作「却惡」，蓋下文云，「道術諸經，所思存念作，可以却惡防身」，又云，「思神守一，却惡衛身」，「却惡」言「衆惡遠迸」，慎校本、寶顔堂本正作「却惡」，並可爲證。「遠」字誤，今據正。

抱朴子曰：「吾聞之於師云，道術諸經，所思存念作，可以却惡防身者，乃有數千法，如含影藏形，及守形無生，九變十二化二十四生等〔一〕。思見身中諸神，而内視令見之法，不可勝計，亦各有效也。然或乃思作數千物以自衛，率多煩難，足以大勞人意。若知守一之道，則一切除棄此輩，故曰能知一則萬事畢者也。受真一口訣，皆有明文，歃白牲之血，以王相之日受之，以白絹白銀爲約，剋金契而分之，輕説妄傳，其神不行也。人能守一，一亦守人。所以白刃無所措其鋭，百害無所容其凶，居敗能成，在危獨安也。若在鬼廟之中，山林之下，大疫之地，塚墓之間，虎狼之藪，蛇蝮之處，守一不怠，衆惡遠迸。若忽偶忘守一，而爲百鬼所害。或卧而魘者，即出中庭視輔星〔二〕，握固守一〔三〕，鬼即去矣。若夫陰雨者〔四〕，但止室中，向北思見輔星而已。若爲兵寇所圍，無復生地，急入六甲陰中，伏而守一，則五兵不能犯之也。能守一者，行萬里，入軍旅，涉大川，不須卜日擇時，起工移徙，入新屋舍，皆不復按堪輿星曆，而不避太歲太陰將軍、月建煞耗之神，年命之忌，終不復值殃咎也。先賢歷試有驗之道也。」

校　釋

〔一〕含影藏形及守形無生九變十二化二十四生等　案以上所云之道術，皆有成書。後遐覽篇著録含景圖、守形圖、九變經、十二化經、二十四生經各一卷。

〔二〕即出中庭視輔星　輔星，星名。晉書天文志中宫，輔星傅乎開陽，所以佐斗成功，丞相之象也。

〔三〕握固守一　老子云：骨弱筋柔而握固。

〔四〕若夫陰雨者　「夫」宋浙本作「天」。

抱朴子曰：「玄一之道，亦要法也。無所不辟，與真一同功。吾内篇第一名之爲暢玄者，正以此也。守玄一復易於守真一。真一有姓字長短服色，此玄一但自見之〔一〕。初求之於日中，所謂知白守黑，欲死不得者也。然先當百日潔齋，乃可候求得之耳，亦不過三四日得之，得之守之，則不復去矣。守玄一，并思其身，分爲三人，三人已見，又轉益之，可至數十人，皆如己身，隱之顯之，皆自有口訣，此所謂分形之道。左君及薊子訓葛仙公〔二〕所以能一日至數十處，及有客座上，有一主人與客語，門中又有一主人迎客，而水側又有一主人投鈞，賓不能別何者爲真主人也。師言守一兼修明鏡〔三〕，其鏡道成〔四〕，則能分形爲數十人，衣服面貌，皆如一也。」

校釋

〔一〕真一有姓字長短服色此玄一但自見之　「此」原作「目」。孫校：「目」刻本作「日」。明案宋浙本「目」作「此」，屬下句，是。下句「自」原作「此」，宋浙本作「自」，是，今並據改。

〔二〕左君及薊子訓葛仙公　案左君，後漢書方術傳：左慈，字元放，廬江人。魏文帝典論：廬江左慈知補導之術。薊子訓，建安中，客在濟陰，有神異之道，見後漢書本傳。葛玄，字孝先，從左慈受九丹金液經，爲鄭思遠師，崇道者呼爲仙公。參前金丹篇及葛洪神仙傳。

〔三〕兼修明鏡　案明鏡爲方術之一。後遐覽篇著録明鏡經一卷。

〔四〕其鏡道成　孫校：刻本無「成」字。校勘記：藏本無「成」字。

抱朴子曰：「師言欲長生〔一〕，當勤服大藥〔二〕，欲得通神，當金水分形。形分則自見其身中之三魂七魄，而天靈地祇，皆可接見，山川之神，皆可使役也。」

校　釋

〔一〕師言欲長生　校勘記：御覽八百八十六「欲」下有「求」字。

〔二〕當勤服大藥　「勤」上原無「當」字。校勘記云：藝文類聚七十九、御覽八百八十六「勤」上有「當」字。案下文有「當」，明此亦有「當」。明案校勘記之説是，今據補。

抱朴子曰：「生可惜也，死可畏也。然長生養性辟死者，亦未有不始於勤〔一〕，而終成於久視也。道成之後，略無所爲也。未成之間，無不爲也。採掘草木之藥，劬勞山澤之中，煎餌治作，皆用筋力，登危涉險，夙夜不怠，非有至志，不能久也。及欲金丹成而昇天，然其大藥物，皆用錢直，不可卒辦。當復由於耕牧商販以索資，累年積勤，然後可合。及於合作之日，當復齋潔清淨，斷絶人事。有諸不易，而當復加之以思神守一，却惡衞身，常如人君之治國〔二〕，戎將之待敵，乃可爲得長生之功也。以聰明大智，任經世濟俗之器，而修此事，乃可必得耳。淺近庸人，雖有志好，不能克終矣。故一人之身，一國之象也。胸腹之位，猶宫室也。四肢之列，猶郊境也。骨節之分，猶百官也。神猶君也，血猶臣也，氣猶民也。故知治身，則能治國也。夫愛其民所以安其國，養其氣所以全其身。民散則國亡，氣竭即身死，死者不可生也，亡者不可存也。是以至人消未起之患，治未病之疾，醫之於無事之前，不追之於既逝之後。民難養而易危也，氣難清而易濁也。故審威德所以保社稷，割嗜慾所以固血氣〔三〕。然後真一存焉，三七守焉〔四〕，百害却焉，年命延矣。」

校　釋

〔一〕亦未有不始於勤　孫校：「勤」藏本作「弱」。明案宋浙本「勤」作「苦」，「苦」字文意不完，當「勤苦」連文；作「弱」，誤。

〔二〕常如人君之治國　案「常」崇文本作「當」。

〔三〕「故一人之身一國之象也」至「割嗜慾所以固血氣」　以上一節文字，並見籤二十九引真文經，唯略有異文。「養其氣所以全其身」，宋浙本「養」作「忝」，真文經作「悿」，並爲「吝」之俗體。

〔四〕三七守焉　三七，三魂七魄。

抱朴子曰：「師言服金丹大藥，雖未去世，百邪不近也。若但服草木及小小餌八石〔一〕，適可令疾除命益耳，不足以禳外來之禍也。或爲鬼所冒犯，或爲大山神之所輕凌，或爲精魅所侵犯。唯有守真一，可以一切不畏此輩也。次則有帶神符。若了不知此二事以求長生，危矣哉。四門而閉其三，盜猶得入，況盡開者邪？」

校　釋

〔一〕若但服草木及小小餌八石　案慎校本、寶顏堂本僅一「小」字，不重。

抱朴子内篇卷之十九　遐覽

或曰：「鄙人面牆〔一〕，拘繫儒教，獨知有五經三史百氏之言〔二〕，及浮華之詩賦，無益之短文，盡思守此，既有年矣。既生值多難之運，亂靡有定，干戈戚揚，藝文不貴，徒消工夫，苦意極思，攻微索隱，竟不能禄在其中〔三〕，免此壟畝；又有損於精思，無益於年命，二毛告暮〔四〕，素志衰頹，正欲反迷，以尋生道，倉卒罔極，無所趨向，若涉大川，不知攸濟〔五〕。先生既窮觀墳典，又兼綜奇祕，不審道書，凡有幾卷，願告篇目。」

校　釋

〔一〕鄙人面牆　面牆，此謂面向牆而學。論語陽貨篇：「正牆面而立。」

〔二〕五經三史百氏之言　案易、書、詩、禮、春秋，謂之五經。三史，此謂史記、漢書、東觀漢記。百氏之言，諸子百家之説。

〔三〕竟不能禄在其中　論語衛靈公篇：學也禄在其中矣。

〔四〕二毛告暮　二毛，白髮黑髮相間，下文所謂「髮鬢班白」者。禮記檀弓下：陳大宰嚭曰，古之侵伐者，不獲二毛。

〔五〕若涉大川不知攸濟　尚書大誥：「若涉淵水，予惟往求朕攸濟。」漢書武帝紀：元光元年詔曰：「若涉淵水，未知所濟。」

抱朴子曰：「余亦與子同斯疾者也。昔者幸遇明師鄭君〔一〕，但恨弟子不慧〔二〕，不足以鑽至堅極彌高耳〔三〕。於時雖充門人之灑掃，既才識短淺，又年尚少壯，意思不專，俗情未盡，不能大有所得，以爲巨恨耳。鄭君時年出八十，先髮鬢班白〔四〕，數年間又黑，顔色豐悦〔五〕，能引强弩射百步，步行日數百里，飲酒二斗不醉。每上山，體力輕便，登危越險，年少追之，多所不及。飲食與凡人不異，不見其絶穀。余問先隨之弟子黄章，言鄭言嘗從豫章還，於掘溝浦中，連值大風。又聞前多劫賊，同侣攀留鄭君，以須後伴，人人皆以糧少，鄭君推米以衂諸人，己不復食，五十日亦不飢。又不見其所施爲，不知以何事也。火下細書〔六〕，過少年人。性解音律，善鼓琴，閑坐〔七〕，侍坐數人，口答諮問，言不輟響，而耳並料聽左右操絃者〔八〕，教遺長短，無毫釐差過也。余晚充鄭君門人，請見方書，告余曰：要道不過尺素，上足以度世，不用多也。然博涉之後，遠勝於不見矣。既悟人意，又可得淺近之術，以防初學未成者諸患也。乃先以道家訓教戒書不要者近百卷，稍稍示余。余亦多所先見，先見者頗以其中疑事諮問之。鄭君言：君有甄事之才，可教也。然君所知者，雖多未精〔九〕，又意在於外學，不能專一，未中以經深涉遠耳，今自當以佳書相示也。又許漸得短書縑素所寫者〔一〇〕，積年之中，合集所見〔一一〕，當出二百許卷，終不可得也〔一二〕。他弟子皆親僕使之役，採薪耕田，唯余尪羸，不堪他勞，然無以自效，常親掃除，拂拭牀几，磨墨執燭，及與鄭君繕寫故書而已。見待余同於先進者，語余曰，雜道書卷卷有佳事，但當校其精粗，而擇所施行，不事盡諳誦，以妨日月而勞意思耳。若金丹一成，則此輩一切不用也〔一三〕。亦或當有所教授，宜得本末，先從淺始，以勸進學者，無所希准階由也。鄭君亦不肯先令人寫其書〔一四〕，皆當決其意〔一五〕，雖久借之，然莫有敢盜寫一字者也。鄭君本大儒士也，晚而好道，由以禮記、尚書教授不絶〔一六〕。其體望高亮，風格方整，接見之者皆肅然。每有諮問，常待其温顔，不敢輕鋭也〔一七〕。書在余處者，久之一月〔一八〕，足以大有所寫，以不敢竊寫者，政以鄭君聰慜，邂逅知之，失其意則更以小喪大也。然於求受之初，復所不敢，爲斟酌時有所請耳。是以徒知飲河，而不得滿腹〔一九〕。然弟子五十餘人，唯余見受金丹之經及三皇内文、枕中五行記，其餘人乃有不得一觀此書之首題者矣。他書雖不具得，皆疏其名，今將爲子説之，後生好書者，可以廣索也。

校釋

〔一〕幸遇明師鄭君　鄭君，鄭隱，見前黄白篇注。

〔二〕但恨弟子不慧　「弟子」原作「子弟」。孫校云：「子弟」當作「弟子」。明案孫校是，宋浙本正作「弟子」，今據正。

〔三〕不足以鑽至堅極彌高耳　論語子罕篇：「仰之彌高，鑽之彌堅。」蓋顔回讚嘆其師孔丘之辭。

〔四〕先髪鬢班白　「鬢」宋浙本作「鬚」，「班」藏本作「斑」。

〔五〕數年閒又黑顔色豐悦　校勘記：御覽六百七十作「數年間復黑，又顔色豐澤」。

〔六〕火下細書　校勘記：御覽六百七十「火下」作「燈下」。

〔七〕善鼓琴閑坐　校勘記：御覽六百七十「善鼓琴閑坐」作「閑夜鼓琴」。

〔八〕耳並料聽左右操絃者　孫校：刻本「料」作「聰」。案寶顔堂本作「聰」。

〔九〕雖多未精　校勘記：御覽六百七十作「雖多而未精」。

〔一〇〕又許漸得短書縑素所寫者　校勘記：「又許」御覽六百七十作「久許」。

〔一一〕合集所見　校勘記：御覽六百七十「集」作「積」。明案影宋本御覽仍作「集」。

〔一二〕終不可得也　校勘記：御覽六百七十作「不可頓得了也」。案影宋本御覽作「經不可頓得了也」。

〔三〕此輩一切不用也　校勘記：御覽六百七十「此輩」作「此書等」。

〔四〕不肯先令人寫其書　校勘記：御覽六百七十「先」作「悉」。

〔五〕皆當決其意　案魯藩本、慎校本、御覽引「決」皆作「訣」。「決」與「訣」通。

〔六〕由以禮記尚書教授不絶　「由」與「猶」通。

〔七〕不敢輕鋭也　校勘記：御覽六百七十「鋭」作「脱」。

〔八〕久之一月　檢宋浙本、藏本、魯藩本、慎校本、寶顔堂本等「之」皆作「或」，案作「或」於義爲長。

〔九〕徒知飲河而不得滿腹　莊子逍遥遊篇：「偃鼠飲河，不過滿腹。」抱朴所言，意在不敢貪求。

道經有三皇内文天地人三卷〔一〕、元文上中下三卷、混成經二卷、玄録二卷、九生經、二十四生經〔二〕、九仙經、靈卜仙經、十二化經〔三〕、九變經、老君玉曆真經、墨子枕中五行記五卷〔四〕、温寶經、息民經、自然經、陰陽經、養生書一百五卷、太平經五十卷〔五〕、九敬經〔六〕、甲乙經一百七十卷〔七〕、青龍經、中黄經、太清經、通明經、按摩經、道引經十卷、元陽子經、玄女經、素女經〔八〕、彭祖經、陳赦經、子都經〔九〕、張虚經、天門子經〔一〇〕、容成經、入山經〔一一〕、内寶經、四規經、明鏡經〔一二〕、日月臨鏡經、五言經、柱中經、靈寶皇子心經、龍蹻經〔一三〕、正機經、平衡經、飛龜振經〔一四〕、鹿盧蹻經、蹈形記、守形圖、坐亡圖、觀卧引圖、含景圖、觀天圖、木芝圖、菌芝圖、肉芝圖、石芝圖、大魄雜芝圖、五嶽經五卷、隱守記、東井圖、虚元經、牽牛中經、王彌記〔一五〕、臘成記、六安記、鶴鳴記、平都記、定心記、龜文經、山陽記、玉策記、八史圖、入室經〔一六〕、左右契、玉曆經、昇天儀、九奇經、更生經、四衿經十卷、食日月精經、食六氣經、丹一經、胎息經〔一七〕、行氣治病經、勝中經十卷、百守攝提經、丹壺經〔一八〕、岷山經、魏伯陽内經〔一九〕、日月厨食經、步三罡六紀經、入軍經、六陰玉女經、四君要用經、金鴈經、三十六水經、白虎七變經、道家地行仙經、黄白要經、八公黄白經、天師神器經〔二〇〕、枕中黄白經五卷、白子變化經〔二一〕、移災經、厭禍經、中黄經〔二二〕、文人經、涓子天地人經、崔文子肘後經〔二三〕、神光占方來經〔二四〕、水仙經、尸解經、中遁經、李君包天經、包元經、黄庭經〔二五〕、淵體經、太素經、華蓋經、行厨經、微言三卷、内視經、文始先生經、歷藏延年經、南闕記〔二六〕、協龍子記七卷、九宫五卷、三五中經、宣常經、節解經〔二七〕、鄒陽子經、玄洞經十卷、玄示經十卷、箕山經十卷、鹿臺經、小僮經、河洛内記七卷、舉形道成經〔二八〕五卷、道機經五卷、見鬼記、無極經、宫氏經、真人玉胎經、道根經、候命圖、反胎胞經、枕中清記、幻化經、詢化經、金華山經〔二九〕、鳳綱經、召命經、保神記、鬼谷經、淩霄子安神記、去丘子黄山公記、王子五行要真經〔三〇〕、小餌經、鴻寶經、鄒生延命經〔三一〕、安魂記、皇道經、九陰經、雜集書録、銀函玉匱記、金板經、黄老仙録、原都經、玄元經、日精經、渾成經、三尸集、呼身神治百病經、收山鬼老魅治邪精經三卷、入五毒中記、休糧經三卷、採神藥治作祕法三卷、登名山渡江海勑地神法三卷、趙太白囊中要五卷、入温氣疫病大禁七卷〔二〕、收治百鬼召五岳丞太山主者記三卷、興利宫宅官舍法五卷、斷虎狼禁山林記、召百里蟲蛇記、萬畢高丘先生法三卷、王喬養性治身經三卷、服食禁忌經、立功益筭經、道士奪筭律三卷、移門子記、鬼兵法、立亡術、練形記五卷、郄公道要、角里先生長生集、少君道意十卷、樊英石壁文三卷、思靈經三卷、龍首經〔三〕、荆山記、孔安仙淵赤斧子大覽七卷、董君地仙却老要記、李先生口訣肘後二卷。凡有不言卷數者，皆一卷也。

校釋

〔一〕道經有三皇内文天地人三卷　「天地人」原作「天文」。孫校：天文之「文」，刻本作「地人」二字。校補：刻本近是。下文載有地皇文、人皇文。雜應篇云，或以三皇天文召司命司危五岳之君。三皇天文者，即三皇内文中天皇文也。蓋天皇文、地皇文、人皇文各一卷，共三卷。明案慎校本、寶顔堂本作「三皇内文天地人三卷」，是，今據訂正。前地真篇云，昔黄帝受三皇内文；又本篇云，道書之重者，莫過於三皇内文；明正統道藏有三皇内文遺祕三卷。

〔二〕二十四生經　明正統道藏有二十四生圖經一卷。

〔三〕十二化經　孫校：藏本無「十」字，非。

〔四〕墨子枕中五行記五卷　本篇下文云：其變化之術，大者唯有墨子五行記。其法用藥用符，乃能令人飛行上下，隱淪無方；又能畫地爲河，撮土成山，等等。神仙傳劉政傳所言墨子五行記略相似。

〔五〕太平經五十卷　後漢書襄楷傳載于吉神書百七十卷，號太平青領書。唐李賢注：神書，即道家太平經也。其經以甲、乙、丙、丁、戊、己、庚、辛、壬、癸爲部，每部一十七卷。而抱朴子著録太平經僅五十卷，未曉何故？下文又著録甲乙經一百七十卷，蓋非晉皇甫謐所撰之醫經，乃于吉神書一百七十卷爾！清姚振宗三國藝文志以爲甲乙經一百七十卷即後漢于吉太平清領書。然則太平經五十卷，抑爲包元太平經歟？

〔六〕九敬經　原校：「敬」一作「都」。

〔七〕甲乙經一百七十卷　參見前太平經條注。

〔八〕玄女經素女經　本書極言篇云：黄帝論道養則資玄素二女。隋書經籍志醫方素女祕道經并玄女經一卷。明正統道藏洞真部衆術類有黄帝授三子玄女經，實言嫁娶選擇吉日良辰法。雙楳景闇叢書有素女經一卷。

〔九〕子都經　神仙傳云：巫炎，字子都，漢武帝時人，有陰道之術。

〔一〇〕天門子經　明案葛洪神仙傳云：天門子者，姓王名剛，明補養之要。其經曰，「陽生立於寅，純木之精；陰生立於申，純金之精。夫以木技金，無往不傷，故陰能疲陽」云云，至「明木之畏於金也」一大段，即是天門子經之遺文。

〔一一〕入山經　孫校：「山」當作「内」。

〔一二〕四規經明鏡經　校補：當作「四規明鏡經」。上「經」字蓋涉上下諸「經」字而衍。四規，鏡名。四規明鏡經與日月臨鏡經皆論鏡之用法，見雜應篇。

〔一三〕龍蹻經　明正統道藏正一部有上清太上開天龍蹻經五卷。

〔一四〕正機經平衡經飛龜振經　以上三經，參見辨問篇注。

〔一五〕王彌記　孫校：藏本「王」作「玉」。

〔一六〕入室經　校勘記：榮案盧本作八寶經。明案慎校本、寶顔堂本亦作八寶經。

〔一七〕胎息經　前對俗篇云：仙經謂還精胎息，延壽無極。明正統道藏洞神部有胎息經一卷，幻真先生注。

〔一八〕丹壺經　原校：「壺」一作「臺」。

〔一九〕魏伯陽内經　魏伯陽，後漢會稽人，著周易參同契，論鍊丹之意。見葛洪神仙傳。

〔二〇〕天師神器經　原校：「器」一作「氣」。

〔二一〕白子變化經　原校：「白」一作「帛」。

〔二二〕厭禍經中黄經　中黄經前已著録，此複出。

〔二三〕崔文子肘後經　原校：「肘後」一作「時候」。

〔二四〕神光占方來經　原校：「光」一作「仙」。

〔二五〕黄庭經　黄庭經見列仙傳朱璜傳。本書祛惑篇云：蔡誕晝夜誦詠黄庭經。黄庭内景經及黄庭外景經，諸史多著録。明正統道藏洞玄部有注本多種。

〔二六〕南闕記　原校：「闊」一作「闕」。明案慎校本、寶顔堂本、崇文本作「南闕記」，小注云，「闕」一作「關」。

〔二七〕節解經　疑即老子節解。

〔二八〕舉形道成經　原校：「道」一作「通」。

〔二九〕金華山經　孫校：藏本「金」作「今」。明案魯藩本作「金」，「今」字誤，蓋無山名今華者。御覽四十七引抱朴子云：「左元放言，金華山可以合神丹，免五兵洪水之害。」（佚文）可見金華山爲道家煉丹之勝地，故撰經。

〔三〇〕王子五行要真經　孫校：藏本「王」作「玉」。案魯藩本亦作「玉」。

〔三一〕鄒生延命經　案漢書劉向傳云：淮南有鄒衍重道延命方。後人依託爲鄒生延命經歟？

〔三二〕入温氣疫病大禁七卷　「入」原作「人」。孫校：「人」當作「入」，「大」藏本作「太」。校勘記：榮案盧本作「入」。明案慎校本、寶顔堂本、崇文本亦皆作「入」，雜應篇有「入瘟疫祕禁法」，今校正。

〔三〕龍首經　明正統道藏洞真部有黄帝龍首經二卷。

其次有諸符，則有自來符、金光符、太玄符三卷、通天符、五精符、石室符、玉策符、枕中符、小童符、九靈符、六君符、玄都符、黄帝符、少千三十六將軍符、延命神符、天水神符、四十九真符、天水符、青龍符、白虎符、朱雀符、玄武符、朱胎符、七機符、九天發兵符、九天符、老經符、七符、大捍厄符、玄子符、武孝經燕君龍虎三囊辟兵符、包元符、沈羲符、禹蹻符、消災符、八卦符、監乾符、雷電符、萬畢符、八威五勝符、威喜符、巨勝符、採女符、玄精符、玉曆符、北臺符、陰陽大鎮符、枕中符、治百病符十卷、厭怪符十卷、壺公符二十卷、九臺符九卷、六甲通靈符十卷、六陰行厨龍胎石室三金五木防終符合五百卷、軍火召治符、玉斧符十卷，此皆大符也。其餘小小，不可具記。」

抱朴子曰：「鄭君言符出於老君，皆天文也〔一〕。老君能通於神明，符皆神明所授。今人用之少驗者，由於出來歷久，傳寫之多誤故也。又信心不篤，施用之亦不行。又譬之於書字，則符誤者，不但無益，將能有害也。書字人知之，猶尚寫之多誤。故諺曰，書三寫，魚成魯，虛成虎〔二〕，此之謂也。七與士，但以倨勾長短之間爲異耳〔三〕。然今符上字不可讀，誤不可覺，故莫知其不定也。世閒又有受體使術，用符獨效者，亦如人有使麝香便能芳者，自然不可得傳也。雖爾，必得不誤之符，正心用之。但當不及真體使之者速效耳，皆自有益也。凡爲道士求長生，志在藥中耳〔四〕，符劍可以却鬼辟邪而已。諸大符乃云行用之可以得仙者，亦不可專據也。昔吴世有介象者，能讀符文，知誤之與否〔五〕。有人試取治百病雜符及諸厭劾符，去其籤題以示象，皆一一據名之。其有誤者，便爲人定之。自是以來，莫有能知者也。」

校釋

〔一〕皆天文也　孫校：「皆」疑當作「者」。

〔二〕魚成魯虚成虎　孫校：意林「虚」作「帝」。校勘記：書鈔一百一、御覽六百十八亦作「帝」。

〔三〕但以倨勾長短之閒爲異耳　孫校：「倨」舊誤作「鋸」，今校正。

〔四〕志在藥中耳　宋浙本：「志」一作「制」。

〔五〕吴世有介象者能讀符文知誤之與否　介象，字元則，吴時會稽人，善度世禁氣之術，又能讀符文，無謬誤者。見神仙傳。

或問：「仙藥之人者，莫先於金丹，既聞命矣。敢問符書之屬，不審最神乎？」

抱朴子曰：「余聞鄭君言，道書之重者，莫過於三皇内文〔一〕、五岳真形圖也。古者仙官至人〔二〕，尊祕此道，非有仙名者，不可授也。受之四十年一傳，傳之歃血而盟，委質爲約。諸名山五岳，皆有此書〔三〕，但藏之於石室幽隱之地，應得道者，入山精誠思之，則山神自開山，令人見之。如帛仲理者〔四〕，於山中得之，自立壇委絹，常畫一本而去也。有此書，常置清潔之處〔五〕。每有所爲，必先白之，如奉君父。其經曰，家有三皇文，辟邪〔六〕惡鬼、温疫氣、横殃飛禍。若有困病垂死，其信道心至者，以此書與持之，必不死也。其乳婦難艱絶氣者持之，兒即生矣。道士欲求長生，持此書入山，辟虎狼山精，五毒百邪，皆不敢近人；可以涉江海，却蛟龍，止風波。得其法，可以變化起工〔七〕。不問地擇日，家無殃咎。若欲立新宅及冢墓，即寫地皇文數十通，以布著地，明日視之，有黄色所著者，便於其上起工，家必富昌。又因他人葬時，寫人皇文，并書己姓名著紙裹，竊内人冢中，勿令人知之，令人無飛禍盜賊也。有謀議己者，必反自中傷。又此文先潔齋百日，乃可以召天神司命，及太歲日遊五岳四瀆，社廟之神，皆見形如人，可問以吉凶安危，及病者之禍祟所由也。又有十八字以著衣中，遠涉江海，終無風波之慮也。又家有五嶽真形圖，能辟兵凶逆，人欲害之者，皆還反受其殃。道士時有得之者，若不能行仁義慈心，而不精不正，即禍至滅家，不可輕也。

校釋

〔一〕莫過於三皇内文 「文」上原無「内」字。校勘記：御覽六百七十二作「三皇内文」。校補：有「内」字是也。上文廣載道經，有三皇内文。登涉篇云，上士入山持三皇内文及五嶽真形圖；地真篇受三皇内文，並其證。下文「家有三皇文」，「文」上亦脱「内」字。明案當有「内」字，今據補。

〔二〕古者仙官至人 「者」原作「人」，宋浙本及御覽六百七十二引並作「者」，是，今據改。

〔三〕皆有此書 校勘記：御覽六百七十二作「有此書者」。

〔四〕如帛仲理者 帛和，字仲理，見前勤求篇注。

〔五〕常置清潔之處 「常」宋浙本作「當」。

〔六〕家有三皇文辟邪 校勘記：御覽六百七十二作「文者辟群邪」。明案影宋本御覽「文」下有「者」字，「辟」下無「群」字。

〔七〕可以變化起工 孫校：「工」藏本作「功」。

其變化之術，大者唯有墨子五行記，本有五卷。昔劉君安未仙去時〔一〕，鈔取其要，以爲一卷。其法用藥用符，乃能令人飛行上下，隱淪無方，含笑即爲婦人，蹙面即爲老翁，踞地即爲小兒，執杖即成林木，種物即生瓜果可食〔二〕，畫地爲河，撮壤成山，坐致行厨，興雲起火，無所不作也。其次有玉女隱微一卷，亦化形爲飛禽走獸〔三〕，及金木玉石，興雲致雨方百里，雪亦如之，渡大水不用舟梁，分形爲千人，因風高飛，出入無閒，能吐氣七色，坐見八極，及地下之物，放光萬丈，冥室自明，亦大術也。然當步諸星數十，曲折難識，少能譜之〔四〕。其淮南鴻寶萬畢〔五〕，皆無及此書者也。又有白虎七變法，取三月三日所殺白虎頭皮，生駞血、虎血〔六〕，紫綬，履組，流萍，以三月三日合種之。初生草似胡麻，有實，即取此實種之，一生輒一異。凡七種之，則用其實合之，亦可以移形易貌，飛沈在意，與墨子及玉女隱微略同，過此不足論也。」

校釋

〔一〕昔劉君安未仙去時　劉根，字君安，京兆長安人，棄世學道，後入雞頭山仙去。見神仙傳。

〔二〕種物即生瓜果可食　「即」宋浙本作「立」。

〔三〕亦化形爲飛禽走獸　校勘記：「亦化形」御覽六百七十二作「可化形」。

〔四〕少能譜之　校勘記：「譜」榮案盧本作「諳」。明案宋浙本、藏本、魯藩本作「諳」，是。

〔五〕淮南鴻寶萬畢　淮南鴻寶萬畢，漢淮南王劉安集賓客所作，其書論變化之術。隋書經籍志五行家梁有淮南萬畢術一卷。其書已亡，今存輯佚本。

〔六〕所殺白虎頭皮生駞血虎血　校勘記：御覽九百十九約此文云，殺鴨血等，引在鴨門，今此無鴨字，必有脱誤。

遐覽者，欲令好道者知異書之名目也。鄭君不徒明五經、知仙道而已，兼綜九宮三棊〔一〕、推步天文、河洛讖記，莫不精研。太安元年〔二〕，知季世之亂，江南將鼎沸〔三〕，乃負笈持仙藥之撲〔四〕，將入室弟子，東投霍山，莫知所在〔五〕。

校釋

〔一〕兼綜九宮三棊　九宮，八卦之宮及北辰所居之中央，謂之九宮。後漢書張衡傳：雜之以九宮。李賢注引易乾鑿度曰，太一取其數以行九宮。本篇前已著録九宮五卷。「棊」原作「奇」，對俗篇、雜應篇有「三棊」，外篇自敍有「九宮三棊」之文，作「棊」是，今訂正。參前對俗篇「運三棊」條注。

〔二〕太安元年　太安，晉惠帝年號。

〔三〕知季世之亂江南將鼎沸　校勘記：御覽六百七十二「季世」作「李晨」（明案影宋本御覽作季辰，「季」乃「李」之形譌）。案晉書張昌傳，太安二年，昌易姓名爲李辰，即其人也。作李晨，與昌本名尤相應。

〔四〕乃負笈持仙藥之撲　孫校：「撲」當作「樸」。明案宋浙本作「樸」，是。樸，猶質也。

〔五〕莫知所在　宋浙本、藏本、魯藩本、慎校本、寶顔堂本、崇文本「在」下並有「焉」字。

抱朴子内篇卷之二十　祛惑

抱朴子曰：凡探明珠，不於合浦之淵〔一〕，不得驪龍之夜光也〔二〕。採美玉，不於荆山之岫〔三〕，不得連城之尺璧也〔四〕。承師問道，不得其人，委去則遲遲冀於有獲，守之則終已竟無所成，虚費事妨功，後雖痛悔，亦不及已。世間淺近之事，猶不可坐知，況神仙之事乎〔五〕？雖聖雖明，莫由自曉，非可以歷思得也，非可以觸類求也。誠須所師，必深必博，猶涉滄海而挹水，造長洲而伐木〔六〕，獨以力劣爲患，豈以物少爲憂哉？夫虎豹之所餘，乃狸鼠之所争也〔七〕。陶朱之所棄〔八〕，乃原顔之所無也〔九〕。所從學者，不得遠識淵潭之門，而值孤陋寡聞之人，彼所知素狹，源短流促，倒裝與人，則靳靳不捨〔一〇〕，分損以授，則淺薄無奇能，其所寶宿已不精〔一一〕，若復料其粗者以教人，亦安能有所成乎？譬如假穀於夷齊之門〔一二〕，告寒於黔婁之家〔一三〕，所得者不過橡栗緼褐〔一四〕，必無太牢之饍、錦衣狐裘矣。或有守事庸師，終不覺悟。或有幸值知者，不能勤求。此失之於不覺，不可追者也。知人之淺深，實復未易。古人之難〔一五〕，誠有以也。白石似玉，姦佞似賢。賢者愈自隱蔽，有而如無，奸人愈自衒沽，虚而類實，非至明者，何以分之？彼之守求庸師而不去者，非知其無知而故不止也，誠以爲足事故也；見達人而不能奉之者〔一六〕，非知其實深而不能請之也，誠以爲無異也。夫能知要道者，無欲於物也，不狥世譽也，亦何肯自摽顯於流俗哉〔一七〕？而淺薄之徒，率多誇誕自稱説，以厲色希聲飾其虚妄，足以眩惑晚學，而敢爲大言。乃云，已登名山，見仙人。倉卒聞之，不能清澄檢校之者，鮮覺其僞也。

校　釋

〔一〕合浦之淵　合浦，在今廣東合浦，濱南海，古時著名産珠地。

〔二〕驪龍之夜光也　驪，純黑色。驪龍之夜光，黑龍頷下之明珠。

〔三〕荆山之岫　荆山，在湖北荆州。相傳卞和得玉於荆山。岫，音袖，山穴。爾雅釋山：山有穴爲岫。

〔四〕連城之尺璧　言璧之貴，價值連城。趙惠文王得楚和氏璧，秦昭王願以十五城請易璧。見史記藺相如傳。

〔五〕況神仙之事乎　「事」宋浙本作「道」，是。

〔六〕造長洲而伐木　「洲」原作「林」，案宋浙本、藏本、魯藩本、慎校本皆作「洲」，是，今據改。十洲記：長洲，上多大樹，樹乃有二十圍者。一洲之上，專是林木，故一名青丘。

〔七〕乃狸鼠之所争也　校勘記：御覽六百五十九「争」作「飫」。

〔八〕陶朱之所棄　陶朱，見前論仙篇注。

〔九〕乃原顔之所無也　校勘記：御覽六百五十九「顔」作「憲」。案原，原憲；顔，顔回，皆孔丘弟子而家貧者。

〔一〇〕則靳靳不捨　「捨」宋浙本作「忍」。藏本作「息」。靳靳，吝惜貌。

〔一一〕則淺薄無奇能其所寶宿已不精　案慎校本、寶顔堂本、崇文本並無「能」字，「宿」作「秘」。

〔一二〕假穀於夷齊之門　夷，伯夷；齊，叔齊，殷孤竹君之二子。武王平殷，伯夷叔齊恥食周粟，逃隱首陽山餓死，見史記伯夷列傳。此處言夷、齊之門，無穀可貸。

〔一三〕告寒於黔婁之家　黔婁家貧，見前論仙篇注。

〔一四〕橡栗緼褐　橡栗，言粗惡之食。莊子盜跖篇：晝拾橡栗，暮棲木上。大戴禮記曾子制言篇：聚橡栗藜藿而食之。緼褐，粗賤之衣。

〔一五〕古人之難　孫校：「之難」當作「難之」。

〔一六〕見達人而不能奉之者　校勘記：「見達人」藏本作「見達者」。

〔一七〕亦何肯自摽顯於流俗哉　摽顯，猶標榜之意。

余昔數見雜散道士輩，走貴人之門，專令從者作爲空名，云其已四五百歲矣。人適問之年紀，佯不聞也，含笑俯仰，云八九十。須臾自言，我曾在華陰山斷穀五十年，復於嵩山少室四十年，復在泰山六十年，復與某人在箕山五十年，爲同人遍説所歷，正爾，欲令人計合之，已數百歲人也。於是彼好之家，莫不煙起霧合，輻輳其門矣。又術士或有偶受體自然，見鬼神，頗能内占，知人將來及已過之事，而實不能有禍福之損益也。譬如蓍龜耳。凡人見其小驗，便呼爲神人，謂之必無所不知。不爾者，或長於符水禁祝之法，治邪有效，而未必曉於不死之道也。或修行雜術，能見鬼怪，無益於年命。問之以金丹之道，則率皆不知也。因此細驗之，多行欺誑世人，以收財利，無所不爲矣。此等與彼穿窬之盜，異途而同歸者也。夫託之於空言，不如著之於行事之有徵也，將爲晚覺後學説其比故，可徵之僞物焉。

昔有古强者，服草木之方，又頗行容成玄素之法〔一〕，年八十許，尚聰明不大羸老，時人便謂之爲仙人，或謂之千載翁者。揚州稽使君〔二〕聞而試迎之於宜都。既至，而咽嗚掣縮，似若所知實遠，而未皆吐盡者。於是好事者，因以聽聲而響集，望形而影附，雲萃霧合，競稱歎之〔三〕，餽餉相屬，常餘金錢。雖欒李之見重於往漢〔四〕，不足加也。常服天門冬不廢，則知其體中未嘗有金丹大藥也。而强曾略涉書記，頗識古事。自言已四千歲，敢爲虚言，言之不怍。云已見堯舜禹湯，説之皆了了如實也〔五〕。世云堯眉八采，不然也，直兩眉頭甚豎，似八字耳〔六〕。堯爲人長大美鬚髯，飲酒一日中二斛餘，世人因加之云千鍾〔七〕，實不能也，我自數見其大醉也。雖是聖人，然年老治事，轉不及少壯時。及見去四凶〔八〕，舉元凱〔九〕，賴用舜耳。舜是孤煢小家兒耳，然有異才，隱耕歷山，漁于雷澤，陶于海濱〔一〇〕，時人未有能賞其奇者。我見之所在以德化民，其目又有重瞳子〔一一〕，知其大貴之相，常勸勉慰勞之。善崇高尚，莫憂不富貴，火德已終，黄精將起，誕承歷數，非子而誰！然其父至頑，其弟殊惡，恒以殺舜爲事〔一二〕。吾常諫諭曰，此兒當興卿門宗，四海將受其賜，不但卿家，不可取次也。俄而受禪，嘗憶吾言之有徵也。又云：孔子母年十六七時〔一三〕，吾相之當生貴子，及生仲尼，真異人也，長九尺六寸〔一四〕，其顙似堯，其項似臯陶，其肩似子産，自腰以下不及禹三寸〔一五〕。雖然，貧苦孤微，然爲兒童便好俎豆之事。吾知之必當成就。及其長大，高談驚人，遠近從之受學者，著録數千人。我喜聽其語，數往從之，但恨我不學，不能與之覆疏耳。常勸我讀易云，此良書也，丘竊好之，韋編三絶，鐵撾三折〔一六〕，今乃大悟。魯哀公十四年，西狩獲麟，麟死。孔子以問吾，吾語之，言此非善祥也。孔子乃愴然而泣。後得惡夢，乃欲得見吾。時四月中盛熱，不能往，尋聞之病七日而没，於今髣髴記其顔色也。又云：秦始皇將我到彭城，引出周時鼎。吾告秦始皇，言此鼎是神物也，有德則自出，無道則淪亡。君但修己，此必自來，不可以力致也。始皇當時大有怪吾之色，而牽之果不得出也〔一七〕。乃謝吾曰，君固是遠見理人也。又説漢高祖項羽皆分明，如此事類，不可具記。時人各共識之，以爲戲笑。然凡人聞之，皆信其言。又强轉惛耄，廢忘事幾。稽使君曾以一玉卮與强〔一八〕，後忽語稽曰，昔安期先生以此物相遺。强後病於壽春黃整家而死。整疑其化去。一年許，試鑿其棺視之，其尸宛在矣。此皆有名無實，使世間不信天下有仙，皆坐此輩以僞亂真也。

校釋

〔一〕容成玄素之法　容成，容成公；玄，玄女；素，素女。其法，指導養之術。

〔二〕揚州稽使君　孫校：「揚」當作「廣」，「稽」當作「嵇」，謂嵇含也。外篇自敘云廣州刺史，與晉書洪傳同。又含傳不云爲揚州，皆可證也。

〔三〕競稱歎之　孫校：藏本「競稱」作「竟守」。明案慎校本、寶顏堂本、崇文本「競稱歎之」作「竟守事之」。

〔四〕欒李之見重於往漢　欒，欒大；李，李少君，皆漢武帝時方士。見史記封禪書。

〔五〕説之皆了了如實也　「了了」原作「萬萬」。校勘記：御覽三百六十五「萬萬」作「了了」。校補：作「了了」是也。下文云，聞誕此言了了。論仙篇云，目察百步，不能了了。黃白篇云，夜卧即便見天文及四鄰了了。是本書多用了了連語。今本作「萬萬」，蓋「了了」誤作

「万万」，又轉寫作「萬萬」也。明案「萬萬」當作「了了」，今據校正。

〔六〕「世云堯眉八采」至「似八字耳」「堯眉八采」，見淮南子脩務篇。堯八眉，八眉者，如「八」字者也。見尚書大傳略説。

〔七〕「堯爲人」至「因加之云千鐘」案孔叢子儒服篇云：「堯舜千鍾，孔子百觚。」傅玄敍酒賦：「唐堯千鍾竭。」蓋虛增酒量故也。

〔八〕及見去四凶　四凶，堯時四凶族。左傳文公十八年：堯流四凶族，渾敦、窮奇、檮杌、饕餮，投諸四裔。

〔九〕舉元凱　元，善也，有八元；凱與愷通，和也，有八凱。左傳文公十八年：昔高陽氏有才子八人，蒼舒、隤敳、檮戭、大臨、尨降、庭堅、仲容、叔達，謂之八愷。高辛氏有才子八人，伯奮、仲堪、叔獻、季仲、伯虎、仲熊、叔豹、季貍，謂之八元。

〔一〇〕陶于海濱　史記五帝本紀作「陶河濱」。唐張守節正義云：於曹州濱河作瓦器也。

〔一一〕其目又有重瞳子　荀子非相篇：「堯舜參眸子。」楊倞注：參眸子謂有二瞳之相參也。並引尸子曰：舜兩眸子，是謂重明。

〔一二〕其父至頑其弟殊惡恒以殺舜爲事　史記五帝紀：「舜父瞽叟頑，母嚚，弟象傲，皆欲殺舜。」孟子萬章篇上：「象日以殺舜爲事。」

〔一三〕孔子母年十六七時　「母」下宋浙本有「徵在」二字。

〔一四〕長九尺六寸　孔子家語困誓篇：孔子適鄭，與弟子相失。或人謂子貢曰：東門外有一人焉，其長九尺有六寸。

〔一五〕「其顙似堯」至「自腰以下不及禹三寸」　以上四句，見史記孔子世家、論衡骨相篇。

〔一六〕韋編三絶鐵撾三折　原校：「撾」一作「擿」。明案孔丘讀易韋編三絶、鐵撾三折，見論語比考讖。

〔一七〕「秦始皇將我到彭城引出周時鼎」至「而牽之果不得出也」　史記秦始皇本紀：二十八年，始皇還過彭城，齋戒禱祠，欲出周鼎泗水，使千人没水，求之弗得。

〔一八〕稽使君曾以一玉卮與强　校勘記：御覽七百六十作「嵇使君以玉匕與强」，引在匕門，當不誤也。卮可一而匕必雙，御覽少「一」字，亦「匕」不誤之證。

成都太守吴文，説五原有蔡誕者，好道而不得佳師要事，廢棄家業，但晝夜誦詠黄庭、太清中經、觀天節詳之屬，諸家不急之書，口不輟誦，謂之道盡於此。然竟不知所施用者，徒美其浮華之説而愚人。又教之但讀千遍，自得其意，爲此積久，家中患苦之，坐消衣食，而不能有異，己亦慚忿，無以自解，於是棄家，言仙道成矣〔一〕。因走之異界深山中，又不曉採掘諸草木藥可以辟穀者，但行賣薪以易衣食，如是三年，飢凍辛苦，人或識之，而詭不知也。久不堪而還家，黑瘦而骨立，不似人。其家問之，從何處來，竟不得仙邪？因欺家云，吾未能昇天，但爲地仙也。又初成位卑，應給諸仙先達者，當以漸遷耳。向者爲老君牧數頭龍，一班龍五色最好〔二〕，是老君常所乘者，令吾守視之，不勤，但與後進諸仙共博戲，忽失此龍，龍遂不知所在。爲此罪見責〔三〕，送吾付崑崙山下，芸鋤草三四頃，並皆生細石中，多荒穢〔四〕，治之勤苦不可論，法當十年乃得原。會偓佺子王喬諸仙來按行，吾守請之〔五〕，並爲吾作力，且自放歸，當更自修理求去。於是遂老死矣。初誕還云，從崑崙來，諸親故競共問之〔六〕，崑崙何似〔七〕？答云：天不問其高幾里，要於仰視之，去天不過十數丈也。上有木禾〔八〕，高四丈九尺，其穗盈車，有珠玉樹、沙棠、琅玕、碧瑰之樹〔九〕，玉李玉瓜玉桃，其實形如世間桃李，但爲光明洞徹而堅〔一〇〕，須以玉井水洗之，便軟而可食。每風起，珠玉之樹，枝條花葉，互相扣擊，自成五音，清哀動心。吾見謫失志，聞此莫不愴然含悲。又見崑崙山上，一面輒有四百四十門，門廣四里，內有五城十二樓，樓下有青龍白虎，蜲蛇長百餘里，其口中牙〔一一〕皆如三百斛船，大蜂一丈，其毒煞象。又有神獸，名獅子辟邪、天鹿焦羊，銅頭鐵額、長牙鑿齒之屬〔一二〕，三十六種，盡知其名，則天下惡鬼惡獸，不敢犯人也。其神則有無頭子、倒景君、翕鹿公、中黄先生與六門大夫。張陽字子淵，浹備玉闕〔一三〕，自不帶老君竹使符、左右契者，不得入也。五河皆出山隅，弱水遶之，鴻毛不浮，飛鳥不過，唯仙人乃得越之。其上神鳥神馬，幽昌、鷦鵬、騰黄、吉光之輩〔一四〕，皆能人語而不死，真濟濟快仙府也，恨吾不得善周旋其上耳。於時聞誕此言了了，多信之者。

校釋

〔一〕於是棄家言仙道成矣　宋浙本「是」下有「忽然」二字，「言」下有「我」字。

〔二〕一班龍五色最好　「班」宋浙本作「斑」，「班」與「斑」通。

〔三〕爲此罪見責　「責」宋浙本作「謫」，是。

〔四〕芸鋤草三四頃並皆生細石中多荒穢　太平廣記二百八十八蔡誕條引「草」上有「芝」字。「石」原作「而」，廣記作「石」，宋浙本亦作「石」，今據改。

〔五〕會偓佺子王喬諸仙來按行吾守請之　偓佺者，槐山採藥翁也，好食松實，以松子遺堯云。見列仙傳。王喬，王子喬，見前論仙篇注。「守請」，太平廣記二百八十八作「首訴」。

〔六〕諸親故競共問之　孫校：「競」藏本作「竟」。

〔七〕崑崙何似　「似」原作「以」。孫校：「以」疑作「似」。校勘記：御覽三十八「以」作「似」。明案宋浙本亦作「似」，當作「似」，今據校正。

〔八〕去天不過十數丈也上有木禾　校勘記：御覽三十八「丈」作「里」。案崑崙上有木禾，見山海經海内西經。郭注：木禾，穀類可食。

〔九〕有珠玉樹沙棠琅玕碧瑰之樹　淮南子墬形篇：崑崙墟上有珠樹、玉樹、琁樹、不死樹在其西，沙棠、琅玕在其東，絳樹在其南，碧樹、瑶樹在其北。

〔一〇〕但爲光明洞徹而堅　校補：類聚八十六引無「爲」字。

〔一一〕其口中牙　「口中」原作「中口」，校勘記：御覽八百九十一作「其口中牙」。事類賦二十引亦作「其口中牙」，是，今據正。

〔一二〕「又有神獸名獅子辟邪」至「鑿齒之屬」　十洲記：聚窟洲有獅子、辟邪、鑿齒、天鹿、長牙、銅頭、鐵額之獸。

〔一三〕浹備玉闕　「浹」原作「俠」。校補：「俠」當作「浹」。省煩篇云，浹人事，備王道。廣譬篇云，粗理不可浹全。辭義篇云，人事靡細而不浹，王道無微而不備。荀子禮論篇云，方皇周挾。楊注：「挾」讀爲「浹」，帀也。明案校補之説是，今據訂正。

〔一四〕幽昌鷦鵬騰黄吉光之輩　孫校：「鵬」舊誤作「鵬」，今校正。明案寶顔堂本、崇文本「之輩」作「之屬」。幽昌、鷦鵬，皆神鳥名。鷦鵬一作焦明。説文鸕字云：五方神鳥也，東方發明，南方焦明，西方鸕鷞，北方幽昌，中央鳳皇。騰黄、吉光，皆神馬名，見前對俗篇注。

又河東蒲坂有項曼都〔一〕者，與一子入山學仙，十年而歸家，家人問其故。曼都〔二〕曰：在山中三年精思，有仙人來迎我，共乘龍而昇天。良久，低頭視地，窈窈冥冥，上未有所至，而去地已絶遠。龍行甚疾，頭昂尾低，令人在其脊上，危怖嶮巇。及到天上，先過紫府，金牀玉几，晃晃昱昱，真貴處也。仙人但以流霞一盃與我，飲之輒不飢渴。忽然思家，到天帝前，謁拜失儀，見斥來還，令當更自修積〔三〕，乃可得更復矣〔四〕。昔淮南王劉安昇天見上帝，而箕坐大言，自稱寡人，遂見謫守天厠三年〔五〕，吾何人哉！河東因號曼都爲斥仙人。世多此輩，種類非一，不可不詳也。此妄語乃爾，而人猶有不覺其虚者，況其微茫欺誑，頗因事類之象似者而加益之，非至明者，倉卒安能辨哉？

校釋

〔一〕河東蒲坂有項曼都　案項曼都好道學仙，見論衡道虚篇。

〔二〕曼都　「曼」下原無「都」字。孫校：「曼」下當有「都」字。今據補。

〔三〕令當更自修積　「當」原作「常」。校補：「常」疑係「當」字之誤。明案藏本、魯藩本、慎校本、寶顔堂本、崇文本「常」皆作「當」，蓋「常」乃「當」之形譌，今據校正。

〔四〕乃可得更復矣　孫校：「復」舊誤作「後」，今校正。案宋浙本「復」作「往」。

〔五〕遂見謫守天厠三年　「厠」原作「厨」。案御覽一百八十六、太平廣記二百八十八引「厨」作「厠」，作「厠」是，今據改。淮南王劉安謫守厠故事，見神仙傳劉安傳。

乃復有假託作前世有名之道士者，如白和者〔一〕，傳言已八千七百歲〔二〕，時出俗間，忽然自去，不知其在〔三〕。其洛中有道士〔四〕，已博涉衆事，洽鍊術數者，以諸疑難諮問和，和皆尋聲爲論釋，皆無疑礙，故爲遠識。人但不知其年壽，信能近千年不嗇耳〔五〕。後忽去，不知所在。有一人於河北自稱爲白和，於是遠近競往奉事之，大得致遺至富。而白和子弟，聞和再出，大喜，故往見之，乃定非也。此人因亡走矣。

校釋

〔一〕如白和者　白，宋浙本作「帛」。神仙傳：帛和，字仲理，遼東人。太平御覽六百六十一道部引真人傳曰：馬明生者，齊國臨淄人也，本姓帛，名和，字君賢。參神仙傳馬鳴生。是有兩帛和。

〔二〕傳言已八千七百歲　校補：黄氏日鈔引作七千八百歲。明案宋浙本正作「七千八百歲」。

〔三〕不知其在　孫校：當衍「不知」二字。

〔四〕其洛中有道士　孫校：當衍「其」字。

〔五〕信能近千年不嗇耳　孫校：當衍「嗇」字。

五經四部，並已陳之芻狗，既往之糟粕〔一〕。所謂「迹」者，足之自出而非足也。「書」者聖人之所作而非聖也，而儒者萬里負笈以尋其師；況長生之道，真人所重，可不勤求足問者哉？然不可不精簡其真僞也！余恐古强、蔡誕、項曼都、白和之不絶於世間，好事者省余此書，可以少加沙汰其善否矣。又仙經云：仙人目瞳皆方〔二〕。洛中見之白仲理者〔三〕，爲余說其瞳正方，如此果是異人也。」

校釋

〔一〕已陳之芻狗既往之糟粕　「芻狗」一詞，見老子。莊子天運篇：「芻狗之未陳也，盛以篋衍，巾以文繡，尸祝齋戒以將之。及其已陳也，行者踐其首脊，蘇者取而爨之。」李頤注：「芻狗，結芻爲狗，巫祝用之。」莊子天道篇：輪扁謂齊桓公所讀之書爲古人之糟粕。

〔二〕仙人目瞳皆方　案慎校本、寶顏堂本、崇文本「皆方」作「正方」。

〔三〕洛中見之白仲理者　孫校：「見之」當作「之見」。白，前遐覽篇作「帛」。

附録一

抱朴子内篇佚文

余手校抱朴子，因繙檢群書所引見，往往有今本所無者。隨見隨録，省并複重，得百四十五事。輒依本書大例，以其言神仙黄白事者，爲内篇佚文。其餘駁難通釋，爲外篇佚文。各一卷。長白繼昌。（明案此録係嚴可均代輯，見鐵橋漫稿卷六，參全晉文卷一百一十七）

葛仙翁爲丹書符投江中，順流而下。次投一符，逆流而上。次又投一符，不上不下，停住，而水中向二符皆還就之。舊寫本北堂書鈔一百三。

魏武帝以左慈爲妖妄，欲殺之，使軍人收之。慈故欲見而不去。欲拷之，而獄中有七慈，形狀如一，不知何者爲真。以白武帝，帝使人盡殺之。須臾，六慈盡化爲札，而一慈徑出，走赴羊群。舊寫本北堂書鈔一百四札篇，又御覽六百六。

魏武收左慈，慈走入市。吏傳言慈一目眇，葛巾單衣。於是一市皆然也。御覽七百四十。

城陽郄儉少時行獵，墮空冢中，飢餓，見冢中先有大龜，數數迴轉，所向無常，張口吞氣，或俛或仰。儉亦素聞龜能導引，乃試隨龜所爲，遂不復飢。百餘日，頗苦極。後人有偶窺冢中，見儉而出之。後竟能咽氣斷穀。魏王召御覽作拘，又作棄。置土室中，閉試之，一年不食，顏色悦澤，氣力自若。藝文類聚七十七，御覽七百二十，又九百三十一。

吴世有姚光者，有火術。吴主躬臨試之。積荻數千束，光坐其上，又以數千束荻累之。因猛風燔之，火盡，謂光當已化爲煙燼。而光恬然端坐灰中，振衣而起，把一卷書，吴主取而視之，不能解也。藝文類聚八十，又八十二。御覽八百七十一，又一千。

李南乘赤馬行，道逢他人乘白馬者，白馬先鳴，赤馬應之。南謂從者曰，彼白馬言汝今當見一黄馬左目盲者，是吾子，可令使駛，行相及也。從者不信。須臾行二里，果逢所乘黄馬而左目盲。南之赤馬先鳴，而盲馬應之。問其子，疑作人。果向白馬子也。藝文類聚九十三，御覽八百九十七。

王業疏疑當作爲字。荆州，卒，白虎三頭匍匐於輀下。舊寫本北堂書鈔三十五，此據嚴氏覆校補。

案使者甘宗全晉文一百十七宗作崇。所奏西域事云，外國方士能神祝者，臨淵禹步吹氣，龍即浮出，其初出乃長十數丈。于是方士更一吹之，一吹則龍輒一縮。至長數寸，方士乃掇取著壺中。壺中或有四五龍，以少水養之，以疏物塞壺口。國常患旱災。于是方士聞餘國有少雨屢旱處，輒齎龍往賣之，一龍直金數十斤。舉國會斂以顧之直畢。乃發壺出一龍，著淵潭之中。因復禹步吹之，一吹一長，輒長數十丈，須臾而雲雨四集矣。藝文類聚九十六，御覽十一、七百三十六、九百三十九。

天陵偃蓋之松，大谷倒生之柏，皆爲天齊其長，地等其久。藝文類聚八十八，此據嚴氏覆校補。

薺麥大蒜，仲夏而枯。藝文類聚八十二，御覽九百八十。若士所食，必此草也。又海中有蛤蜊螺蚌之類，未加煮炙，凡人所不能噉，況君子與若士乎？藝文類聚九十七，御覽九百四十二。

青雲芝生於名山之陰，大青石間。青蓋三重，上有雲氣覆之。味辛甘，以陰乾食之，令人壽千歲不老，能乘雲通天見鬼神。藝文類聚九十八。案此以下十九條疑仙藥篇佚文。

黄龍芝生於神山之中，狀如黄龍。味辛甘，以四時採，陰乾治。日食一合，壽萬年，令人光澤。同上。

金蘭芝生於名山之陰，金石之間。上有水蓋，莖出。疑作赤。入秋旬求之，飲其中水，壽千歲，耳目聰明。同上。

蒼山岑石之中赤雲芝，狀如人豎，豎如連鼓。其色如澤，以夏採之，陰乾食之，令人乘雲，能上天觀見八極，通見神明，延壽萬年。同上。

丹芝生於名山之陰，崑崙之山，大谷源泉，金石之中。同上。

火芝常以夏採之，葉上赤，下莖青。赤松子服之，常在西王母前，隨風上下，往來東西。同上。

人芝生名山之陰，青蓋白莖。治乾食，日半合，則使人壽，入水可久也。同上。

月精芝秋生山陽石上，莖青上赤。味辛苦，盛以銅物，十月食之，壽萬歲。同上。

黑芝生於山之陰，大谷中，白蓋赤莖。味甘，秋採之，陰乾。日食，令人身輕齒堅，與天地無極。同上。

火芝案上已有火芝，疑有一誤。生於名山陽，其色黃澤，大如車蓋。同上。

金芝生於金石之中，青蓋莖。味甘辛，以秋取，陰乾治食。令人身有光，壽萬歲。同上。

萬年芝令人不老，延壽九千。同上。

夜光芝出於名山之陰，大谷源泉中金石間。上有浮雲翔其上，有五色，有目如兩日。同上。

白雲芝生於名山之陰，白石上，有白雲覆之，白蓋二重。味辛甘，小苦。以秋採之，陰乾治食，日一合，不中風雷，令人色澤光也。同上。

雲母芝生於名山之陰，青蓋赤莖。味甘，以季秋竹刀採之，陰乾治食，使人身光，壽千歲，醮以牛脯。同上。

葉芝生於名山之陽，及出央山大谷源泉水中。赤蓋白莖，上有兩葉三實。同上。葉當作華。

鬼芝青蓋長莖，陰乾屑之，日食五合，所見神明，令人長生。同上。

有自然之龍，有蛇蠋化成之龍。初學記三十，白孔六帖九十五，御覽九百二十九。

田地既有自然之鱓，而有荇莖芩根土龍之屬化爲鱓。御覽九百三十七，又一千引萎根化爲蘚，當即此。

龜蛇潛蟄則食氣，夏炁口而甚瘦，冬穴蟄而大肥。初學記三十。案對俗篇云：「龍蛇蛟螭狙猬鼉蠡，皆能竟冬不食。不食之時，乃肥於食時也。」語意同而文全異。此當是佚文。

黃帝醫經有蝦蟆圖，言月生始二日，蝦蟆始生，人亦不可針灸其處。御覽四。

歷陽有彭祖仙室，請雨必得。御覽十一。

左元放言，金華山可以合神丹，免五兵洪水之害。御覽四十七。

崑崙及蓬萊，其上鳥獸飲玉井，皆長生不死也。御覽二十。井下脱泉字。

上古無謚，始於周家耳。黄帝謚，蓋後人追爲之。謚取其法法當作治。世時行迹而已，非黄帝群臣之作也。俗人通自不信仙，寧肯以仙謚黄帝乎？御覽五百六十二。

吴景帝時，戍將於江陵又作廣陵。掘冢，取板治城。後發一大冢，内有重閤石扉，皆樞轉開閉，四周徼道通事，當作車。且廣高可乘馬。又鑄銅爲人數十枚，又作十數頭。長五尺，皆大冠衣，執劍列侍。靈坐皆刻銅人，背後石壁。言殿中將將下脱軍字。或言侍郎，似王公冢也。破其棺，棺中有人，鬢毛班白鮮明，面體如生人。棺中有雲母，厚尺許，白玉璧三十雙以藉身。又作尸。兵人舉出死人以倚冢壁。一玉長一尺，形似冬瓜，從死人懷中出墮地。兩耳及鼻孔中，皆有黄金，大如棗許。此等等當作則骨骸三字。有假物而不朽之效也。御覽五百五十八、八百五、八百六、八百八、八百十，又八百十三。

專心憑師，依法行道，濟身度世，利在永亨，事師盡敬，得道爲期，承間候色也。不盡力明師道，有罪不可除也。學道得明師事之，害亂不得發也。御覽六百五十九。

道林子有五種尸解符，今太玄陰生符，及是一病解者。御覽六百六十四。

薛振，字季和，燕代人。周武王時，學道於鍾山北河，經七試而不過者，由淫泆鄙滯敗其試耳。御覽六百六十六。

郭文舉，河内軹縣人。入陸渾山學道，獨能無情，意不生也。同上。

范零子，少好仙道，如此積年。後遇司馬季主。季主同入常山，積七年，入石室當有脱文甕。季主出行，懇戒之曰，慎勿開。零子勿發視之。季主還，乃遣歸。後復召至，使守一銅匱，又戒勿發。零子復發之。季主乃遣之，遂不得道。同上。石室下脱北東角有石五字。

馮良者，南陽人，少作縣吏。年三十爲尉佐史，迎督郵，自恥無志，乃毁車殺牛裂敗衣。尋去從師，受詩傳禮易，復學道術占候。遊十五年，乃還。州郡禮辟，不就。詔特舉賢良高第。平道委此句有脱誤，平當作半。還家。年六十七，棄世東度入山，在鹿迹洞中。同上。

安丘望之，字仲都，京兆長陵人也。修尚黄老。漢成帝從疑作重。或此下有脱文。其道德，常宗師之。愈自損退。成帝詣之，若值望之章醮，則待事畢然後往。老子章句有安丘之學。望之忽病篤，弟子公沙都與與當作輿。於庭樹下，望之曉然病有痊。時冬月，鼻聞李香，開目則見雙赤李著枯枝。望之仰手承李，自墜掌中。因食李，所苦盡除，身輕目明，遂去，莫知何在也。同上。

家有三皇圖，必先齋戒百日，乃君至此句疑有脱誤。君至當作召致。天地五嶽社稷之神，后聖君命清虚小有真人，撰集上仙真籙，總名爲上清一本作真。正法，以慴萬邪。百年再授于人，須齋戒方得。御覽六百六十七。案此條齋戒方得下復引三元品經靈寶赤書太素玉籙經云云，疑非抱朴子文，未敢録之。

李阿者，行道逢奔車，阿兩脚中車，脚即折。弟子古强一作古弼，誤。神仙傳作古强，祛惑篇亦有其人。見之驚怖。阿須臾取斷脚相續如故也。御覽七百三十六。案此條疑是道意篇佚文。

葛仙公每飲酒醉，常入門前陂中，竟日乃出。會從吴主到荆州，還大風，仙公船没。吴主謂其已死。須臾從水上來，衣履不濕，而有酒色，云昨爲伍子胥召，設酒不能便歸，以淹留也。御覽八百四十五。案首三語與釋滯篇異，非即彼文也。神仙傳載船没事，亦與此文異。

軫星逐鬼，張星拘魂，東井還魂也。御覽八百八十六。

伍被記八公造淮南王安，初爲老公，不見通。須臾皆成少年。御覽八百八十八。

韓子治以地黄甘草哺五十歲老馬，以生三駒，又百三十歲乃死。御覽八百九十七。

南方水牛，無冬夏常卧水中。御覽八百九十九。

以鸛血塗金丹一丸内衣中，以指物，隨口變化。御覽九百二十五。

胡麻好者，一夕蒸之，如炊。須曝乾復蒸，細篩，白蜜和丸，如雞子大，日二枚。一年，顔色美，身體滑；二年，白髮黑；三年，齒落更生；四年，入水不濡；五年，入火不燋；六年，走及奔馬。或蜜水和作餅如糖狀，炙食一餅。御覽九百八十九。

中經曰：鉤吻狼毒，太陰之精氣，主殺，故入口令人死。（御覽九百九十。）

抱朴子内篇序

洪體乏超逸（晉書作進趣。）之才，偶好無爲之業。假令奮翅則能淩厲玄霄，騁足則能追風躡景，猶故（晉書無此字。）欲戢勁翮於鷦鷯（晉書作鷃。）之群，藏逸跡於跛驢之伍，豈況大塊禀我以尋常之短羽，造化假我於（晉書作以。）至駑之蹇足？以（晉書無此字。）自卜者審，不能者止。（晉書有又字。）豈敢力蒼蠅而慕沖天之舉，策跛鱉而追飛兔之軌，飾嫫母之陋醜，（晉書作篤陋。）求媒揚（晉書作陽。）之美談，推沙礫之賤質，索千金於和肆哉！夫以（晉書無此字。）焦僥之步，而企及夸父之蹤，近才所以躓閡（藏本作閔，晉書作礙。）也。以（晉書無此字。）要離之羸，而强赴扛鼎之契，（原校或作勢，晉書作勢。）秦人所以斷筋也。是以望絶於榮華之途，而志安乎窮否（晉書作圮。）之域。藜藿有八珍之甘，而（晉書無此字。）蓬蓽有藻棁之樂也。故權貴之家，雖咫尺弗從也。知道之士，雖艱遠必造也。考覽奇書，既不少矣，率多隱語，難可卒解。自非至精，不能尋究，自非篤勤，不能悉見也。道士淵（晉書作宏。）博洽聞者寡，而意斷妄説者衆。至於時有好事者，欲有所修爲，倉卒不知所從，而意之所疑，又無可（晉書作足。）諮問。（晉書無此字。）今爲此書，粗舉長生之理，其至妙者，不得宣之於翰墨。蓋麤言較略，以示一隅。冀悱憤之徒省之，可以思過半矣，豈爲暗塞必能窮微暢遠乎！聊論其所先舉原校：先舉一本作「先覺者」。晉書作「先覺者」。耳。

世儒徒知服膺周孔，桎梏皆死，晉書無此四字。莫信神仙之事，謂爲妖妄之説，見余此書，晉書無「事」至「此」共十字。不特大笑之。晉書作「不但大而笑之」。又將謗毁真正，故不以合於此下舊衍「世」字，今校删。余所著子書之數，而别爲此一部，名曰内篇，凡二十卷，與外篇各起次第也。晉書「故不」至「第也」作「故予所著子，言黄白之事，名曰内篇，其餘駁難通釋，名曰外篇，大凡内外一百一十六篇」，蓋史家删改之耳。雖不足以藏晉書「以藏」作「藏諸」。名山石室，晉書無此二字。且欲緘之金匱，以示識者。晉書止此，無下三十一字。其不可與言者，不令見也。貴使來世好長生者，有以釋其惑，豈求信於不信者乎！謹序。藏本作葛洪稚川謹序。後人所增。

抱朴子外篇自敘

抱朴子者，姓葛，名洪，字稚川，丹陽句容人也。其先葛天氏，蓋古之有天下者也，後降爲列國，因以爲姓焉。

洪曩祖爲荆州刺史，王莽之篡，君耻事國賊，棄官而歸，與東郡太守翟義共起兵，將以誅莽，爲莽所敗，遇赦免禍，遂稱疾自絶於世。莽以君宗强，慮終有變，乃徙君於琅邪。

君之子浦盧，起兵以佐光武，有大功。光武踐祚，以盧爲車騎，又遷驃騎大將軍，封下邳僮縣侯，食邑五千户。開國初，侯之弟文，隨侯征討，屢有大捷。侯比上書爲文（藏本作文爲，從舊寫本乙轉。）訟功，而官以文私從兄行，無軍名，遂不爲論。侯曰：弟與我同冒矢石，瘡痍周身，傷失右眼，不得尺寸之報，吾乃重金累紫，何心以安？乃自表乞轉封於弟。書至上請，報「漢朝欲成君高義，故特聽焉」。文辭不獲已，受爵即第，爲驃騎營立宅舍於博望里，于今基兆石礎存焉。又分割租秩，以供奉吏士，給如二君焉。驃騎殷勤止之而不從。驃騎曰：「此更煩役國人，何以爲讓？」乃託他行，遂南渡江，而家于句容。子弟躬耕，以典籍自娱。文累使奉迎驃騎，驃騎終不還。又令人守護博望宅舍，以冀驃騎之反，至于累世無居之者。

洪祖父學無不涉，究測精微，文藝之高，一時莫倫，有經國之（藏本作史，從舊寫本改。）才。仕吴，歷宰海鹽臨安山陰三縣，入爲吏部侍郎、御史中丞、廬陵太守、吏部尚書、太子少傅、中書、大鴻臚、侍中、光禄勳、輔吴將軍，封吴壽縣侯。

洪父以孝友聞，行爲士表，方册所載，罔不窮覽。仕吴五官郎、中正、建城南昌二縣令、中書郎、廷尉平、中護軍，拜會稽太守未辭，而晉軍順流，西境不守。博簡秉文經武之才，朝野之論，僉然推君，於是轉爲五郡赴警。大都督給親兵五千，總統征軍，戍遏疆埸。

天之所壞，人不能支，故主欽若，九有同賓。（藏本作實，從舊寫本改。）君以故官赴除郎中，稍遷至大中大夫，歷位大中正、肥鄉令，（藏本無正字，肥作肶，從舊寫本補改。）縣户二萬，舉州最治，德化尤異，恩洽刑清，野有頌聲，路無姦跡，不佃公田，越界如市，秋毫之贈，不入于門，紙筆之用，皆出私財，刑厝而禁止，不言而化行。以疾去官，發詔見用爲吴王郎中令，正色弼違，進可替不，舉善彈枉，軍國肅雍。遷邵陵太守，卒於官。

洪者，君之第三子也。生晚，爲二親所嬌饒，不早見督以書史。年十有三，而慈父見背，夙失庭訓，飢寒困瘁，躬執耕穡，承星履草，密勿疇襲。又累遭兵火，先人典籍蕩盡，農隙之暇無所讀。乃負笈徒步行借，又卒於一家，少得全部之書。益破功日伐薪賣之，以給紙筆，就營田園處，以柴火寫書。坐此之故，不得早涉藝文。常乏紙，每所寫，反覆有字，人尠能讀也。年十六，始讀孝經、論語、詩、易。貧乏無以遠尋師友，孤陋寡聞，明淺思短，大義多所不通。但貪廣覽，於衆書乃無不暗誦精持，曾所披涉，自正經諸史百家之言，下至短雜文章，近萬卷。既性闇善忘，又少文，意志不專，所識者甚薄，亦不免惑。而著述時猶得有所引用，竟不成純儒，不中爲傳授之師。其河洛圖緯，一視便止，不得留意也。不喜星書及算術、九宮、三棊、太一、飛符之屬，了不從焉，由其苦人而少氣味也。晚學風角、望氣、三元、遁甲、六壬、太一之法，粗知其旨，又不研精。亦計此輩率是爲人用之事，同出身情，無急以此自勞役，不如省子書之有益，遂又廢焉。案別録藝文志，衆有萬三千一百九十九卷，而魏代以來，群文滋長，倍於往者，乃自知所未見之多也。江表書籍，通同不具。昔欲（藏本作故，從舊寫本改。）詣京師，索奇異，而正值大亂，半道而還，每自（藏本作具，從舊寫本改。）嘆恨。今齒近不惑，素志衰頽，但念損之又損，爲乎無爲，偶耕藪澤，苟存性命耳。博涉之業，於是日沮矣。

洪之爲人也，（有脱文。）而騃野，性鈍口訥，形貌醜陋，而終不辯自矜飾也。冠履垢弊，衣或襤褸，而或不恥焉。俗之服用，俄而屢改。或忽廣領而大帶，或促身（本作身促，從意林乙轉。）而修袖，或長裾曳地，或短不蔽脚。洪期於守常，不隨世變，言則率實，杜絶嘲戲，不得其人，終日默然。故邦人咸稱之爲抱朴之士，是以洪著書，因以自號焉。

洪稟性尪羸，兼之多疾，貧無車馬，不堪徒行，行亦性所不好。又患弊俗，捨本逐末，交游過差，故遂撫筆閑居，守静蓽門，而無趨從之所。（藏本作趨所之從，今從舊寫本改。）至於權豪之徒，雖在密跡，而莫或相識焉。衣不辟寒，室不免漏，食不充虚，名不出户，不能憂也。貧無僮僕，籬落頓決，荆棘叢於庭宇，蓬莠塞乎階霤，披榛出門，排草入室，論者以爲意遠忽近，而不恕（藏本作怒，從舊寫本改。）其乏役也。不曉謁（有脱文。）以故初不修見官長，至於弔大喪，省困疾，乃心欲自勉强，令無不必至，而居疾少健，恒復不周，每見譏責於論者，洪引咎而不恤也。意苟無餘，而病使心違，顧不媿己而已，亦何理於人之不見亮乎？唯明鑒之士，乃恕其信抱朴，非以養高也。

世人多慕豫親之好，推闇室藏本作至，從舊寫本改。之密，洪以爲知人甚未易，上聖之所難，浮雜之交，口合神疕，舊寫本作離。無益有損，雖不能如朱公叔一切絶之，且必須清澄詳悉，乃處意焉。又爲此見憎者甚衆而不改也。馳逐苟達，側立勢門者，又共疾洪之異於己而見疵毁，謂洪爲傲物輕俗。而洪之爲人，信心而行，毁譽皆置於不聞。藏本置作之，舊寫本作毁譽之皆如不聞，今從盧本。至患近人，或恃其所長而輕人所短。洪忝爲儒者之末，每與人言，常度其所知而論之，不强引之以造彼所不聞也。及與學士有所辯識，每舉綱領，若値惜短，難解心義，藏本作家，從舊寫本改。但粗説意之與向，使足以發寤而已，不致苦理，使彼率不得自還也。彼静心者存舊寫本存字空白，疑是衍文。詳而思之，則多自覺而得之者焉。度不可藏本無不字，從舊寫本補。與言者，雖或有問，常辭以不知，以免辭費之過也。

洪性深不好干煩官長，自少及長，曾救知己之抑者數人，不得已藏本無已字，從舊寫本補。有言於在位者。然其人皆不知洪之恤也，不忍見其陷於非理，密自營之耳。其餘雖親至者，在事秉勢，與洪無惜者，終不以片言半字少累之也。至於糧用窮匱，急合湯藥，則唤求朋類，或見濟，亦不讓也。受人之施，必皆久久漸有以報之，不令覺也。非類則不妄受其饋致焉。洪所食有旬日之儲，則分以濟人之乏，若殊自不足，亦不割己也。不爲皎皎之細行，不治察察之小廉。村里凡人之謂舊寫本謂字空白，疑有誤。良守善者，用舊寫本用字空白，疑有誤。時或齎酒餚候洪，雖非儔匹，亦不拒也。後有以答之，亦不登時也。洪嘗謂史雲不食於昆弟，華生治潔於昵客，蓋邀名之僞行，非廊廟之遠量也。洪尤疾無義之人，不勤農桑之本業，而慕非義之姦利。持鄉論者，則賣選舉以取謝。有威勢者，則解符疏以索財。或有有字當誤，舊寫本空白。罪人之賂，或當作而。枉有理之家，或爲逋逃之藪，而饗亡命之人，疑作人。或挾使民丁以妨本作妨以，從下文乙轉。公役，或强收錢物以求貴價，或占錮市肆，奪百姓之利，或割人田地，劫孤弱之業，惚恫官府之間，以窺掊尅之益，内以誇妻妾，外以釣名位，其如此者，不與交焉。由是俗人憎洪疾己，自然疏絶。故巷無車馬之跡，堂無異志之賓，庭可設雀羅，而几筵積塵焉。

洪自有識以逮藏本作逮以，從舊寫本乙轉。將老，口不及人之非，不説人之私，乃自然也。雖僕豎有其所短所羞之事，不以戲之也。未嘗論評人物之優劣，不喜訶譴人交舊寫本作又人。之好惡。或爲尊長所逼問，辭不獲已，其論人也，則獨舉彼體中之勝事而已。其論文也，則撮其所得之佳者，而不指摘其病累。故無毁譽之怨。貴人時或問官吏民甲乙何如。其清高閑舊寫本作賢。能者，洪指説其快事；其貪暴闇塞者，對以偶不識悉。洪由此頗見譏責，以顧護太多，不能明辯臧否，使皂白區分，而洪終不敢改也。每見世人有好論人物者，比方倫匹，未必當允，而褒貶與奪，或失準格。見譽者自謂已分，未必信德也；見侵者則恨之入骨，劇於血讎。洪益以爲戒，遂不復言及士人矣。雖門宗子弟，其稱兩皆以付邦族，不爲輕乎當作平，舊寫本作評。其價數也。或以譏洪。洪答曰：我身在我者也，法當易知。設令有人問我，使自比古人，及同時令我自求輩，則我實不能自知可與誰爲匹也，況非我安可爲取而而字，從舊寫本補。評定之耶？漢末俗弊，朋黨分部，許子將之徒，以口舌取戒，争訟論議，門宗成讎。故汝南人士無復定價，而有月旦之評。魏武帝深亦疾之，欲取其首，爾乃奔波亡走，殆至屠滅。前鑒不遠，可以得師矣。且人之未易知也，雖父兄不必盡子弟也。同乎我者遽是乎？異於我者遽非乎？或有始無卒，唐堯公旦仲尼季札，皆有不全得之恨，無以近人信其嘍嘍管見熒舊寫本作螢。燭之明，而輕評人藏本作人評，從舊寫本乙轉。物，是皆賣賣字疑，舊寫本空白。彼上聖大賢乎？

昔大安中，石冰作亂，六州之地，柯振葉藏本作鎮業，從舊寫本改。靡，違正黨逆，義軍大都督邀洪爲將兵都尉，累見敦迫。既桑梓恐虜，禍深憂大，古人有急疾之義。又畏軍法，不敢任志。遂募合數百人，與諸軍旅進。曾攻賊之别將，破之日，錢帛山積，珍玩蔽地。諸軍莫不放兵收拾財物，繼轂連擔。洪獨約令所領，不得妄離行陣。士有摭得衆者，洪即斬之以徇。於是無敢委杖。而果有伏賊數百，出傷諸軍。諸軍悉發，無部隊，皆人馬負重，無復戰心，遂致驚亂，死傷狼藉，殆欲不振。獨洪軍整齊轂張，無所損傷，以救諸軍之大崩，洪有力焉。後别戰，斬賊小帥，多獲甲首，而獻捷幕府。於是大都督加洪伏波將軍。例給布百匹，諸將多封閉之，或送還家。而洪分賜將士，及施知故之貧者。餘之十匹，又徑以市肉酤酒，以饗將吏。于時竊擅一日之美談焉。

事平，洪投戈釋甲，徑詣洛陽，欲廣尋異書，了不論戰功。竊慕魯連不受聊城之金，包胥不納存楚之賞，成功不處之義焉。正遇上國大亂，北道不通，而陳敏又反於江東，歸塗隔塞。會有故人譙國嵇君道，本作居道，從意林及晉書改，下放此。見用爲廣州刺史，乃表請洪爲參軍，雖非所樂，然利可避地於南，故黽勉就焉。見遣先行催兵，而君道於後遇害，遂停廣州，頻爲節將見邀用，皆不就。永惟富貴可以漸得，而不可頓合，其閒屑屑亦足以勞人。且榮位勢利，譬如寄客，既非常物，又其去不可得留也。隆隆者絶，赫赫者滅，有若春華，須臾凋落。得之不喜，失之安悲？悔吝百端，憂懼兢戰，不可勝言，不足爲也。且自度性篤嬾而才至短，以篤嬾而御短才，雖翕肩屈膝，趨走風塵，猶必不辦，大致名位而免患累，況不能乎？未若修松喬之道，在我而已，不由於人焉。將登名山，服食養性，非有廢也。事不兼濟，自非藏本作不，從舊寫本改。絶棄世務，則曷緣修習玄静哉？且知之誠難，亦不得惜問而與人議也。是以車馬之跡，不經貴勢之域；藏本作貴世之城，從舊寫本改。片字之書，不交在位之家。又士林之中，雖不可出，而見造之賓，意不能拒，妨人所作，不得專一。乃嘆曰，山林之中無道也。而古之修道者，必入山林者，誠欲以違遠讙譁，使心不亂也。今將遂本志，委桑梓，適嵩岳，以尋方平梁公之軌。先所作子書内外篇，幸已用功夫，聊復撰次，以示將來云爾。

洪年十五六時，所作詩賦雜文，當時自謂可行於代。本脱於代二字，從意林補。至于弱冠，更詳省之，殊多不稱意，天才未必爲增也，直所覽差廣，而覺妍媸之别。於是大有所製，棄十不存一。今除所作子書，但雜尚餘百所卷，猶未盡損益之理，而多慘憒，不遑復料護之。他人文成，便呼藏本作手便，從舊寫本改。快意。余才鈍思遲，實不能尔。藏本作示，從舊寫本改。作文章每一更字，輒自轉勝，但患嬾，又所作多，不能數省之耳。

洪年二十餘，乃計作細碎小文，妨棄功日，未若立一家之言，乃草創子書。會遇兵亂，流離播越，有所亡失，連在道路，不復投筆十餘年，至建武中乃定，凡著内篇二十卷，外篇五十卷，碑頌詩賦百卷，軍書檄移章表箋記三十卷。又撰俗所不列者爲神僊傳十卷，又撰高尚藏本作上，今從舊寫本。不仕者爲隱逸傳十卷，又抄五經七史百家之言、兵事方伎短雜奇要三百一十卷，别有目録。其内篇言神僊方藥、鬼怪變化、養生延年、禳邪却禍之事，屬道家。其外篇言人間得失、世事臧否，屬儒家。洪見魏文帝典論藏本作典目，從舊寫本改。自敘，末藏本作未，從舊寫本改。及彈棊擊劍之事，有意於略説所知，而實不數。少所便能，不可虚自稱揚。今將具言，所不閑焉。

洪體鈍性駑，寡所玩好，自總髮垂髫，有脱句。又擲瓦手搏，不及兒童之群，未曾鬬雞鶩，走狗馬。見人博戲，了不目眄，或强牽引觀之，殊不入神，有若晝睡。是以至今不知棊局上有幾道，樗蒲齒名。亦念此輩末伎，亂意思而妨日月，在位有損政事，儒者則廢講誦，凡民則忘稼穡，商人則失貨財。至於勝負未分，交争都市，心熱於中，顔愁於外，名之爲樂，而實煎悴。喪廉恥之操，興争競之端，相取重貨，密結怨隙。昔宋閔公、吴太子致碎首之禍，生叛亂之變，覆滅七國，幾傾天朝，作戒百代，其鑒明矣。每觀戲者，慚恚交集，手足相及，醜詈相加，絶交壞友，往往有焉。怨不在大，亦不在小，多召悔吝，不足爲也。仲尼雖有晝寢之戒，以洪較之，洪實未許其賢於晝寢。何者？晝寢但無益，而未有怨恨之憂，鬬訟之變。聖者猶韋編三絶，以勤經業，凡才近人，安得兼修。惟諸戲盡不如示一尺之書，故因本不喜而不爲，蓋此俗人所親焉。

少嘗學射，但力少不能挽强，若顔高之弓耳。意爲射既在六藝，又可以禦寇辟劫，及取鳥獸，是以習之。昔在軍旅，曾手射追騎，應弦而倒，殺二賊一馬，遂以得免死。又曾受刀楯及單刀雙戟，皆有口訣要術，以待取人，乃有秘法，其巧入神。若以此道與不曉者對，便可以當全獨勝，所向無前矣。晚又學七尺杖術，可以入白刃，取大戟。然亦是不急之末學，知之譬如麟角鳳距，何必用之？過藏本脱過字，從舊寫本補。此已往，未之或知。

洪少有定志，決不出身。每覽巢、許、子州、北人、石户、二姜、兩袁、法真、子龍之傳，嘗廢書前席，慕其爲人。念精治五經，著一部子書，令後世知其爲文儒而已。後州郡及車騎大將軍辟，皆不就。薦名琅邪王丞相府。昔起義兵，賊平之後，了不修名，詣府論功，主者永無賞報之冀。晉王應天順人，撥亂反正，結皇綱於垂絶，修宗廟之廢祀，念先朝之滯賞，並無報以勸來。洪隨例就彼。庚寅詔書，賜爵關中侯，食句容之邑二百户。竊謂藏本作詔，從舊寫本改。討賊以救桑梓，勞不足録，金紫之命，非其始願，本欲遠慕魯連，近引田疇，上書固辭，以遂微志。適有大例，同不見許。昔仲由讓應受之賜，而沮爲善。醜虜未夷，天下多事，國家方欲明賞必罰，以彰憲典，小子豈敢苟潔區區之懦志，而距弘通之大制？故遂息意而恭承詔命焉。

洪既著自敍之篇。或人難曰：昔王充年在耳順，道窮望絶，懼身名之偕滅，故自紀終篇。先生以始立之盛，值乎有道之運，方將解申公之束帛，登穆藏本作枚，從舊寫本改。生之蒲輪，耀藻九五，絶聲昆吾，何憾芬芳之不揚，而務老生之彼務？洪答曰：夫二儀彌邈，而人居若寓，以朝菌之耀秀，不移晷而殄瘁，類春華之暫榮，未改旬而凋墜，雖飛飆之經霄，激電之乍照，未必速也。夫期頤猶奔星之騰烟，藏本作炯，從舊寫本改。黄髮如激箭之過隙，況或未萌藏本作明，從舊寫本改。而殞籜，逆秋而零瘁者哉？故項子有含穗之嘆，揚烏有夙折之哀。歷覽遠古逸倫之士，或以文藝而龍躍，或以武功而虎踞，高勳著於盟府，德音被乎管絃，形器雖沈鑠於淵壤，美談飄飄而日載，故雖千百代，猶穆如也。余以庸陋，沈抑婆娑，用不合時，行舛於世，發音則響與俗乖，抗足則跡與衆迕，内無金張之援，外乏彈冠之友，循塗雖坦，而足無騏驎，六虚雖曠，而翼非大鵬，上不能鷹揚匡國，下無以顯親垂名，美不寄於良史，聲不附乎鍾鼎。故因著述之餘，而爲自敘之篇，雖無補於窮達，亦賴將來之有述焉。

晋書葛洪傳

葛洪，字稚川，丹陽句容人也。祖系，吴大鴻臚。父悌，吴平後，入晋爲邵陵太守。洪少好學，家貧，躬自伐薪，以貿紙筆，夜輒寫書誦習，以儒學知名。性寡欲，無所愛翫，不知棊局幾道，摴蒱齒名。爲人木訥，不好榮利，閉門却掃，未嘗交游。於餘杭山見何幼道、郭文舉，目擊而已，各無所言。時或尋書問義，不遠數千里，崎嶇冒涉，期於必得。遂究覽典籍，尤好神仙導養之法。從祖玄，吴時學道得仙，號曰葛仙公，以其煉丹祕術授弟子鄭隱。洪就隱學，悉得其法焉。後師事南海太守上黨鮑玄。玄亦內學，逆占將來，見洪深重之，以女妻洪。洪傳玄業，兼綜練醫術，凡所著撰，皆精覈是非，而才章富贍。

太安中，石冰作亂。吴興太守顧祕爲義軍都督，與周玘等起兵討之。祕檄洪爲將兵都尉，攻冰別率，破之，遷伏波將軍。冰平，洪不論功賞，徑至洛陽，欲搜求異書，以廣其學。洪見天下已亂，欲避地南土，乃參廣州刺史嵇含軍事。及含遇害，遂停南土多年，征鎮檄命，一無所就。後還鄉里，禮辟皆不赴。元帝爲丞相，辟爲掾，以平賊功，賜爵關內侯。咸和初，司徒導召補州主簿，轉司徒掾，遷諮議參軍。干寶深相親友，薦洪才堪國史，選爲散騎常侍，領大著作，洪固辭不就。以年老，欲煉丹以祈遐壽。聞交阯出丹，求爲句屚令。帝以洪資高，不許。洪曰：「非欲爲榮，以有丹耳。」帝從之。洪遂將子姪俱行，至廣州，刺史鄧嶽留不聽去，洪乃止羅浮山煉丹。嶽表補東官太守，又辭不就。嶽乃以洪兄子望爲記室參軍。在山積年，優游閑養，著述不輟。其自序曰：「洪體乏進趣之才，偶好無爲之業。假令奮翅則能陵厲玄霄，騁足則能追風躡景，猶欲戢勁翮於鷦鷯之群，藏逸跡於跛驢之伍，豈況大塊禀我以尋常之短羽，造化假我以至駑之蹇足？自卜者審，不能者止，又豈敢力蒼蠅而慕冲天之舉，策跛鱉而追飛兔之軌。飾嫫母之篤陋，求媒陽之美談，推沙礫之賤質，索千金於和肆哉？夫僬僥之步而企及夸父之蹤，近才所以躓礙也。要離之羸而强赴扛鼎之勢，秦人所以斷筋也。是以望絶於榮華之塗，而志安乎窮圮之域。藜藿有八珍之甘，蓬蓽有藻棁之樂也。故權貴之家，雖咫尺弗從也；知道之士，雖艱遠必造也。考覽奇書，既不少矣，率多隱語，難可卒解。自非至精，不能尋究；自非篤勤，不能悉見也。道士弘博洽聞者寡，而意斷妄説者衆。至於時有好事者欲有所修爲，倉卒不知所從，而意之所疑，又無足諮。今爲此書，粗舉長生之理。其至妙者不得宣之於翰墨。蓋粗言較略，以示一隅，冀悱憤之徒省之，可以思過半矣。豈謂闇塞，必能窮微暢遠乎？聊論其所先覺者耳。世儒徒知服膺周孔，莫信神仙之書，不但大而笑之，又將謗毁真正。故予所著子，言黄白之事，名曰内篇；其餘駮難通釋，名曰外篇。大凡内外一百一十六篇。雖不足藏諸名山，且欲緘之金匱，以示識者。」自號抱朴子，因以名書。其餘所著碑誄詩賦百卷，移檄章表三十卷，神仙、良吏、隱逸、集異等傳各十卷，又抄五經、史、漢、百家之言、方技雜事三百一十卷，金匱藥方一百卷，肘後要急方四卷。

洪博聞深洽，江左絶倫，著述篇章，富於班馬。又精辯玄賾，析理入微。後忽與嶽疏云：「當遠行尋師，剋期便發。」嶽得疏，狼狽往别。而洪坐至日中，兀然若睡而卒。嶽至，遂不及見，時年八十一〔二〕。（下略）

校　釋

〔一〕明案：葛洪年壽，約有三説。晉書本傳、吴士鑑等晉書斠注以及余嘉錫疑年録稽疑（見輔仁學誌十卷，一、二合期）。其他道書如唐王松年仙苑編珠引馬樞道學傳、元張天雨玄品録等，皆謂卒年八十一，此一説也。劉汝霖東晉南北朝學術編年據太平寰宇記一百六十引袁彦伯羅浮記稱卒時年六十一，斷言洪壽六十一。侯外廬等中國思想通史第三卷謂太平寰宇記所載六十一較爲可信。陳國符道藏源流考亦謂洪卒年六十一之説爲是，此又一説也。錢賓四撰葛洪年歷，見一九四六年十二月三日南京中央日報文史周刊第二十九期。謂洪壽殆不出六十，此第三説也。

復案抱朴子外篇佚文云：昔太安二年，京邑始亂，余年二十一。以此上推，葛洪生於晉武帝太康四年（公元二八三），了無疑義。唯卒年之説不一。若謂八十一，當卒於東晉哀帝興寧元年（三六三）；若謂六十一，當卒於東晉康帝建元元年（三四三）。但檢葛洪撰之神仙傳云：平仲節于晉穆帝永和元年（三四五）五月一日去世。則葛洪之死，當在穆帝永和元年之後，康帝建元元年非其卒歲明矣。又道教義樞卷二、雲笈七籤卷六載：葛洪於晉建元二年三月三日在羅浮山以靈寶經傳付弟子安海君望世等。覈諸所載，當以八十一説爲可信。

附録二

新校正抱朴子内篇序

諸子多有宋元以來及近人校正刊本。唯抱朴子僅明盧舜治本行世。五柳居陶大使曾假之於予，增刊入漢魏叢書，其所譌脱，亦未暇校訂也。道藏本較完善，但見者頗尠。予所藏又有天一閣鈔本内篇太半部，及盧學士文弨手校明刻本。顧茂才廣圻有葉林宗家鈔本及明嘉靖時瀋藩刊本，大略皆與藏本相同。爰合以校訂，釐其錯簡，改其誤字，而此書始可省讀。考稚川自序暨隋唐史志，俱分内外篇，一屬道家，一屬儒家。而盧本兼刻，改并卷第，輒總題之爲抱朴子。遂致諸家書目，牽連入録，不能分晰，亦可病也。今所校正，欲使别行，以復舊觀。

嘉慶壬申，繼觀察昌司漕江安，駐節石城，與方制府維甸時相過從。觀察敦素好古，兼通道釋二典，思搜羅放佚，嘉惠後學。如宋代刊板官庫，及明人書帕之例。適予及方制府顧茂才校定是書，因先以内篇付梓人。今年觀察擢臬關中，印本就正，庶其始終商榷焉。江寧道藏在朝天宮，仍借來覆審一過，書中多依之。有依别本校改者，則注明藏本作某。其更定錯簡，及尋按詞義，旁據他書，勘正各條，亦一一注明，以諗後人。第十七卷登涉篇諸符，各本縮寫，多失形似，今全從道藏影摹，俾傳其真云。

癸酉歲十月陽湖孫星衍撰。

抱朴子内篇目録

暢玄卷第一　道意卷第九
論仙卷第二　明本卷第十
對俗卷第三　仙藥卷第十一
金丹卷第四　辨問卷第十二
至理卷第五　極言卷第十三
微旨卷第六　勤求卷第十四
塞難卷第七　雜應卷第十五
釋滯卷第八　黄白卷第十六

登涉卷第十七　　遐覽卷第十九

地真卷第十八　　祛惑卷第二十

右目録依道藏本定。按抱朴子内篇敘云，别爲此一部名曰内篇，凡二十卷，與外篇各起次第也。又外篇自敘云，凡著内篇二十卷，外篇五十卷。又云，其内篇言神仙方藥、鬼怪變化、養生延年、禳邪却禍之事，屬道家；其外篇言人閒得失、世事臧否，屬儒家。隋書經籍志，内篇亦屬道家，與外篇分行。道藏雖并收外篇，原未合爲一部。觀其内篇之後，外篇之前，以抱朴子别旨一種閒隔之，可曉然矣。明人刻此書，從道藏取出，而不知其爲三種，遂總名曰抱朴子，非也。今校刊内篇二十卷，不連外篇，以復葛氏之舊，兼正明人之誤。舊唐書經籍志及各家書目俱爲二十卷。隋志二十一卷，音一卷者，或加序目及音爲二十二卷也。音久不傳。道藏序在第一卷前，故不復列數云。或疑别旨既自爲一種，何以不見於自敘。考道藏所收，又有抱朴子養生論及稚川真人較證術一卷、抱朴子神仙金汋經三卷、葛稚川金木萬靈論，俱不見於自敘。然則别旨，正同斯例，蓋皆非稚川所撰也。

嘉慶十六年十月五松居士孫星衍敘録。

校刊抱朴子內篇序

道家宗旨，清浄沖虛而已。其弊或流爲權謀，或流爲放誕，無所謂金丹仙藥、黄白玄素、吐納導引、禁呪符籙之術也。

秦漢方士，絶不附會老子。即依託黄帝，亦非道家之説。漢書藝文志以黄帝諸篇，分屬道家神仙，蓋本七略。七略又本於別録。劉子政固誦習鴻寶，篤信神仙者，而典校祕書，仍別方技於諸子之外，不相殽也。

東漢之季，桓帝好神仙，祠老子。張陵之子衡，使人爲祭酒，主以老子五千文都習。神仙之附會道家，實昉於此。抱朴子內篇，古之神仙家言也。雖自以內篇屬之道家，然所舉仙經神符，多至二百八十二種，絶無道家諸子。且謂老子泛論較略，莊子文子關尹喜之徒，祖述黄老，永無至言，去神仙千億里。尋其旨趣，與道家判然不同。又後世學仙者，奉魏伯陽爲正宗。是書偶及伯陽內篇之名，並無一語稱述，惟神仙傳中言參同契假爻象以説作丹之意而已。是稚川之學，匪特與道家異，併與後世神仙家無幾微之合。

余嘗謂漢之仙術，元與黄老分途。魏晉之世，玄言日盛，經術多歧。道家自詭於儒，神仙遂溷於道。然第假借其名，不易其實也。迨及宋元，乃緣參同爐火而言內丹，鍊養陰陽，混合元氣，斥服食胎息爲小道，金石符呪爲旁門，黄白玄素爲邪術，惟以性命交修，爲谷神不死，羽化登真之訣。其説旁涉禪宗，兼附易理，襲微重妙，且欲併儒釋而一之。自是而漢晉相傳神仙之説，盡變無餘，名實交溷矣。然則葛氏之書，墨守師傳，不矜妙悟。譬之儒者説經，其神仙家之漢學乎！

孫伯淵漕司，篤好古義，兼綜九流，以明刻抱朴子及天一閣鈔本錯亂脱誤，手自校讎，復屬余與顧澗蘋各以家藏諸本，參證他書，覆校數過，伯淵敘録篇目，將以刊行。余因舉神仙與道家者流，古今分合之故，論次爲序，覽者或有考焉。

嘉慶十七年七月甲戌桐城方維甸撰。

按明刻抱朴子於内篇之後，附入别旨一篇，專論吐納導引，與内篇本意不合，辭義亦甚淺近，不似晉人手筆。考之稚川自敘，本無此書。隋唐諸志，皆不著録。惟宋史藝文志道家有抱朴子别旨二卷。注云不知作者。亦不謂爲稚川所著也。晚出之書，元不可信。且今本五百六十餘言，不盈一卷，併非宋元舊本。故削去之，不復附於篇末云。維甸又跋。

葛洪撰述書目表

抱朴子内篇二十卷　抱朴子内篇序。抱朴子外篇自敘。隋志作二十一卷。今存。

抱朴子外篇五十卷　自敘。隋志作三十卷，並云梁有五十一卷。今存。

碑頌詩賦百卷　自敘。晉書本傳頌作誄。仙苑編珠引陳馬樞道學傳同。

軍書檄移章表箋記三十卷　自敘。本傳作檄移章表。

神仙傳十卷　自敘。本傳。今存。

隱逸傳十卷　自敘。本傳。

兵事方伎短雜奇要三百一十卷　自敘。本傳作方伎雜事。

金匱藥方一百卷　本傳。

玉函方一百卷　抱朴子雜應篇。疑即前金匱藥方。肘後備急方序云：凡爲百卷，名曰玉函。

肘後要急方四卷　本傳。雜應篇作救卒方三卷。隋志作肘後方六卷。舊唐志作肘後救卒方四卷。四庫全書目録作肘後備急方八卷。今存。道藏正一部肘後備急方八卷，誤題作葛仙翁。

神仙服食藥方十卷　隋志。

太清神仙服食經五卷　新唐志。

服食方四卷　唐釋法琳辨正論卷九。

玉函煎方五卷　隋志。

黑髮酒方一卷　崇文總目。通志略。

渾天論　晉書天文志。文廷式補晉書藝文志（簡稱補晉志）。

幕阜山記一卷　補晉志。

潮説　補晉志。略見于外篇佚文。

兵法孤虚月時祕要法一卷　新唐志。

陰符十德經一卷　新唐志。

抱朴子軍術　補晉志。云此外篇中佚篇也，嚴可均全晉文輯得四十二條。今别録其目。

金木萬靈訣一卷　宋志。通志略。今存道藏洞神部衆術類。蓋删改金丹篇而成。

太清玉碑子一卷　宋志。葛洪與鄭思遠問答。今存道藏洞神部衆術類。

大丹問答一卷　今存道藏洞神部衆術類。

還丹肘後訣三卷　今存道藏洞神部衆術類。

四家要訣一卷　通志略。集劉向、陵陽子、抱朴子、狐剛子所記煉丹事。

抱朴子養生論一卷　宋志。今存道藏洞神部方法類。

稚川真人校證術一卷　今存道藏洞神部衆術類。

神仙金汋經三卷　通志略不著撰人。今存道藏洞神部衆術類。嚴可均曰：抱朴子養生論，前半即地真篇也，後半與極言篇相輔。稚川真人校證術是後人所演。神仙金汋經三卷，其中下二卷，即金丹篇也。見鐵橋漫稿卷六代繼蓮龕爲抱朴子敘。孫詒讓札迻十抱朴子微旨條云：金汋經，晉宋間人依傳抱朴子假託爲之。

要用字苑一卷　舊唐志。顔氏家訓書證篇作字苑。馬國翰有輯佚本。

史記鈔十四卷　新唐志。

漢書鈔三十卷　隋志。

後漢書鈔三十卷　舊唐志。

良吏傳十卷　本傳。

集異傳十卷　本傳。

西京雜記六卷　舊唐志。四庫全書簡明目録子部十二云：舊本或題漢劉歆撰，或題晉葛洪撰，實則梁吴均撰。但余嘉錫四庫提要辨證子部七考定爲葛洪作。今存。

漢武内傳一卷　隋志不著撰人。文廷式補晉志云：日本見在書目題葛洪，今從之。余嘉錫四庫提要辨證子部七考定爲晉葛洪撰。今存道藏洞真部記傳類。

老子道德經序訣二卷　舊唐志。明案應題葛洪撰。

修撰莊子十七卷　釋法琳辨正論。補晉志。

喪服變除一卷　隋志。

遯甲肘後立成囊中祕一卷　隋志。登涉篇作囊中立成。

遯甲返覆圖一卷　隋志。

遯甲要用四卷　隋志。

遯甲祕要一卷　隋志。

遯甲要一卷　隋志。

三元遯甲圖三卷　舊唐志。

龜決二卷　隋志。

周易雜占十卷　隋志。

抱朴君書一卷　隋志集部。

序房内祕術一卷　隋志稱葛氏撰。新唐志。或即葛洪。

太一真君固命歌一卷　宋志。

抱朴子別旨一篇　通志略。今存道藏太清部。蓋後人掇輯吐納導引之訣而成，殆與胎息術相類。

胎息要訣一卷　通志略。

胎息術一卷　補晉志。

郭文傳　補晉志。明案：郭文，字文舉，河内軹人。與葛洪同時亦遭世亂而隱者。先洪卒。見晉書隱逸本傳。

五金龍虎歌一卷　崇文總目。

五嶽真形圖文一卷　崇文總目。

老子戒經一卷　通志略。

關中記一卷　宋志。玉海引中興書目。

馬陰二君内傳一卷　宋志。

隱淪雜訣一卷　宋志。明案抱朴子雜應篇答問隱淪之道，或爲雜訣之所本。

元始上真衆仙記一卷　宋志。今存道藏洞真部譜籙類。劉師培讀道藏記云：此書「次行題葛洪枕中書五字，中誌各仙官位號及治所，即今所傳枕中記也」。明案道藏洞神部方法類另有枕中記一卷，言養生接命之術，與衆仙記内容迥異。通志略著録唐孫思邈枕中記一卷，未知孰是。四庫全書總目提要云：枕中書一卷，舊本題晉葛洪撰。考隋、唐、宋藝文志但有墨子枕中記及枕中素書，而無葛洪枕中書。此本（枕中書）一名元始上真衆仙記。余嘉錫四庫提要辨證卷十九謂枕中書提到許穆與許玉斧，而洪當長于穆，許玉斧更其後輩，二人之去世，洪皆不及見，安得取而著之書中。是枕中書（上真衆仙記）之「不出於（葛）洪亦明矣」。余先生之説是。

抱朴子玉策記　補晉志。明案此蓋抱朴子引玉策記，非葛洪所撰之玉策記也。徐堅初學記卷二十九狐第十三條引抱朴子玉策記曰：「狐及狸狼，皆壽八百歲，滿三百歲暫變爲人形。」正是抱朴子對俗篇引玉策記之語（參校敦煌殘卷文字）。遐覽篇已著録玉策記一卷，足徵葛洪曾見其書。而初學記始誤以玉策記屬抱朴子。嚴可均鐵橋漫稿卷六云此記恐後人依託之書。亦不確。余意並非後人有意假託，實乃唐人徐堅輩誤題耳。

增訂版後記

本書此次增訂，在校勘方面，主要增校了兩個本子：一個是宋紹興壬申歲（一一四二年）臨安刊本抱朴子内篇，簡稱宋浙本；另一個是日本田中慶太郎藏的古寫本抱朴子（論仙第二、對俗第三兩篇），是大正十二年二月廿五日影印發行的，簡稱影古寫本。

宋浙本抱朴子内篇二十卷，爲遼寧省圖書館藏書，算是海内孤本。它是現存抱朴子比較完整的最古的本子。宋浙本的避諱字，如「恒」作「恒」（真宗諱），「桓」作「桓」（欽宗諱）。這個本子的特點：①某些文字的正確性，可與敦煌古寫本相媲美。例如暢玄篇「綺榭俯臨乎雲雨」，「綺」明正統道藏本及其它明本、坊刻本皆訛作「椅」，唯獨敦煌殘卷本作「綺」，宋浙本同。這是宋浙本的優點之一。又如論仙篇「不可謂世間無仙人也」下「人無賢愚」句，「無」原作「有」，這是錯的。敦煌殘卷和宋浙本均作「無」，這是對的，應據以訂正。是據宋浙本是正文字又能與敦煌古寫本相若。②和所見衆本不同，往往多出若干的文句。例如微旨篇「然此事知之者甚希」下，多出「乃可終身不與知之者相遭」十一字；同篇「而不知房中之術，亦無所益也」下，多出「斯事實復是生道之本」九字。釋滯篇「若知而不學」下，多出「是則不近人情，若爲而不得」十一字。道意篇「不過少時，必當絕息」下，多出「卒如頽巖，而實善政」兩句；又同篇「所以令百姓杜凍飢之源」，「姓」下宋浙本多出「病必親醫藥，勉（免）强死之禍，省其大費，救其困乏」四句十八字。所有這些多出的文字，都是重要的。這個特點，也是值得注意的。③但校刻未臻精良，錯别字頗多。如至理篇「黄蓍」作「黄耆」，「行炁」作「行無」；微旨篇「猗頓」作「倚頓」；釋滯篇「以方術授知音」，「授」誤作「受」；「棄置人間」，「置」誤作「智」；「不營苟生」，「營」誤爲「榮」；勤求篇「不俟脉診而可知者也」，「診」誤爲「軫」；黄白篇「食頃發之」，「頃」誤作「傾」等皆是。其它簡體俗字很多，如「鹽」作「塩」，「亂」作「乱」，「蟲」作「虫」，「體」作「躰」，「萬」作「万」，不一而足，似乎適在當時中原板蕩、國事倥偬的緊張危急的形勢下鐫行的。

宋浙本抱朴子内篇兼具一定的優點和缺點，作爲古本校勘之用，其價值自不容忽視。全書二十篇，其中也有缺佚。據遼寧省圖書館善本組言：該書原缺第十一卷仙藥篇，第十二卷辨問篇以及第十七卷登涉篇中有兩葉，均係後來抄補，並非宋版原印。唯不知根據什麼版本抄補，所以涉及這幾篇的校語，凡須標明者，概稱「一本」，以示區别。有一點值得指明：辨問篇係抄補缺篇之一，在「善史書之絕時者，則謂之書聖」下，漏失「故皇象胡昭於今有書聖之名焉。善圖畫之過人者，則謂之畫聖」三句；又同篇「故孟子謂伯夷，清之聖者也」下，漏掉了「柳下惠，和之聖者也；伊尹，任之聖者也」四句。這些漏失文字，和明正統道藏本、魯藩本缺文相同。這書缺篇缺葉，很可能就是根據藏本或者魯藩本抄補的。

由於館方規定，不能據縮微膠卷底片複制，只許前往校閱。不得已，懇商遼寧大學哲學系王舉忠同志，承允代爲校録宋浙本抱朴子異文。舉忠同志與孫英華同志協作，在放大顯微膠片的條件下，撥冗通校一遍，至爲勞神。厚誼隆情，銘感無已！

這次增校的另一個本子日本田中慶太郎藏古寫本抱朴子，僅有論仙和對俗兩篇。我懷疑這就是羅振玉抱朴子校記中所稱皖江孔氏以論仙、對俗二篇售於海東者。這個問題，今且存疑，以俟異日進一步探討。

近見中華文史論叢一九八二年第一輯弢甫同志抱朴子内篇校釋舉正和文史第十六輯、第十七輯楊明照同志抱朴子内篇校釋補正兩文，洋洋灑灑，匡我不逮。凡足採者，已撮補校釋中，並誌謝忱。

關於葛洪一生思想發展的主要内容和評價，可參閱中國古代著名哲學家評傳續編第二册拙撰葛洪一文，茲不贅述。

本書增訂版作了較多的修改和補充。校注尚簡明，不貴繁瑣。無論校勘、標點或注釋部分，凡有舛誤之處，敬請讀者不吝指正。

王　明

一九八三年十二月於中國社會科學院哲學研究所